吕思勉全集

高等小學　新修身教授書

高等小學校用　新式歷史教授書

22

本 册 總 目

高等小學　新修身教授書

前　　言

　　《高等小學　新修身教授書》系吕思勉先生與楊晟、臧勵成先生合編的一部教學參考書，於一九一四年六月由上海中國圖書公司（和記）初版。該書與教科書配套，共分九册，每册設課十至十五課不等，每課編有本課要旨、教科書本文、教授要義、備考等欄目，以供教師授課時參考。編者在"編輯概言"中强調："修身要旨在涵養兒童之德性，導以實踐。爲養成學生優良的品性，教師應隨時隨地指示引發學生的實踐之心。"教育部對此書的審定批詞認爲："是書於道德教育、國民教育俱能揭其要領，選材亦俱切當，按之高等小學程度，頗爲事宜。準作秋季始業用書。"

　　此次我們將《高等小學　新修身教授書》收入《吕思勉全集》重印出版，按中國圖書公司（和記）版整理校對，只訂正了少許勘誤錯字，其他如文字、格式等均按原書刊印不改。吕先生編過的修身教科書還有《新編共和國　修身教授書》（一至十二册），民國南洋圖書滬局一九一三年三月初版，但目前尚未找到原書，僅見於《民國時期總書目（中小學教材卷）》（書目文獻出版社一九九五年二月出版）的著録。

李永圻　張耕華

二〇一四年八月

目　　録

教育部審定高等小學
新修身教科書批詞提要

　　是書於道德教育、國民教育，俱能揭其要領，選材亦俱切當。按之高等小學程度，頗爲適宜。准作秋季始業用書。

高等小學　新修身教授書編輯概言

一、本書供高等小學教員教授修身之用，與新修身教科書相輔而行。

二、本書共九册，每學期一册，足供高等小學三年之用。

三、本書首列本課要旨，以簡括之語，提示全課要領。次列教科書本文，為教授時講授字句之用。次列教授要義，綜括本課意義，旁徵博引，逐段説明。次列備考，於本課名物訓詁，分別詳疏，以便教員教授時之參考。

四、本書以明白曉暢，適於教授之用為主。凡艱深高遠之意義，非高等小學學生所能領悟者，概不羼入。

五、修身要旨，在涵養兒童之德性，導以實踐。教授時宜處處注重道德，并隨時隨地實地指示，以養成學生優良之品性，而引起其實踐之心。

六、本書皆係文言，教授時宜用方言詳細演講，勿徒呆誦字句，使學生無從領悟。

高等小學　新修身教授書

第一册第一學年第一學期

第一課　道　德

要旨

本課使學生知道德之重要，並私德、公德之別。

本文

　　人何以異於禽獸？以其能羣也。人何以能羣？以其有道德也。然則道德者，人類進化之原，而世界幸福之所託也。德有公私之別。對於一己之道德，私德也。對於家庭之道德，則私德而兼公德矣。對於國，對於羣，對於世界，對於萬物之道德，謂之公德。私德公德條件雖異，本原則同。德不修非特不足以淑身，不足以處世，並不足以爲人矣。

教授要義

　　（一）人與禽獸皆爲動物之一，而人獨能超然爲萬物之靈者，不徒其智識技能優於禽獸也，實因人有道德，禽獸無道德耳。禽獸惟無道德，故不免受制於人。人類有道德，故能合其羣以成社會，合社會以成國家，使萬物皆受其制也。

　　（二）人類由部落而進化爲國家，由野蠻而進化爲文明，實發源於道德。世界文明各國，具安寧之秩序，享自由之幸福者，亦莫不託始於道德。道德之關係,若是其重也,則吾儕人類,詎可須臾忘道德而不知自勉哉!

（三）潔身自好,勤學不倦,士農工商各安本業,是富有私德者也。孝親敬長,修其身以齊其家,是能具有私德而兼公德者也。至若愛國則不惜毀家紓難,愛羣則不肯利己損人,信義行於四夷,仁愛及於萬物,是即所謂富有公德者。

（四）德,譬則樹也。私德,樹之根本也。公德,樹之枝葉也。根本不固,枝葉未有能茂者。故修德之程序,當從私德始。

（五）不能修德者,雖忝居人類,而其對己對人,皆失爲人之道,是不能善其身矣。不能善其身,則必爲世所鄙棄,是不足以處世矣。若而人者,直行尸走肉耳,何以異於禽獸哉?

備考

〔羣〕合羣也。

〔原〕原則也,本也。

〔條件〕條理事件也。

〔本原〕根本也。

〔淑〕善也。

第二課　立　志

要旨

本課使學生知立志之必要,以堅其向學之心。

本文

孔子曰:"吾十有五而志於學。"又曰:"三軍可奪帥也,匹夫不可奪志也。"古來聖賢豪傑所以能成偉業建殊勳者,揆厥所由,皆在立志而已。志乎,聖賢則爲聖賢;志乎,豪傑則爲豪傑。立志既堅,事未有不成者。顏淵曰:"舜何人也? 予何人也? 有爲者亦若是。"孟子曰:"人皆可以爲堯舜。"其立志之謂乎!

11

教授要義

（一）人能立志，則智識日增，學業日進，可以圖事，可以自立，可以廣聲譽，可以弘道德。

（二）孔子，至聖也，萬世之師也。而孔子之所以爲至聖，垂文教於後世者，不外乎立志，學爲聖人不厭不倦而已。

（三）古者年十五而入太學。孔子既入太學，即立志向學，始終不肯少懈，故能集羣聖之大成。課中"吾十有五而志於學"之言，乃孔子暮年追敍之辭。

（四）帥，三軍之長也，智勇兼全者爲之。然軍士之中，苟有智勇勝於其帥者，即足以奪其位而代之。喻高位之不足恃也。匹夫，無位之人，即今所謂平民也。平民而能抱堅忍之志，則不爲勢刦，不爲利誘，故曰匹夫不可奪志。

（五）世之所稱爲聖賢豪傑，其功業赫然昭人耳目者，無不由立志而來。

（六）聖賢豪傑，既皆從立志而來，則我欲爲聖賢豪傑，亦在立志而已。雖然，立志不難，立志而能始終堅忍則難。世之自命爲有志之士者多矣，或則專尚空言，不能實踐；或則作事因循，半途而廢；或則始勤終怠，功虧一簣。若此者皆立志不堅之過也。苟能立志，復濟之以堅忍，則事未有不成者。

（七）堯舜人也，我亦人也。堯舜爲法於天下，可傳於後世。我苟能立志，爲聖賢，爲豪傑，安知不能如堯舜之爲法於後世乎？故顏子曰："有爲者亦若是。"孟子曰："人皆可以爲堯舜。"

備考

〔孔子〕名丘，字仲尼，魯人，鄹邑大夫叔梁紇之子也。生於周靈王二十一年，卒於周敬王四十一年。道德學問，爲生民所未有。弟子三千人，身通六藝者七十二士。嘗刪《詩》、《書》，定《禮》、《樂》，修《春秋》，作《孝經》。集羣聖之大成，爲萬世之師表。歷代咸尊崇之，至今稱爲至聖。通稱之曰孔子。

〔三軍〕古之兵制，萬二千五百人爲一軍。大國則有三軍。

〔聖賢〕於事無不通之謂聖，多才而有善行之謂賢。

〔豪傑〕才德出衆之稱。

〔堯〕陶唐氏，姬姓，高辛氏次子。年十六，諸侯尊爲天子。

〔舜〕姚姓，名重華。父頑母嚚，弟象傲，舜以至孝感之。後繼唐堯爲天子,是爲有虞氏。

〔顏淵〕魯人,孔子弟子。姓顏,名回,字子淵。

〔孟子〕鄒人,名軻,字子輿。戰國時之大賢也。崇王道,述仁義,著有《孟子》七篇。

第三課　敦　品

要旨

本課使學生知敦品厲行之道,以啓發其自尊之心。

本文

同是人類,而流品各有不齊,豈秉性之異乎?亦由幼時不知敦品,習與性成,致日趨於卑下耳。敦品之事條理甚繁,而握其原亦甚易。非禮勿視,非禮勿聽,非禮勿言,非禮勿動。隨時隨事常存一敦品厲行之心,勿隨流俗爲轉移,而常以轉移風俗爲己任。則不徒可以淑身,且可以淑世矣。

教授要義

(一)均是人也,或入於善,或習於惡,而社會上流品,遂有智愚賢不肖之分。不知者以謂品之不齊,賦性使然也。豈知品行之端不端,非由天賦,實人爲之乎。語曰:少成若天性,習慣成自然。苟幼時不知自愛,喜爲卑劣行爲,久而久之,自流入於污下之途而不自知矣。

(二)凡事必有其本原,故遇複雜之事,欲其條分縷析,必先探其本原,然後逐條研究之,則世間是無難事。

(三)欲握敦品之原,一言以蔽之曰:守禮而已。目有視,非禮勿視也;耳有聞,非禮勿聽也;口有言,非禮勿道也;身有所舉動,非禮勿動也。能若是,品行未有不端者。

(四)浮囂者流,目守禮者爲迂腐;圓滑之人,視守禮者爲固執。苟無定力持之,未有不隨俗轉移者。故當隨時隨事,常存一敦品厲行之心。

（五）風俗之良窳，係多數人民造成之。苟多數之人皆能敦品厲行，則不良之風俗亦必變爲優美，且足爲世界所效法。故曰可以淑世。

備考

〔敦〕端厚也。
〔習〕習慣也。
〔卑下〕謂卑賤而污下，猶言下流也。
〔厲行〕謂磨厲其行爲。
〔流俗〕習俗也。
〔任〕責任也。

<h2>第四課　慎　　言</h2>

要旨

本課言多言之無益，使學生知出言宜慎，並養成其言行一致之風。

本文

汲黯之告漢武帝也，曰："爲治不在多言，顧力行何如耳。"爲治如此，爲學何獨不然？曾國藩之論治事也，曰：多條理，少大言。蓋天下事盤根錯節者甚多，必有艱貞之力，縝密之思，明敏之才，乃克勝之。而多言者，於是諸美德必甚缺乏也。故曰："吉人之詞寡，躁人之詞多。"多言不獨非爲學治事所宜也，亦非處世之道。孔子曰："禦人以口給，屢憎於人。"袁采曰："言語簡寡，在我可以少悔，在人可以寡怨。"旨哉言乎！

教授要義

（一）言論爲事實之母。故人苟有所作爲，不能不先之以言論。然凡事言之甚易，行之實難。與其徒託空言，不能實踐，奚如先慎其言哉？漢武帝好大喜功，汲黯恐其言不顧行，故以力行之説告之。

（二）爲治之道，必言行一致，斯能望政治之進步。爲學亦必言行一致，斯能期學業之進益。故爲治與爲學，皆以慎言爲貴。

（三）治事無論巨細，貴乎井井有條。好爲大言者，遇事輒輕易視之，於是因而憤事者多矣。故曾國藩以多條理少大言爲治事之準則。

（四）治事既貴有條理，而整理此條理者，則全恃乎吾人之心思才力而已。故同一事也，或治之而成績煥然；或治之而毫無結果；或則不畏艱難，再接再厲；或則稍經挫折，功敗垂成。其致此之由，恒以治事者之心思才力判之。而多言之人，其心思才力，往往不足取焉。

（五）詞寡者，治事必能堅忍，堅忍則事易成。詞多者，治事每涉浮躁，浮躁則事易敗。

（六）爲學治事，皆不宜乎多言，此就狹義言之也。若就廣義言之，則吾人處於斯世，隨時隨事皆當謹慎出言，始足以立身於社會。否則言多必失，後患隨之。即使措辭辯給，終難免爲人憎惡也。

（七）凡人言語既多，往往不經意而出之。然不經意之言，有貽悔者矣，有結怨者矣。與其貽悔於後，結怨於人，何如簡寡之爲愈乎？

備考

〔汲黯〕漢人，字長孺，歷仕漢景帝、武帝兩朝。以嚴見憚，武帝稱爲社稷之臣。

〔曾國藩〕湖南湘鄉人，字伯涵，號滌生。前清太平之役，戰功甚著，復平定東西捻，封毅勇侯，歿諡文正。

〔盤根〕謂事之糾葛，如樹根之盤結也。

〔錯節〕謂事之複雜，如木節之錯雜也。

〔難貞〕堅忍不變之謂。

〔縝密〕細緻而周密也。

〔明敏〕明白而敏捷也。

〔克〕能也。

〔缺乏〕稀少也。

〔吉人〕謂有德之人。

〔躁〕浮躁也。

〔禦〕拒也。

〔給〕辯給也。

〔憎〕惡也。

第五課　存　誠　一

要旨

本課使學生知存誠之學，首宜戒除妄語，以端其誠實之始基。

本文

司馬光幼時偶弄青胡桃，女兄欲爲脱其皮，不得。女兄去。一婢以湯脱之。女兄復來，問脱胡桃者。光曰：自脱也。其父適見之，呵曰："小子何得謾語！"光自是不敢謾語。劉安世見司馬光，問盡心行己之要，可以終身行之者。光曰："其誠乎？"問行之何先？曰："自不妄語始。"

教授要義

（一）人當幼時，最喜炫己之長。因炫己之長，遂不免掠美焉，作僞焉。習之既久，誠意減矣。然掠美也，作僞也，必自謾語始。故司馬光之父，禁光之不得謾語也。

（二）謾語之病，幼年人最易犯之。乃司馬光一聞其父之調，立即悛改，終身不敢再犯，可謂能恪遵庭訓，勇於改過者矣。諸生當師司馬光之勿謾語，尤當師其恪遵庭訓，勇於改過也。

（三）正心必先誠意，故盡心之要在存誠，行道貴乎務實。故行己之要在存誠，終身行之，自收進德修業之效矣。

（四）妄言爲詐僞之基，然犯之甚易。或出於無心，或藉以應變。而不肖者且藉言語爲遂非文過之具，敗德孰甚焉。故司馬光以不妄語爲力行之先也。

備考

〔司馬光〕字君實，陝州夏縣人，爲宋朝名相，又爲名儒。嘗曰："吾無過人處，但生平所爲，未嘗不可告人耳。"卒封溫國公，謚文正。

〔胡桃〕又名核桃，其實青色，中包堅核，核中有仁，可以爲食品。

〔呵〕斥也。

〔謾語〕誑言也。

〔劉安世〕字器之，宋元城人。歷官臺諫，論事剛直。卒謚忠定，號元城先生。

〔妄語〕欺妄之語也。

第六課　存　誠　二

要旨

本課言至誠感人之理，使學生知存誠之益。

本文

程明道生平與人交無隱情，雖童僕必待以至誠，故人亦不忍欺。嘗自澶淵遣奴持金詣京師購用物，計金之數可當二百千，奴無父母妻子。同列聞之，莫不駭且笑。既奴持物如期而歸，衆始歎服。其至誠感人，而人以誠相報之也如此。

教授要義

（一）交友以信義爲重，而能維持此信義者，要惟誠實而已。明道先生事事崇實，故生平交友無隱情。

（二）常人對待僮僕，每易忽略。蓋以謂奴輩乃受我驅遣者，何敢與我計誠僞？不知僮僕之備於我，特迫於衣食耳，非不辯誠僞者也。我苟以至誠待

17

之,彼豈有不知感激者乎?

（三）誠實之人,無機械心。故其用人也,必不疑人之作僞,而爲其所感者,自不忍以詐僞報之。明道託重金於奴,購物於遠道,絶不之疑,非疏忽也,至誠之用心若是也。

（四）挾重金以赴遠道,既無家室之顧戀,即難保無呑資他逸之行爲。故同列對於明道此舉,不能無駭,不能不笑。

（五）奴購物而歸,不負主人之託,在明道視之,固無足異。蓋遣出之際,豫料奴之必無他意也。至先時所駭笑之衆人,則以爲事出意外矣,故不得不歎服。

（六）語曰:精誠所感,金石爲開。言至誠可以格物也。物猶可格,而況於人乎? 諸生苟能學明道之至誠待人,則人亦將以誠實報諸生矣。

備考

〔程明道〕名顥,字伯淳,河南洛陽人,爲宋時大儒,世稱明道先生。

〔生平〕終身也。

〔隱情〕隱秘不可告人之事。

〔欺〕詐騙也。

〔澶淵〕湖澤名,亦曰繁淵。隋置縣,在今直隸濮陽縣西。

〔駭〕驚動貌。

〔歎服〕贊歎而信服也。

第七課　克　己

要旨

本課言克己之道,使學生知反身自治,並鍛鍊其涵養之功。

本文

王述少時性急。嘗食雞卵,以箸刺之不得,大怒,擲卵於地,卵旋轉不止,以足踏之又不得，忿甚，拾而納諸口中，齧破吐之。及躋高位，每以柔自克。有謝奕者，性麤暴，偶忿述，當衆痛詈之，述無所應，面壁而已。奕去，始復坐，人皆以爲難。孔子曰："躬自厚而薄責於人，則遠怨矣。"孟子曰："行有不得者，皆反求諸己。"世之賦性褊急者，豈三復斯言。

教授要義

（一）性急之人，最易遷怒。以箸刺鷄卵而不得，即擲之於地，是遷怒也。踏之不得，拾而納之口中，可以止矣，乃復齧破吐之，其躁率之性，忿激之概，一何烈也。雖然，世人之類是舉動者，實繁有徒。蓋當忿激之時，血氣用事，舉措遂不知不覺而失常度。惟能克己者，始不爲血氣所用耳。

（二）凡居高位者，易以意氣凌人，而犯衆招尤，未始不因是而貽後患。王述既躋高位，能以柔自克，非特可以風世，亦遠禍之道也。

（三）遇麤暴之人詈己於稠人廣衆之間，强者必憤然與爭，懦者亦必勃然變色矣。乃王述之對待謝奕，竟聽其當衆痛詈，面壁不應。直至奕詈畢而去，始復其坐。其涵養之深，克己之功，誠有過人者矣。宜乎人皆以爲難也。

（四）昔以性急而遷怒於物，今遇橫逆而反求諸身。一人之所爲，前後何若兩人焉，即任性與克己之別耳。而由前之道行之，足以敗德，足以喪身。由後之道行之，足以道德，足以免禍。一轉移間，禍福隨之。人顧可不自省哉！

（五）厚於責己，則身益修。薄於責人，則人易爲善。人與己均入於善，則怨無自而生矣。

（六）橫逆之來，必有其因。若無端而加我以橫逆，我但問心無愧，即不足與之較矣。事事如此，斯成克己之功。

備考

〔王述〕字懷祖，晉陽人。晉哀帝時爲尚書令。

〔擲〕拋棄也。

〔躋〕登也。

〔柔〕遜順也。

〔詈〕罵也。

〔褊急〕量小而性急也。

〔豈〕何不也。

第八課　强　毅

要旨

本課言宗世林、晏敦復之氣節，使學生知强毅之可貴。

本文

宗世林薄曹操爲人，不與之交。及操總朝政，從容問曰："可以交未？"答曰："松柏之性猶存。"晏敦復初爲左司諫，兩月間論駁凡二十四事，舉朝憚之。秦檜使人致意曰："公能委曲，要路且夕可致。"敦復曰："薑桂之性，老而愈辣。吾豈能爲身計誤國耶？"

教授要義

（一）守正不阿之謂强，果敢能斷之謂毅。人能强毅，則不懼權勢。不貪利禄，而其亮節高風，不特足以正人心，挽頹俗，且足垂典型於後世焉。

（二）曹操爲漢室之權臣，有篡位之志，故宗世林薄其爲人。

（三）松柏歷歲寒經霜雪而不凋，猶强毅之人爲威勢所迫，不變其操。故宗世林引以爲喻。

（四）權臣當國，忤其意者輒被禍。秦檜，權臣也。當時獨攬大政，舉朝之人，承其意旨者多矣。晏敦復以一左司諫，於兩月之間，論駁至二十四事，其强毅爲何如乎？

（五）爲威力所脅者，不得爲强毅。爲爵禄所餌者，亦不得爲强毅。晏敦復以論駁朝政爲權奸所憚，已可敬矣。及權奸餌之以要路，仍不爲所動，且以薑桂之性老而愈辣對，其輕身愛國之忱，誠足當强毅二字而無愧矣。

（六）近世人心浮動，能守正不阿，始終持之以毅力者，曾不多覯。此風俗之所以日趨澆薄也。學生苟知愛惜名節，愛惜國家，即當以宗世林與晏敦復之强毅是則也。

備考

〔宗世林〕後漢時人。

〔薄〕輕之也。

〔曹操〕後漢時之權臣,封魏王。子丕篡漢爲魏文帝,追尊操爲武帝。

〔晏敦復〕字景初,宋時臨川人。

〔秦檜〕宋高宗時之權臣,營私植黨,讒害忠良。時宋金方搆兵,檜獨主和議,反對之者輒被禍。

〔駁〕論列是非,指其不合事理之謂。

〔委曲〕柔順也。

〔要路〕要位也。

第九課　勤　學

要旨

本課言古人爲學之刻苦,使學生知努力向學。

本文

胡銓見楊時,時舉兩肘示之曰:“吾此肘不離案三十年,然後於道有進。”張九成謫橫浦寓城西寶界寺,寢室有短窗。每日黎明,輒抱書立窗下就明而讀,如是者十四年。及北歸,窗下石上足跡隱然。古人爲學勤勉專一若此,凡我青年可以鑒矣。

教授要義

(一) 學業之精不精,視修業之勤惰以爲斷,而智愚不與存焉。

(二) 楊時爲宋朝大儒,求學之士,往往不遠數千里從之。而其所以能負此盛名具此學識者,不外乎勤勉專一而已。伏案三十年始進於道之言,係以己之經驗告胡銓,使銓有所效法也。

（三）勤學之人,不論境遇之拂逆,居處之卑陋,但知致力於學而已。故張九成雖被遠謫,力學如故。

（四）方今學校規則,上課休息,皆有定時。而七日一休沐,尤爲古時之所無。蓋恐兒童用心過度,於身體之發育有礙也。然若貪於逸樂,則於身體之發育亦有關礙。且所受之學業,不時加溫習,必不能有進步。若楊時之肘,三十年不離案。張九成之抱書立窗下,就明而讀,四十年如一日。如此刻苦,諸生必覺其難,然諸生苟能將每日所受之業,勤加溫習,勿貪遊戲,則雖不能及此二人,而學業之進步,有不期然而然者矣。

備考

〔胡銓〕字邦衡,廬陵人。宋高宗朝曾上書劾秦檜。晚號澹庵老人。

〔楊時〕字中立,劍南將樂人。程顥、程頤之弟子,亦宋時之大儒也。學者稱爲龜山先生。

〔肘〕手腕動脈處也。

〔案〕書桌也。

〔張九成〕字子間,少曾從學於楊時,亦爲當時名儒。時宋方受侮於金,彼此搆兵,奸臣秦檜主和議,九成反對之。檜進讒於高宗,遂被謫。

〔橫浦〕地名,在今江西大庾縣南。

〔黎明〕天微明之時也。

〔鑒〕取法也。

第十課　惜　陰

要旨

本課言時間之可貴,使學生知珍惜光陰,以去其懈怠之念。

本文

古人有言:"寸寸積陰,日以當兩;分分積陰,日以當月。"此言愛惜時間者,一日抵人兩日,或且抵人一月也。晉陶侃爲荆州刺史,公務甚繁。侃親理之,不肯少暇。嘗語人曰:"大禹聖人,乃惜寸陰。至於衆人,當惜分陰。"夫光陰,有限者也;學業,無涯者也。以有限之光陰,治無涯之學業,旦旦而求之,昔昔而思之,吾猶懼其勿及焉。時乎,時乎,不再來! 烏可優游送日而自暴自棄乎?

格言:人生最繫戀者過去,最希望者未來,最悠忽者現在。

教授要義

(一)世界上行之最快者,厥惟光陰。若不知愛惜,則悠悠忽忽,百年猶轉瞬耳。此古人所以有"寸寸積陰,日以當兩;分分積陰,日以當月"之言。以勉人愛惜光陰也。

(二)服官而不親公務,每易貽誤要公。故陶侃雖處繁劇之任,必親理公務,不敢少暇也。

(三)大禹治洪水,十三年於外,三過其門而不入。一寸光陰,不敢不惜,卒平水土而有天下。

(四)聖人之所以爲聖,在不肯以衆人自待耳。故我輩衆人,皆當取法聖賢,益加勤勉。雖一分光陰,亦當珍惜也。

(五)人生世上,上壽不過百年,是光陰之有限也。世界進化,科學隨之而精進,故學業前途,千變萬化,不可名狀,是學業之無涯也。

(六)積秒成分,積分成時,積時成日,積日成月,積月成年,故百年歲月,亦由分秒相積而成。若以分秒之時間爲短促,優游以送之,積久增多,不啻虛度年華矣。虛度年華,即自暴自棄也。

(七)本課格言謂人之習性,於過去之事,每多繫戀;於未來之事,先存希望;而現在之所爲,獨忽略視之。不知現在即過去時之希望時期,亦爲未來時之繫戀時期,萬萬不可悠忽過之也。

備考

〔積〕聚也。
〔陰〕影也。俗稱時間爲光陰,殆指日影移動而言。
〔陶侃〕字士行,晉時名臣。
〔暇〕閒也。

〔大禹〕夏后氏,平洪水有功,繼虞舜爲天子。

〔限〕限止也。

〔涯〕窮盡也。

〔旦旦〕朝朝也。

〔昔昔〕夕夕也。

〔烏〕何也,安也。

第十一課　安　貧

要旨

本課述安貧之故事,使學生知處貧之道。

本文

范仲淹讀書南都,斷齏劃粥,清苦殊甚。有留守子見之,歸告其父,以公廚食饋,仲淹固辭勿獲。既而悉皆敗矣,留守子曰:"大人聞君清苦,故饋以食物而不下箸,得非以相浼爲罪乎?"仲淹謝曰:"非不感厚意,但食粥安之已久。今遽享盛饌,後日安能啗此粥乎?"石介讀書南都,侍郎王濟閔其窮約,偶因讌客,遺以盤飧。介却之不受,曰:"今日固好,明日如何?"

格言:咬得菜根,則百事可做。

教授要義

(一)有志之士,不患處境之艱難,而患學之不能精;不患衣食之菲惡,而患業之不能成。故范仲淹斷齏畫粥,不以爲苦也。

(二)留守子生於宦家,飽飫烹宰,見仲淹清苦殊甚,歸告於父,而饋以食物,不特恤貧,亦所以重仲淹也。

(三)常人當貧乏之時,飲食惡劣之際,有饋以盛饌而不受者乎? 有他人固贈以盛饌,不肯下箸,聽其腐敗者乎? 無有也。而仲淹竟若是,此留守子所以異之,而以相浼爲問也。

（四）辛勤勵學，齏粥自有餘甘；口腹是求，珍錯猶難下咽。仲淹惟專志於道德文章，故無暇爲飲食計也。

（五）窮約而能好學，不徒爲人所閔，亦且爲人所敬。此王濟所以遺石介以盤飱也。

（六）石介却盤飱而不受，與范仲淹辭留守公廚之饋，同一用意，其措辭亦復相類。

（七）本課格言謂人苟能安貧耐苦，則無論若何之艱難事業，皆能耐心爲之。故曰：咬得菜根，則百事可做。

備考

〔范仲淹〕字希文，宋之名臣，吳縣人。官至樞密使。卒諡文正，追封楚國公。
〔齏〕乾菜也。
〔留守〕官名。
〔箸〕筷也。
〔浼〕污也。
〔盛饌〕美餚也。
〔啗〕食也。
〔石介〕字守道，與仲淹同時，兗州人。官至太子中允，號徂徠先生。
〔閔〕憐也。
〔飱〕熟食也。

第十二課　儉　　約

要旨

本課使學生知崇儉之道，以戒除其好奢之觀念。

本文

司馬光曰："吾家本寒族，世以清白相承。吾性不喜華靡。自爲乳兒時，長者加以金銀華靡之服，輒羞赧棄去之。平生衣取蔽寒，食取充腹，亦不敢服垢敝以求矯俗干名，但順吾性而已。"范純仁之子正平，勤苦好學，儉樸如貧士。嘗與外家子弟結課於覺林寺，寺去城二十里，正平但以敗扇障日，徒步往來，人不知其爲宰相之子也。

格言：由儉入奢易，由奢入儉難。

教授要義

（一）貧寒之家，能以清白相承者，所在多有。而其性不喜華靡者，則不數覯焉。於以見司馬光之異乎常人矣。

（二）以金銀華靡之服，加於乳兒之身，世俗之習慣，亦兒童之所喜悅者也。司馬光幼時，獨羞赧而棄去之，誠儉約出於天性，非尋常乳兒所能及矣。

（三）布衣疏食，足禦飢寒，錦繡膏粱，不過飽暖，而奢儉自此分矣。然或以崇儉而服垢敝，是矯俗干名也。故司馬光不取。

（四）宦家子弟，貪逸好奢者居多數。范正平獨勤苦好學，儉樸如貧士，可以師矣。

（五）父爲達官，其子有不乘車策馬者乎？乃正平承祖若父崇儉之教，徒步往來於距城二十里之地，但以敗扇障日，一洗貴家子弟奢侈之風，故人不知其爲宰相子。

（六）今日社會之情狀，較之古時奢靡極矣。國貧民困，良有以也。吾願諸生師司馬光、范正平儉約之風，以之自勵，更願諸生以改良社會奢侈之習慣爲己任也。

（七）本課格言謂社會趨向，恒喜奢而惡儉。故處於儉約地位，入於奢侈者易；習於奢侈風尚，改爲儉約者甚難。

備考

〔司馬光〕見本冊第五課。

〔寒族〕微賤之族也。

〔清白〕謂不爲曖昧犯法之事。

〔華靡〕奢侈也。

〔乳兒〕幼小食乳之兒也。

〔羞赧〕羞愧而面赤也。

〔垢敝〕污穢而破壞也。

〔矯〕欺詐也。

〔干〕求也。

〔范純仁〕范仲淹之子,字堯夫。哲宗時累官尚書、僕射中書侍郎,卒諡忠宣追封許國公。

〔正平〕純仁子,官開封尉任。

〔障〕遮也。

〔徒步〕步行也。

第十三課　戒苟得

要旨

本課使學生知見得思義之旨,以養其廉德。

本文

曾子衣敝裘耕於野,魯君使人往致邑焉,曰:"請以此易裘。"曾子不受。使者曰:"不求自獻,何爲不受?"曾子曰:"參聞:受人者,畏人;與人者,驕人。子即不我驕,我能無畏乎?"許衡暑中過河南,渴甚,道旁有梨,衆爭取啖之。衡獨危坐樹下不顧。或問之,衡曰:"非其有而取之,不可也。"或曰:"世亂,梨無主。"曰:"梨無主,吾心獨無主乎?"

格言:見得思義。

教授要義

(一)凡財物之來,不顧義理而取之,謂之苟得。人存苟得之心,則利之所在,取之若鶩。彼競此爭,各不相讓。於是損失名譽者有焉,不顧廉恥者有焉,而道德之墮落,遂不可問矣。

(二)魯君使人致邑於曾子,敬賢也。易裘之説,魯君之謙辭。

（三）以一貧士而驟得一邑之地，非特可以易新裘，且可致富矣。而曾子不受者，義不苟取也。

（四）使者不知曾子見得思義之意及廉介之節，但以俗情而論，故曰：“不求自獻，何爲不受？”

（五）畏人驕人之言，曾子之託辭，亦即就俗情以答使者也。實則曾子不欲得意外之富貴以傷廉耳。

（六）廉介之士，雖在存亡危急之秋，一介不肯苟取。此許衡所以寧渴不取道旁之梨也。

（七）或人之意，以謂世亂民散，梨既失其主人矣。偶取啖之，似不得謂爲傷廉。不知亂世無主之物甚多，梨無主而取之，則推此心也，凡物之無主者，何一不可取哉？

（八）貪婪廉介，隨吾心爲轉移。心苟無主，則患得患失，營營苟苟，無不爲矣。

（九）本課格言謂人凡有所得，必先思合義與否。義，然後取，斯不傷廉。故曰：見得思義。

備考

〔曾子〕魯人，孔子弟子。名參，字子輿。

〔畏〕懼也。

〔驕〕倨傲也。

〔許衡〕字平仲，元時河內人。世祖初召爲京兆提學，及即皇帝位，欲重用之，未果而卒。贈司徒，謚文正。衡嘗自署其齋曰魯齋，故世人亦稱爲魯齋先生。

〔危坐〕正身而坐也。

〔顧〕視也。

〔主〕梨無主之主，謂主人也。心獨無主之主，當作主意解。

第十四課　有　恒

要旨

本課言有恒之益，使學生知所遵循。

本文

荀子曰："學不可以已。不積跬步，無以至千里；不積小流，無以成江河。"
又曰："鍥而舍之，朽木不折；鍥而不舍，金石可鏤。"夫金石與朽木，堅脆至殊
絶矣。顧或鍥而鏤之，或鍥之而不折，豈以鍥之之術不同而程效適相反歟？
無他，一無恒，一有恒耳。吕本中曰："今日記一事，明日記一事，久則自然貫
穿。今日辨一理，明日辨一理，久則自然浹洽。今日行一難事，明日行一難
事，久則自然堅固。久自得之，有恒之效也。"

教授要義

（一）積跬步而至千里，積小流而成江河。所謂積少成多也。爲學亦然。
必遠紹旁搜，孜孜不倦，始有成蹟之可言。
（二）或作或輟，中道而廢。曾是以爲學，雖智者難期進益。焚膏繼晷，兀
兀窮年，博聞強記，自視欿然，則雖至魯鈍，亦有豁然貫通之日。此所謂鍥而
舍之，朽木不折。鍥而不舍，金石可鏤也。
（三）人而無恒，則一事不可爲，豈特爲學無進步哉？
（四）事之不易貫穿者，逐漸而記之；理之不易明析者，逐漸而辨之；事之
艱難不易行者，勉強而行之。進行惟恐不及，一得不敢自封。久而久之，自能
窮源竟委，融會貫通矣。是即有恒之效也。

備考

〔荀子〕名卿，字況。戰國時趙人，仕楚爲蘭陵令。著書曰《荀子》。
〔跬步〕一舉足曰跬，兩舉足曰步。
〔鍥〕刻也。
〔舍〕釋也。
〔鏤〕雕刻也。
〔脆〕軟而易折也。
〔吕本中〕字居仁，宋時河南人。撰有《宋論》四十篇，及《師友淵源録》、
《春秋解》等書。

〔貫穿〕通曉也。

〔浹洽〕融和也。

第十五課　衛　　生

要旨

本課述衛生之法，使學生知愛護其身體，以養成健全之精神。

本文

國勢之強弱，視乎民體之強弱。故文明國之國民，莫不注意衛生。潔衣服，慎飲食，常受日光，時換空氣，動息以時，沐浴必勤，少睡眠，節嗜慾，凡茲數端，皆講衛生者所當注意也。嗚呼！病夫，病夫，貽笑於外人久矣。我國民欲雪斯恥以圖自強，則衛生誠急務焉。

教授要義

（一）民體強健，則民智亦從之而發達。民智發達，斯國勢日趨於強盛。故曰國勢之強弱，視乎民體之強弱。

（二）注意衛生，則精神健全，身弱者將轉而爲強。不注意衛生，則疾病叢生，體強者且變而爲弱。故文明國之國民，莫不注意衛生。

（三）衣服飲食，所以養生，然不潔不慎，即足以致病。故講衛生者，不可不注意也。

（四）日光足，可以殺微生物。空氣潔，則呼吸後使血液新鮮。動息以時，則無過勞過逸之弊。沐浴既勤，則除去污垢，排洩清暢。睡眠足，則思慮因之明爽。節嗜慾，則精神自覺健全。故講衛生者，皆當注意於此。

（五）外人見我國民體之弱也，民智之窒也，故譏我國爲病夫國。我國民欲雪斯恥，惟有急講衛生以圖自強耳。

備考

〔衛生〕謂保衛生命之危險也。

〔空氣〕空中之氣壓也。

〔動〕運動也。

〔息〕休息也。

〔沐浴〕洗頭曰沐，澡身曰浴。

〔端〕緒也。

〔雪〕洗也。

〔圖〕謀也。

高等小學　新修身教授書
第二册第一學年第二學期

第一課　孝　親　一

要旨

本課使學生知身之所由生，及親之當孝。

本文

《孝經》云："天地之性，人爲貴。人之行，莫大於孝。"朱子少年讀《孝經》，
題其上曰："不若是，非人也。"人自孩提以至成人，寒暖、調護、飲食、教誨，父
母之愛我，即父母之生我也。故父母爲人所生之本，若不思此身所自來，而不
能孝其父母，是自忘其所生矣。

格言：百行孝爲先。

教授要義

（一）天地之間，即爲世界。生於世界者，不獨人類。而人爲最貴者，以人
之知覺運動，逈非他生物可比，而聰明才智，又遠出乎他生物之上也。

（二）人之一身，必有所本。父母爲吾身之所由生，是父母即吾身之本也。
人無父母，便無此身也。

（三）人有此身，人不能自生活也。自襁褓之中，至能言語，能飲食，能
行走，以至入學讀書。歷年來長養而教誨之者，皆父母之愛我也。父母之愛

我，皆父母之生活我也。父兮生我，母兮鞠我，父母之於子，可謂恩德備至矣。

（四）父母之於我，恩德既如此，則我之於父母，必當思所以報答之。承親之歡，順親之志，勤學向上。不使父母，有所不快，皆所以報我父母也，即所謂孝也。若僅以飲食奉養，抑末也。

（五）反是以觀，則不能勤學，即不能承親之歡，順親之志，是忘其身之所由生，而自失其根本矣。無本之水易於涸，無本之木易於拔。人而失其根本，與禽獸奚擇哉？

（六）朱子，宋之大儒也。少年讀《孝經》而題其上曰：“不若是，非人也。”言人之必當孝其父母也。人與非人之別，所爭者孝與不孝而已。

（七）本課格言曰：百行孝爲先。言能孝其父母，即爲百行之首也。

備考

〔朱子〕宋之大儒，名熹，字元晦。徽州婺源人。歷官煥章閣待制，謚文，追封信國公。

〔《孝經》〕書名。

〔孩提〕孩童之時，需人提抱，故曰孩提。

〔成人〕成年之人也。

〔寒暖〕冷熱也。

〔調護〕調養而護持之也。

〔飲食〕與之飲食也。

〔教誨〕教導而訓誨之也。

第二課　孝　親　二

要旨

本課示學生以事親之模範。

本文

夏暘，石工也，目不知書，志行純孝。冬月，侍父同寢，必先温衾褥。母病，侍湯藥，不離左右，衣不解帶者三年。母嘗思食荔枝，家在城外，雪夜，越城叩市，苦求以奉。暘子有小過，爲弟毆死，恐傷母志，含淚不言。夫父子，天性也，至子爲弟所毆死，以恐傷母志而不言，則人所難能矣。得之於目不知書之石工，可敬哉！

格言：先意承志。

教授要義

（一）孝養父母，有養口體與養志之別。昔者曾子養曾皙必有酒肉。將徹，必請所與。問有餘，必曰有。曾元養曾子，必有酒肉。將徹，不請所與。問有餘，曰無矣。孟子謂曾元僅能養口體，而曾子爲能養志。所謂養志者，先意承志，不使吾親有難言之隱也。若夏暘者，亦近之矣。

（二）夏暘之事親，恐衾褥之寒也，先温之以驅寒。恐母病之時有所需也，頃刻不敢離左右，三年不敢解衣而臥。蓋如解衣而臥，則母有所需，不能即時應命也。越城叩市以求荔枝，不待天明前往者，恐稍遲即拂母之意也。

（三）若夏暘之事親，誠可謂之孝，誠可謂之養志。然人有天性，亦或能之。若己所生之子，則己所最愛也，以小過爲弟毆死而不言，恐母以痛孫而心傷，且因痛孫而責弟，是以一子而傷親心，並傷兄弟之情矣。故始終隱忍，其情彌曲，其心彌摯矣。

（四）夏暘，一石工也，其孝親且如此。則吾人之讀書明理者，更非目不知書之石工可比也。願諸生勉之效之，毋以夏暘爲不可及，而使親心稍有不愉也。

（五）本課格言謂人子之孝養父母，皆當先父母之意而承順其志，故曰先意承志。

備考

〔純孝〕孝行純篤，無一毫虛假也。

〔衾褥〕被褥也。

〔衣不解帶〕不解其所束之帶也。

〔荔枝〕木名,産於閩廣,實之外皮,有龜甲紋,肉色白,味甘多汁。

〔越城叩市〕時在昏夜,越城垣而叩市肆之門也。

〔毆〕以杖擊也。

第三課　孝　友

要旨

本課由父母而及於兄弟,使學生知愛兄弟即所以孝父母。

本文

元顏文瑞性孝友,自幼晨昏定省無間。年十三,即任家事以慰父。及長,窺親意愛弟,悉以田房讓之,不取尺椽寸土。娶楊女爲室氏,事翁姑益孝,有餘必請親膳,畢方敢就食。嘗以銀錢隱投親笥,隨親所喜而與之。凡米鹽之入,必先及弟,以悅親心,四五十年恒如一日。

格言:孝乎! 惟孝友于兄弟。

教授要義

(一)兄弟爲五倫之一。先我而生者曰兄,後我而生者曰弟,皆吾父母所生也。世未有不孝其父母而能愛其兄弟者,亦未有不愛其兄弟而能孝其父母者。

(二)就兄弟論,自我視之雖非一人,而同爲父母所生,在父母視之實一人也。故孝父母者必愛兄弟。

(三)顏文瑞自兒童時,即知孝其父母,問安視膳,早晚無間。恐父以家事勞心,又代父任家事以慰之。所謂家事者,如支持門户,料量米鹽,里鄰時節之饋遺,戚族昏喪之慶弔等皆是。若父而勞形於此,則頤養之時少矣。文瑞之引爲己任者,不欲使親心少有不安也。

(四)家中田園房産,凡父母之所有,皆兄弟之所共有。爲父母者愛憐少子,雖屬恒情,而顯分厚薄,又多不忍出諸口。文瑞潛體默察,悉以家中田房與弟,助弟之自立,即所以承親之志也。且破除倚賴,斯自立之志益堅。一舉而三善備矣。

(五)世俗兄弟,娶婦後遂多爭競,閨房之言,惑人最甚。文瑞之妻,不獨相處無嫌,且能益盡孝道,使親心無少間忤。蓋由婦之賢,然亦文瑞以身作則有以化之也。詩曰:刑于寡妻,文瑞有之矣。

(六)本課格言謂:惟孝其父母者,斯能友于兄弟。

備考

〔晨昏定省〕定安之也,省問候也。《禮記》昏定晨省。

〔無間〕永久不間斷也。

〔家事〕家中之事也。

〔田房〕田地、房屋也。

〔室〕謂婦也,男以女爲室。

〔筥〕雀葦器也,或以竹爲之。圓者曰簞,方者曰筥。

第四課　友　愛　一

要旨

本課承前課説明兄弟當互相友愛之道。

本文

兄弟者,同爲父母所生分形連氣之人也。方其幼也,追隨於父母之旁,食同案,游同方,相親相愛,根於自然。及其長也,或因爭産,或信婦言。人事乘之,天性斯薄矣。兄弟之真相親愛者,兄友弟恭,各盡其道。勤勞相助,飲食相讓,喜樂相共,悲戚相慰。善相勸,過相規。如影之隨形,聲之應響焉。

格言:兄弟是天然的朋友。

教授要義

（一）古人孝友並稱，蓋以兄弟皆親之所愛，若爲閱牆，則親心不安。故孝親者必當友于兄弟。此課更承前課説明之。

（二）身也者，親之枝也。兄弟者，皆吾親之枝而同出於一本也。孩童之時，父母左提右挈，前抱後負。飲食同，遊處同。入學讀書同，相親相愛，無絲毫外來之觀念參雜其間，此天性之真也。

（三）迨其長也，性情之間，或寬或急，或剛或懦。或喜動，或好静。或習於勤儉，或流於奢侈。兄弟之性不能相合，則不和起矣。又或以父有遺產，較量錙銖，怨分析之不均，金錢之誼重，則兄弟之誼疏矣。不知人果有志，即無尺寸之憑藉，亦可自立，於遺資乎何有？若性情少有不合，亦宜原心略迹，無事強同。語曰：識性可與同居，正謂此也。

（四）人能得一德一心之兄弟，人生之幸，門庭之瑞也。諸生於兄弟而有忿爭也，試一迴念父母生我之時，及童年相愛之狀態，則忿氣自平矣。

（五）格言有之：兄弟是天然的朋友。言朋友之結合以人，而兄弟則天然之結合，無待乎人也。古語云：“四海之内皆兄弟。”以人事結合之朋友，當視之如兄弟，則於天然結合之兄弟，其相親愛更當何如耶？

備考

〔分形連氣〕言兄弟之形體各異，而同出於父母，其氣相連也。
〔案〕桌也。
〔爭產〕爭所有之財産也。
〔兄友弟恭〕兄愛其弟，弟敬其兄也。
〔規〕以正言規諫也。

第五課　友　愛　二

要旨

本課歷舉友愛故事，使學生之有兄弟者知所取法。

本文

漢姜肱與二弟，友愛備至。夜同赴郡，遇盜欲殺之。肱曰："弟年幼未娶，父母愛之，願以身贖弟。"弟曰："兄年德在前，願受戮全兄。"盜乃劫其衣服而去。既抵郡，郡人見肱無衣服問故，肱終不言。盜聞感悔，詣肱謝還所掠物。漢趙孝、趙禮相友愛。歲饑，賊掠孝將食之，禮曰："兄病且瘠不堪食，我體肥願代。"孝曰："我固當死，汝何罪？"兄弟大哭，賊感動並釋之。

格言：世間最難得者兄弟。

教授要義

（一）前課所論爲平時之友愛。然處常者未必能處變。試更語諸生以姜肱及趙孝、趙禮之事。

（二）姜肱與弟同行，遇盜，兄弟爭死，盜掠肱衣服去，而肱終不言。夫樂生惡死，人之恒情，今肱兄弟不爭生而爭死，誠難能矣。盜掠肱衣服去，而肱復不言。蓋不欲以此暴已之長也，盜之爲其感化也固宜。

（三）趙孝、趙禮之事，與肱相類。何古人之多賢也？

（四）觀姜肱兄弟及趙孝、趙禮之事，當油然生友愛之心矣。以救護兄弟，至不惜犧牲自己生命以易之。夫生命非至可寶貴者乎？生命尚可犧牲，何況身外之物。此與顏文瑞事相同。皆諸生所宜效法也。

（五）本課格言曰：最難得者兄弟。謂兄弟之不比他人也，兄弟之誼如手足，手足一斷，不能再續。此兄弟之所以難得也。

備考

〔姜肱〕字伯淮，後漢彭城廣戚人。弟仲海、季江，皆以孝友著聞。

〔以身贖弟〕以已身代弟之死而贖之也。

〔郡〕舊時之府治也。

〔年德〕年齒德行也。

〔戮〕殺也。

〔劫〕奪也。

〔詣〕至也。

〔掠〕劫奪也。

〔歲饑〕歲不足也。

〔趙孝趙禮〕孝字長平，後漢沛國蘄人，禮其弟也。

第六課　睦　族

要旨

本課由父兄而推及宗族，示以敬宗睦族之範。

本文

父母兄弟而外，爲伯父、叔父、伯母、叔母，及從兄弟，漸推漸遠，則爲宗族。其間貧富不齊，貴賤不等。必以恩誼聯之。喜相慶，憂相弔。祭祀共誠敬，有無相賙恤。上可以對祖考，下可以式子孫矣。范仲淹曰：“吾宗族甚衆，於我雖有親疏，然自吾祖宗視之，均是子孫，豈可獨享富貴而不恤宗族乎？”因以所得之俸，均於族人，並置義田云。

格言：以親九族。

教授要義

（一）家之有父母兄弟，前既言之詳矣。其爲吾父之兄者曰伯父，爲吾父之弟者曰叔父。伯父、叔父之妻曰伯母、叔母，伯父、叔父所生之子，於我亦爲兄弟。由此漸推漸遠，凡爲同姓，皆吾宗族。其與吾父同輩者，皆伯父、叔父也，與吾同輩者，皆兄弟也。自分析之後，遂由漸而疏，顧其初實與吾同一家也。

（二）分析者何？分財析居之謂也。張公藝之九世同居，鄭濂之二百年不別籍，非有至德，未易則效。故分財析居，遂成爲普通習慣。分析以後，人之賢愚不等，致力於生業者不同，一族之中，遂生差異，而貧富貴賤之分起矣。

（三）人之有宗族，猶樹之有枝葉。枝葉之生，縱極繁茂，而其初皆出於一本。知此則宗族之喜,皆吾之喜也;宗族之憂,皆吾之憂也。家廟之祭祀,皆吾與同姓所共也;同姓之困乏者,皆吾所當扶助也。凡吾今日之所行,皆吾祖宗所次行,而子孫所當仿行者,可不慎諸。

（四）范仲淹爲宋之名臣,置負郭常稔之田千畝,號曰義田,以養合族之人。擇族中之長而賢者,司其出納,每人日給米一升,歲給縑一匹,嫁娶喪葬,皆有扶助。其言曰:吾豈可獨享富貴。所置義田,即令同族以共享富貴也。

（五）本課格言曰:以親九族,即親睦其同族之謂也。

備考

〔宗族〕同姓之族也。

〔從兄弟〕同祖之兄弟曰從兄弟,其又次者則曰再從、三從。

〔恩誼〕以慶弔往還聯絡其情誼也。

〔賙恤〕賙,給也。贍也,恤賑貧乏也。

〔祖考〕父死曰考,祖父死曰祖考,又通稱祖宗曰祖考。

〔式〕法式也。

〔范仲淹〕見第一册第十一課。

〔義田〕贍其同族之田也。

第七課　親　　誼

要旨

本課由家族而推及親誼,養成兒童親親之德性。

本文

胡師蘇曰:“古人睦族,非止同宗。父族、母族、妻族皆是,皆與我有親誼者也。昔晏平仲敝車羸馬,而父族無不乘車者,母族無不足於衣食者,妻族無凍餒者。齊國之士,待而舉火者三百餘人。”先父族,次母族,次妻族,而後及疏且遠者,是謂以其所愛及其所不愛也。今人不明此義,故有千金飾其裘馬,而視戚族如路人者。嗚呼！盍師晏子。

格言：家富提攜親戚。

教授要義

（一）第一課至第六課，均言家族主義。家族者，本宗九族及九族以外無服之親，皆與我同姓者也。所謂同姓之親也。此外又有異姓之親而爲吾之至親者，父族、母族、妻族是也，亦曰父黨、母黨、妻黨。

（二）所謂父族者，因我父而與我有親誼者也，如姑之子女稱爲姑表兄弟姊妹者是。所謂母族者，因我母而與我有親誼者也，如外祖父母、母舅、母姨皆是。所謂妻族者，因妻而與我有親誼者也，如岳父母是。凡此三族，皆親誼中之至親者也。惟其至親，故當兼愛。觀於晏平仲之事可知。

（三）晏平仲身爲大夫，自奉極儉，車敝馬瘠而不顧。節其俸錢，以贍其父母妻三族。其父族無不乘車者，足於衣食，自不待言。母族雖不乘車，而衣食無不豐贍。妻族之於衣食，雖不以豐贍稱，而亦無困於凍餒者。平仲之推愛三族如此。

（四）三族同爲至親，何以晏子之待遇各殊，則以父族與吾爲同姓，其子女雖屬異姓，而亦爲吾同姓所出也。母族則因吾母而推及之，雖親亦異姓也。妻族則素無關係，因吾身而推及之也。由親及疏，誼固應爾。至若齊國之士，待而舉火者三百餘人，可見平仲之愛人，又不以親誼爲限矣。孔子曰：汎愛衆，平仲有之矣。

（五）今日富厚之家，一裘馬之費，動擲千金，一飲食之需，幾費中人之產，而於親族之疾病患難有所告貸者，輒靳而不與。甚或起家貧賤，稍稍富貴，遂於微時親族不相往來。偶爾相逢，亦如陌路。若而人者，平仲之罪人也。

（六）本課格言謂富厚之家，當提挈親戚，使之免於貧困。故曰：家富提攜親戚。

備考

〔晏平仲〕春秋齊大夫，名嬰，字平仲。
〔同宗〕同姓也。
〔敝車羸馬〕敝，破也。羸，瘠也。

〔凍餒〕凍餓也。

〔舉火〕以火熟食也。

〔齊國〕周時國名，武王封太公望於齊，今山東省地。

〔飾〕裝飾也。

〔裘〕皮衣也。

第八課　睦　鄰

要旨

本課使學生知對於鄉里，當忍耐以求和睦。

本文

宋南野璵爲御史，還家。家有牛，蹂柳氏田。柳氏格殺牛，而遣其子弟踵門詬毀，璵令家人無出與争。柳氏有狂子醉罵良久，躍入水中，璵使人援出之，易以己衣，迎之上座，謂曰："吾與爾家世好，奈何以小忿隳之。"責牧牛兒，使人送柳氏子歸，且謝其父老。其父老大慚。夫柳氏之無禮甚矣，璵始終忍受，其父老卒爲所化。蓋深得睦鄰之道矣。

教授要義

（一）家屋之旁，必有他人之家屋與之毗連，此即所謂鄰里也。親戚，吾之至親也。朋友，吾之至好也。然散處四方，相隔較遠。若朝夕相見，出入相友。設有寇盜，聞聲即集；設有急難，有無可通。與吾最相切近者，莫鄰里若也。

（二）南野璵有牛，蹂柳氏田，曲固在璵。柳氏殺牛而又令子弟辱罵，則曲又在柳矣。以璵之勢力，不難折而辱之，乃戒不與争。其狂子躍入水中，且援之出而送之歸，良以相處至近，若挾忿争罵，相尋不已，則有失睦鄰之道。故不惜委曲求全，以情成之，以德化之。人非木石，誰無知覺，其父老之慚而感化固宜也。

（三）人當狂醉之時，有意尋釁。遇之者偶一不忍，則禍且立至。昔有一貧者，醉酒且服毒，至某富者之門辱罵，索遺借券。某富者檢券與之，送之還家，及家毒發而斃。設其時富者與較，則毒發必在富者之門矣。柳氏子躍入水中，設南野瑅聽之不救，必溺死。死則柳氏有辭，而南野瑅必受其害矣。孔子曰：“小不忍則亂大謀。”南野瑅可謂能忍矣。

（四）天下無不可化之人。若我竭誠盡禮以待鄰里，而鄰里猶以橫逆遇我者，必我之情有未至也。君子求諸己，當責己而不必輕於責人也。

備考

〔御史〕官名。

〔蹊〕徑也。《左傳》：牽牛以蹊人之田。

〔格殺〕遮而殺之也。

〔遺〕使也。

〔詬毀〕詬罵也，恥辱也，毀譽也。

〔醉詈〕醉酒罵人也。

〔躍〕跳也。

〔援〕牽持之也。

〔世好〕世相善也。

〔忿〕恨也，怒也。

〔隳〕毀也。

〔牧牛兒〕牧牛之童也。

〔謝其父老〕向其父老謝罪也。

〔慚〕羞愧也。

〔忍受〕忍而受之也。

第九課　敬　　師

要旨

本課由家庭及於學校，說明師道之尊，使學生知師長之當敬。

43

本文

家庭之長爲父母，學校之長爲師。家庭教育受之於父母，學校教育受之於師。師也者，與父母並尊者也。弟子之於師也，坐則隅，行則隨，請業則起，請益則起，奉命承教，必誠必恪，尊師之禮然也。若弟子而不敬其師，則求學之心不堅，而進益必鮮矣。

格言：師道立，則善人多。

教授要義

（一）諸生自孩提之時，以至於今，其在家庭，必父母之命是聽。自入學校以後，必師長之命是聽。蓋在家庭則受父母之教訓，在學校即受師之教訓也。

（二）所謂師者，以廣義言，三人行必有我師。擇其善者而從之，可從者即吾師也。以狹義言，即舊時家塾之先生，今日學校之教師也。

（三）諸生來校讀書，皆承父母之命，則師之教育諸生，即受諸生父母之委託。教諸生以人類應具之道德者，師也。授諸生以生業必需之知識技能者，師也。師之責如此其重，則師即爲諸生父母擔任教育之代理人。奈何不以尊敬父母之道敬師也。

（四）諸生知師之當敬，即應知敬師之禮。侍坐於師，不敢與師抗。從師而行，不敢出於師之前。他若有所問，必起立。有所請，必起立。相見必行禮，相遇必旁立。皆敬師之禮也。

（五）人能敬師，則必愛其師，親其師，一切以師爲法，而求學之心必摯。若意存侮慢，師長偶有責備，則生怨恨。師長偶有失誤，則生訾議。必輕其師而不能篤志求學矣。

（六）人之賢不肖，即學與不學之所由分。求學之誠摯與否，一以能敬師與否爲斷。能敬其師，則必勉於爲善。故本課格言謂：師道立，則善人多也。

備考

〔隅〕方角也。室之角曰室隅。

〔隨〕從於後也。

〔請業〕問所受之業也。

〔請益〕以所受之業爲未足，請師益進其説也。

〔誠〕真實也。

〔恪〕敬也。

〔鮮〕少也。

第十課　交　友

要旨

本課使學生知交友之益，並示以擇交之道。

本文

　　學問之道貴乎從師，然賴朋友之切磋者甚多。若與賢於己者處，則自以爲不足；與不如己者處，則自以爲有餘。以爲不足則日益，以爲有餘則日損。毋友不如己者，此孔子所以垂訓也。與朋友處，貴乎情誼相孚，然亦不可近於狎暱。《記》曰：君子之交，淡如水。交友之要旨也。

　　格言：君子以文會友，以友輔仁。

教授要義

　　（一）諸生自入校以來，相處有同學。同學而外，相與往還者，尚有鄰里之子弟，皆諸生之友也。人之性喜羣，故不能無友。

　　（二）友之言行，事事勝我，可以爲我取法者，曰益友。事事不若我，不足以爲我取法者，曰損友。所謂益與損者，言友之有益於我，或有損於我耳。

　　（三）入芝蘭之室，久而不聞其香。入鮑魚之肆，久而不聞其臭。非芝蘭之不香，鮑魚之不臭也。久與習，則已爲其所化也。人固不能無友，而擇友尤不可不慎。

　　（四）友以義合，非酒食遊戲相徵逐之謂。必也關切如昆弟，砥礪如師生。疾病相邮，患難相救。而其要旨，尤在久而能敬。能敬斯不流於狎暱。方正學曰："君子淡如水，歲久情愈真。小人口如蜜，轉眼若讐人。"此交友之良箴也。

（五）今既爲諸生講交友之道，又爲簡單之語以告諸生曰：無教育之兒童不可友，劣品性之兒童不可友。諸生年少，慎勿妄自尊大，而願與不若己者友也。

（六）孔子曰：君子以文會友，以友輔仁。朱注謂：講學以會友，則道益明。取善以輔仁，則德日進。此數語者，交友之要道，故本課引爲格言。

備考

〔切磋〕切，懇到也。磋，磨治也。詩云：如切如磋。

〔情誼〕相交之情誼也。

〔孚〕信也。

〔狎暱〕狎，習也，近也。暱與昵同，親近也。

高等小學　新修身教授書
第三册第一學年第三學期

第一課　愛 名 譽

要旨

本課使學生知爭存於社會,當保全自己之名譽。

本文

名譽者,無形之財産,而第二之生命也。吾人肉體之生活,在財産;精神之生活,在名譽。人之有名譽,猶草木之有芳香也。英英之學子,欲爭存於世界,當注意於一身之名譽,勿詒人以肉體生而精神亡之誚也。

格言:君子疾没世而名不稱焉。

教授要義

(一)名譽之於人,猶財産之於身,生命之於身也。置田宅,蓄金錢,財産也。具肢體,能言語,能飲食,能運動,生命也。

(二)有財産然後有生命,故財産實所以養人之生命。然財産所養者,僅肉體之生命。若具此肉體而其人不足見重於世,則肉體生而精神亡矣。

(三)名譽者,社會之公論也。公論在社會,而所以致社會之公論,使之無可訾議者在我。我而無可訾議,則人必敬我信我,雖無財産,猶足自立。我而與人以可以訾議,則人必遠我毁我,雖有財産,人亦望望然去之矣。至人望望然去之,則信用失而不足齒於人矣。物必先腐而後蟲生之,人可不於名譽加意保存乎?

(四)家因富而巨大,人因名譽而光輝。家之富漸次消失,謂之破產。人失其名譽,則無形之財產破矣。家產破則生命危,名譽失則精神亡。故欲保全財產,保全生命,必當保全名譽。

(五)輕舉妄動,不知檢束。或忌人之才,幸人之過,而破壞他人之名譽者,皆名譽之所由失也。諸生戒之。

(六)本課格言引孔子疾沒世而名不稱之語,言名譽之可貴也。語曰:"蓋棺論定。人至沒世而名不稱,則其人之必無名譽可知,故君子疾之。"

備考

〔名譽〕美名也。

〔財產〕銀錢田產也。

〔肉體〕血肉之體,即人之肢體也。

〔生活〕保全生命,使存活於世界也。

〔英英〕英俊之謂。

〔學子〕就學諸生也。

〔爭存〕人欲生存,必出於競爭,故曰爭存。

〔詒〕遺傳也。

〔誚〕譏讒也。

第二課　守　信

要旨

本課使學生知交友之當信。

本文

三國卓恕,還會稽,辭諸葛恪,恪問何日復來,恕言某日。至期,恪為主人,停不飲食,欲以待恪。賓客咸曰:"會稽建康,相去千里,道阻江湖,約豈可必?"俄而,恪至。一座盡驚。羅道琮,貞觀末徙嶺南,同徙一友死於中途,臨沒泣曰:"我獨委骨異壤乎?"道琮曰:"我若得還,不使君獨留瘞路左。"去歲餘,遇赦,歸覓其屍而還。之二人者,一則不爽約於千里,一則不失信於死友。古人之重然諾,從可見矣。

格言:與朋友交,言而有信。

教授要義

(一) 孔子之言曰:"人而無信,不知其可。"子夏之言曰:"與朋友交,言而有信。"故人與人相處,可以終身行之者,首重一信字。

(二) 卓恪還會稽,與諸葛恪約某日復來。在他人必以爲虛文之應對,轉瞬忘之。乃恪竟如期以至,恪竟停飲食以待。恪之必踐言,與恪之深信恪之必踐言,均可風矣。

(三) 羅道琮徙嶺南,同徙之友死,道琮許以歸骨。迨遇赦歸,必覓其屍而還。良以一經相許,不可以生死而渝也。

(四) 之二人者,誠不失爲守信之君子矣。昔范式與張劭相期拜母,語隔二年,如期而至。吳季子許徐君以劍,歸而徐君死,挂劍於墓,亦事之相類也。

(五) 吾人對人之言,首不可涉於欺誑。與人相約,不可不踐約,尤不可以生死而殊。對於社會,不可失信。對於一己,不可自欺。失信即自欺也,自欺即有損人格矣。

(六) 本課格言之"與朋友交,言而有信"二語,此孔子之言也。言交朋友之不可失信也。當出言之前,自念不能踐約,毋寧不言。若一言既出,則無論如何困難,必求不失信而後可。諸生念之。

備考

〔三國〕朝代名。漢室既衰,魏、蜀、吳分有中國,鼎足而三,故曰三國。
〔卓恪〕三國吳會稽人。
〔會稽〕地名,今浙江紹興縣。
〔諸葛恪〕三國琅邪人。仕吳,官至太傅。
〔建康〕地名,今江蘇江寧縣。

〔江湖〕江,長江也,爲中國大川。湖,渟蓄淡水之大澤也。

〔約〕期會也。

〔俄而〕俄頃也。

〔座〕位也。

〔羅道琮〕唐河東人。仕至太學博士,稱名儒。

〔貞觀〕唐太宗之年號。

〔徙〕遷也。

〔嶺南〕五嶺之南,今廣東、廣西之地。

〔中途〕途中也。

〔没〕死也。

〔委〕棄置也。

〔異壤〕異地也。

〔瘞〕埋也。

〔路左〕路旁也。

〔赦〕宥其罪也。

〔覓〕尋也。

〔屍〕死人軀體也。

〔爽約〕失其所約之期也。

〔死友〕已死之友也。

〔然諾〕以言許人也。

第三課　恤　貧

要旨

本課使學生知憐恤貧乏,以引起其慈善之心。

本文

　　華亭李登瀛,家貧,僅田二畝。佃户以疾荒其田,鬻子償租。李知之,惻然曰:"爾以病,故不能治田,非爾過也。我雖貧,尚能自存,奈何使爾父子離散乎？亟取租銀去，贖爾子歸。"其人曰："兒已成賣，雖欲贖，豈我許也？"李曰："我貧人且讓爾租，富室大家豈不如我？當爲爾言之。"與同往，主人感其義，許之。父子泣拜而去。

格言：哿矣富人，哀此煢獨。

教授要義

（一）人類社會，苦樂不均。其至苦者，貧而無告者也。致貧之故不一：有處境本富，浪遊以至於貧者。如富貴子弟，襲其祖父餘蔭，騖聲色狗馬之樂，不務學業，不事生產，家業罄盡，遂至赤貧是也。至若幼失怙恃，本無家產。或經商折閱，或疾病患難，無可告語。此皆有不得已之原因者也。因疾痛患難以至於貧，人生之至不得已也。其人不自立者，雖貧可不恤；其人之不得已者，我雖貧亦當恤之。

（二）李登瀛之佃戶，以疾荒其田，賣子以償租，即所謂人生之至不得已也。租出於田者也，既佃我田，應償我租，此償例也。若以疾而荒其田，雖田無所出，而租亦在所應償，故李之佃戶，賣子以償也。李知之而還其租銀，令贖其子歸，讓其租，即所以完其父子也。

（三）李讓其佃戶之租，李亦非富厚之家也。計其所有之田僅僅二畝，讓租則無所入矣。乃李不之顧，宜富室之感其義而許其贖子，與佃戶父子之泣拜也。

（四）今之富厚之家，田連阡陌，擁有厚貲。徵租之時，敲骨吸髓，但知計田受租，而於佃戶之疾痛患難，絕不之顧者，比比皆是。觀李之以貧人而讓租，其相去爲何如耶？

（五）人能苟免於貧，幸也。人之不免於貧，不幸也。人之幸而能自存者，則於人之不幸而不能自存者，必當知所以恤之。本課格言之"哿矣富人，哀此煢獨"，即此意也。

備考

〔華亭〕縣名，今江蘇松江縣。
〔佃戶〕農夫租他人之田而耕之曰佃戶。
〔鬻〕賣也。

〔償〕還也。

〔租〕以物貸人而取其值也。

〔惻然〕愴也，痛也。

〔亟〕急也。

〔哿〕可也。

〔煢獨〕單獨無所依也。

第四課　公　　益

要旨

本課去學生自私自利之心，使知協力以謀公共之利益。

本文

范仲淹曰："居鄉當有利於鄉。"言吾人居鄉，不可不爲有利於鄉之事業也。有利之事業，即所謂公益之事業。如設立學校，以教兒童。修治道路，以便行人。蠲除垢穢，以裨衛生。及防疫、防火、救災、治病諸法皆是，吾人亦沾此利益之一分子也。既沾此利益，則分任地方之事，負擔地方之稅，皆爲對於吾鄉應盡之義務。推而至於吾國，亦皆然矣。

教授要義

（一）公益二字，並不以鄉里爲限，兹先就鄉里中所共見者說明之。

（二）吾人處社會中，鄉里爲最近之一部。學校，兒童讀書之所也。道路，人所經行之路也。掃除污穢，免疾病之發生也。其他若慈善之醫院，救火之水龍，施衣施藥施賑之善舉，皆爲公益之事業，而吾人所同享其權利也。

（三）吾人享其權利，即有義務。故吾人對於鄉里，當出其身以助地方之人力，擔負租稅以助地方之財力。

（四）人人自私其身家，則社會永無進步之望，而舉步皆荆棘矣。世有家屋之內，整齊清潔，而門以外即蕪穢不治者。以其人無公益心，而自私自利之心勝也。故欲社會之進步，必先去其自私自利之心，以力謀公共之利益。

（五）今人習慣，往往遇有公益之事，畏避不前，以爲非吾一人一家之事。然人人具此思想，則一切公益之事，必將無人擔任矣。諸生年少，雖未能興辦公益事業，然亦不可無此思想。今日有謀公益之思想，即爲他日謀公益之根本也。

備考

〔范仲淹〕見第一冊第十一課。

〔公益〕公共之利益也。

〔蠲除〕掃除也。

〔垢穢〕穢污也。

〔裨〕益也。

〔疫〕瘟疫也，傳染病之流行廣者皆曰疫。

〔災〕災害也，水旱曰災。

〔負擔〕負其責而擔任之也。

第五課　惜生物

要旨

本課使學生本推己及物之心，引起其利物之念。

本文

程顥爲上元主簿。始至，見人持竿以取宿鳥，程取竿折之，誡使勿爲。及任滿，停舟郊外，聞數人共語曰：“此折竿主簿也。鄉民子弟自此不取宿鳥者數年矣。”宋哲宗宮中戲折柳枝，程頤侍側，進以方長不折之說。聞帝宮中盥漱噴水避蟻，因進曰：“有是乎？”帝曰：“然，恐傷之也。”頤曰：“推此心以及四海，治天下之要道也。”

教授要義

（一）人情莫不好生而惡死。凡爲生物，何獨不然。同生天地之間，殆無不同此知覺，推己之心以及物之心。苟其無害於我，慎毋任意戲弄殘殺也。

（二）鳥宿於樹，無害於我。上元之民，持竿傷之，是由戲弄而至殘殺，大非愛惜生物之道矣。程明道折其竿而教之，卒以感化。蓋其人亦知所爲之不當矣。

（三）愛物之道，當分別有害無害。孫叔敖埋兩頭蛇，周處斬蛟殺虎，皆以其有害於人爾。若無害於人之物而傷之，則爲無故殘殺矣。他若動物之供人食料者，日用所需，自不能不於焉取給。然無故之殺，《禮經》所戒。庖廚之遠，君子所稱。任意殘殺以恣口腹之欲，亦古聖人所不取也。

（四）不獨此也。草木當發榮滋長之時，亦有生理，從而摧折之，則亦失其生理矣。宋哲宗戲折柳枝，而程伊川進方長不折之說。非謂草木之不可折也，言方長之時，不可夭閼其生機。周茂叔不除窗前之草，人問之，曰：“與自家生意一般。”草木雖是無知，若無故斬伐，不幾自傷其生意乎？此言頗有至理。

（五）總以上諸說，諸生固知生物之當愛矣。然本課之意專爲無故殘殺斬伐者而言，若學校之中，捉捕蟲鳥，采集花木，爲標本及實驗之用，則又與無故殘殺斬伐者不同，諸生識之。

備考

〔程顥〕見第一册第六課。
〔上元〕地名，今江蘇江寧縣。
〔主簿〕官名。
〔宿鳥〕已投宿之鳥也。
〔任滿〕任期滿也。
〔宋哲宗〕名煦，神宗第六子。
〔程頤〕字正叔，洛陽人，顥弟。爲宋大儒，仕終直祕閣，世稱伊川先生。
〔盥漱〕以盤水沃洗曰盥，以水洗口曰漱。
〔噴〕以口噴水也。

〔蟻〕微蟲也。

第六課　合　羣

要旨

本課言孤立不能自存，使學生知合羣之必要。

本文

羣犬集於野，一兒持竿擊之，爲犬所噬，仆而號，其父集衆往救之，乃免。又有一兒登樹摘蜂房，蜂噬之，急揮以手，蜂聚不散，兒痛而啼，幾墜。其兄升樹援之，而耳目已爲所傷矣。犬，獸也。蜂，微蟲也。合其羣力猶能侵害人類。況人爲萬物之靈，若不能集合羣力以禦外侮，則不爲異族所欺陵者鮮矣！

教授要義

（一）人生於世，孤立不能自存者，一人之能力有限。孤立無助，則不足以禦外人之欺侮也。居家而不能睦其家，則人必侮其家。居鄉而不能睦其鄉，則人必侮其鄉。推之一鎮一城一國，亦莫不皆然。故欲禦外侮，必先合羣。

（二）合羣者，結合團體之謂也。居家則結合家中之團體，居鄉則結合鄉里之團體。又由無數小團體，結合成一極大之團體。團體固則可以爭存，可以對外，保家、保鄉、保國、保種，胥基之矣。

（三）某兒爲羣犬所噬，其父集衆往救之乃免。夫某兒之所以爲犬噬者，以犬衆而某兒僅一人也。迨其父集衆救之，則犬之衆不敵人之衆矣。某兒登樹摘蜂房，爲羣蜂所噬，其兄救之乃免。夫某兒之所以爲蜂噬者，以蜂聚而某兒僅一人也，迨其兄救之，則蜂之能力，不足以敵人之能力矣。

（四）當某兒爲犬噬爲蜂噬之時，設無人往救，則兩兒必爲犬與蜂所困可知。然兩兒之無故擊犬與摘取蜂房，亦殊非愛惜生物之道。爲犬噬，爲蜂噬，蓋亦自取之也。

（五）犬也，蜂也，恃其眾猶足害人，而況人乎？處競爭劇烈之世界，弱肉強食，幾成習慣，優勝劣敗，天演公例。朝鮮之亡於日本，以朝鮮之孤立也。民國之能勝滿清，以吾民之合羣也。即小可以喻大，諸生識之。

（六）前此所授之課，如友愛睦族諸課，即所以合家之羣也。睦鄰公益諸課，即所以合鄉里之羣也。他若親誼交友諸課，亦無一非合羣之至理。諸生今在學校，對於同學，當合同學之羣。他日對於社會，當合社會之羣。孤立則敗，合羣則存，有所然者。

備考

〔噬〕齧也。

〔仆〕跌倒也。

〔號〕大呼也，哭也。

〔摘〕手取也。

〔蜂房〕蜂之窠也。

〔齧〕噬也，謂齒相切以斷絕之也。

〔啼〕哭也。

〔墮〕墜也。

〔援〕救也。

〔御〕抵拒也。

〔外侮〕外來之欺侮也。

〔異族〕非我族類也。

〔欺陵〕欺，欺侮也。陵，侵陵也。

第七課　愛　國　一

要旨

本課引蘇武故事，以激發學生之愛國心。

本文

漢武帝遣蘇武持節使匈奴，單于欲降之，武曰：“屈節辱命，何面目歸漢！”引佩刀自刺。半日，復蘇。單于幽之大窖中，絕其飲食。天雨雪，武齧雪與旃毛并咽之，數日不死。匈奴又徙之北海上，武杖漢節牧羊，臥起操持，節旄盡落。昭帝即位，匈奴與漢和親，漢求武等乃得歸。武留匈奴十九年，屢瀕於死而不忘漢。牧羊之時，猶持漢節，其愛國之心摯矣。

教授要義

（一）人民所居曰國。國者，聚人而成，人所藉以自存者也。國亡則人民爲無國之民，而受制於他族矣。欲不受制於他族，永爲完全之國民，當人人具有國家觀念。知國之當愛，知國之不可不愛。

（二）所謂愛國者，非空言也。無論如何艱難，如何困苦，惟此愛國之心，始終不可改易。若平時以愛國自翊，一經艱苦困難，即改易其初心者，非真愛國者也。

（三）蘇武之使於匈奴也，因虞常與武副使張勝，謀殺漢降人衛律，事發連武。匈奴之君長欲降武，武引佩刀自刺，半日復醒。其後匈奴屢欲降之而屢不從，幽之大窖，移之海上，歷時至十九年之久，迄無一日忘漢。其愛國之心，可謂至矣。

（四）觀蘇武之辭曰：“屈節辱命，何面目歸漢！”光明磊落，殆發乎純一之愛國心，無一毫虛僞之意存乎其間。其時漢降人之在匈奴者，如衛律，如李陵，皆受匈奴之命以勸武，是甘心爲異族之奴隸矣。

（五）蘇武之始終不降匈奴，以武有愛國之決心也。有漢然後有蘇武，蘇武之不降，即蘇武之愛漢也。

（六）吾人生於中國，身爲國民，當知我爲中華之國民，並當知中華爲國民之中華。激發愛國之思想，協力以圖吾國之保存，則近之矣。語曰：“皮之不存，毛將焉附。”今爲之轉一語曰：“國之不存，民將焉附。”民之於國，猶皮之於毛也，諸生念之。

備考

〔漢〕朝代名。高祖劉邦滅秦有天下，國號漢。亦曰前漢，又稱西漢。光武帝劉秀中興，史稱後漢，亦曰東漢。迨天下三分，昭烈帝即位於蜀，史稱季漢，亦曰蜀漢。三朝凡二十六帝，四百六十四年。

〔武帝〕名徹，景帝太子。好大喜功，爲漢代雄主。

〔蘇武〕字子卿，漢杜陵人。宣帝賜爵關內侯，圖形麒麟閣。

〔節〕符節也。古使臣執以示信之物。

〔匈奴〕漢北方夷狄名，屢爲邊患。

〔單于〕匈奴稱其君長曰單于。

〔降〕降伏也。

〔蘇〕醒也。

〔窖〕穴地藏物曰窖。

〔旄〕旗曲柄也。《爾雅》：因章曰旄。

〔咽〕吞也。

〔和親〕漢以女下嫁於匈奴曰和親，猶言締和而結爲姻親也。

〔瀕〕凡迫近者皆曰瀕。

〔摰〕至也。

第八課　愛　國　二

要旨

本課承前課使學生知中華民國之由來，以堅其愛國之心。

本文

集人而成羣，合羣而成國。國所以立，立乎人民。人民之有愛國心，尤爲立國惟一之要義。孟子曰：“民爲貴。”言民爲國之本也。吾國自清帝入關，漢民受其統治者幾三百年。比年以來，民苦專制，不惜犧牲生命謀復祖國。武漢義旗一舉，各省響應，中華民國不數月而成立。我中華民國之光榮，皆我國民愛國之效果也。偉哉！國民！

教授要義

（一）吾人所生之國曰中華民國，是吾人皆爲中華民國之人。既爲中華民國之人，則中華民國之所以當愛，諸生已知之矣。今再與諸生言中華民國之由來。

（二）中華民國之未成立也，吾國民之統治權，久在清帝掌握。道咸以後，海禁大開，外人足迹，徧我各省，割地賠款，屢次見告，瓜分之説，騰於報章。吾國民鑒於波蘭、印度之慘，亡國亡種之痛，遂不惜倡言革命，力謀自立。宣統之季，武漢舉義，全國風從，清廷南下之軍，亦復倒戈相向。清帝知民心已去，遂以退位。計自起義至清帝退位，不過五月。中華四千年專制之帝國，遂一躍而爲共和民國矣。

（三）共和成立，吾人既享其幸福矣。然現在之幸福，爲前此愛國之心所力爭而得者。將來之幸福，則尚有賴於吾民也。消除意見，激發志氣。執政者力謀行政之統一，居鄉者力謀鄉里之公安。推愛己之心以愛國家，勿爲過激之競爭，勿爲無謂之爭執，則中華民國，庶有豸乎！

（四）諸生今在小學，前之所言，固未可資之諸生。然同爲國民，則對於國家，同有應盡之義務。今日有此思想，即他日有此義務。一國之強弱，全視國民之強弱。保存不易，鞏固尤難，天下安危，匹夫有責。民國前途，有賴於諸生者正多也。

備考

〔孟子〕見第一冊第二課。

〔清帝〕清朝之帝也，自世祖禍臨入中國，至宣統遜位，凡十帝，二百六十七年。

〔入關〕清由滿洲入山海關。

〔專制〕政體也。凡事皆由君主主持，人民不得參與者，曰專制政體。

〔犧牲〕成湯禱雨，以身爲犧牲。今人因謂拚棄一切曰犧牲。

〔祖國〕祖宗之國也。

〔武漢〕武,武昌也,湖北省治。漢,漢口也,今夏口縣。

〔義旗〕舉義之旗也。

〔中華民國〕中國自古至清,皆爲君主國,革命後改政體爲共和,定名中華民國。

〔光榮〕光,光輝。榮,榮耀也。

〔效果〕謂效力之結果,猶言效驗也。

第九課　忠　烈

要旨

本課承愛國之後,引文天祥事,養成學生忠烈之決心。

本文

宋文天祥被元將張弘範所執,不屈。迨厓山破,陸秀夫負衛王昺赴海死。弘範置酒大會,謂天祥曰:“國亡矣,能改心事元,不失爲宰相也。”天祥仍不屈,遂以天祥至燕,囚之。尋又勸之降,仍不從,遂殺之。臨刑殊從容,謂吏卒曰:“吾事畢矣。”南向再拜死。其衣帶中有贊曰:“孔曰成仁,孟曰取義,惟其義盡所以仁。至讀聖賢書,所學何事,而今而後,庶幾無愧。”

教授要義

(一)好生惡死,人之常情。而忠烈之士,則不以生死動其心。愛國之心堅,則其氣正,氣正則壯,壯則不爲利害所動。雖臨難亦不屈矣。

(二)忠之一字,古來多指事君而言。今共和成立,無君臣名義,則忠字當指愛國言。愛國者,愛國民之國,則忠於國者,亦忠於國民之國也。

(三)宋亡於元,是漢族之亡非獨趙宋一人之亡也。文文山痛國之淪於異族,故雖被元將所執,而始終不屈。觀其對元將之言,一則曰國亡不能救,敢逃死而貳心乎?再則曰國亡當死。是純乎愛國之心,鬱結而爲忠烈之氣。豈尋常匹夫匹婦之愚,可與相提並論哉!

(四)孔子曰:“志士仁人,無求生以害仁,有殺生以成仁。”孟子曰:“生,我所欲也；義，我所欲也。二者不可得兼，舍生而取義也。"斯言也，所以警臨難苟免之人也。仁義之心勝，則生死之念輕。文文山真能讀孔孟之書矣。

（五）吾人今日之得安居於此，凡事得以自主者，賴有民國之成立，受民國之保護也。非然者，國土喪失，外患薦起，慘痛又可言耶？諸生讀書養氣，後日能本其愛國之心，以效忠於我民國，而盡國民之責任，則我國民實賴之矣。

備考

〔宋〕朝代名。太祖受周禪爲帝，凡十八帝，三百二十年，滅於元。

〔文天祥〕字宋瑞，又字履善，吉州人。宋末勤王拜右相，挾二王入閩廣，兵敗被執。繫獄四年，不屈，爲元所殺。諡忠烈。

〔元〕朝代名。蒙古太祖起兵沙漠，子孫繼之。世祖建國號曰元，旋滅宋，帝中國，凡十帝，九十二年，亡於明。

〔張弘範〕字仲疇，元定興人，爲鎮國上將軍，平宋有功。

〔厓山〕在廣東新會縣南八十里，宋末帝昺避遷於此。元兵襲破之，昺死於海。

〔陸秀夫〕字君實，宋鹽城人。衛王時爲左丞相，至元中厓山破，負王赴海死。

〔衛王昺〕度宗子，立於廣州。厓山破，死於海，宋亡。

〔宰相〕官名。君主國百官之長，謂相其君以行政也。

〔臨刑〕臨受死刑時也。

〔吏卒〕吏，書吏也。卒，兵卒也。

〔衣帶〕束衣之帶也。

〔贊〕文體之一，贊美其人者也。

〔成仁〕《論語》：志士仁人，無求生以害仁，有殺生以成仁。

〔取義〕孟子：生，我所欲也。義，我所欲也。二者不可得兼，舍生而取義也。

第十課　義　勇　一

要旨

本課激發學生振奮之心，以作其義勇之氣。

本文

墨子之徒百八十人，皆可使之赴湯蹈火，死不旋踵。非死其師，死義也。舉一國之人，伈伈俔俔皆爲無氣之徒，可恥孰甚焉。中國今者，頗有類乎？此權利爲人所攘奪，莫或敢爭也。人民爲人所奴視，莫或知憤也。即或憤之，或爭之，一鬨而已，不旋踵而冰消瓦解矣。外人所以訑我爲無氣之民，而敢加淩侮也。質而言之，則義所當爲之事，莫或肯引爲己任而已矣。孔子曰："見義不爲無勇也。"惟不知義，故無勇也。

教授要義

（一）前數課由合羣而及愛國，由愛國而及忠烈。國家觀念，已略具矣。然眞能愛國者，又必有義勇之氣，義勇者何？義所當爲之事，奮勇直前而不顧也。

（二）今人於一己之權利，如田産爲人所占，身體爲人所辱，必奮發其勇氣，與人力爭。而於國家之土地爲人侵奪，權利爲人侵害，往往視若無覩者，此知愛其身愛其家而不知愛國。所謂勇於私鬨，怯於公戰也。

（三）吾國自與各國交涉以來，喪失之土地，不知凡幾，喪失之權利，不知凡幾。以路礦或通商爲外人所吸收之金錢，不知凡幾。而吾國民多視爲國家之事，與吾民無與。不知國家以國民集合而成，國民因國家之保護，始得保其固有之權利。國家所喪失，即國民所喪失也。

（四）今之國民，漸有國家思想，漸知保存吾國固有之權利，故每遇有損害於吾國者，不惜力爲之爭，以爲政府之後勁。然朝氣甫作，暮氣已乘，曾不崇朝，而昔之義勇勃發者，轉瞬已淡焉若忘。無氣之民，所以受訑於外人也。

（五）甲午之戰，日本占我遼東，爲俄人所阻，易以臺灣。其後俄占旅大，日人舉國引爲大辱，卒致勝俄而後已。此日本之民，能視民與國爲一，故得有此效果。吾國之民，恒視民與國爲二，故有今日之弱。而今而後，願吾國民於義所當爲者，勿存退避之見，勿萌畏葸之心，鼓其勇氣，以助吾國。則民國前途，庶有豸乎！

備考

〔墨子〕名翟,戰國時宋人。仕宋爲大夫,著書號墨子。

〔赴湯蹈火〕言不畏死也。

〔伈伈俔俔〕恐懼貌。韓愈文:伈伈俔俔,爲民吏羞。

〔攘奪〕攫而奪之也。

〔憤〕恨也。

〔鬩〕鬩聲也。

〔冰消瓦解〕化爲無有也。

〔詆〕毀辱也。

〔淩侮〕侵淩欺侮也。

第十一課　義　勇　二

要旨

本課引狼瞫故事,使學生知義勇之道,不可爲意氣之爭。

本文

所謂義勇者,非徒激於意氣,遂起而爲無秩序之爭也。亦必有其所當循之道焉。昔狼瞫被黜於晉,其友欲與之爲難。瞫曰:《周志》有之,勇則害上,不登於明堂。死而不義,非勇也。子姑待之。及晉與秦戰於彭衙,瞫以其屬馳秦師,死焉。晉師從之大敗秦師。君子謂:狼瞫於是乎君子。《詩》曰:君子如怒,亂庶遄沮。怒不作亂,而以從師,可謂君子矣。

教授要義

(一) 所謂義勇者,義所當爲之勇。若徒以意氣之偏,憤起而爭者,不得謂之義,并不得謂之勇。

63

（二）有君子之勇，有匹夫之勇。憤而爲意氣之爭者，匹夫之勇也。起而爲國家之扞衛者，君子之勇也。勇而用不得其當，非義也。

（三）晉之狼瞫被黜，其友欲與之爲難，即所謂意氣之爭也。若瞫從其説，是以私怨害公矣，義於何有？

（四）瞫之言曰："死而不義，非勇也。"蓋深得義勇之本旨矣。晉與秦戰，正勇士執干戈以衛社稷之時，瞫以必死之心，爲報國之義，可謂不愧君子矣。

（五）《禮》曰：戰陣無勇，非孝也。兩國爭戰時，勝負之分，關繫國力之消長，能人人用其勇，則戰必勝，攻必克矣。時變日亟，外患紛乘，國民能作其義勇之氣，爲國家之助，則禦外侮，張國權，胥在此矣。

備考

〔狼瞫〕春秋時晉人。

〔黜〕退也。

〔明堂〕《大戴禮》：明堂凡九室，一室有四户八牖，以茅蓋屋，上圓下方，所以明諸侯之尊卑也。

〔晉〕國名，今山西地。

〔秦〕國名，今陝西地。

〔彭衙〕春秋秦邑名，在今陝西泉縣東北。

高等小學　新修身教授書
第四册第二學年第一學期

第一課　自　　尊

要旨

本課使學生知尊重人格，以養成完全獨立之精神。

本文

福澤諭吉，日本之大教育家也。其訓學者也，標提獨立自尊一語，以爲德育最大綱領。蓋自也者，國民之一分子也。自尊其人格，即所以尊國民。吉田松陰曰：士生今日，欲爲蒲柳斯蒲柳矣，欲爲松柏斯松柏矣。夫欲爲松柏者，果能爲松柏與否，尚未可知。若欲爲蒲柳者，而能進於松柏，蓋未之聞也。孟子曰："自暴者，不可與有言也；自棄者，不可與有爲也。"不自暴不自棄，則自尊矣。是以國民貴自尊。

教授要義

（一）人生於世，貴乎獨立。獨立之要，貴乎自尊。自尊者，言當尊重個人之人格，非妄自尊大之謂也。能養成健全之身體，普通之道德，普通之知識技能，對一己不失爲完全之個人，對一國不失爲完全之國民，則真能自尊矣。

（二）日本福澤諭吉，標提獨立自尊一語，爲德育最大綱領。養成德育，固不獨自尊一語。然不能自尊，則無獨立心，無獨立心，則立身之基礎不固，而外來之人事易搖。故必自尊而後有獨立之定力。

（三）日本吉田松陰蒲柳松柏之喻，即言人之能自尊與否也。能自尊則松柏，不能自尊則蒲柳矣。蒲柳至賤，松柏後彫，欲爲蒲柳與松柏，惟人自擇。猶言欲爲堯與桀紂，惟人自擇也。

（四）孔子曰："當仁不讓於師。"顏淵曰："舜何人也？予何人也？有爲者亦若是。"孟子曰："憂之如何？如舜而已矣。"古人自命何如，自居何等，何今人常自視不如古人乎？自視不如古人，則驕傲怠惰之心從之而生。驕傲之心生，則自暴；怠惰之心生，則自棄矣。毋自暴，毋自棄，勉爲松柏，毋爲蒲柳，則自尊之道得矣。

備考

〔福澤諭吉〕日本之教育家，號雪池。曾漫遊歐美，明治間創刊《時事新報》，全力傾注於教育事業。

〔標提〕標明而提示之也。

〔德育〕育成其道德也。

〔分子〕物體極細之小點，由此小點積之以成全體者。

〔人格〕人之品格也。

〔吉田松陰〕日本人，姓藤原，名矩方，松陰其別字也。以謀勤王覆幕府，爲幕府所殺。

〔蒲柳〕木名，楊也，材木之賤者。

〔松柏〕木名，冬夏常綠，材木之貴重者。

〔自暴〕拒之以不信也。孟子：言非禮義，謂之自暴也。暴，猶害也。

〔自棄〕絕之以不爲也。孟子：吾身不能居仁由義，謂之自棄也。

第二課　反　　省

要旨

本課使學生知律己之嚴，而加反省之功。

本文

曾子曰:"吾日三省吾身,爲人謀而不忠乎? 與朋友交而不信乎? 傳不習乎?"蓋以吾人進德修業,必反省。平日之行爲,若有不善,必深悔而痛改之也。范仲淹服官時,每日必計飲食奉養之費,若與所作之事相稱,則熟寐,否則終夜不安寢。斯亦反身自省之意也。人欲處世無大過,盍師曾子與范仲淹。

格言:悔既往之過,以警將來。

教授要義

(一)人非聖賢,孰能無過。過而勿憚改,則終於無過矣。其改過也,由父師之責備者有之,由朋友之規勸者有之,若欲不出於父師之責備,不由於朋友之規勸,而自能見其過者,非反省不爲功。

(二)曾子之三省吾身,即反躬自省之謂也。能時時自省,則過惡之來,省之即去。譬如明鏡纖塵,拭之即淨也。孔子曰:躬自厚而薄責於人。又曰:君子求諸己。皆反省之道也。

(三)范仲淹每日必計其飲食奉養之費,與所作之事相稱與否,亦即反省之道也。所作之事相稱,則餼廩稱事,可以自問無慚。苟不然者,則孟子之所謂徒餔餟矣。豈有學古之道而可以徒餔餟乎?

(四)諸生平日有無過失乎? 亦曾有犯學校之規則乎? 欲不犯學校之規則,必思當日之所犯者何事,欲無絲毫之闕失,必思當日之有過者何故。即平時並無過失,而視聽言動之間,有所失檢,亦當思失檢者何事。寡過未能,伯玉猶病。吾未敢以此望諸生,然欲求寡過之心,則不可一日無也。見人之過易,見己之過難。諸生於反省之功,盍加之意乎!

備考

〔曾子〕見第一册第十三課。

〔范仲淹〕見第一册第十一課。

〔服官〕居官而服其職務也。

〔熟寐〕熟睡也。

〔盍〕何不也。

第三課　主　敬

要旨

本課使學生知敬以持己，而收束其放心。

本文

程伊川喜誦君子莊敬日强，安肆日偷之語。嘗曰："整齊嚴肅則心便一，一則自無非辟之干。"蓋常人之情縱放肆，則日就曠蕩，自檢束，則日就規矩。今人於外物之奉身者，事事要好，而於己之心，却不要好，是不知本也。孔子曰："非禮勿視，非禮勿聽，非禮勿言，非禮勿動。"因作視聽言動四箴以自警。

格言：修己以敬。

教授要義

（一）前課與諸生講反省之功，能自反省者，必能持己。持己之道，以敬爲主。能主敬者，必當使此心常在腔子裏。孟子曰：學問之道無他，求其放心而已矣。言心之不可一日放也。人有放其心者，試觀程子之言。

（二）君子莊敬日强，安肆日偷。即求放心與不求放心之謂也。心有主則氣正，氣正則五官四肢，皆以心之趨向是從，而一切外來之紛華靡麗，放蕩邪侈之事，皆不足以動其心。心一放則無主，無主則蕩檢踰閑之事，相隨屬矣。伊川先生以"縱放肆則日就曠蕩，自檢束則日就規矩"爲戒。其意遠矣。

（三）今人習慣，於飲食衣服之需，居處之奉，室家之美，無不欲與人爭勝，而於一己之心，反多不能檢束。其所以不能檢束者，以視聽言動四者有以淆惑之也。所視所聽者非禮，則所言所動者亦相因而非禮矣。非禮則心放矣。大賢如伊川，猶作四箴以自警。吾輩之自警，又當何如耶？

（四）諸生今日操持未定，未必能不放其心。然放其心而能自求之，尚有檢束此心之日。若放其心而不知求，則不足以求學矣。哀莫大於心放，諸生戒之。

（五）本課格言引“修己以敬”之語，即言持己之必以敬也。能以敬持己，則心自能不放矣。

備考

〔程伊川〕見第三册第五課。

〔君子莊敬日强，安肆日偷。〕見《禮記》。

〔整齊嚴肅〕整齊劃一，端嚴肅穆之謂。

〔非辟〕偏邪也。辟與僻同。《禮記》是以非辟之心無自入也。

〔放肆〕放恣也。

〔曠蕩〕放縱而不自持也。

〔檢束〕檢點而收束也。

〔規矩〕所以爲方圓之器也。圓者曰規，方者曰矩。《禮記》周旋中規，折旋中矩。

〔箴〕文體之一種，作此以規戒也。

第四課　堅　　忍

要旨

本課示學生以堅忍之故事，養成其堅忍之心。

本文

曷白篤，美之農家子也。不願爲農夫，家貧，十六歲始入尋常中學，刻苦勤勉，卒業後充小學教師。課餘，常研究法律，遂成法律家。旋任某市之重要職，遂入政治界，卒之竟被選爲美之副總統。生平常語人曰：“吾人作事自發端以迄成功，不論其間有何等之困難，當竭力爲之。”曷白篤固能始終履行此主義者也。不然生於農家，既無勢力，又乏援引，胡能至此。

格言：困難之來，當含笑以迎之，決不可避之。

教授要義

（一）第一學年講授第二課，嘗與諸生言志立矣。所謂立志者，凡吾心之所欲爲，不達目的不止也。欲達其目的，中間必有無限之周折，無限之艱難。若無堅忍之決心，則淺嘗輒止矣。

（二）曷白篤氏生於農家，而不願爲農夫，所以不終於農夫也。其入中學校也，爲晝間之食用計，夜間服種種之勞役。卒業之後，處失意之境者又數年。其後始由研究法律而爲辯護士，由辯護士而入政界，卒以得副總統之地位。以生於農家而得爲副總統，其中間之困苦可知矣。有志者事竟成，其曷白篤之謂乎？

（三）孟子曰："天之將降大任於是人也，必先苦其心志，勞其筋骨，餓其體膚，空乏其身，行拂亂其所爲，所以動心忍性，增益其所不能。"由是以觀。天之與人以艱苦之逆境者，實所以養成是人也。古來雄才大略之士，無不備歷艱苦，始能成一偉大之業，又豈獨曷白篤已哉？

（四）諸生今日爲小學之學生，其中必有家貧而勉強來學者。推此勉強之心，以作其堅忍之氣，則他日入中學入大學，皆可以勉強之心行之，能勉強即能堅忍矣。

（五）本課格言謂：困難之來，當含笑以迎之，決不可避之。即言堅忍之道也。能不避困難，即能堅忍，能堅忍則立志定，立志定則外來之誘惑不足動，所處之境遇不足移，而希望之目的必可達。若懼事之困難而避之，則非吾之所望於諸生矣。

備考

〔尋常中學〕即普通中學校。

〔卒業〕畢學校之業也。

〔法律家〕研究法律之專家也。

〔研究〕精研而詳究之也。

〔市〕大城鎮曰市。

〔政治界〕行政之官吏也。

〔被選〕被人選舉也。

〔副總統〕共和國大總統之副也。

〔援引〕引進也。

第五課　敏　　事

要旨

本課示學生以治事之方，使知遷延之惡習，必當痛戒。

本文

昔有人在倫敦之塔中，著一有名之世界史。或問曰：“君於短日月之間，何能成此大著述。”曰：“余無特別方法，惟欲爲之事，即日爲之而已。”又有人問法之某政治家曰：“君處煩劇之職，何以尚能於交際無闕失乎？”答曰：“余今日欲爲之事，今日即爲之，決不延至明日。”蓋治事於應治事之時，猶農夫播種於應播種之時，其效果極速。若遷延至數日或數週之後，則時機失矣。

教授要義

（一）今人處事，往往失敗，或中途廢止者，其原因多出於怠惰。怠則不事其事，而事必不舉。原其致此之始，實由遷延二字。

（二）遷延者，今日所應治之事，姑待明日之謂。今日可以待明日，則明日又可以待明日矣。以事可姑待，遂成遷延。遷延日久，遂成怠惰。怠惰則事廢矣。故欲事之必成，以不可怠惰爲第一義。而事之方始，尤以不可遷延爲第一義。

（三）英人某以至短之時間而成世界史，法之某政治家處煩劇之職，而於交際無闕失。二人致此之由，則惟今日之事，今日爲之而已。

（四）今日之事，今日爲之，則計日程功，廢時少而竣事速。事竣則自有閒暇之時，可以從事於交際矣。今人於事煩之時，往往以謝絕酬應爲言，猶未得節時之道也。

（五）今日應爲之事，若延至明日，則明日所應爲之事，必延至後日。不特費貴重之時間，必至失良好之機會，并有一種不愉快，因延引時日而發生矣。譬如每日往復之書札，受信之時，即行答復，似亦不甚繁重。若延擱數日，則書札多而答復難，因答復難而不快，因不快而不復，不復則怠惰成而事廢矣。

（六）無論何事，凡所應爲者，務當即日爲之。如諸生於今日所受之課，有未熟習者，今日必求其熟習。有未了解者，今日必求其了解。以明日又有明日之課也。吾人治事，譬之軍隊，前隊不進，後隊必因之致亂。諸生戒之。

備考

〔倫敦〕英國之京城，爲世界極大都會。

〔世界史〕世界各國之歷史也。

〔著述〕著書立說曰著述。

〔特別〕事之異於尋常者曰特別。

〔政治家〕研究政治之專家也。

〔法〕國名，即法蘭西，歐洲共和國。

〔煩劇〕煩苦而艱難之事也。

〔交際〕朋友往來之交際也。

〔闕失〕過失也。

〔播種〕散布種子之謂。

〔數週〕一星期爲一週，數週即數星期也。

〔時機〕及時之機會也。

第六課　守規律

要旨

本課承敬事之後，使學生知欲戒遷延，必守規律，以養成其保守秩序之心。

本文

規律者，收束吾人之身心，使不至踰越之具也。處今日之社會，欲爭存於世界，必當守一定之規律。如晨興晚宿，治事遊息，交際宴會，莫不守一定之時，即守一定之規律也。守一定之規律，實爲節約時間之良法。佛蘭克林平日一舉一動，皆有定則。常分每日之時刻，以何時辦事，何時休息，列爲一表，準而行之，故終身無廢時失業之弊云。

格言：習之久，自不覺其苦。

教授要義

（一）前課言敬事，所以戒遷延也。欲戒遷延，必守規律。諸生在學校之中，上課及遊止食宿，均有定時，尚能遵守勿失。而一遇放假回家，則類多不能遵守一定之時刻者。以學校之中，有規律以束縛之。家庭則或由父母之溺愛，或由朋友之往來，有時亦非規律所能束縛，遂不免自軼於規律之外也。

（二）真能守規律者，無論何地何時，必自守規律，不稍踰越。蓋守規律則辦事有緒，食宿有時。久久如此，便成習慣。若忽爲此事，忽爲彼事，在胸中既無一定之主宰，則頭緒繁多，必有治絲而棼之歎，而時間亦多虛擲。諺云：忙中常有閑暇之時。蓋言治事有一定之時，則今日之事，決不延至明日，自無諸事叢積之時也。

（三）佛蘭克林之治事，即真能守規律者也。每日之時刻，以何時辦事，何時休息，列爲一表。準而行之，則作事有常，精神振作，不爲事務所役使，而能以己心左右事務矣。能以己心左右事務，則心力不勞而事治。故能守規律者，不獨治事之要，抑亦衛生之良法也。

（四）諸生平日在學校，在家庭，皆能遵守規律乎？或上課時而思休息，或回家後而來校有遲早，或所作之事，境過輒忘，皆所謂不守規律也。觀於本課，當知取法。

（五）本課格言謂：習之久，自不覺其苦。言習慣即成自然也。人爲規律所束縛，其初必甚覺其苦，然習之既久，則不覺其束縛矣。

備考

〔規律〕規則法律之謂。

〔踰越〕不遵守規律也。

〔宴會〕筵宴聚會也。

〔佛蘭克林〕美國人，富於愛國思想。美國獨立時，首先簽名。曾一使法國，兩使英國。

〔節約〕節，省也。約，簡也。

第七課　戒欺詒

要旨

本課引華盛頓事，以養成兒童誠實不欺之德性。

本文

華盛頓八歲時，其父與以一小斧。華盛頓持至果園，戲斫果樹，傷其父所最愛之櫻。父入果園見之，怒曰："誰斫吾樹者？"華盛頓在旁，不敢答。忽悟曰：予雖觸父之怒，不可不爲真實語。乃曰："兒不敢欺父，此樹兒斫之也。"其父喜曰："兒不欺我，我有望矣。雖失百樹何傷哉？"華盛頓十歲時，與其母之愛駒戲，失手斃駒。恐傷母心，乃奔告其母曰："兒失手斃駒。"母喜其不欺，亦不罪。

教授要義

（一）人之幼也，不能免無心之過失。在遇有無心過失之時，必先有恐懼心，因恐懼而不敢自認，往往致父母疑及弟妹，疑及婢僕，致起種種之詰責。幸而終不爲父母所知，則欣然喜。不幸而仍爲父母所知，則皇然懼。若此者，皆欺詒之習慣也。長此不改，則欺詒性成而道德虧損矣。

（二）華盛頓，美之大總統也。幼時嬉戲，斫其父所最愛之櫻，斃其母所最愛之駒，皆直告其父母而不諱。所以敢於直告者，不敢欺詒也。

（三）華盛頓初意未嘗不懼父母之譴責，然以爲諱而不告，則父母必疑及他人。他人之知我事者，亦必舉以告我父母。與其爲他人所告，使父母之心不愉，而己身仍不免於譴責，且犯自欺以欺父母之罪，何如直認不諱，可以免於自欺乎？此華盛頓之所以爲華盛頓也。

（四）華盛頓之父母，以華盛頓之自認斫櫻斃駒，喜其不欺，皆不以爲罪。是又深得家庭教育之道矣。愛櫻及駒，自不若愛子之甚。在華盛頓父母之意，以爲得百樹百駒，不如得一不欺之良子。若於其直認之時，加以過甚之譴責，則其後必以恐懼譴責而不敢直告。迨不敢直告，是兒本不欺，以譴責而養成其自欺矣。故皆於其直告而不以爲罪也。

（五）諸生今在學校，亦有有過而不自認者乎？亦有有過而諉之同學者乎？苟其有之，皆欺誑也。所以爲此欺誑者，欲免於責也。然有時爲同學之質證，師長之察覺，亦終至責無可免。何如自認之尚可免於自欺乎？諸生乎，其毋爲欺誑之人乎！

備考

〔華盛頓〕美國第一任之大總統。

〔斧〕斫木之器，神農氏所作。

〔斫〕以斧擊之也。

〔櫻〕木名，葉深綠，花五瓣，淡紅，最爲艷麗。

〔駒〕馬之少壯者。

〔斃〕死也。

第八課　不　拾　遺

要旨

本課引不拾遺故事，使學生知非分之財不可苟得，以養成其自治之心。

本文

明羅倫攜僕旅行，僕於途中拾一金鐲，已五日矣。羅憂旅費不繼，僕曰：“無慮也，向於某處拾一金鐲，可質用之。”羅怒，欲返覓失物之主。僕曰：“往返必誤行路不可。”羅言此必婢僕遺失，萬一主人拷訊，因而致死，是誰之咎？吾不忍令人死於非命也。竟返至失物之家，果係婦遺於盆而婢誤投於地者。

主婦疑婢竊取，鞭笞流血。夫復疑妻，辱詈不止。妻亦憤怒，欲投繯。羅至，出鐲與之。舉家感激。

教授要義

（一）世界之上，寶貴之物甚多。然屬於我者，爲我所有。屬於人者，爲人所有。我祖我父所遺留者，我以資財購得者，我以務勞求得者，皆我之所有。外此則皆爲人之所有。即人有舉以贈我者，亦當思其物之所由來，我之當受與否，方爲取不傷廉。若人之遺於道途者，則固明明爲人所有，而我不可苟取矣。世之人往往於遺物視爲己有，此大謬也。

（二）羅倫旅行於外，憂旅費不給，而僕以拾有金鐲對。僕拾金鐲而不私爲己有，在他人方且賞其僕之忠矣，而羅倫獨不謂然。必還之而後已，以非我之財不可取也。

（三）羅倫當旅費不繼之時，則己方憂貧，行已五日，則相隔已遠，以己處貧之時，相隔已遠之路，而必欲還之者，我得金鐲，不過暫免於貧；人失金鐲，則有生命之憂也。觀於婦疑婢，夫疑妻之事，苟昧其金鐲而不還，則婦與婢之生命危矣。

（四）今人於心之所好者，雖分所不應得，亦必多方設計以求之。匹夫無罪，懷璧其罪，此事之可證者也。若人之遺於路者，物已無主，從而拾之，似不得謂之貪。然人之所重者，品行也，名譽也，若拾人之遺物，則品行名譽，皆喪失矣。品行重於圭璋，名譽優於黃金，知此則自治之心嚴，而視人之非我有者，不至妄取矣。

（五）諸生今在學校，凡書籍用品衣服，爲我自有者，當本惜物之心，加意保存。若爲同學之所有而偶遺於路者，皆當本自治之心，拾而還之本人，則人我之界嚴，而品行名譽，均不至喪失矣。諸生戒之。

備考

〔羅倫〕字彝正，明江西永豐人。成化進士，授修撰。嘉靖初追贈左春坊諭德，諡文毅。學者稱一峯先生。
〔僕〕使令之人也。
〔鐲〕臂環也。

〔旅費〕旅行之費也。

〔不繼〕費不足也。

〔質〕典押也。

〔覓〕尋也。

〔拷訊〕拷，打也。訊，問也。

〔非命〕不得其死曰非命。

〔婢〕女子之供使役而事人者也。

〔鞭笞〕以鞭打之也。

〔辱詈〕辱罵也。

〔投環〕以繩爲環而投之也。

第九課　正　　直

要旨

本課使學生知非義之財不可取，以養成其正直之品性。

本文

　　某鄉人入市，至一商肆購物，付值二圓。迨歸檢視所購之物，價溢於二圓以上。次日入市，仍至其肆如數補足之。林肯嘗爲某商肆之司帳者，勤勉於職務，又能以正直待顧主。顧主咸樂就之，營業因而日盛一日。有婦人來肆購物，留價而去。林肯夜檢所司之帳，則多百二十錢之收入，知爲此婦所遺。婦家距肆頗遠，林肯卒即夕持錢送還其家。

教授要義

　　（一）貿易之道，貴乎公平。在買者計貨授值，在賣者計值付貨，宜也。若反是而有失出失入，則無論在何方面，皆爲非所當得。

　　（二）鄉人入肆購物，付值二圓，歸而檢視其所得之物，溢出於二圓以上，此商肆無心之誤與也。林肯爲商肆司帳，夜檢其帳，多百二十錢之收入，此某

77

婦之無心誤遺也。

（三）商肆之無心誤與，某婦之無心誤遺，一己且不自覺，在他人則必昧而留之矣。然某鄉人必至肆補足，林肯必持錢送還，正直之道，可以風矣。

（四）吾人處世，首重道德。若昧其誤與之物，誤遺之錢，所得者不過區區，而吾身之道德虧損者已多。道德虧損，便失人格。無慚衾影，不愧屋漏，此古人所以垂戒也。

（五）人以道德爲貴，營業亦以道德爲貴。某鄉人之補足其值，個人之道德也；林肯之必還婦錢，營業之道德也。個人而有道德，必爲世所推重；營業而有道德，則顧主必多而營業益以發達。世之昧人所遺者，殆未見及此也。

（六）前課言不拾遺，如某鄉人及林肯之事，亦不拾遺之類也。語曰：非義之財不可取。又曰：臨財毋苟得。諸生知之。

備考

〔市〕商肆所在之地也。今謂大城鎮曰市。
〔商肆〕商店也。
〔購〕買也。
〔林肯〕美國人，精於法律，被舉爲十六代大統領。
〔顧主〕來顧之主，即買物之人也。
〔營業〕經營之業也。

第十課　孝　　親

要旨

本課示學生以范仲淹、范純仁之事，使知終身之孝。

本文

范仲淹，生有至性。以母在時方貧，其後雖貴，非賓客不重肉。戒諸子曰：“吾貧時，吾親甘旨未嘗充也，今欲養親而親不在，忍令若曹享富貴之樂乎?"其子純仁,性亦孝友。登第調知武進縣,以遠親不赴。易近地,又不往。仲淹曰:"汝昔以遠爲言,今近矣,又何辭。"對曰:"雖近亦不能遂養,豈可重禄食而輕去父母耶?"及仲淹没,始出仕。

格言:大孝終身慕父母。

教授要義

（一）孝養父母,有一時之孝,有終身之孝。養父母之口體,所謂一時之孝也。至如古之虞舜,人悦之,好色、富貴,無足以解憂者,惟順於父母。可以解憂,且終身慕其父母,即所謂終身之孝也。知終身之孝,則必一舉動而不敢忘父母矣。

（二）范仲淹起家貧困者也。以仲淹之孝養,雖菽水之奉,亦固親心所喜。然菽水究不如甘旨之適口也。迨其後能具甘旨,而親已不逮。故雖貴,非賓客不重肉。所以不重肉者,不忍令已與子孫享父母未有之樂也。寇萊公以太夫人不幸時,求一縑爲衾襚而不可得,終身不畜財産,亦與仲淹事相類。古人之對於父母,其孝行又可及耶!

（三）仲淹之子純仁,以不忍輕去父母,辭官不赴。及仲淹没,始出仕,亦可謂有父風矣。今人於仕宦之事,往往不惜夤緣狗苟,以求達其目的,而於其父母之奉養,闕焉不講。此其人殆未聞純仁之風也。毛義捧檄而喜,事正與此相反。而人亦以爲孝者,以毛義之喜,喜其親之得受禄養也。若純仁則生於富貴,奉養之甘旨,不虞闕乏,正不必以捧檄爲承歡也。

（四）子欲養而親不逮,此人子最痛心之事也。故親在之時,當以不遠父母爲孝,親没之後,當以不忘父母爲孝。將爲善,思貽父母令名,必果。將爲不善思貽父母惡名,必不果。皆所以不忘父母也。

（五）本課格言謂大孝終身慕父母,言人之當終身不忘父母也。

備考

〔范仲淹〕見第一册第十一課。
〔甘旨〕甘美之味也。
〔若曹〕若輩也。
〔范純仁〕見第一册第十二課。

〔登第〕科舉取中者曰登第。

〔武進〕今江蘇武進縣。

〔没〕死也。

第十一課　愛　弟

要旨

本課引友愛之實事，使學生知愛弟之道。

本文

漢許武，會稽人。父卒，門户單微，有二幼弟。武晝則耕田，夜則讀書。耕田時，二弟雖幼，必使旁觀。讀書時，坐二弟於旁，親授句讀，細爲解説。教以禮讓之事，成人之道。稍不率教，輒云武無德不能化誨也，長跪自怨，待二弟號泣請罪方起，不以疾言遽色相加也。室中，兄弟三人同卧起者，數年。二弟長成，家稍裕，有勸武娶者，答曰："娶妻易生嫌隙，恐傷手足之情。"乃先與二弟議婚，後方自娶。同居敦睦，鄉里稱爲孝弟許武云。

教授要義

（一）世人之於兄弟，當兩小無猜之時，每多友愛之真性。若父母早没，幼弟之受育於長兄者，所處之境遇，往往不能如父母存在之時。其兄之賢者，衣食教誨，無一或闕，然遇幼弟偶不率教，則斥責隨之。其不賢者，則流於放任者有之，涉於苛待者有之。若而人者，皆未聞許武之事也。

（二）許武當父卒之時，門户單微，則家之貧困可知。有二幼弟，則皆仰食於武可知。武之晝而耕也，必使二弟旁觀，使知服勞之事也。夜而讀也，必親授句讀，並教以禮讓及成人之道。以無力從師，不能不以一身教之也。晝耕所以育弟，夜讀所以教弟。若弟不率教，他人必加以訶責，而武獨長跪自怨者，蓋恐我之教導有未周也。許武愛弟之心，可謂摯矣。

（三）武之娶也，必後於諸弟。其言曰："娶妻易生嫌隙，恐傷手足之情。"

斯言也，深知兄弟不和之所由來矣。世俗婦女所見，不廣不遠，不公不平，多喜以言語激怒其夫，使與兄弟啓釁。非丈夫有遠識，則爲其役而不自覺，一家中之乖戾生矣。武之必後弟而娶，正所以防患於未然也。

（四）諸生年少，未必能以勤勞所得爲育弟之需，然許武教弟之道，愛弟之心，固可則效也。世間最難得者兄弟，諸生他日，慎毋以婦言而啓兄弟之釁也。

備考

〔許武〕字季長，舉孝廉，靈帝時爲太守。
〔會稽〕地名，漢會稽郡治吳，今江蘇吳縣。
〔單微〕單薄而寒微也。
〔句讀〕凡文字中語絕處曰句，半句曰讀，讀音豆。
〔禮讓〕以禮相讓也。
〔長跪〕久跪也。
〔疾言〕急速之言也。
〔遽色〕嚴厲之色也。
〔嫌隙〕嫌，疑也。隙，怨也。
〔手足〕言兄弟如手足也。
〔敦睦〕敦厚和睦也。

第十二課　儲　蓄

要旨

本課使學生本節用之道，而知儲蓄之必要。

本文

凡有遠慮之人，不特顧目前之生活，並豫計將來之生活。儲蓄一端，即豫計將來之生活也。或問美國某富豪以致富之由，某答曰：“余惟勤於職務，不妄費而已。”不妄費者，平時節省無益之費，豫儲之，以防異時或有意外之費也。此猶就消極者言之耳。就積極言，人於衣食住必要費之外，復儲所得之一部，以爲生利之母財。由母殖子，子復成母，循環孳乳，而個人與社會之富力，已增殖於無形之中。故儲蓄之利，不惟利己實亦利羣。

教授要義

（一）人之貧富，不能一定。儲蓄者，富厚之時，豫防貧困。節省有餘或不急之費，以爲不足時之豫備也。今人於貧困之時，告貸則親友莫應，與質則衣物俱罄，往往以無可如何，受呼蹙之惡聲，爲下等之勞動，以爲苟延生命之計者，皆平時不能儲蓄之故也。

（二）善乎！某富豪之言曰：余之要點，惟勤於職務，不妄費而已。勤於職務，則所入必豐；不妄費，則所用必儉。豐於入而儉於用，其致富宜矣。

（三）吾人當日有俸給，或富厚之時，能每日節其有餘。或不急之費，別爲儲蓄，則萬一以意外而失其本業，則出其儲蓄，當可爲適當之生活。若當時濫用不已，則富厚之家，必有艱難之日。其在家況本屬艱難者，更危險矣。

（四）人生於世，衣食住三者爲生活之要素。然衣以彰身爲貴，不可過求華美。食以養身爲貴，不可過求珍異。居室以容身爲貴，不可過求壯麗。能若此，則必豫計一日之所入，而爲一日之所出。即古人所謂節用之道也。

（五）能節用即能儲蓄，能儲蓄則母財日增，能永保其自立，而爭存於世界。西人有言曰：勤儉爲儲蓄之必要，言儲蓄之必由於勤儉也。今又爲轉一語曰：儲蓄爲生存之必要，言生存之必由於儲蓄也。

（六）一人能儲蓄，則一家富；人人能儲蓄，則社會無窮蹙之象，而國力充足。儲蓄之爲用大矣。

（七）儲蓄固爲生存之必要，然所謂儲蓄者，不妄費之謂，非鄙吝之謂也。若不可省之費亦省之，則成爲鄙吝之小人，雖有金錢，名之曰守錢虜而已，不得爲節用也。有財不能不用，有財不可濫用，斯得之矣。

備考

〔職務〕職所應爲之務也。
〔消極〕見下積極。
〔積極〕日常行爲，力圖進取者爲積極，反是爲消極。

〔循環〕迴轉不已也。

〔孳乳〕乳化而孳生不已也。

〔社會〕多數之個人所集合而成，彼此互相往來者曰社會。

第十三課　濟　　衆

要旨

本課承儲蓄之後，去學生之鄙吝，而引起其好義之心。

本文

餘杭吴志廉，家素豐。遇歲荒出所貯米數千石，貸諸貧人，存券盈篋，家資爲匱。次年秋收，親友勸執券取償，吴曰：“貧人經大饑後，命稍蘇，不忍逼索。即逼索，亦無濟，徒令吾僕與子日事煩擾也。”盡焚其券。李公謙值歲饑，出粟千石，以貸鄉人。明年又饑，人無以償，李對衆焚券。及歲熟，人爭償之，一無所受。又饑，李傾家資煮粥，活者萬計，死者皆代瘞之。語曰：德，莫高於博愛人。若吴、李二君者，殆無愧斯言矣。

教授要義

（一）前課言儲蓄之道，曾言不可鄙吝矣。所謂鄙吝者，一絲一粟，不肯與人之謂。若善於儲蓄者，有時亦以其有餘助人之不足，即所謂濟衆是也。

（二）吴志廉、李公謙二人，於歲荒之時，盡以所貯貸與貧人，不責其償，且焚其券，即所謂濟衆也。

（三）貸米與貧人者，歲饑也。歲豐而索償，宜也，乃志廉則不忍逼索。公謙則一無所受。良以大饑之後，雖遇豐收，其所入必不足補饑歲之窮也。昔馮驩爲孟嘗君焚券市義，以孟嘗之好施，尚有“先生休矣”之言。若二人之毫無所市而盡焚其券，其高義不可及矣。

（四）在他人處二人之地位，或善價出售，以獲巨利，或歲饑出貸，豐年加倍取償，皆意中事。然人人如此，則流離失所之民，不將聽其饑死於溝壑乎？

無論歲饑之時，鄉民無購米之力，即甫遇豐收，其歉歲所負者，必不僅我一家之債，若同時取償，則鄉民不死於饑而困於債矣。二人一片慈心，焚其借券，蓋深知鄉民之困苦也。

（五）今人以迷信求福，往往無故濫施。一般怠惰之人，反養成倚賴之習慣。故論者謂施濟之事，得失參半。然水旱疾疫之來，非人意計所及，若無人出而拯救之，則民多失所矣。故施濟貴得其道，非其義，非其道，一介不以與人，可也。

備考

〔餘杭〕今浙江餘杭縣。

〔貯〕積也，藏也。

〔貸〕借也。

〔券〕契也，凡以文字爲憑信者通稱券。

〔篋〕箱篋也，大曰箱，小曰篋。

〔饑〕穀不熟也。

〔蘇〕醒也。

〔逼索〕逼而索取也。

〔無濟〕無用也。

〔瘞〕埋也。

第十四課　競　　爭

要旨

本課使學生知爭存於世界，當富於競爭之思想。

本文

紅番、黑種，何以存於昔而亡於今？曰：惟生存競爭故。歐洲諸國以分裂而強，中國自古統一而弱，何以故？曰一有競爭，一無競爭也。嗚呼！競爭之爲義，大矣哉！閉關獨立之世，國民優游泮奐，不過不能進化而已。世界大通，則列國互競，非優於人者不能自強，非等於人者無以圖存。今歐美各國之進步一日千里，我國民不可不擇其最強者以爲標準，而孟晉逮之也。

格言：生於今世界，當爲今世界之人。

教授要義

（一）今日之世界，爲一優勝劣敗之世界。有人類即有優劣，有優劣即有勝敗。競爭之心，所以保持優勝之要具也。

（二）美洲之紅種，非洲之黑種，皆今世界人種之一也。何以不能與白種競，并不能與黃種競，而爲世界最劣之人種者，以不知競爭也。

（三）歐洲諸國，若英若俄若德若法，以及其他諸國，無不極意擴張其國力，而互爭雄長者，由於競爭也。中國自古閉關自守，自視爲上邦，而目其他皆曰小國，曰蠻夷，馴至今日之弱者，由於不知競爭也。欲生存必先競爭，有斷然者。

（四）在閉關之時，無國與國之交際，無強國之互競。雖國民不知競爭，於文明進化，多所阻滯，然尚不至於速亡。若在列國互競之時，則強權世界，惟力是視。欲求自強，必先勝人；欲求生存，必先不弱於人。春秋戰國時之強淩弱，眾暴寡，吾國歷史上之前車也。各國殖民政策，正在發展，南洋羣島及南北美之土人，近世之前車也。生今之世而不知競爭，則茫茫大地，恐無立足之所矣。

（五）優勝劣敗，世界自然之公例。欲免劣敗而操優勝之權，必自富於競爭之心始；欲人對於社會，占優勝之地位；欲吾國對於世界，占優勝之地位；非致力於競爭不可。

（六）本課格言曰生於今世界，當爲今世界之人。言不能競爭，即不爲世界之人也。人無不生於世界，然其人爲世所不足道、不足數者，雖同具此面目身體，不足爲世界之人也。

備考

〔紅番〕即亞美利加種，一名銅色人種，南北美洲之土人也。今存者一千五百萬。

〔黑種〕即阿非利加種，又名愛西比亞人種，亦名內革羅種，皆居非洲境內，亦有在美洲者。今存者一億九千萬。

〔歐洲〕即歐羅巴洲，爲五大洲之一。

〔閉關〕與各國無往來，閉關以自守也。

〔優游泮奐〕閑暇散逸之意。

〔進化〕文化進步也。

〔美〕即亞美利加洲也，五大洲之一，分爲南美洲、北美洲。

〔標準〕樹標以爲準也。

〔孟晉〕孟，勉也。晉，進也。孟晉，猶言勉進也。

第十五課　自　　由

要旨

本課使學生知自由之界說，引起其遵守法律之思想。

本文

繫勇士之手足而使與人鬬，可乎？曰不可，必不勝矣。此法律賦國民以自由之本意也。然人各自由，當以他人之自由爲界。若以侵人之自由爲自由，則人人互相侵，即人人皆喪失其自由。天下之不自由，孰甚於此。自由非生而有之，由人類能合羣以相保，立國家以自衛，故能有自由。若人人侵人之自由，則秩序大亂，其羣必渙，其國必亡。天行之肆虐，異國之侵害，皆足以奪吾生命利益而有餘，尚何自由之有。

格言：不自由，毋寧死。自由，自由，天下幾多之罪惡，假汝之名以行。

教授要義

（一）諸生在家庭，凡一言一動，諸生之父母，必導以整齊劃一之規。非禁其自由也，不如是不足以言自由也。今在學校，凡一言一動，教師必繩以學校管理之規則。亦非禁其自由也，不如是不足以言自由也。蓋自由由不自由而得,若誤解自由爲任意而行,則是野蠻之自由矣。

（二）所謂自由者,束身於法律之内,受法律所賦予之自由也。服從法律,即所以服從道德,即所以尊重個人之人格。能尊重人格,服從道德,則無往而不以法律自守,即無往而不自由矣。

（三）我既遵守法律,則法律不得侵我之自由,而我愈覺其自由。若爲野蠻之舉動,而人以法律干涉其自由,則欲自由而仍不自由矣。

（四）自由者,非限於一己之謂也。有我之自由,有人之自由。故自由之界説,以人各自由而不侵人之自由爲界。所謂羣之自由,不獨個人之自由也。人人各得其所,即所謂羣之自由也。人不能離羣而獨立,若不能保本羣之自由,必有他羣自外來而侵我之自由矣。故愛護羣之自由,即所以愛護個人之自由也。

（五）本課格言之"不自由,毋寧死"。此法德普通之語,言國民之必當自由也。"自由,自由,天下幾多之罪惡,假汝之名以行。"此法國女革命家羅蘭夫人之言,言假自由以行其惡也。自由爲法律所賦,吾人所當共有。假自由以行惡,則吾人所當共戒也。

備考

〔繫〕繋也。

〔鬭〕相争也。

〔法律〕國家判定之法律,人民所共同遵守者也。

〔合羣〕合衆人爲羣也。

〔衛〕保衛也。

〔秩序〕次序也。

〔涣〕散也。

高等小學　新修身教授書
第五册第二學年第二學期

第一課　報　德　一

要旨

本課言施報之理，使學生知不可虛受人惠。

本文

《詩》曰："投我以桃，報之以李。"《曲禮》曰："禮尚往來，往而不來，非禮也；來而不往，亦非禮也。"夫朋友之際，往來投贈，亦事之常耳。而猶思所以報之，況於患難之際，受人救護；困窮之時，受人扶持者乎？一飯至微也，而韓信以千金報漂母，是真英雄，豈有性情涼薄者哉！

格言：以德報德。

教授要義

（一）往來投贈，爲社會上必不可少之交際。施者固未必望報，而受者則不可不圖報。故曰：投我以桃，報之以李。言雖受人小惠，亦當有以報之也。

（二）有往必有來，有來必有往，禮之常經也。若我有所施於人，人不我報，是人之不知禮。反是言之，人有所施於我，我不圖報，即爲我之不知禮。故往來投贈，雖爲交際上之常事，亦不可不思報之。

（三）患難之際，得人救護而安全。困窮之時，得人扶持而舒泰。是皆人之大德也，受之尤不可不報。

（四）韓信微時，曾受漂母一飯之恩，既貴乃報之以千金。英雄舉動，自是不凡。蓋其性情醇厚也。若在性情凉薄之士，或且視一飯之惠爲微事而不報矣，是之爲負恩。學者宜勉爲英雄，慎勿爲負恩忘德之人也。

（五）本課格言謂受人之德，即當以德報之，斯不爲忘恩之人。故曰：以德報德。

備考

〔投〕酬贈也。
〔報〕答謝也。
〔往來〕我施於人曰往，人施於我曰來。
〔韓信〕漢之淮陰人，初貧甚，釣於城下，漂母憐而飯之。後從漢高祖立戰功，取天下，封淮陰侯。乃以千金報漂母。
〔凉薄〕民俗澆漓無道德心也。

第二課　報　德　二

要旨

本課述李大亮與王珪之事，使學生知困難之際，受人之德，尤當圖報。

本文

李大亮爲李密所獲，同輩皆死，賊帥張弼見而釋之。及大亮貴，欲報其德，弼自匿不言。大亮遇諸途，識之，持弼而泣，悉推家貲以遺之，弼辭不受。乃言於太宗，乞悉以己之官爵授弼，太宗爲遷弼中郎將。王珪少孤貧人，有饋遺，初無所讓。及貴，皆厚報之。雖其人已亡，必贍恤其家。

格言：無德不報。

教授要義

（一）李大亮既爲賊所執，自顧當無生理。張弼獨釋之，俾得不死，誠所謂生死人而肉白骨者。

（二）大亮未貴時，非不欲報德也，特無機會可乘耳。及既貴之後，時機已至，報德之心遂益切。

（三）張弼之救大亮，非以市恩也，非欲圖報也。故大亮既貴，欲報之德，弼終自匿不言。

（四）持弼而泣，悉推家貲與之，大亮報德之旨達矣。弼仍不受，則在弼爲不自伐，然與大亮圖報之意左矣。故大亮復言於太宗，乞悉以己之官爵授弼也。

（五）太宗遷弼爲中郎將，仍命大亮居其故職。蓋多弼之不伐，而爲大亮之能報德也。

（六）貧而受人饋遺，既貴而厚報之，本理之當然。若因施德者已亡，即置不報，是負恩也。王珪報死者之德，贍恤其家，誠可謂不負德者矣。

（七）本課格言謂：人苟有德於我，無論大小，皆當有以報之。故曰：無德不報。

備考

〔李大亮〕洛陽人。隋末爲龐王行軍兵曹，李密寇東都，龐王戰敗，大亮被擒。張弼暗釋之，故就執者百餘人皆死，而大亮獨免。唐有天下，大亮官至工部尚書。

〔匿〕隱也。

〔悉〕盡也。

〔持〕抱也。

〔家貲〕家產及貲財也。

〔遺〕贈也。

〔王珪〕字叔玠，唐之祁縣人，太宗時爲諫議大夫。

〔孤〕幼而無父者之稱。

〔讓〕辭謝也。

〔亡〕死也。

〔瞻恤〕厚贈也。

第三課　愛　　羣

要旨

本課言羣己之關係，使學生知愛羣之道。

本文

人生於世，無事不需社會之供給。是知離羣而獨立，必非人之所能也。人既不能離其羣，則凡羣之利害，即一身之利害矣。不能愛羣，將何以存其身？孔子曰："汎愛衆。"蓋謂此也。孟子告齊宣王曰："老吾老，以及人之老；幼吾幼，以及人之幼。天下可運於掌。"墨子曰："亂自何起？起不相愛。"又曰："天下兼相愛，則治。"信斯言也！愛羣之道，實立國庇民之本也。

格言：愛人者，人恆愛之。

教授要義

（一）人生於世，以衣食住三者爲必須之欲望。蓋非此，則不足以生存也。然欲以一人之力而營是三者，勢必顧此而失彼，是以不能不恃社會之供給也。

（二）人既無事不需社會之供給，則必一日不可離此社會。故曰：離羣而獨立，必非人之所能。

（三）羣爲個人之集合體，故個人與社會，有相維相繫之道。不能愛羣，即不能維持社會。不能維持社會，則相爭、相逐、相賊、相殺，而人類且有滅亡之憂。孔子"汎愛衆"一語，示人以愛羣之道。蓋欲維持社會安寧之秩序也。

（四）人人能推愛己之心以愛人，愛家之心以愛國，則天下不足治矣。故曰："天下可運於掌。"

（五）人不相愛，則或相忌焉，或相毀焉，或相爭奪焉，或相排擠焉，於是相殘相殺而禍亂作矣。故墨子謂：“亂起於不相愛。”

（六）人能彼此相愛，則必互相提攜，互相保護，互相敬讓，互相規勸，而社會由是安寧，國家由是鞏固，則愛羣之道，非立國庇民之本乎？

（七）本課格言謂：人能愛羣，亦必受全羣之愛護，故曰：“愛人者，人恒愛之。”

備考

〔汎〕廣也。

〔老吾老〕上一老字當作敬字解，下一老字作父兄解。

〔幼吾幼〕上一幼字當作愛字解，下一幼字作子弟解。

〔運〕轉也。

〔掌〕手掌也。

〔信〕誠也。

〔庇〕蔭護也。

第四課　行　　恕

要旨

本課述韓琦行恕之事實，使學生知推己及人之道。

本文

韓琦官大名府，人有獻玉盞一雙者，表裏無纖瑕，琦以百金報之。每宴客，特設一案，覆以錦衣，置玉盞其上。一日設宴，將酌酒以勸客，一吏誤觸案，案倒盞碎，座客愕然。吏伏地請罪，琦神色不變，顧謂吏曰：“爾誤也，非故也，何罪之有？”夫玉盞雖貴物也，吏雖賤人也，愛物而罪人，使吾爲吏甘受之乎？然使吾爲韓琦，或又勃然不能自已矣，是謂不恕。

格言：強恕而行，求仁莫近焉。

教授要義

（一）玉以無瑕爲貴，玉盞表裏無纖瑕，其貴重可知。

（二）宴客時特設一案，覆以錦衣，始置盞酌酒。琦之珍惜愛護此玉盞，可謂至矣。

（三）吏觸案而碎盞，事出意外，故座客愕然。蓋訝吏之不經意，而惜玉盞之被毀也。

（四）吏既碎盞，自料必受重譴，故伏地請罪。韓琦乃念其無心而不加呵責，是誠能以恕道待人者矣。

（五）己爲吏則不甘受責，己爲韓琦又不免責人；是以己之所不欲而施諸人者也，己所勿欲而施於人，是即不恕也。

（六）本課格言謂：人能勉強由恕道而行，雖欲求爲仁者，亦是不難。故曰：強恕而行，求仁莫近焉。

備考

〔恕〕己所不欲，勿施於人之謂。

〔韓琦〕字稚圭，宋之相州人。歷相兩朝，英宗朝封魏國公，神宗朝卒，謚曰忠獻。

〔纖〕微也。

〔瑕〕玉之病也。

〔覆〕音否，去聲，蓋也。

〔酌酒〕存酒行觴也。

〔誤〕錯誤也，無心之過也。

〔愕然〕倉卒驚遽之貌。

〔請罪〕自責也。

〔故〕謂有意爲之。

〔甘〕願也。

〔勃然〕變色貌。

〔已〕止也。

第五課　自　　治

要旨

本課言自治之必要，使學生知所檢束。

本文

　　欲享自由之幸福，當具自治之精神。蓋不能自治，即將受治於人。此必然之理也。

　　勇於自治之人，飲食臥起，修業游息，作事會友，皆有定時。在家守庭訓，入學守校規。凡事皆有其一定不踰之限，終其身如服役於軍隊然，動定舉止，無一出乎規則之外者。故能盡世事之困難者，而摧鋤之若軍人之戰勝其敵也。彼散漫錯亂者，是無紀律之軍也，其敗績失據固宜。

教授要義

　　（一）人必有自治之能力，始有自由之資格。若徒慕自由，不能自治，則其作爲必軼出於法律之外，而爲野蠻之自由矣。野蠻自由，必受法律之干涉，是愈欲自由愈不自由也。

　　（二）飲食臥起，必有定時，則不至傷身。修業游息，作事會友，皆有定時，則不至荒業。

　　（三）在家常守庭訓，則爲佳子弟；入學必守校規，則爲良學生。於是居家則爲父兄所愛護，入學則爲師友所歡迎。而家庭之樂，學校之樂，由是益裕如焉。

　　（四）動定舉止，無一出乎規則之外，自治之嚴如此，一若極不自由矣。然能盡世事之困難者而摧鋤之，非即因自治而得享之自由幸福乎？

　　（五）散漫錯亂者，凡事皆任性行之，自以爲自由矣。然一遇困難之事，即無力解決，是猶無紀律之軍，一遇戰事，即敗績失據也。

備考

〔幸福〕猶言厚福也。

〔勇〕奮發也。

〔庭訓〕父母之訓也。

〔校規〕學校之規則也。

〔踰〕越也。

〔限〕界限也。

〔服役〕受人使役之謂。

〔摧鋤〕排斥棄餘之謂。

〔敗績〕大敗也。

〔失據〕失所據之地也。

第六課　羣 之 自 治

要旨

本課述格蘭斯頓出殯時之事實，使學生知羣之自治不可不講。

本文

自治非獨一人有之也，一家有之，一國亦有之。格蘭斯頓，英國名宰相也。其殯也，執紼者數萬人，觀者十倍之。乃自府第以達墓所，沿途寂然不聞人聲，僅二憲兵、一警察隨行而已。設我國遇此等事，必街市喧闐，人聲鼎沸，而巡警之彈壓，憲兵之巡邏，亦將不勝其勞矣。此無他，羣之自治力薄也。

教授要義

（一）前課言教諸生以自治之道矣。夫個人能自治，則其身必修。推而言之，一家能自治，則其家必齊，一國之民皆注重自治，則其國未有不安寧，未有不趨於富强者也。故羣之自治尚已。

（二）貴顯者有大故，最足引起社會之觀感。格蘭斯頓，生時功業卓著，爲全國人所敬仰，則其既死而殯，尤足振動全國之觀瞻。

（三）執紼者數萬人，觀者十倍之，可謂空前絕後之盛舉矣。人喧馬闐，本意中事，乃沿途絕無人聲，且憲兵與警察亦無所用之，英國人之自治能力，誠可敬哉！

（四）吾國舊俗，每值迎神賽會等事，即覺街市喧闐，人聲鼎沸矣。倘遇數十萬人爭觀之盛舉，則雖有巡士彈壓，憲兵巡邏，恐亦難免擁擠叫囂之習也。羣之自治力薄弱若是，欲其享自由之幸福得乎？

備考

〔格蘭斯頓〕英國人，西曆一千八百六十八年爲英相。

〔殯〕送葬也。

〔紼〕棺索也，執紼謂引棺索使前也，今稱送殯曰執紼。

〔府第〕謂格蘭斯頓之家。

〔墓所〕墓地也。

〔喧闐〕語聲大曰喧，行聲大曰闐。

〔鼎沸〕謂人聲之嘈雜，若鼎中沸水聲也。

〔彈壓〕防止非爲也。

〔巡邏〕巡查也。

第七課　商業道德

要旨

本課言商業道德之大要，使學生知經商者別有當修之道德。

本文

處商戰之時代，欲期商業發達，受各界之歡迎者，其惟經商之人，各修商業道德乎？所謂商業道德者，不以僞亂真，不飾窳爲良，不以賤售昂。對於售客，容必和，意必誠。對於同業者，有正當之競爭，無或排擠人以自利。如此，則信用擴張，營業不患不發達矣。中國人向賤視商人，詆爲奸商，目爲賤賈。固由社會之誤解，亦由商人道德不修，有以召之也。今五洲大通，國以商戰，凡我商人不可不自省矣！

教授要義

（一）方今環球交通，國家之勢力，恒視經濟競爭之勝負以爲斷，誠商戰最劇烈之時代也。當此時代而不求商業發達，國又何以自存哉？

（二）欲求商業發達，當先使各界重視商人。欲各界重視商人，必經商者皆能修商業道德而後可。

（三）以僞亂真，飾窳爲良，一時雖可掩人耳目，終必爲人所辨析，於是信用失而名譽喪，雖有真者良者，人亦疑之而不屑售矣。至若以賤售昂，尤足以裹購者之足，非推廣營業之道也。

（四）以和容對人，則售客自悦；以誠意待人，則售客自信。

（五）商品之精良，價值之廉平，務求超過於同業，是謂正當之競爭。若心懷嫉妒，力肆排擠，損人以利己。雖能僥倖於萬一，終必自墮信用而趨於失敗之地位也。

（六）奸，惡名也。賤，卑位也。以奸賤二字，加諸商賈之身，未免過當。然商人苟潔身自好，不爲奸詐卑劣之行爲，則社會之誤解，自能消滅，而國民心理，亦日趨於商業競爭。夫然後與五洲各國角逐於商戰之場，而不虞天演之淘汰矣。

備考

〔商業道德〕謂營商業者應守之道德。
〔商戰〕謂以商業相競爭也。
〔各界〕政、學、軍、警、農、工、商之總稱。
〔經商〕謂經營商業。
〔僞〕假也。
〔飾〕裝飾也。

〔窳〕粗劣之品也。

〔賤〕低值之物也。

〔昂〕貴價也。

〔同業〕謂與我營相同之職業者。

〔詆〕罵也。

〔召〕自取之。

第八課　工業道德

要旨

本課言工業道德之大要，使學生知營工業者，亦有當修之道德。

本文

吾人生活之所需，出於工業者甚多。工也者，以其勞力變化天產物之形狀，而增加其適用之度者也。欲工業之發達，必先得社會之信用；欲得社會之信用，則當先慎乎工業道德。勤勞節儉，專一忍耐，皆工業之美德也。勤勞，則無廢事；節儉則無廢材；專一，則技精；忍耐，則業成。凡此皆歐美各國之工業家，所恃以戰勝於世界者也。我國物產之博，冠絕大地，而工藝窳陋，歲輦生貨以易人之製造品，不亦恥乎？

教授要義

（一）吾人日用之所需，除天產之農作物外，無不待工而成。

（二）工業發達，斯適用之品多，商業緣是而振興，文化由是而益美。

（三）勤勞、節儉、專一、忍耐，四者缺其一，即不成為完全之美德。行其一而去其三，則收效鮮，一之不能行，則藝術拙劣而為社會所鄙棄矣。

（四）歐美各國之工業家，恃其美德，遂戰勝於世界。我國工業家，以不注意於當修之道德，遂失社會之信用。工業道德之關係若是其巨也，營業者可不勉哉！

（五）我國物産之博,既冠絕大地,則工業亦應隨之而發達矣。乃以營工業者不能修其道德,遂至工藝窳陋而無進步。由是國貨日益停滯,而舶來品轉充牣於全國。利源外溢,莫此爲甚。且外人以賤價購我之生物,一經製造,即可懸昂值以售諸我,而我終無抵制之方法,豈不可恥乎？欲雪斯恥,惟有先慎乎工業道德耳。

備考

〔生活〕生存也。

〔需〕應用之物也。

〔天産物〕天然所生之物,如動植礦各物是也。

〔信用〕謂信實之效用,簡言之曰信用。

〔勤勞〕謂勤動而不畏勞。

〔節儉〕謂節省而崇儉。

〔專一〕專心於一藝也。

〔忍耐〕堅忍而能耐也。

〔冠〕蓋也。

〔窳陋〕粗劣也。

〔輦〕載也。

第九課　恤僕役

要旨

本課述陶潛、李沆恤下之事,使學生知僕役之宜愛恤。

本文

晉陶潛爲彭澤令,不以家累自隨,送一力給其子,示以書曰："汝旦夕之費,自給爲難,今遣此力助汝薪水之勞,此亦人子也,可善遇之。"宋李沆爲相時,有僕逋金數十逷去。僕有女十歲,自書一券繫於帶,願賣於沆以償焉。沆大惻然，囑其夫人曰："願如己子育之。"及笄，爲擇婿，具奩歸之。後僕歸，感佩刻骨。沆病，僕夫婦往事之。沆卒，爲服縗絰三年，以報之。

教授要義

（一）爲令而絜眷屬，則易曠公務，故陶潛不以家累自隨。

（二）整理家務，爲吾人之本職。然必事事躬親，則勢必不能兼顧。蓋人皆有一定之職業，不能舍其恒業而專理瑣屑之家務也。故用僕役以助勞，在所不免。陶潛遣力給其子，亦此意耳。

（三）爲人親者，無有不愛其子者也。故凡所以體恤其子者，無所不至。若不幸而生計艱難，無以撫育其子，至使子爲人役，爲父母者已自悲矣。若使令僕役者，更不善遇之，則其父母之痛悼又何如乎？推而言之，爲人子者，無不思常依父母之膝下，而享天倫之樂者也。不幸而爲生計所迫，別父母離鄉井而自食其力，以其所以事親者事人，人生至此，已難堪矣。爲之主者，顧可不善遇之乎？

（四）同是人子也，己以父之蔭而使令僕役，人則舍其父母而爲我僕役。處境不同，地位遂異，然人心固無不同也。陶潛示其子之言，欲其子推己及人，體恤斯僕也。

（五）逋金遁去，固爲僕之負主，而十齡幼女，願賣身償父所逋，亦可哀矣。此李沆之所以惻然憐之也。

（六）僕女本以償父逋而賣身於沆，沆乃育之如己子，既爲擇婿，復具奩贈焉。是沆之所爲，直可謂以德報怨矣，豈特體恤僕人而已哉！

（七）僕夫婦受沆厚惠，無力答報，故沆病則往事之。沆死，則爲服三年之喪。

備考

〔陶潛〕字淵明，一字元亮。在官八十餘日，即歸隱於潯陽紫芝之栗里。門栽五柳，自號五柳先生。

〔彭澤〕今江西彭澤縣。

〔家累〕謂眷屬也。

〔力〕僕人也。以其勞力而供使令，故曰力。

〔給〕與也。

〔自給〕自備也。

〔薪水之勞〕謂採薪汲水之勞,約言之即瑣事也。

〔李沆〕字太初,太原人。宋太宗時登進士,真宗朝拜相,卒謚文靖。

〔逋〕欠也。凡欠負官物亡匿不還,皆謂之逋。

〔券〕契據也。

〔償〕還也。

〔惻然〕不忍之貌。

〔笄〕簪也。《禮·内則》十有五年而笄。言女子十五歲而行成年之禮也。

〔奩〕妝奩也。

〔縗絰〕以麻爲之,喪服也。

第十課　愛　　物

要旨

本課述高柴及田子方愛物之事,使學生知生物之當愛惜。

本文

　　孔子之弟子有高柴者,性仁慈,啓蟄不殺,方長不折。孔子亟稱之。夫動植各物,與人同生於天地之間,同具生活之機能,其好生惡死之性,無以異於人也。故苟非害人之物,人即當愛護之。所謂親親而仁民,仁民而愛物也。田子方出,見老馬於道,問馭者曰:"此何馬也?"曰:"故公家畜也,罷而不爲用,故放棄於野。"田子方曰:"少盡其力,老棄其身,仁者不爲也。"束帛而贖之。孟子曰:"仁者,無不愛也。"其高柴之謂乎?若田子方可謂澤及禽獸矣。

教授要義

　　(一)生性仁慈者,以博愛爲主。高柴之啓蟄不殺,方長不折,可謂仁矣。故孔子亟稱之。

（二）凡天地間具有生機之物，莫不好生而惡死，不獨人類爲然也。人苟能推其好生惡死之心，以愛惜萬物，斯不愧爲萬物之靈。惟害人之物，則必設法剗除之，俾不至傷人，此皆仁者之所爲也。

（三）馬老則力衰，不足以服乘，故公家棄之於野。然馬方壯時，固嘗爲公家盡力矣。利其力而養之，力盡而棄之，抑何忍哉？

（四）田子方以馬之有功於公家，不忍見其棄於野，故束帛而贖之。然此馬初未嘗爲田子方盡力也，子方不惜其帛而贖之，謂非澤及禽獸者乎？

備考

〔高柴〕齊人，字子羔。嘗仕魯爲成邑宰，後又仕衛。

〔啓蟄〕言始發蟄也，百蟲至冬而蟄伏，春日始啓蟄。

〔方長〕言當草木生長之時。

〔亟〕屢也。

〔機能〕機體與能力也。

〔親親而仁民，仁民而愛物。〕孟子之語。

〔田子方〕周時賢人，魏文侯之師也。

〔御者〕駕車之人。

〔公家〕官署也。

〔罷〕音皮，困疲也。

〔放棄〕放而棄之也。

〔澤〕恩澤也。

高等小學　新修身教授書

第六册第二學年第三學期

第一課　慈 善 事 業

要旨

本課言賙恤之道，使學生知濟人困厄，亦吾人分内之事。

本文

　　人莫不欲享安樂而去危苦，然以遭遇之不同，人事之變遷，往往有陷入危苦之境者。若鰥寡、孤獨、貧病、廢疾之流，皆民之窮而無告者也。分財以濟之，量力而助之，謂之慈善事業。歐美之人，對於慈善事業，莫不盡心力而爲之。善堂也，善會也，孤兒院也，貧民病院也，貧民學校也，公衆圖書館也，林立於國中。故顛連無告之民，皆得自存於斯。世雖遇水旱疾疫，亦無流離失所之虞。還觀我國，則何如？嗚呼！同國之民，猶不能相收恤也，其能無爲外人所笑乎？

　　格言：樂善不倦。

教授要義

　　（一）安樂，人之所欲也；危苦，人之所惡也。趨安樂而舍危苦，其人之同情歟！雖然，貧富貴賤，窮達壽夭，人生之遭遇有不同者矣。死亡疾疫，水旱刀兵，人事之變遷有難料者矣。夫是以世人之陷於危苦之境者，比比然也。

（二）鰥寡、孤獨、貧病、廢疾者流，日處於危苦之境，而不能自拔，勢必死亡枕藉，轉乎溝壑而後已。苟有人分財而濟之，量力而助之，則足以稍紓其困厄，而免於死亡。爲此事業者，其宅心慈，其行爲善，故曰慈善事業。

（三）善堂也，善會也，孤兒院也，貧民病院也，貧民學校也，公衆圖書館也，皆謂之慈善事業，所以濟無告之窮民者也。歐美之人，對於此類事業，恒盡其心力而組織之。故顛連無告之民，賴以自存，雖遇水旱疾疫，亦不至流離失所，可謂美矣。

（四）我國之爲慈善事業者，雖亦不乏其人，而大都敷衍從事，未肯力求實際。且必於水旱疾疫已發生後，始籌補救之策。由是無告之民，或填溝壑，或爲盜賊，蓋因無人鬪恤其危苦，而至於若是也。

（五）外人對於慈善事業，莫不熱心從事，而我國人則漠然視之，是自棄其同胞也。欲不貽笑於外人，其可得乎？

（六）本課格言謂人當樂行慈善事業，以濟斯民之疾苦，不可暇怠，致斯民日陷於死亡。故曰：樂善不倦。

備考

〔危苦〕危險與困苦也。

〔鰥寡孤獨〕老而無妻曰鰥，老而無夫曰寡，幼而無父曰孤，老而無子曰獨。

〔廢疾〕殘廢之疾也。

〔濟〕鬪救也。

〔孤兒院〕養育孤兒之公院也。

〔貧民病院〕專治貧民之疾，而不取其資，故曰貧民病院。

〔貧民學校〕教授貧民子弟，而不收其學費，如中國舊時之義塾然。

〔公衆圖書館〕搜集各種圖書，聽人入內閱看，不取其費。

〔林立〕謂其數之多有若樹林。

〔顛連〕顛沛頻仍之意。

第二課　輸　財　助　邊

要旨

本課言卜式輸財助邊之事，使學生知國家有事，當犧牲家財，以濟國庫。

本文

漢卜式，河南人，業牧畜致富，屢分田產與其弟。時漢與匈奴搆釁，式上書，願輸家財之半助邊。武帝使人問式："欲爲官乎？"式曰："自少牧羊，不習仕宦，不願也。"使者曰："家豈有冤，欲言事乎？"式曰："式生與人無所爭。邑人貧者，貸之；不善者，教之。所居人皆從式，式何故見冤？"使者曰："苟如是，子何欲而然？"式曰："國家誅匈奴，愚以爲賢者宜死節，有財者宜捐輸，如此，則匈奴可滅也。"武帝以式爲長者，召之，拜爲中郎。

教授要義

（一）人無有不愛其身者，亦無有不愛其家者。然欲使身家安樂，必賴國力之保護。倘邊疆多故，國帑空虛，則民政難求整飭，國力因而不振，於是人民將間接受其影響，而身家且難久保安樂。此卜式所以輸財助邊，蓋愛國即所以愛家也。

（二）武帝以卜式之輸財助邊，實爲人民之創舉，疑其有所圖而爲之，故使人問其所欲。

（三）仕宦，人之所欲也，而卜式不願爲，使者不能無疑，故有家豈有冤欲言之問。

（四）賢者能死節，有財者能捐輸，則民心固而財政舒，由是國力自厚，國勢自振，匈奴又何足平哉？武帝深善其言，故召之拜爲中郎。

（五）今我國家財用匱矣，外侮深矣，愛國者莫不憂之。然苟能如卜式所云賢者死節，富者輸財，全國之人，恒以國家爲前提，則國勢又何患不振？是在國民之好自爲之耳。

備考

〔搆釁〕謂開戰爭之端也。

〔輸〕捐助也。

〔邊〕邊寨也。

〔習〕學習也。

〔寃〕屈也。

〔貸〕借也，謂以錢物借於人也。

〔誅〕殺伐也。

〔長者〕忠厚之稱。

第三課 軍國民

要旨

本課言軍人之任務，使學生知軍國民之道德，尤當注意。

本文

保國內之安寧，禦強鄰之侵侮者，其惟軍人乎？全國人民之生命財產，莫不賴其保護，而國家亦於是託命焉，軍人之責可謂重矣。凡為軍人者，當具愛羣心，尤當具愛國心。無事之日，則服從命令，遵守紀律。一旦有戰爭，則奮勇爭先，却敵衛國。苟不能勝，則寧以馬革裹尸而歸。如是，庶足張祖國之威，挫強鄰之氣，不愧軍國民之稱號矣！

教授要義

（一）國家歲縻巨帑以養兵，人民共納賦稅以食兵，果何為乎？為欲謀國內之安寧，免強鄰之侵侮也。故國人之生命財產，全賴軍人之保護，而國家亦託命於軍人，軍人之責誠重矣。

（二）糧餉也，軍裝也，無一不出於國帑，即無一非我民之脂膏也。既衣食吾民之脂膏，則保愛同族，扞衛國家，皆軍人應負之責任也。

（三）命令，軍人之體魄也。紀律，軍人之精神也。不遵命令，即棄其體魄也。不守紀律，是喪其精神也。人未有舍其體魄與精神，而能自存者。則軍人亦未有舍其長上之命令，與軍隊之紀律，而能自立者也。

（四）國家有戰事，正軍人盡職之時，奮勇爭先，却敵衛國，皆軍國民分內之事。若不幸而爲敵所制，亦惟有誓死報國，舍生取義，以全軍人之天職耳。

（五）今我國國威不振，列強環顧，莫不思攘我利權，侵我土地。尤望有勇武愛羣之軍國民起而禦之，奠國基於盤石之安也。

備考

〔禦〕抵制也。

〔賴〕憑藉也。

〔託〕寄託也。

〔責〕責任也。

〔具〕備也。

〔命令〕軍中長官所發之令也。

〔紀律〕軍中所定之各種規則也。

〔却〕退也。

〔馬革裹尸〕漢時馬援之語，謂死於戰場，以馬皮裹其尸也。

〔挫〕折服也。

第四課　我　國　民　族

要旨

本課言五族共和之美德，使學生知本國民族之當親愛。

本文

中華民國以五大民族組織之，漢、滿、蒙、回、藏是也。今世界，惟廣土衆民爲能自存。我國擁萬里之廣土,人口之衆甲於世界,隱然爲各强國之所畏者,五族共和之賜也。今世界各國,固有以各種族之權利義務不能平等,而時起鬩牆之爭者矣。以視我之合五族爲一家,共謀幸福者何如! 言念及此,我國民不可不彌深親愛之情也。

教授要義

(一)國家之能自立於世界,全恃有强毅敦睦之民族,共謀政治之進行,共使利權之發展耳。故國土廣而民族衰,則有侵略之憂。我國疆土遼闊,民族發達,欲謀自强,固甚易也。

(二)我國自君主專制政體,一改而爲民主立憲,民權日益發達,國政日趨完善,皆五大民族齊心贊成共和所致也。故五族人民之權利義務,一是平等,彼此敦睦,儼然合爲一大族焉。是誠足使列强所畏者也。

(三)因種族而分畛域,不使平等,最易肇生禍亂。此世界各國所以有操同室之戈,而自弱其民族者也。若我國之合五族爲一家,消除猜忌,共謀幸福,誠致治之良規也。

(四)諸生當知漢、滿、蒙、回、藏之五族,在昔因各有其國土,分而不合,故遂各私其族。自滿清執政,五族之土地,合而爲一國,於是五族雜處,久已不分畛域矣。惟處於專制政體之下,人民之權利義務,未能一是平等。自共和告成,五族合一。而今而後,名稱上雖有五族,其精神則混而爲一,已合全國人民爲一大民族矣。我國有若是其大之民族,共謀國家之幸福,豈不休哉!國民乎,其可不以至親愛之熱忱,相維相繫此大民族乎?

備考

〔漢族〕居於内地十八省者最多。

〔滿族〕居於東三省者爲多。

〔蒙古族〕居於内外蒙古者爲多。

〔回族〕居於新疆者最多,陝甘次之,内地又次之。

〔西藏族〕居於前後藏及青海者爲多。

〔甲〕凡物首出羣類曰甲。

〔鬩牆〕斗狠於同室也。

〔彌〕益也。

第五課　法　律　一

要旨

本課言法律之效用，使學生知法律與人生之關係。

本文

　　西儒有言曰："人生息於法律之中。"蓋法律者，所以維持社會之安寧，保護人類之自由者也。是故有國必有法。漁獵之羣，游牧之世，生事至簡，民情淳樸，猶不能無法也。況於廣土衆民，人智日開，智愚强弱相去愈遠者乎？此而無法，則强淩弱，衆暴寡，智欺愚，勇苦怯，無所不至矣，尚何以自存哉？

教授要義

　　（一）人類惟相生相養，相扶相助，而後足以自存。然人之秉性，各各不同。强者務伸張，而其慾難饜。弱者求保守，而其力難勝。設定限於强與弱之間，以不侵人之自由爲伸張之界限，以不失己之自由爲保守之藩籬，此即所謂法律也。

　　（二）無法律則人各任性而行，將猜忌仇殺，擾攘無定。强者日思殺戮以爲豪，弱者如避虎狼以自匿。於是無團體，無社會，不能營其共同之生活，而人類且將漸滅而無存。故曰：人生息於法律之中。又曰：有國必有法。

　　（三）漁獵之羣，游牧之世，雖無法律之名稱，然已有法律之淵源肇其間。故能維持其社交，俾得營共同之生活。愈推愈廣，日漸進化，以有今日。

　　（四）强淩弱，衆暴寡，智欺愚，勇苦怯，皆足以擾亂社會之秩序，侵犯人類之自由者也。有法律以限制之，斯能免其擾攘，而趨於安寧，法律之功用誠大矣。

備考

〔漁獵〕捕魚及田獵也。太古之時，人民以漁獵爲生。

〔游牧〕逐水草而居，以畜牧爲生活之謂也。

〔簡〕略也。

〔淳樸〕敦厚而誠實也。

〔凌〕欺凌也。

〔怯〕弱也。

第六課　法　律　二

要旨

本課言法律之性質，使學生知立憲國民以遵守法律爲天職。

本文

　　法律有公法、私法之別。公法者，規定國家與人民之關係者也。私法者，規定私人與私人之關係者也。所謂公法者，憲法、行政法、刑法、訴訟法是也。所謂私法者，民法、商法是也。政府與國民，皆在法律範圍之中，皆當遵守法律，此立憲國之所以異於專制國也。若恃其强悍，思軼出於法律之外，又或恣爲姦巧，謀作弊於法律之中，不徒非道德所應出也，終必受法律之制裁，喪失其權利名譽而後已。是非徒仁者所不爲，抑亦智者所不肯出也。

教授要義

　　（一）凡立憲之國，其政府與國民，無事無時，不在法律之中。故其制定之法律範圍甚廣，條件甚繁。曰公法，曰私法，乃其總稱也。

　　（二）憲法者，規定主權所在（我國爲民主立憲國，主權在乎人民。）及其作用，（即立法、司法、行政三權。）以及國民之權利義務之法律也。行政法者，規定一切行政事宜之法律也。刑法者,規定某種行爲有罪,某罪爲當某刑之法律也。訴訟法者,關於訴訟事件及非訟事件之法律也。凡此皆稱公法。

（三）凡人民與人民之關係,皆規定於民法之中。商務關係至繁,故特別規定商法以維持之。此皆所謂私法也。

（四）所貴乎立憲者,貴乎有法律之精神也。若逞强而違法,或藉法以營私,非特道德掃地,抑亦法律之罪人矣。既爲法律之罪人,即難倖逃法律之制裁。是故不守法律之舉動,仁者不屑爲,智者亦不肯爲也。

備考

〔規定〕規畫一定之謂。
〔範圍〕謂模範圍繞之也。
〔悍〕猛也。
〔軼〕越也。
〔恣〕任意也。
〔弊〕惡也,不正當之行爲也。
〔制裁〕干涉之意。
〔仁〕有德者之稱。
〔智〕有識者之稱。

第七課　國民之義務

要旨

本課言立憲國民應盡義務之理由,使學生知國民義務不可放棄。

本文

西諺有之:不出代議,士不納租税。今我既爲共和國民,則納税與當兵實應盡之義務矣。立國家以自利也,國家一切設施,皆所以利民者也。利民之費,民顧吝之可乎? 此國民所以有納税之義務也。保境内之治安,防境外之侵擾，內憂平，外患息，國基鞏固而國民之幸福亦與之無窮，則軍人之責也。保國家以自保，而民顧吝其力可乎？此國民所以有當兵之義務也。

教授要義

（一）凡立憲之國，莫不尊重民意。代議士者，民意之代表也。若無代議士，即爲專制獨裁政體矣。獨裁政體，往往違抗民意，抑制民權。其人民不得享自由之幸福，故亦不願爲之盡義務也。

（二）我國自政體改革以來，有國會以代表民意，則納稅與當兵之義務，固吾民所當擔任者也。

（三）國家一切設施，所以利國，實即所以利吾民也。然一切設施，全恃經費爲之主，經費之所從出，租稅是也。吾民納租稅於國家，國家即用之以利民，是納稅仍以自利也。若吝而不納稅，則國家一切機關，皆將因此停滯，而國民亦無以自立矣。

（四）匪徒內訌，强鄰外逼，皆足動搖國基，侵奪吾民之幸福。由是不得不防之於事前，禦之於臨時，而任此防禦之責者，軍人也。軍人盡其力以保國家，國民即因之而安寧，是保國家即以自保也。故當兵義務，亦爲立憲國民所應擔任者也。

備考

〔義務〕名義上應爲之務也。
〔西諺〕西人之俗語也。
〔代議士〕謂國會議員。
〔吝〕嗇也。
〔內憂〕國內之亂事也。
〔外患〕外人侵擾之患也。

第八課　國民之權利

要旨

本課言國民權利之大概，使學生知立憲國民應得之權利。

本文

　　國民權利,有公權、私權之別。公權之大綱有四：曰選舉議員,曰被選舉爲議員,曰受任命爲官吏,曰爲公民。私權之大綱有二：曰人身權,曰財産權。凡公權、私權,皆受法律之保護者也。權利與義務相待而後生,故欲享權利,必先盡義務。若知争權利而不知盡義務,則權利亦必不可得矣。

教授要義

　　(一) 前課嘗教諸生以國民應盡之義務矣。義務者,權利之代價也。故能盡義務,即有應享之權利。

　　(二) 公權者,爲公衆所付與,關於公衆事業之權也。私權者,以私人之資格,行使其個人所得之權利之謂也。此皆爲法律之所規定,故皆受法律之保護者也。

　　(三) 有權利必有義務,故不盡應盡之義務,即不能享應得之權利。世有熱心權利之徒,置義務於不顧,而日從事於權利競争者,是謂違法舉動。違法舉動,必受法律之干涉,至是雖欲保存其權利,不可得矣。

備考

〔大綱〕大端也。
〔公民〕有完全之公權者曰公民,否則曰住民。
〔人身權〕謂保護吾人生命及身體與名譽之權。
〔財産權〕謂自由處置此財産之權。

第九課　法律之制裁

要旨

本課使學生知立憲國民當受法律之制裁。

本文

凡違背法律者，於律有應受之責，國家得以強力執行之，所謂法律之制裁也。法律之制裁凡四：一曰刑事制裁，二曰民事制裁，三曰行政制裁，四曰警察制裁。舉一國之民，皆循循於法律之中，而莫或敢軼乎其外。有軼乎其外者，法必加焉。此社會之安寧秩序所由維持，而個人之自由幸福所賴以保存也。然人人當受法律之制裁，而莫或敢於法律之外加人以迫害，此則文明國法律修明，所以異於野蠻之國也。

教授要義

（一）法律爲立憲國之精神，其價值之尊貴，猶神聖之不可侵犯者也。然法律所以能永永保存其尊嚴，不至爲外人所玩愒者，有一特別之勢力焉，即法律之制裁是也。

（二）凡人民行爲有犯刑事上規定之法者，即當受刑事之懲罰，是謂刑事制裁。人民與人民，因事爭訟而不涉刑事範圍者，則司法者依據關於民事各種之條件執行之，是謂民事制裁。至若設立各種行政機關，執行政事，各守其職，無其責者不得越俎而爲之，是謂行政制裁。辦理警察，防止各種之危害，是謂警察制裁也。

（三）野蠻之國，執行懲罰者，往往有殘酷過甚之舉動，蓋法律不修明故也。若法律修明之國，無事不遵法而行。法律之制裁，人共守之。若執行者於法律外加人以迫害，即自居於受懲罰之地位矣。此法治國之所以爲文明也。

備考

〔制裁〕限制而裁正之之謂也。

〔責〕懲罰也。

〔執行〕謂執應行之法而行之。

〔循循〕有秩序之貌。

〔迫〕逼也。

第十課　法律與道德之關係一

要旨

本課言法律與道德之關係，使學生知謹守道德者即無犯法舉動。

本文

法律者，所以制裁人民之行爲者也。道德者，所以維持衆人之心術者也。故法律爲行爲之規則，道德爲心術之規則。以道德與法律相衡，則道德之範圍爲大。舉凡法律之制裁，莫不包乎道德之中，而法律所不及制裁者，道德且能從而制裁之。惟法律之制裁，有所謂强制執行者。道德則崇奉與否，一聽人之自由而已。此社會之所以不能有道德而無法律也。然我等身受教育之人，則固當謹守道德，而無竢法律之制裁矣。

教授要義

（一）道德正人事之未然，使一切人民生砥礪心。法律制人事之已然，使犯罪之人生恐懼心。是道德之效力，遍及乎各種人民，而法律之效力，祇及乎特定之人。其範圍有廣狹之分，然勉人爲善則一也。

（二）道德恒期人之爲善而引導之，法律恒恐人之爲不善而防止之。道德爲淑善各別之人，初不嫌其求備。法律爲維持共同之社會，則取其足以維持而止。故道德所斥之爲惡者，往往爲法律所不能繩。如犯罪祇論行爲，不論意念，乃其例也。

（三）道德之範圍既大，能包括一切法律，遍及各種人民，則存道德而廢法律可乎？曰：不能。蓋法律能强制執行，其生效力也自易。道德但聽人崇奉，其生效力也必難。故社會不能有道德而無法律也。

（四）法律本爲無道德者而設，若人能謹守道德，法律即無從制裁之。今諸生既身受道德教育，固當隨事隨時以道德自勗也。

115

備考

〔行爲〕謂事之見諸實行者。
〔心術〕爲蓄於胸中之事也。
〔衡〕比較也。
〔崇奉〕敬而奉之也。
〔竢〕待也。

第十一課　法律與道德之關係二

要旨

本課言法律當與道德並行，始獲美果，以堅學生向道之心。

本文

　　遵守法律者，未必皆有道德之人。而有道德之人，未有不遵守法律者。
是故國民道德之心厚，則法律之效果易生。國民道德之心薄，則法律施行之
阻力必多。日儒之言曰："吾輩從事法學，當發揮社會之道德，尤當養成衆人
之道德心。"由此觀之，法律之與道德，誠有密切之關係矣。吾儕國民既立身
於法律之中，安可不盡力於道德，以促進自由幸福乎？

教授要義

　　（一）無道德之人，亦有懼法律之制裁，而不敢爲犯法之舉動者。然其心
術不良，惟以苟免爲倖。豈若富於道德者之一舉一動，恒有檢束。遵守法律，
有不期然而然者乎？
　　（二）國民道德之心厚，則不期守法而自納身於法律之中。國民道德之心
薄，則苟免無恥者多，雖有法律之制裁，犯之者仍累累也。此道德與法律之所
以不能不並重也。

（三）發揮社會之道德，與養成衆人之道德心，皆所以維持法律，使之收良美之效果也。從事法律者，苟能盡存是心，努力進行，則法治之精神自振，而國安民樂，幸福無涯矣。

（四）諸生乎，吾儕皆法治國之國民也。既爲法治國之國民，即當共同維持法治之精神，欲共同維持法治之精神，當共盡力於道德。舉一國之人，置其身心於道德之中，斯有眞幸福，斯爲眞自由。吾願諸生皆深體此言而能力行之也。

備考

〔效果〕見第三册第八課。
〔薄〕弱也。
〔阻力〕謂阻止事實進行之能力，簡言之曰阻力。
〔日儒〕謂日本之儒者。
〔發揮〕發越揮散也。
〔密切〕親切之意。
〔吾儕〕猶言我輩。

高等小學　新修身教授書

第七册第三學年第一學期

第一課　好　學

要旨

本課言聖人不外乎好學，使學生知爲學之不可以已。

本文

孔子曰："十室之邑，必有忠信如丘者焉，不如丘之好學也。"又曰："我非生而知之者，好古，敏以求之者也。"子貢問於孔子曰："夫子聖矣乎?"孔子曰："聖則吾不能，我學不厭而教不倦也。"子貢曰："學不厭，智也；教不倦，仁也。仁且智，夫子既聖矣。"《書》曰："惟聖圖念作狂，惟狂克念作聖。"西儒曰：愚與智，其初常爲最近之分歧。所以然者，學爲之也。孔子大聖，而其勤於爲學猶如此，人可不以學自勉哉?

格言：好學近乎智。

教授要義

（一）以十室之小邑，即有忠信若聖人之材，可知天下之大，具有聖賢之質者多矣。然聖賢不世出者，由於好學者之不數覯也。人顧可自恃天資優美而不致力於學乎?

（二）曰必有忠信如丘，曰不如丘之好學，惜人之自棄其美質，而不能爲聖

118

人之徒也。曰非生而知之，好古敏以求之，勉人無以資質之魯鈍，自封其入道之路也。聖人之謂人爲學，誠可謂循循善誘矣。

（三）學者衆矣，然或作或輟者有焉，一得自封者有焉，見異思遷者有焉，中道而廢者有焉，功虧一簣者有焉，是皆學而生厭者也。學而厭之，欲求進步得乎？

（四）學之不厭，則德日新而業日精，故曰智。誨人不倦，則教育昌而人材富，故曰仁。

（五）狂之與聖相去遠矣，然具聖人之質，而不能立志學爲聖人，則終爲狂人而已。以狂人之材，而能致力於聖人之所爲，則亦聖人而已。爲狂爲聖，一轉念之間而各異者，好學與不好學之別耳。

（六）愚而好學，則益其智；智而不好學，則轉而爲愚。故曰愚與智，其初常爲最近之分歧。

（七）本課格言謂人能好學，雖愚者亦將變而爲智。故曰好學近乎智。

備考

〔十室之邑〕小邑也。

〔忠信〕中心爲忠，不欺爲信。

〔敏〕速也。

〔厭〕惡也。

〔倦〕懈怠也。

〔狂〕下愚之意。

〔罔〕無也。

〔克〕能也。

第二課　切　　問

要旨

本課言切問之益，使學生知求學以多問爲貴。

本文

《書》曰:"好問則裕,自用則小。"問與學,相須而成者也。故孔子至聖也,猶問禮於老聃,問樂於萇宏,問官於郯子。孔文子不恥下問,則亟稱之。問之不可以已也如此。諺有之:智者千慮,必有一失;愚者千慮,必有一得。言智之不足恃也。豈惟智之不足恃哉?生有涯而知無涯,天下之事理爲吾人所未知未窮者何限?不能知而恥於問焉,斯終於不知矣。一知半解,自詡聰明,岸然欲以驕人,而人方笑其自用之小也,可不儆乎?

格言:以能問於不能,以多問於寡。

教授要義

(一)好問則多聞,多聞則智廣。自用則寡聞,寡聞則識淺。智廣者學自博,識淺者學自蕪。故問與學,必相須而成。

(二)前課曾示諸生以孔子之好學矣。凡好學之人,見人有一藝賢於己,必孜孜焉以求之。求之之道,切問而已。老聃也,萇宏也,郯子也,其賢不若孔子遠甚,而孔子各因其長而問之。至孔文子不恥下問,孔子復稱之。蓋好問即好學之助也。

(三)智者恃其智而不肯問諸人,遂不能無失;愚者因其愚而不憚問於人,故終有一得。

(四)莊周之言曰:吾生也有涯,而知也無涯。蓋謂天下之大,事理之繁,吾人雖畢生從事於其間,亦不能周知也。信斯言也! 吾人未知未窮之事理,亦已多矣。若不諄諄焉從事於多問,欲求智識之廣,學業之進,其可得哉?

(五)世有一知半解,自詡聰明,岸然以驕人,以爲人之知莫我若也。不知己之未知未窮之事理尚無限,欲人不笑其自用之小得乎? 學者尚其知所儆哉!

(六)本課格言謂好問之人,不恃己之能,不恃己之多,故曰以能問於不能,以多問於寡。

備考

〔裕〕足也。

〔須〕助也。

〔老聃〕楚之苦縣人,姓李,名耳,字伯陽。相傳其母懷之八十一歲乃生,生而首白,故曰老子,又曰老聃。

〔樂〕音樂也。

〔官〕官制也。

〔萇宏〕周敬王時之大夫。

〔郯子〕郯國之君也。

〔孔文子〕名圉,衛之大夫。

〔亟〕屢也。

〔涯〕邊際也,窮也。

〔翊〕大言也。

〔岸然〕自高之貌,謂其如崖岸之形也。

〔儆〕戒懼也。

第三課　堅　　忍

要旨

本課述法人巴力西之發明白色陶器,使學生知凡事能以堅忍行之,則無不濟。

本文

巴力西,法人也。父某業治玻璃,家貧,使巴力西廢學而從事焉,顧無救於貧。巴力西既長而娶,益困,終歲執業良苦,猶不能自給,乃別求所以自存之術。時意大利人新發明白色陶器,巴力西欲模效其術而不得,發憤自研究焉,凡十六年而後成。方其未成也,勤工作,忍凍餓,執業稍間,輒以其節縮衣食之餘資,苦心焦思,購陶器而自試驗之。室人因飢寒訴誶於前,不顧也。於時欲發明新式瓷器者甚多,惟巴力西卒底於成,非幸也,堅忍之力爲之也。

教授要義

（一）家貧廢學，助父治生業，終無救於貧，巴力西之境遇良苦矣。

（二）終歲執業良苦，猶不能自給，他人處此，或且萬念俱灰，而無以自顯矣。乃巴力西見人有新發明之物，即發憤研究之，欲藉以自存，是豈非甚難之事乎？

（三）以一貧困不能自存之人，研究藝術至十六年之久，非具有堅忍之能力者不能也。

（四）室人交謫，稚子飢寒，人情所難堪者也。而巴力西之意，以爲我苟能發明心得，創世界未有之事業，則將來之幸福，妻子當共享之。故但知勤工作，忍凍餓，節其餘資，苦心焦思，而研究其所欲發明者。雖屢屢失敗，仍不精止，其希望之心，堅忍之力，爲何如乎？

（五）當時欲發明新式陶器者甚多，而成功者祇巴力西一人焉，何也？蓋巴力西獨具十六年堅忍之能力，而他人不能也。

（六）吾人欲研究一學術，成功一事業，非歷盡艱難，曠日持久，決不能收良好之效果。此遇事所以必須堅忍也。若巴力西無百折不回之堅忍力，則終爲一貧苦之工人耳，人顧可不自勵哉！

備考

〔巴力西〕西曆一千五百年生於法蘭西之南服。
〔治玻璃〕製造玻璃之工人也。
〔自給〕衣食皆足之謂。
〔白色陶器〕白瓷也。當時歐洲之陶器皆褐色，其白者乃中國出品。
〔輒〕恒也。
〔模〕仿也。
〔詬誶〕惡聲相向也。

第四課　持　滿

要旨

本課述自滿之害，及孔子持滿之訓言，使學生知虛己自持之道。

本文

孔子觀於魯桓公之廟，有欹器焉，問守廟者曰："此何器也？"對曰："此蓋宥坐之器。"孔子曰："吾聞宥坐之器者，虛則欹，中則正，滿則覆。"顧謂弟子曰："注水焉。"弟子挹水而注之，中而正，滿而覆，虛而欹。孔子喟然歎曰："吁！惡有滿而不覆者哉！"子路曰："敢問持滿有道乎？"孔子曰："聰明睿智，守之以愚。功被天下，守之以讓。勇力撫世，守之以怯。富有四海，守之以謙。此所謂挹而損之之道也。"

格言：滿招損，謙受益。

教授要義

（一）古之君主，恒置器於坐右以自勸戒，名曰宥坐之器。孔子所見之欹器，即是物也。

（二）虛則欹，中則正，滿則覆，示人以虛己則受益，自滿則覆敗也。孔子以此物之垂戒於人，切中事理，故喟然而歎。

（三）聰明而自滿則損德，功高而自滿則危身，勇而自滿則暴，富而自滿則驕，凡此皆足以自陷於覆敗之境者也。曰愚，曰讓，曰怯，曰謙，量所處之地位而守之，斯足以持之永久。則挹而損之之道，實益人於無形也。

（四）本課格言謂人若自滿，則必招損失，不若守之以謙之獲益於無窮也。故曰：滿招損，謙受益。

備考

〔欹器〕傾欹易覆之器也。

〔宥〕與"侑"同，助也。宥坐之器，謂置於坐旁以自勸戒也。

〔挹〕酌也。

〔注〕灌也。

〔喟然〕嗟歎之辭。

〔惡〕音烏，何也。

〔被〕蓋也。

〔撫世〕治世也。

〔挹〕退也，挹而損之之謂，損之又損也。

第五課　知　　恥

要旨

本課言恥之關係，使學生知人不可以無恥。

本文

顧炎武曰：“禮義廉恥，國之四維。四維不張，國乃滅亡。”善乎！管生之能言也。禮義，治人之大法；廉恥，立人之大節。不廉，則無所不取；不恥，則無所不爲。人皆不知廉恥而至於無所不取無所不爲，天下其有不亂，國家其有不亡者乎？然而四者之中，知恥尤要。故夫子之論士，曰：“行己有恥。”孟子曰：“人不可以無恥。”所以然者，人之不廉而至於悖禮犯義，其源皆生於無恥也。故士大夫之無恥，是謂國恥。

格言：無恥之恥，無恥矣。

教授要義

（一）“禮義廉恥，國之四維。四維不張，國乃滅亡”四語，皆管仲之言，顧炎武引用之，故曰善乎！管生之能言也。

（二）民知禮義，則無干紀犯法之行；民重廉恥，則多潔身自好之士。故曰：禮義，治人之大法；廉恥，立人之大節。

（三）廉者不苟取，恥者不妄爲。不廉不恥，則貪得無厭，無所不爲矣。舉一國之人皆若是，欲求國之不亡，豈可得哉？

（四）人能知恥，則所爲自趨於禮義，而不屑爲不廉之事矣。故曰：四者之中，知恥尤要。

（五）士大夫而無恥，則上行下效，捷於影響，其弊將率一國之人而皆爲無恥之行。於是悖禮犯義傷廉之事，層出不窮，視爲固然，而國且不國。故曰：士大夫無恥，是爲國恥。

（六）均是人也，而我之道德不若人焉，恥也。我之學術不若人焉，恥也。均是國也，而人則富强，我則貧弱，恥也。人以勢力橫行於我國，我則俯首受之焉，恥也。學者苟能時時以雪恥爲心，斯可矣！

（七）本課格言謂人苟能以己之無恥爲可恥，則終必能自雪其恥，故曰：無恥之恥，無恥矣。

備考

〔顧炎武〕字寧人，江蘇崑山人。清初之名儒。

〔維〕綱維也。

〔管生〕指管子而言。管子名夷吾，齊桓公之相也。著書曰《管子》。

〔行己〕謂一己之行事。

〔有恥〕謂有恥爲不善之心。

〔無恥〕謂不知恥也。

〔國恥〕國家之恥也。

第六課 戒 吸 煙

要旨

本課言煙草之毒，使學生知吸煙之害。

本文

尼哥丁，煙草中之毒質也。其性能傷肺敗血，損耳眩目，刺激腦筋，振動心臟，爲害於人身也大矣。是故注意衛生者，莫不兢兢以戒煙爲務。新金山有醫士曰克靈敦，屢就各校校醫之職，嘗語人曰："吸煙之害，不勝枚舉。中其毒者，神經爲之衰弱，肺臟易染癆瘵，心房腫大易患風疾。予屢診學生心跳不均者，其十九皆煙癮所致也。且煙毒非徒傷身而已，兼損思考力與道德心。

每見聰慧學生因吸煙而變成愚魯，正直學生因吸煙而變成虛僞者，比比然也。予甚惜之。”嗚呼！吸煙之害其烈如此，而嗜之者，不啻視爲滋養料焉。飲酖止渴，是之謂乎？

教授要義

（一）饑思食，渴思飲，人之情也。若不飲不食，則將無以自存矣。設有一物焉，既不足以療饑，又不足以解渴，有人焉飲之食之，見之者必笑其愚矣。況乎既不足以已飢渴，又足以致疾之物如煙草者乎？顧吸之者習焉不察，殊可哀也。

（二）傷肺敗血，損耳眩目，刺激腦筋，振動心臟，有一於此，即足爲身體之害，況兼而有之乎？此衛生者所以兢兢以戒煙爲務也。

（三）煙性之足以傷身，已可懼矣。乃復性能奪人之聰明，使爲愚魯，敗人之正直，使爲虛僞，則其害之烈，且以殺一人而影響及於社會矣。此克靈敦所以爲吸之者惜也。

（四）嗜煙之人，非特不以煙爲害人之具，且吸之成癮，視爲日用必不可少之物。既以自奉，復以供客，習之既久，中毒愈深，遂至不可救藥。是何異於飲酖止渴，自戕其身乎？

備考

〔尼哥丁〕煙中毒性之名稱。

〔眩〕暈眩也。

〔注意〕留意也。

〔兢兢〕恐懼貌。

〔新金山〕澳洲地名。

〔枚舉〕詳舉也。

〔癆瘵〕怯弱之病，易於致死者。

〔風疾〕謂風癲之疾。

〔眕〕視疾也。

〔不啻〕猶言不止也。

〔酖〕鴆鳥之羽，含有毒性，以之浸酒，人飲之輒死，是酒名曰酖。

第七課　戒　嗜　酒

要旨

本課述邴原與子反之事,使學生知酒之爲害。

本文

　　邴原辭家求學,八九年間,酒不沾脣。臨別,師友會米肉送原,原曰:"本能飲酒,但以荒思廢業,故斷之耳。今當遠別,因見眠餞,可以飲讌矣。"於是坐飲終日不醉。春秋時,晉楚戰於鄢陵。楚師敗,將復戰,穀陽豎獻飲於子反。王召子反謀,子反醉不能見,王曰:"天敗楚也!"夫予不可以待,遂宵遁。晉入楚師,三日穀。古今來喪名敗德之事,無不由於酒者,小之則害及一身,大之則禍延家國,可不戒哉?

教授要義

　　(一)邴原八九年間不飲酒,人皆以爲不能飲酒者矣。故臨別之時,師友會米肉送之。
　　(二)荒思廢業,學者之大病也。而嗜酒者恒不知不覺而蹈之。邴原能力矯其弊,斷絕飲酒,其獲益豈淺鮮哉!
　　(三)讌飲至終日不醉,邴原之量可謂洪矣。以若是之量,平日稍稍飲之,似未必即妨其學業也。而邴原之意,則謂人既肆力於學,凡無益於學業之嗜好,務絕去之,始足以求進益。故八九年間,酒不沾脣,一若不能飲者。嗚呼!戒酒之毅力若是,可以師矣。
　　(四)戰爭危事也,既戰而敗,其危尤甚矣。乃嗜酒者竟因醉而不知其危,至不能應君命,不能謀再戰,棄其三日之糧而夜遁,喪師辱國,其禍乃始於飲酒。酒之爲害,顧不烈哉!
　　(五)酒性奮興,其力能使人迷失本性,舉動怪謬。古今來喪名敗德之事,無不由於酒。

（六）嗜酒害及一身，已自可惜。若因之而禍延家國，不誠大可畏哉！學者當以邴原爲法，而以子反爲戒也。

備考

〔邴原〕字根矩，漢之朱虛人。

〔沾〕濕也。

〔唇〕口唇也。

〔荒思〕謂荒疏其所思。

〔廢業〕謂廢棄其所業。

〔斷〕戒絕也。

〔貺〕賜也。

〔餞〕送行之筵也。

〔鄢陵〕鄭地，今河南省有鄢陵縣，即春秋時之鄢陵也。

〔穀陽豎〕年未及冠曰豎，穀陽其名也。

〔子反〕楚之司馬。

〔遁〕逃也。

〔三日穀〕謂晉師食楚師粟三日也。

第八課　戒賭博

要旨

本課言賭博之害，使學生知各自戒惕。

本文

蘇軾曰：“如人善博，日勝日負。”王安石改之曰：“日勝日貧。”夫既曰日勝矣，又何至日貧哉？蓋賭徒常態，每以博進之資，任意揮霍，雖得巨金，轉瞬即消耗無餘矣。況日勝固不可保乎？且僥倖之心，最不可長，而賭徒則百事皆以僥倖之心行之者也。百事以僥倖之心行之，其能成者有幾？雖欲不貧，烏得而不貧？江蕘年十歲學摴蒲，其祖母爲説往事，有以博弈破産廢業者。蕘聞之，棄擲其具，終身不復爲戲。

教授要義

（一）吸食煙酒之害，諸生既聞之矣。人之嗜好，各各不同。有於煙酒之外，別具嗜好，而其害足以廢時失業，傾家蕩産者，即賭博是也。

（二）蘇軾之言，謂雖善博者不能有勝而無負。王安石之意，則謂博者即有勝而無負，亦必陷於貧困之地而後已。蓋知賭徒常態，愈勝則揮財愈豪，傾家愈易也。

（三）有賭博之嗜好者，勝則恣情揮霍，愈賭愈豪，以冀再勝而多獲。負則日思恢復其所失，益犧牲資財以爲孤注之一擲。是皆求貧之道也。

（四）江蕘十歲而學摴蒲，蓋未知賭博之害也。及聞其祖母之訓，立棄其具，終身戒之，可謂從善如流者矣。世之人若能盡如江蕘之戒絕賭博，則破産廢業之事，庶罕見乎！

備考

〔蘇軾〕字子瞻，號東坡居士，宋之眉山人。
〔王安石〕字介甫，宋之臨川人。嘗相仁宗變新法，晚年號半山。
〔揮霍〕謂用財疾速也。
〔僥倖〕不可必得之物而得之，不可必成之事而成之，皆曰僥倖。
〔摴蒲〕博具名，與今之骰子略相類。
〔博〕局戲也。
〔弈〕圍棋也。

第九課　孝　親　一

要旨

本課述子路與枭魚之事，使學生知對於二親，當盡力行孝。

本文

子路見於孔子，曰：“昔者，由也事二親之時，常食藜藿之食，爲親負米百里之外。親殁之後，南遊於楚，從車百乘，積粟萬鍾，累絪而坐，列鼎而食。雖欲食藜藿爲親負米，不可復得也。”孔子曰：“由也事親，可謂生事盡力，死事盡思者也。”孔子行，聞哭聲甚哀，至則皋魚也。避車與之言，曰：“子非喪者，何哭之悲也？”皋魚曰：“吾少好學，周流天下而吾親死。吾聞之：樹欲静而風不寧，子欲養而親不待。往而不可得見者，親也。吾請從此辭矣。”立哭而死。孔子曰：“弟子識之，足以戒矣。”於是門人辭歸養親者，十有三人。

教授要義

（一）子路少時，家甚貧，故自食藜藿，以米奉親，地僻不易得米，則負之於百里之外。

（二）從車之衆，積粟之多，居處飲食之美，皆子路出仕後所享者。顧親已殁矣，子路引以爲憾事，故見孔子而爲此言。蓋痛其親之蚤死，不能享其富貴之奉也。

（三）孔子以子路當家貧時，能竭力孝親，及親殁身顯，仍思親不已，形諸言語。故以生事盡力，死事盡思稱之。

（四）皋魚求學於外，日久始歸，而父母殁已久，不及奉喪，故哀哭而死。孔子門人聞皋魚之言及孔子之訓，不敢以好學之故，至遠離膝下而缺奉養，故辭歸養親者十三人。

（五）親爲生我之人，哺乳也，鞠育也，教誨也，瘁其心力以撫我，高厚之恩，難以言喻。人若不能孝其親，即不足以爲人矣！

備考

〔子路〕泗水人，姓仲，名由。孔子弟子。子路其字也。
〔藜藿〕野草名。
〔楚〕國名。
〔鍾〕六斛四斗爲一鍾。

〔綑〕美席也。累綑,謂以軟席相叠也。

〔鼎〕熟食器也。

〔梟魚〕魯人。

〔避車〕下車也。

〔周流〕周遊也。

〔寧〕静也。

〔識〕音志,記也。

第十課　孝　親　二

要旨

本課言盡孝在乎全身,使學生知立身行善,即所以孝親。

本文

樂正子春下堂而傷其足,數月不出,猶有憂色。門人問曰:"夫子之足瘳矣,數月不出,猶有憂色,何也?"樂正子春曰:"吾聞諸曾子,曾子聞之孔子,曰:天之所生,地之所養,人爲貴。父母全而生之,子全而歸之,可謂孝矣。不虧其身,可謂全矣。故君子頃步而不敢忘孝也。今予忘孝之道,予是以有憂色也。"《禮》曰:父母殁,將爲善,思貽父母令名,必果。將爲不善,思貽父母惡名,必不果。此所謂死事盡思也。死猶盡思,生敢不盡敬乎?何謂盡敬,全其身,斯盡其敬矣。何謂全身,能爲善,斯全其身矣。故君子頃步而不敢忘孝也,則頃步而不敢忘善也。頃步而不敢忘善,則盈天下皆善人矣。故曰:以孝治天下。

教授要義

(一)下堂傷足,疾瘳而憂仍不已者。憂己之傷足,爲傷父母之遺體。傷父母之遺體,即忘孝之道矣。

(二)所謂不虧其身者,不徒謂有形之損傷也。凡所爲之事,苟有傷名敗行者,其辱父母之遺體,尤其於有形之傷焉。樂正子春因無心而傷足,爲忘孝之道。蓋憂己之或且無心而爲不善,益虧親之遺體也。

（三）父母在,當思有以慰其心。父母歿,當思有以揚其名。人能一言一行,恒以慰親之心揚親之名爲念,則爲善之心,自油然而生矣。頃步不敢忘孝,即頃步不敢忘善。人人若是,則天下有不治者乎？此古人所以有以孝治天下之言也。

備考

〔樂正子春〕魯人,曾子弟子。

〔瘳〕愈也。

〔虧〕損也。

〔頃步〕頃,與“跬”同。一舉足曰頃,再舉足曰步。

〔令名〕佳譽也。

〔果〕成也。

第十一課　友　　愛

要旨

本課舉孔奮愛弟、李銓愛兄之事,使學生知兄弟之間,當處之以友愛。

本文

孔奮性友愛,弟奇在雒陽爲諸生,奮每以祿俸所入分給之,以備日用。四時送衣,下至脂燭。每有所食甘美,輒分減以遺奇。李銓生有至性,其兄,前母子也,母待之寡恩,衣食皆使下銓。銓始年五歲,覺己衣勝兄,即不服,須兄與己同然後服之,母遂不得有偏。《詩》曰:“凡今之人,莫如兄弟。”言人生斯世,父母之外,惟兄弟至親也。今之人有能厚待親戚朋友而顧薄於兄弟者,盍亦思一本之義。父母之視其子,固如一人乎！

格言：兄友弟恭。

教授要義

（一）孔奮以愛弟之故，必不願與弟相離。顧己則出仕，弟方求學，在勢不能不離，由是弟兄羈旅，天各一方。然孔奮愛弟之心，則千里如一室也。

（二）分祿俸，遺衣食，下至脂燭，無物不與弟共之。奮之所爲，誠可謂盡友愛之道矣。爲人兄者，不當如是乎？

（三）李銓之母，以銓爲己出，則厚待之；以銓之兄非己出，則薄待之。衣食不得與銓比，偏心若此，欲使改變其宗旨，豈不難哉？而李銓以一童稚，竟能推其愛兄之心，不肯服勝兄之服，卒以此感悟其母。非生有至性者，能若是乎？

（四）兄弟與我同父母而生，故父母之外，至親莫如兄弟，斯真所謂同胞也。若厚待親戚朋友，而薄於兄弟，在兄爲不友，在弟爲不恭。非特無以對兄弟，且無以對父母矣。蓋父母之視子，固無所厚薄，我豈可不仰體親心而盡友愛之道哉？

（五）本課格言謂爲兄者則當愛其弟，爲弟者則當敬其兄，故曰兄友弟恭。

備考

〔孔奮〕南北朝人，嘗爲姑臧宰，以清苦見重於時。

〔雒陽〕今河南洛陽縣。

〔遺〕音回，送也。

〔偏〕偏愛也。

〔凡今之人，莫如兄弟。〕見《詩・小雅・棠棣》之篇。

〔一本〕謂兄弟之同胞，猶一樹之枝葉，同一根本也。

〔友〕友愛也。

〔恭〕敬也。

第十二課　擇　　交

要旨

本課言交友之關係及傅畎擇交之事，使學生知交友不可不慎。

本文

墨子見染絲者而歎曰：染於蒼則蒼，染於黃則黃。所入者變，其色亦變。五入則爲五色矣。人之交友也，猶絲之受染也。友善，則進於善；友惡，則進於惡。是故擇交不可不慎也。何晏、鄧颺、夏侯太初求交於傅嘏，嘏不許。衆請荀粲說合之，傅嘏曰："夏侯太初志大心勞，能合虛譽，所謂利口覆國之人。鄧颺、何晏有爲而躁，博而寡要，外好名利，而内無關鑰。此三子者，皆敗德之人，遠之猶恐罹禍，況可親之哉？"後皆如其言。

格言：君子先擇而後交，故寡尤；小人先交而後擇，故多怨。

教授要義

（一）染蒼而蒼，染黃而黃，遂思潔白純粹之絲，驟變其本色而從所入之色。所入者美，則亦美；所入者惡，則亦惡。在絲不能自主焉。此墨子所以見之而歎也。

（二）吾人處於社會之中，決不能無友。然交友之道亦多端矣：有道義之交，有患難之交，有文字之交，此友之益者也。或交以勢，或交以利，或交以酒食遊戲，此友之損者也。交益友則日進於善，交損友則日進於惡，如絲之被染而變其本色，無力足以解脱焉。此擇交之所以不可不慎也。

（三）我欲求交於人，必先察其人之善否而後定。人欲擇交於我，亦必先察其人之善否而後定。傅嘏之不肯與何晏等爲友善，審之既熟，胸有成竹也。

（四）荀粲未知何晏等三人爲敗德之人，故己與之交，又爲之說合於傅嘏，蓋知人最不易也。

（五）傅嘏告荀粲之言，述三人不足交之理由，非平日慎於擇交，時時默察人之品行，言之必不能若是真切。

（六）本課格言謂：君子交友，必慎擇於未交之先，故彼此莫逆而寡過；小人交友，則選擇於既交之後，故彼此易生惡感而多怨。

備考

〔墨子〕見第三册第十課。

〔何晏〕字平叔，三國時魏人，官至侍中尚書，賜爵列侯，與夏侯太初及鄧
颺等競爲清談，一時朝野效之，遂相習成風。

〔荀粲〕字奉倩，魏人。

〔傅嘏〕魏人。

〔利口〕謂有口才善辯論也。

〔覆國〕謂敗國事也。

〔躁〕粗暴也。

〔關鍵〕主義之謂，猶言把握也。

〔罹〕陷也。

第十三課　不　忘　故

要旨

本課述少原婦人及朱暉不忘故舊之事，使學生知故舊之不可遺。

本文

孔子出遊於少原之野，有婦人哭於澤而哀，孔子怪之，使弟子問焉。婦人
曰：“向者，刈蓍薪，亡吾蓍簪，吾是以哀也。”弟子曰：“刈蓍薪而亡蓍簪，何悲
焉？”對曰：“非傷亡簪也，蓋不忘故也。”後漢朱暉與同郡陳揖交善，揖早卒，有
遺腹子名友，暉哀之。後司馬桓虞爲南陽太守，召暉子駢爲吏，暉辭駢而薦
友，時人莫不稱暉之賢。世有富貴而棄貧賤之交，安樂而忘患難之友者，聞少
原婦人之言，朱暉之風，亦可以少愧矣。

格言：故舊不遺，則民不偷。

教授要義

（一）刈蓍薪而亡蓍簪，即以所刈之蓍，削一簪而代之可矣。奚事於哭？
更奚事於哀哭？此孔子弟子所以有何悲爲之問也。

（二）婦人謂亡簪固不足傷，第見新簪而不見故簪，意殊難忘。故爲之哀

135

哭耳。嗚呼！可以風矣。夫常人之情，往往喜新而厭故，得新物則棄舊物，得新交則忘故交，此所以世道人心日趨澆薄也。

（三）朱暉悲良友之早死，哀憐其遺腹子，此事之至尋常而無足異者。所難者，人召己子爲吏，辭之而薦亡友之子也。蓋暉之意以陳揖之子，生而失怙，若己不能庇之，即爲負死友之情。故寧使己子不受職，而薦陳友也。時人稱之爲賢，不亦宜哉！

（四）富貴而棄貧賤之交，安樂而忘患難之友。世態炎涼，人情似水。此少原婦人之言，與朱暉之風，所以千古不磨也。

（五）本課格言謂：人人能不忘其故舊，則民風自日趨於淳厚矣。故曰：故舊不遺，則民不偷。

備考

〔少原〕魯地。

〔刈〕穫也。

〔蓍〕草名，蒿屬。

〔朱暉〕字文季，南陽人。曾爲臨淮太守。

〔偷〕澆薄也。

第十四課　尚　公

要旨

本課述英人之尊尚公德，使學生知公德不可不講。

本文

香港有公園焉，英人之所闢也。一日，有華人遊其間，見園花之美也，悅而折之。警吏遽執之，折花者愕然不自知其罪也，遂爲遊者所笑。英人以強毅善自治聞於天下，其公德之美，尤不可及。某小學生徒結隊出遊，一生偶損道旁之樹，衆生徒迫之使向管理此樹者謝罪。嗚呼！彼小學生徒之公德，吾成人不能及也,何以自解於野蠻之誚哉?

教授要義

(一)英人闢公園於香港,備公衆之遊覽者也。凡公園中一草一木,一葉一花,以及各種之陳列品,皆爲公衆所設。則遊此園者,對於園中各物,宜愛護而珍惜之不暇,而顧損傷之可乎?況遊人甚多,人各就其所悅之花而折之,花將立盡矣。此折花者之所以被執也。

(二)見園花美悅而折之,推是心也,凡公物之美者,皆將悅而取之矣。無故而取人之物,謂之竊,無故而折花,其行爲何以異是。惟我國人之習性,對於公共之物,每不加珍惜,遊園折花之事,尚其微者。故此人被執而不知有罪也。

(三)結隊出遊,爲小學生恒有之事,一生偶損道旁之樹,當係出之無心。然衆學生視之,皆以其爲乏公德而恥之矣,故迫使向管理此樹者謝罪。觀於此,英人平日之尚公心可想見矣。彼之小學生徒,不肯損人一草一木,而我國之成人,損公園之花,尚不知己之罪。外人詆我爲野蠻,我又何以自解哉?

(四)諸生乎!凡公共之物,我等當愛之惜之重於己物。即非公衆之物,或爲他人之私物,我等亦決不可任意損傷之,蓋養成公德,固立憲國民之天職也。

備考

〔香港〕廣東省珠江口之一小島,本係我國土地,道光二十二年割與英國。
〔公園〕供公衆遊覽之園。
〔闢〕開也。
〔遽〕急也。
〔損〕傷也。
〔迫〕逼也。
〔成人〕謂已成年之人。

第十五課　人　　道

要旨

本課述林肯解放奴隸之事，使學生知崇尚人道主義。

本文

　　林肯，美國大統領也。其先任國會議員時，美人役使黑奴之風正盛，驅策鞭撻如馬牛羊然。國有恃販奴爲恒業者，營廣場於市柵，羣奴其中，鐵索縶之。購者至，揣量肥瘠，審別優劣，與一切商品等，券成敺之竟去。奴有生命，畜奴者可以自由予奪之；奴有骨肉，畜奴者可以自由離合之。畜奴者固不以人類視奴，奴亦斷不敢自儕於人類。林肯憫之，以爲大背人道主義也。適北部諸州有倡放奴之說者，林肯力主之。千八百六十年被舉爲大統領，遂下放奴之令，南部諸州蠭起反對，林肯毅然不爲動。卒使四百萬黑奴，盡還其自由之身。嗚呼！是真知崇尚人道者也。嗚呼！是真知崇尚人道且真能見諸實行者也。

教授要義

　　（一）同是人類即當享同等之自由，苦力操作之人，以迫於飢寒，爲人役使，則爲之主者，當憫其不幸而善待之矣。此所謂人道主義也。而在昔，美人之對待黑人則不然。

　　（二）美人當役使黑奴之時，凡苦力之工作，皆使黑奴爲之。黑奴實有益於美國者也，乃美人非特不念其助己之勞，且凌虐之，販賣之，視黑奴之生命骨肉，輕於鴻毛。至黑奴不敢自儕於人類，天下殘酷之事，其有甚於此者乎？

　　（三）林肯見國人虐待黑奴，惓無人道，思有以救之。故爲國會議員時，力主放奴之說。及被舉爲大統領，即下令解放黑奴，反對者雖多，終不爲動。誠不愧人道主義之實行家矣。

　　（四）人道主義，範圍甚廣，其大旨則不外乎秉慈祥之心，消除一切殘暴之

事而已。今我國談人道主義者，頗不乏人，而見諸實行者則鮮，此所以生民日
罹於困苦之途乎？

備考

〔林肯〕見第四册第九課。

〔黑奴〕非洲之黑種，美國人買之，使之耕作，謂之奴隸。

〔柵〕欄也。

〔繫〕系也。

〔揣〕測也。

〔予〕同與。

〔儕〕列也。

〔北部諸州〕美利堅獨立之初，分全國爲南北二部。

〔南部諸州蠭起反對〕南部重農，役使黑奴之風極盛，故不欲解放之。

高等小學　新修身教授書
第八册第三學年第二學期

第一課　社　　會

要旨

本課述社會之性質，使學生知羣己相維之道，爲下講授民國法制大意之張本。

本文

孟子曰："一人之身，而百工之所爲備。"英儒斯密亞丹有言：野蠻部落之酋長，權力雖尊，求如吾英之備一日之奉不可得也。"此人與社會相維相繫之原理也。人各有所長，當竭其所能以貢獻於社會，其所短者，同時即受社會之補助。若日受社會之保護而不思所以補助社會者，則失羣己相維之道矣。社會愈進化，則個人所受之幸福亦緣之而愈多，故協謀社會之公益，亦即所以自利也。

教授要義

（一）社會者，羣體之有一定組織者之謂也。試問羣體何以能有一定之組織，則必其有互相維繫之道也。又試問羣體何以能有互相維繫之道，則必其有互相依賴交相利益之處在也。

（二）吾人之所不可一日缺者，爲衣食住。試問衣何自來乎？衣必有布，布必有織者，有織布者，必有植麻者，而植麻非能徒手而成也，必有其所待之事焉。使此諸種人中而缺其一，則衣必不能成，而吾人將無以禦寒也。又試問食何自來乎？食必有米，米何自來乎？必有植之之人。然農夫無鐵基，焉能耕植？則有待於鐵工，鐵工無鐵，焉能製造？則有待於礦夫矣。礦夫必隸屬於開礦之公司，則凡鳩集資本，管理公司事務之人，一一與吾人日常之生活有關者也。推之於住，理亦如是；推之於凡百事務，莫不如是。故曰一人之身而百工之所爲備也。

（三）社會有進於文明者，有滯於野蠻者，有半進於開明者。愈文明之羣，其人所享之幸福愈優厚。何也？其羣能通力合作，故其所就之功大。所就之功大，故其所獲之利多。所獲之利多，故其羣中之個人所享之幸福，亦緣之而愈大也。試持蒙古王公所享之飲食，所居之牙帳，以與內地一富翁校，必遠不若矣。豈其權力富厚之不若哉？其社會之通力合作，程度不若也。社會之進化淺，故其個人所享之幸福，亦緣之而受制限也。不特此也，試持我國一富翁，以與歐美社會之勞動工人校，其富力之相去，未嘗不十百倍蓰。然歐美工人所享之幸福，必有爲我國富翁終身未嘗夢見者矣。其文明程度，更不如我國者，則我國勞動工人所享之幸福，又有爲彼王公富人所終身未嘗夢見者矣。豈其富厚權力之不若哉？社會之進化限之也。

（四）由此觀之，則斯密亞丹之言，與孟子之言，其意正同，其理實相成也。

（五）人與社會相維相繫，社會之幸福，日進無疆，即個人之幸福，亦緣之而日進無疆也。然社會之幸福，所以能日進無疆者，由人人各盡其力也。若人人惟思受社會之所賜，而不思盡力於社會，則社會所以相維相繫之道亡，而個人因社會所受之幸福，亦隨之而盡。蓋此等社會，已徒有社會之名，而無社會之實矣。社會有名而無實，則個人緣社會所受之幸福，自亦無所附麗也。

（六）述至此，然後告以人當以利羣爲務，并告之以利羣之方法。

（七）各人所處之地位，皆足以利羣。所慮者冒利羣之名，而不思踐利羣之實耳。故吾人無論何時，皆當存一利羣之志。熟察吾之所爲，果足爲社會之利否，抑有害於社會也。其有利於社會者，則速行之，有害於社會者，則務去之。

（八）欲以利之，適以害之，此有志利羣者所當引爲大戒也。羣之利害甚複雜，思所以利之之術頗難。故有志利羣者，於利之之方法，慮之不可不熟。而欲詳考利羣之方法，則於學問之道，不可不加之意也。

備考

〔斯密亞丹〕英國哲學家及經濟家，所言見《原富》。

〔部落〕各以其人類相聚爲部落也。

〔酋長〕部落之長也。

〔傭〕雇工也。

〔幸福〕人所冀幸而得之福也。

第二課　國　　家

要旨

本課授以國家之性質，使學生知無論何種社會，必發達而爲國家，並必發達完具如今日之國家，方足以存立於地球上之故。使知一切法制之淵源，爲下文講授法制大要之根本。

本文

國家者，有一定之土地，一定之人民，而並有統治之主權之謂也。有土地無人民，則曠土也。有人民無土地，若今日之猶太人是已。然有土地矣，有人民矣，而無統治之主權，亦不得爲國家。國家者，人類社會組織之最大而最永久者也，凡他種社會悉包含於其中，而恃之以保其生存。蓋他種社會之組織，主於放任，其質散。國家社會之組織，主於干涉，其質聚。散則力薄，聚則力厚。故人類僅有他種組織，尚不足以生存；必有國家，乃能自立於競爭之世也。

教授要義

（一）前述羣己相維之道，此以言乎社會內部之關系也。然社會非徒能以內部之集合而生存也，使異社會來侵掠，則如何？

（二）前述羣己相維之道，此以言乎社會中善良之分子，互相集合共營生活之道也。然社會中之分子，不盡善良也。設有不良之分子，悍然破壞羣己相維之道，害人以自利，則如何？

（三）如是則無論何等社會，欲求生存，必不可不有一種堅强之力，外以自衛，而内以制裁其羣中不良之分子。此種堅强之力，即爲國家之權力，而此種權力，必有一定之組織，然後能行之。此等組織，即所謂國家也。故國家者，吾人所組織之以自保其生存，自遂其發達者也。

（四）地球上民族之數甚多，有能組織國家者，有不能組織國家者，有雖能組織國家而不能進於完美者。不能組織國家之羣，其日就漸滅，無待言矣。即能組織國家，而其制不能幾於完善之羣，今亦日就淘汰之列，如安南、朝鮮、波蘭、印度之流是也。蓋今日世界大通之秋，正各民族生存競爭最劇烈之會，而競爭之利器，實惟國家。能淬厲其器者存，不能善其器者滅，自然之理也。

（五）社會分類之最易見者，以其所從事之職業言之：則農業社會，工業社會，商業社會，學術社會等是也。以人所隸屬之類團體言之：若地方團體，家族團體等，亦一社會也。然此等社會，必藉國家保護，始能生存。蓋不如是，則無以禦外侮，且無以裁制其羣中不良之分子也。故無論何種社會之人，不可不協力以效忠於國家。

（六）國家之要素，爲土地、人民、主權三者。人民爲組織國家之本，有土地無人民，不必論矣。有人民無土地，實際上亦無是事。特無組織國家之能力，故其羣無自主之權，而不能使其所居之土，成爲國土耳。若今日之猶太人，漂流外國，受人虐待，其慘何可言狀！故組織國家，實爲人民自衛之首務也。

（七）人民一切自保生存自遂發達之事，其源泉皆由國家而出，故組織國家爲人民自衛之本務。

備考

〔猶太〕爲以色列人所建國。以色列人原住迦南，後移居埃及，爲埃人所虐使。紀元前千三百二十年，摩西率之走還迦南，中途登西奈山，授以十誡，後遂分建以色列、猶太二國。以色列紀元前七百二十二年滅于亞西里，猶太服屬於巴比倫及波斯，至前六十三年爲羅馬所滅，其人漂流四方，迄今未能建國。

第三課　統　治　權

要旨

本課授以統治權之性質，使學生知國家法制之源泉。

本文

　　國家統治國民之權，其作用可分爲三：曰立法，曰司法，曰行政。三權之性質本惟一而不可分，然其作用，則不得不分寄於三機關。蓋不如是，則行政者可惟其意之所欲爲以定爲法，而更藉司法之力以强行之。其人而賢，所行者且未必無背於國家之本意，况不賢乎？此專制政體之所由厲民也。國家之本意無時而不欲利民，但實行之，則必藉統治權之力。故統治權之力苟不强固，則國利民福之目的必不能達。

教授要義

　　（一）前言國家之所以設立，以國民欲自保其生存，自遂其發達故。然則國家之設立，實國民之本意也。

　　（二）國家非人也，然亦有意思如人。何也？如公司亦非人也，然人之設立之者，必有其意思焉。人之設立之意思，即公司之意思也。國家亦國民之所公立也，故國家亦有其意思。

　　（三）國家之意思，果何如乎？吾固曰國民所以設立國家之意思，即國家之意思也。夫國民之所以設立國家，欲以自保其生存，自遂其發達也。然則保護國民之生存，使能遂其自然之發達，是即國家之意思也。

　　（四）凡有一種之意思者，皆不能無所作爲，無作爲則其目的必不能達，國家亦然。然欲有所作爲者，必不能不附之以一種之權力，此國家之統治之所由來也。然則國家之統治權，乃國民欲以自保其生存，自遂其發達，故特建立一國家，而與之以此種之權力，使爲保護國民生存，而遂其發達之事者也。故國家之權力，具於國家設立之初，一日無此權力，則一日不成其爲國家。有與國家之統治爲梗者,非欲反叛國家,害全體國民之生存發達,即係喪心病狂,欲自取消其生存發達者也。

（五）如所述爲統治權之性質。至其作用,則可分爲三：一本國民之公意,即國家之本意,而著其所當行之事,此立法之謂也。法既立矣,其作用又可分爲二：一爲消極的,禁止人以不爲以除害,司法之事也。一爲積極的,有益於國民之事,國家起而自爲之,行政之謂也。司法以維持現狀,保民生存;行政以增進幸福,遂民發達,而其事皆著之於國家所立之法。有此三者,而國家之目的達,職務盡。國民所以設立國家之本意亦達矣。

（六）國家所以能有立法之權者,以其有統治之權也;所以能有司法行政之權者,亦以其有統治之權也。故三權之性質,實惟一而不可分。即以其作用言之,司法、行政,亦不得與立法並立。蓋立法者,所以宣著國家之本意,而司法、行政,咸準據之以爲行動者也。然其性質雖惟一,而其作用則不可不分。蓋國家之本意,原欲以利民,而執行國家之職務者,難保不有時違背國家之本意,而爲不利民之舉。故不得不爲是防制之法。此猶一公司然,其本意嘗欲以利公司之股東,然其職務有時不得不分寄之於各種機關。此特事實上之便宜,而非謂公司之本意可以分析也。

（七）國家之本意,無時而不欲利民,故統治權自理論上言之,愈强大而愈妙。有時行使之不得不有所限制者,乃事實上使然耳,非國民設立國家之本意,欲如此也。設國民設立一團體之時,與之之權力有所限制,而更有最高之權力存於其上者,此權力即非統治權,而其團體亦即非國家。故國家之統治權,其行使之也愈周悉,則愈有利於民。蓋統治權之本意,原欲以利民也,有時國法上之機關,所行之事,不利於民,此實與國家之本意相反,正爲統治權不强大之證。或以惡政府故而并惡國家,謂國家之統治權,行使當有所制限者誤也,此正爲國家以其最高之權力限制其機關之行爲耳。

備考

〔厲〕病也,厲民猶言病民也。

第四課　國體及政體

要旨

本課授以國體政體之別，使學生知愛護共和之必要。

本文

今世界各國國體有二：曰君主，曰民主。政體亦有二：曰專制，曰立憲。君主之國，其政體有專制、立憲之殊；民主之國，則政體皆爲立憲，無專制者。《傳》曰："天之愛民也甚矣，豈其使一人肆乎民上？"又曰："得乎丘民者，爲天子。"又曰："天視自我民視，天聽自我民聽。"我國民於共和之理想懷之久矣！故能兵不血刃，成偉業於半載之間。此實世界各國所未有也，凡我國民其可不思所以擁護之乎？

教授要義

（一）今世界各國，國體有二：有世襲之君主者，謂之君主國體。無君主，而其國家之元首由人民公舉者，謂之民主國體。政體亦有二：立法、司法、行政，由一機關主之者，謂之專制政體；分寄於三機關者，謂之立憲政體。

（二）國家之所以設立機關，而寄之以職務者，爲欲達其目的耳。苟能達國家之目的，則寄之君主，寄之民主，一也。立法、司法、行政，寄之一機關，寄之三機關，亦一也。所以必善民主而惡君主，美立憲而刺專制者，以自事實上言之，君主專制往往不能達國家之本意，且違反於國家之本意也。

（三）專制君主，權力無限，可以爲所欲爲，充其極必視國家爲一人之私產。夫視國家爲一人之私產，則人民皆君主之奴隸矣。夫如是安能謀人民之公益？必至犧牲人民，以達一人私益之目的矣。

（四）專制君主，非無賢者，好惡同民，所欲與聚，所惡弗施也。然一人之智力有限，四方之聞見難周。故即有賢者，亦難於爲治。況專制君主生於深宮之中，長於阿保之手，便辟嬖佞足以驕其志，驕奢淫佚足以蕩其心，固又難於賢而易於不賢乎！

（五）君主專制之屬民，實由於其政體，而非由其國體。所謂立憲國之君主，不能爲惡也。然今立憲國之有君主，亦不得已而存之耳。若我國共和之理想，已發達於數千年前，一旦得東西各國之觀成，而現於實，自以止於至善爲是，又焉用此駢枝之君主爲？

（六）中國數千年來，歷史上常呈一治一亂之現象，實由全國大政操於君主一人之手。而君主所處之地位，實難於賢而易於不賢，故政治不能常良。政治不能常良，故禍亂終不可避也。其間數十年一小亂，數百年一大亂，民之受荼毒者甚矣。今既改爲共和政體，出治之源既良，凡事易達國家之本意。一切政象，自可循直綫以遂行，不至如向者之一治一亂，常呈循環的現象也。

（七）凡人莫不有權力之欲望，苟無人監督乎其旁，恒好擴張其權力以自肆。此不必不賢者而後如是，即賢者亦不免也。故共和政體，必藉國民之擁護。

（八）我國數千年來政治之不良，既以專制爲之大源，此驗諸歷史而可知者也。故今者國民不可不竭其全力，以擁護共和政體。

備考

〔天之愛民也甚矣，豈其使一人肆於民上。〕見《左傳》。
〔得乎丘民者，爲天子。〕見《孟子》。
〔天視自我民視，天聽自我民聽。〕見《尚書·泰誓》。

第五課　憲　　法

要旨

本課授以憲法要義，使學生知組織國家根本之法。

本文

憲法者，所以規定主權行使之方，及人民之權利義務者也。凡他種法律，有與憲法相牴觸者,皆無效。故憲法爲最高之法。合衆民而成國,必有其所公欲,公惡者存。所公欲者,以法律行之;所公惡者,以法律去之。故國家者,與法律俱存者也。公理未明之世,一部分人憑藉其强權,軼出於法律之外,而大多數人乃重受其累。若專制時代之君主、貴族是也。立憲時代,本國家之意思制爲憲法,一國之人共遵守焉,而此弊乃除矣。故曰法治。

教授要義

(一)國家者,國民所組織之,以自保其生存,自遂其發達者也。惟其然也,故國家必有其目的,亦必有其行爲。

(二)國家之目的究爲何如乎?其行爲究應如何最爲適宜乎?此其理甚爲深奧而難知。蓋自純理言之,則國家者,國民所組織之以自保其生存,自遂其發達者也。國家之目的,即不外乎保國民之生存,遂國民之發達而已。然究之用何種手段,遂爲適宜於達此目的,此則無論何種聖哲,亦有一時難於解答者也。惟其然也,故人類之組織國家,業已數千年,而迄於今卒未嘗有一國家焉,能用最良之方法,以達其所應達之目的者。不但不能達其目的而已,馴至國家固有之目的,亦在若明若昧之間也。

(三)至近世進化,始知國家者,自有其一定之目的,而其達此目的也,亦不可不用一種最適當之手段。於是因歷史上種種失敗之經驗,而國家之目的,漸以發見焉。國家之目的既發見,則其達此目的之手段,亦因之而漸即於正當焉。夫既能發明此國家之目的,且能發見其達此目的較爲適當之手段,則必有以著之於法,俾一國之人共遵守之,此憲法之所由昉也。

(四)知上所述,則憲法之性質,可以二言揭之:一曰憲法者,規定國家主權行使之方;一曰憲法者,規定人民之權利義務者也。何謂規定其主權行使之方,如國家有立法、司法、行政之權,是即國家之主權也。而國家以何方法行使此主權,則規定於憲法中者也。何謂規定人民之權利義務,夫人民之設立國家,所以使之行其所好,去其所惡者也。夫如是,則必與之以强制執行之力。然其强制之力,究應至如何程度乎?設過用其强制之力,於其所不當干涉者而亦干涉之,則失人民之本意,而不足以達國家本來之目的矣。又設放棄其强制之力,於其所不應放任者而亦放任之,則其弊亦如是。故國家界人民以權利,課人民以義務,必有其一定之界限,而此界限亦規定之於憲法中者也。

（五）國家行使主權之方，及其課人民之權利義務，隨世而異，不能强同。故憲法者，非一成不變者也。然國家行使主權之方，及其課人民之權利義務，固非一成而不變，斷不可一日無一定之規律。故號爲立憲之國，決不可一日無憲法。無憲法，則國家主權之行使，及其與人民權利義務之關係，可以惟一部分人之所欲爲，與國家之本意背矣。數千年來君民之衝突，政治之不良，其源皆由於此也。此專制與立憲之別也。

（六）如上所述，則憲法者，組織國家之根本法也。故憲法在諸種法律中爲最高，他種法律有與憲法相牴觸者，當然無效。

（七）憲法既爲組織國家根本之法，故其關係甚大，其制定之及其變更之也，均不可不極愼重。

（八）立憲與專制之殊，在有憲法與無憲法。故擁護憲法，即所以擁護共和。

第六課　國　會　一

要旨

本課授以國會之職權及組織，使學生知立法機關之重要。

本文

國會者，國家立法機關也，其制有一院、二院之別。吾國國會，曰參議院，議員由各省議會，蒙古、西藏、青海各選舉會，華僑選舉會，中央學會選出。曰衆議院，議員由普通人民直接選出之。蓋采兩院制也。凡法律，非經議會通過者，不得爲有效。議會所議決之案，大總統祇能交令覆議，而無不批准之權。蓋所以尊重立法機關者至矣。然則選舉議員及被選舉爲議員者，其可不愼也哉！

教授要義

（一）立法爲司法、行政之所本，故其事貴合乎國民之公意。所謂國民之公意者，即民之所公欲者存，公惡者去，最適於達國家之本意者也。

（二）立何等之法爲最合於國家之本意，此其事甚隱而難知。蓋國家之本意，即國民之公意也。人之性質，往往明於近而蔽於遠，詳於己所知之一方面，而昧於己所不知之一方面。欲以一人之意見，代表全國民之意見，而求其適相脗合，其事甚難。蓋實非人之智力所能逮也。惟其然也，故求之於少數人，不若責之於多數人；求之於一方面，不若求之於各方面。如是雖不敢謂所立之法，必適合於國家之本意，然究與國家之本意，符合較易。

（三）國會之有兩院制者，即求其意於各方面，且求之於多數人之意。蓋衆議院之議員，由普通國民選出，所以求其意於多數人也。參議院之議員，由特別團體選出，所以求其意於各方面也。

（四）無論何事，吾人對之，恒有一種意見，且莫不自以爲是。然試詢之於人，則人之所知，必有爲我之所不知，合彼説而後其義始完善者。更試詢之於與我地位不同之人，則彼之所見，必有爲我之所不及見，必棄我之説，從彼之説，而後其事始完善者矣。此即一人之智識，不如多數人；一方面之所見，不如多方面之證也。此非特庸人如是，即聖哲亦如是。古之人所以詢於蒭蕘也。此立法之權，所以畀之國會之意也。既以畀之國會，自不許政府之侵奪矣。

（五）議員既由人民選舉而出，則立法之權在議員，即不啻在選舉議員之人民也。此其責任何等重大，焉可放棄之？或以不正當之手段行使之乎？

（六）國家以選舉之權畀人民，自表面上視之，固爲一種之權利，實亦爲一種之義務。蓋國家之立法，既貴求之於多數人，求之於多方面，則凡有選舉權之人，不啻皆有參與立法之義務也。所以不使之直接盡此義務，而僅使之間接盡選舉之義務者，特以國大民衆，人人直接參與立法，事實上辦不到耳。然則吾人放棄或不正當行使其選舉權，即不啻放棄或不正當行使其立法權矣，其對於國家之罪惡爲何如乎？

備考

〔蒙古〕在中國本部之北，分内蒙古、外蒙古。

〔西藏〕在本部之西，分前藏、後藏。

〔青海〕在本部之西北，因域内青海得名。

第七課　國　會　二

要旨

本課授以國會監督政府之職權，使學生知國民參與政權之所寄。

本文

立法而外，國會又有監督政府之職權。其作用或見之於彈劾，或見之於否決豫算案。豫算案者，核計國家一年度内，應辦之事需費幾何，由政府製成草案提出，於國會求其承認者也。政府行政之方鍼悉於是乎覘之，故議決豫算爲國會重要職權之一。豫算案不能通過，即爲國會不信任政府之表徵，政府不能不引咎自責也。

教授要義

（一）一國之政治，其權皆寄之於政府，而政府不能保其皆善良。或闒茸不振，墮國事於冥漠之中；或措置乖方，貽國家以非常之禍。故國會必有彈劾之權，以彌縫其闕。

（二）專待政府失職而後彈劾之，有時或已嫌其晚，故必有以監督之於事前。然事事掣政府之肘，則政府將一事不能爲，亦非國民監督之道所應出也。故寄其權於通過豫算案，以行其大體上之監督焉。

（三）議決豫算之權，所以能監督政府者，以一國大政，行之莫不需財。國家待舉之政甚多，無論財政若何充裕之國，必不能舉所當舉之政，而一旦盡舉之，則必權其輕重緩急之宜，以爲或先舉，或後舉，或注全力以圖之，或僅維持其現狀之別。而此中之先後緩急，則大足以覘政府施政方鍼之得失也。故議決豫算，非惟斤斤焉爲出納之奇，於一國施政之得失，所關甚巨也。

（四）調查豫算案其事宜有經驗，且宜熟悉現政界之情形，故以其權委諸政府。

（五）豫算之擴張及減削，往往與租稅之增加及輕減並行，於國民之負擔，大有關係。爲議員者，若一味以擴張政治之範圍爲務，易使民力有竭蹶之虞；又若以輕減國民之負擔爲心，易使政治有頹廢之感。斟酌於二者之間而權其輕重，則非富有學識經驗之人不能。故國民之選舉議員，不可不慎也！

（六）國會監督政府之權，若常放棄之而不用，則等於無國會，而政府可以爲所欲爲，其極將及於專制。若濫用之而過其度，則政府將一事不能爲，其極將流於議會專制，而國事悉墮壞於阻礙扞格之中。厥弊惟均，故國會監督政府之權，行使之不可不極正當極愼重，而國民之選舉議員，亦斷不可以不愼也。

第八課　總　統

要旨

本課授以總統之職權，使學生知民主國元首之地位。

本文

君主國之元首，其得位也由於世襲。體制雖極尊崇，實非其才德過人爲衆所推舉，其榮轉不若民主國之大總統也。凡元首，皆爲代表國家者。敬愛代表國家之人，即所以敬愛國家也。故民主國之民敬愛其總統，較之君主國之民敬愛其君主，當更有進。君主之國，一朝開創之君獲登大位，率由武力，雖若爲人民所推戴，實則野蠻之行耳。民主之國，其選舉總統也，以其才與德，漁人、縫工皆可被選，効力國家，揚名後世。凡我國民，不可不自勉也！

教授要義

（一）國家統治之作用，雖分寄之於諸機關，然決不可無一機關焉，以爲之統一。否則國事將不免散漫或牴觸之憂。

（二）此等統一之機關，宜以一人爲之，而不宜以多人爲之，此徵諸歷史上而可見其例者也。

（三）既以一人爲之，則其人之得位，非由世襲，即由民選。而世襲之弊，我國數千年來深受其毒，於前講國體政體一課時已述之矣。

（四）君主世襲，弊之必至者有二：一則君主視國家爲一人之私產，人民亦視國家爲一人之私產。夫君主視國家爲一人之私產，則不免暴虐人民，以圖一己之私利。人民亦視國家爲君主一人之私產，則不免有懷奪相殺之意，而戰禍起矣。一世襲之君主，難於賢明而易於昏愚，其理由已如前述。君主既難於賢明而易於昏愚，故政局不能常保其清明，而革命之禍以起。我國歷史上，所以隔數十百年，輒有一次禍亂者，以此也。此君主專制之禍之犖犖大者，其他細故，難以徧舉。

（五）以一君主而總攬一國大政，弊既如此，故立憲國家，不得不以君主爲無責任，而使國務大臣代負其責。然此等君主，特塊然一物耳，絕無統一國家之能力也。

（六）元首之作用，對內爲統一國家之機關，故對外即爲國家之代表。凡國家與外國之交涉，多由總統代表之，以此也。

（七）爲國家代表之人，人民理宜敬愛。專制時代之君主，其得位也以篡取行之，人民尚以其爲國家之代表而忠愛之，況共和國之總統，由人民公舉之，使負代表國家之重任者乎？

（八）《禮》云：“大道之行也，天下爲公。選賢與能，講信修睦。”此實大同太平之極則也，民選總統，實寓斯意。故吾人在共和國中，苟有才德，不患無自效於國家之途。

備考

美國總統林肯，係漁家子，成就放奴之偉業。約翰孫及何伯孫，均係縫工。

第九課　政　　府

要旨

本課授以政府之職掌，使學生知一國政治之淵泉。

本文

政府者，國家政務之總滙也。以各部行政長官組織之，而別設國務總理以總其成。凡一國之大政，皆分隸於是。國務總理，對議會而負責任，蓋國民監督之權所寄也。共和國之政治，其得失雖在政府，然其責仍當由全體國民負之。蓋政治之利弊多端，必非政府中人所能盡悉，匡正協助，責在國民也。且國民既有監督之權，而置政府之失職於不問，亦不能辭放棄之咎矣。

教授要義

（一）以增進國民之幸福故，而執行其必要之事務，謂之政治。一國之政務孔多，必有其總滙之所。政治總滙之所，則政府也。

（二）國家機關之執行政治，有分地而治者，有分事而治者。省長、縣知事，執行一省或一縣之政務，則分地而治之主義也。特種政務，由中央派遣官吏於地方爲之，而直受成於中央，則分事而治之主義也。中央政府爲一國政治之總滙，分部而治，而特設國務總理以總其成。蓋政治貴乎統一，故既有中央政府，以總全國政務之成，又有國務總理，以總中央各部之成也。

（三）全國各種政務，其互相關聯之處甚多，語其極，則非特互相關聯而已，實不啻合各種政務而成一大政務也。何也？各種政務，其所欲達之目的皆同，特以欲達此一目的，故分行此各種事務而已。故各種政務，決不可缺於統一之精神，此國務總理之設，所以爲必要也。若不設國務總理之國，則直由總統負其責任。

（四）中央政府，既爲全國政務之總滙，而又爲一國大政方鍼之所自出，故其關係極爲重要。政治計劃之得失，及其施行之當否，恒必由之。故國民監督之權，亦即寄於是。

（五）國民對於政府，既有監督之權，則政治之得失，自不能不負其責任。然欲克舉監督政府之實，則政治上之智識不可不充分。故共和國民，不可不勉儲其參政之才識也。

第十課　司　　法

要旨

本課授以司法機關之組織,使學生知立憲政體三權分立之精神。

本文

　　有法而不行,與無法同,此司法機關所以必不可缺也。然若與行政機關合而爲一,則官吏可利用其司法之權以虐民,而審判難期公正矣。今世界各立憲國,司法之權皆與行政分離,各司法官任期皆終身,非據法律不得加以懲戒,所以保其獨立也。審判時,必當公開許人旁聽,所以保其公正也。慮人民之不能盡曉法律也,又特設律師爲之辯護,所以保障人民之權利者至矣。

教授要義

　　(一)國家之設立,所以保國民之生存,而遂其發達也。夫欲保全體國民之生存而遂其發達,則國民中各個之分子,其行爲必不可不循一定之方式。不循此一定之方式,則國家之組織爲其所破壞,而國民設立國家之目的,無由達矣。故國家必有法焉,以範圍其國民之行爲,而於實行此種之法律,又必有一種强制執行之力。司法機關之設立,即爲實行國家範圍國民之法律起見。蓋不啻以全體國民之公意,範圍其國中各個分子之行爲也。

　　(二)國內之安寧秩序,所以能維持者,皆藉司法機關之力。故司法機關之於國民,關係甚大。

　　(三)人苟互相羣居,即不可一日無法。一日而無法,則爭奪相殺之禍起,莫或能自保其生矣。故司法機關者,國家不可一日缺者也。

　　(四)國家無論欲達何等目的,其强制執行之權力,均藉司法機關以行之。故司法機關,決不可爲他機關所利用。蓋防其利用此機關,以達與國家本意相背之目的也,而司法機關之不能兼掌立法,理亦同此。

　　(五)惟立法、行政兩機關,均獨立於司法機關以外,則司法機關而欲利用其權能，以達其私目的也，則爲立法機關所制限。行政機關而欲利用司法機關之權力，以達其私目的也，則爲司法機關之所制限。而國家之本意常不失。國家之本意常不失，而人民設立國家之本意可達矣。此立憲國三權分立之眞精神也。

（六）向者專制時代，官吏虐民之事亦多矣。任舉其一，有不藉司法之力以行之者乎？設司法之權，不在其手，此等官吏豈能達其目的乎？是可知司法獨立，爲保障人民權利之利器，亦爲國家欲達其目的決不可缺之手段也。

高等小學　新修身教授書
第九册第三學年第三學期

第一課　警　察

要旨

本課授以警察之職權，使學生知警察關係之重要，及人民服從警察之義務。

本文

警察者，所以防危害於未然，以保持安寧秩序者也。其別有三：曰保安警察，曰行政警察，曰司法警察。保安警察，以防止人爲之患害爲職。行政警察，以防止天然之患害爲職。司法警察，以逮捕罪犯，搜集證據，消滅已發生之患害爲職。要之，皆所以維持安寧秩序者也。患害未發生之時，則不知豫防，及其既發生則倉皇失措，絶無補救之法，此皆野蠻人之狀態，文明國民不應爾也。故警察之周密，實爲政治進化之徵。

教授要義

（一）警察者，以防止患害於未然，而保持安寧秩序爲目的者也。防止患害於未然，以保持安寧秩序，雖不足以盡行政之目的，然於行政中實爲最要。蓋必能防止患害，維持現狀，然後有增進幸福之可言也。

（二）患害之發生，其原因可分爲二種：一由於人，一由於物。由於人者，所謂人爲之患害；由於物者，所謂天然之患害也。故警察亦因此而有對人對物之稱：對人警察，所謂保安警察；對物警察，即所謂行政警察也。

（三）凡警察必限制人民之自由。蓋警察以防止危害爲目的，防止人爲之患害，則須限制其人之自由。防止自然之危害，則須限制對於其物之人之自由也。然其限制人之自由，本以防止危害爲目的，故人民對於警察之命令，不可不服從。不服從是非好危害人，即好自招危害也。

（四）今之人有不服警察之命令而自以爲雄者，有受警察之限制而憤憤不平者，此皆誤之甚者也。警察以防止患害爲目的，設無警察，吾人豈能任患害之來而不加以防禦乎？夫吾人亦欲防禦患害，特以命令之出於警察故，而心不之服，是知二五而不知十也。

（五）一地方設立警察，勢必增加人民之負擔，往往有因此而議其多費者。告以警察有防禦患害之用，則彼將曰患害不能時時而發生，設無警察，患害亦未必遂至也。不知患害雖無必至之符，而亦無必不至之理，不能保其必不至而不爲之防，及其至則束手而無如之何，此最智慮淺短者之所爲，非吾人之所宜出也。況警察所豫防之患害，多爲習聞而易見者乎？

（六）豫防患害之事，各地方多固有之，如救火會等是也。設有疑設立警察爲徒勞妄費者，可告以救火會等之所防，亦非必至之患害，何不去之？設使去之，爾心以爲如何？則其人必曉然於警察之設之不爲無謂矣。

（七）警察之設，兼有促進人民程度之益。蓋人之行動，而至受干涉於警察者，必爲不正當之行動故也。屢受警察之干涉而因而改之，或因懼受警察之干涉而從而豫戒之，久而久之，自相習於不爲矣。故警察之設，不徒能防止朕兆已見之患害，并能防止患害之朕兆，使不發生也。

（八）司法警察，爲對於行政警察之名詞。凡司法警察以外之警察，總稱爲行政警察。

第二課　教　育　一

要旨

本課授以教育爲立國之本，使學生知共和國民之必受教育。

本文

昔人有言民惟邦本,故欲强其國,先强其民,欲强其民,斯教育其首務矣。教育之要有三:曰德育,曰智育,曰體育。今各國皆行强迫教育之法,舉一國之民,及學齡皆須入學校受教育,違者罪其父母。蓋當列國競争之世,國家根本之至計不得不然也。文化愈進,則人之求自立愈難。當今之世而不能受完備之教育,不徒國家無由强盛,即以個人論,亦必不能自立矣。

教授要義

(一)統觀自第八册以來所授各課,凡一切立法、司法、行政之事,一言以蔽之,不外乎國家欲增進國利民福,以達國民設立國家之本意而已矣。然國家何人所設立乎? 國家既設立以後,其事務果何人爲之執行乎? 則仍必曰國民也。故民也者,國之本也。能否設立組織完善之國家,與既設立以後,國家之行動,是否能達其本來之目的,一以國民之程度爲斷。而國民程度之高低,則一以教育程度之高低卜之。故教育者,立國之本也。

(二)人無生而知之者,故教育爲必要。

(三)一國中縱有少數優秀之人物,而大多數之人,皆屬蠢愚,則其國事必不能善。即能補救於一時,亦決不能維持於永久也。故國民教育爲必要。

(四)人之所以能進於善者,其道不外乎(一) 有爲善之決心,(二)能知爲善之方,(三) 而又能實行之而已。所謂知、仁、勇爲三道德也。此三者缺一不可,故教育亦因之而有德育、智育、體育三者。

(五)向者無國民教育,由專制政體視國家爲君主一人之私産,利民之愚,不利民之智。蓋非欲發達國民以達國家真正之目的者也。故今者斷不可無國民教育。

(六)向者雖無國民教育而亦足以自立者,由閉關獨立,不與人競争故也。今則無國民教育,國家斷不能爲真正之發展,即不足以自存。故今者斷不可無國民教育。

(七)今世界進化,非受教育之人,斷不足以自立。故父兄爲子弟計,及人之自爲計,皆當以受教育爲首務。

備考

〔民惟邦本，本固邦章。〕見《尚書·五子之歌》。

第三課　教　育　二

要旨

承上課授以各種高等教育，使學生知教育不以義務教育爲止境，以奮發其向學之心。

本文

義務教育所以造就一般之國民，然國家之於教育，必非以此爲足也。故由此層累而上之，自高等小學至於大學，則有所謂高等教育，聽人自擇其所宜。而與之相輔而行者，又有師範教育、實業教育等。凡以陶淑其民之道德，養成其民之智識能力，使克自立於競爭之世也。與學校教育相輔而行者，爲家庭教育、社會教育。《傳》曰："天之生斯民也，使先知覺後知，先覺覺後覺。"中國今日教育尚未普及，已受教育之人，皆有化導他人之責，慎勿自壞其行，而貽社會以惡風也。

教授要義

（一）義務教育，所以造就一般國民也。然國家之所恃以自立者，決非謂得此而已足，故又有高等小學以上之教育。

（二）舉一國之民而悉使受完全之教育，豈不甚善？然今日社會情形，實辦不到此。故不得已於一般國民僅使受四年之初等教育，而於高等之教育，則所其自由也。

（三）國所興立，固貴一般國民，均有國民之資格。亦必有一部分水平綫以上之人才，爲之指導，此國民之中堅階級，中國人所謂士君子也。夫使一國之民，皆受完全之教育，則人人有士君子之行，豈不甚善？無如其一時辦不到，則不得不藉少數優秀之人物，爲之倡導，爲之指揮。此少數優秀之人物，實國家進步之原動力也。吾人今日欲有以自效於國家，不可不勉爲此優秀之人物，而欲勉爲此優秀之人物，則不可不勉受教育也。

（四）當告以歐美貧苦子弟，躬自操作，得備資以求學者甚多，以興起其受高等教育之念。

（五）當告以既受高等小學教育之人，與全未受過教育者不同。即不再入學校，一切學問，亦可自行研究，以堅其好學之心。

（六）學校教育，教育之有形者也。家庭教育、社會教育，教育之無形者也。人與學校之關係淺，與家庭之關係深，處學校之歲月短，處社會之歲月長。故家庭之習慣，社會之風氣，影響於國民之品性者尤大。欲振興教育，不當以設立學校爲已足，當并家庭之習慣，社會之風氣而改良之。

（七）既知家庭之習慣，社會之風氣，影響於國民之品性者甚大，則吾人在家庭之舉動，亦不可不自慎；在社會之舉動，尤不可不自慎。所以示未受教育者之模範也。

（八）孔子云：我學不厭，而教不倦。此聖人之所以爲聖人。看似平淡無奇，實爲常人所萬不能及。我輩雖不敢仰望聖人，然不可不勉效之。處今日教育尚未普及之時代，對於未受教育之人，均有指導之義務。若徒斥爲愚魯，傲然自足，實非所宜。

（九）世界之學問何窮，即備受高等之教育，所得者尚甚膚淺，況未能乎？故必時時有學如不及，學然後知不足之思想。

備考

〔使先知覺後知，先覺覺後覺。〕伊尹語，見《孟子》。

第四課　地方自治一

要旨

本課授以地方自治之事，使學生知共和國之民，當有協謀公益之精神及能力，不當徒倚賴官吏。

本文

一地方之人民，其利害關係大抵相同，故法律許其結合團體，自謀公共之利益，所謂地方自治也。一地方之利害，流寓之人所知，大抵不如土著之人之切。故人民自治之力不完而但倚賴官治者，其地方之政治必不能完善，人民所享之幸福，亦必不能具備矣。西哲有言：地方自治者，共和政治之雛形也。蓋人民之有公共心，及智識、能力與否，胥於是乎覘之。吾儕既爲共和國民，對於地方自治，不可不各盡心力求其完備也。

教授要義

（一）興利除弊，均非一人之力所能逮，故必結合公衆之力以圖之，人民之設立國家，即以此也。然國家之爲團體也大，民間纖悉之事，必一一自謀之，力固有所不給，勢亦有所不逮。且各種利害關係，往往有爲一地方所特有，而非全國所共同者，以國家之力行之，亦殊不便，故不如委任之於地方團體也。

（二）地方團體之自治，亦有一種權力，其權力係由國家付與之。

（三）本地方之利害，對於本地方之住民，相關最切，苟不能協力興革，尚有何事之可爲？故地方自治之善否，可以覘其國民是否有共和之資格也。

（四）吾國古者，地方自治之制，最爲完備。及後世而日漸凋落者，乃由君主專制政體，忌民權之擴張，與地方自治制度不相容也。然吾國行政，主於放任，地方上之利害，官不爲民謀興革，民即不得不自興革之。故吾國民自治之能力實最富，特未由國家正其名爲地方自治之一團體，而附與之以一種權力耳。今也亦既正其名而附與之以一種權力矣，則吾民之所以自盡於地方，而試驗其自治之能力，以無忝於共和國民之資格者，不可不倍加謹慎，倍加奮勉也。

（五）地方自治發達者，國家之基礎，亦倍形穩固。故地方自治之事，雖若僅及於一地方，實則與國家之治亂盛衰相關最切。

（六）吾人對於地方，固宜協謀公益，存恭敬桑梓之心。然因此而眼光所及，僅局於一地方，至不顧全國之公益則不可。蓋地方恃國家而生存，弱國以利一地方，非真利也。吾國人地方之見頗深，不可不竭力化除之。

備考

〔雛形〕物體之縮小者，曰雛形。

第五課　地方自治二

要旨

同前。

本文

　　自治團體以住民之多寡，資力之厚薄爲區別，而定其名曰市，曰鄉。市鄉皆有議會，選公民爲議員，議決本市鄉應興應革之事。市有董事會，鄉有鄉長，以執行之。合市鄉而成縣，縣有知事，掌官治，以監督地方自治者也。縣亦有議會，議決一縣所興革，而以參事會執行之。《詩》曰："維桑與梓，必恭敬止。"吾人對於本地方，應如何同心協力以謀公益哉？

教授要義

　　（一）一國之有政治，所以圖謀一國之公益；一地方之有自治，所以圖謀一地方之公益。圖謀一國之公益，當取決於國民多數之意見，圖謀一地方之公益，亦當取決於一地方之公民之多數之意見。故國家於政府之外，又有國會；地方於執行機關以外，亦有其會議機關也。

　　（二）地方自治之權，原係受諸國家，故當受官治之監督。蓋必如是，然後無不能統一，不能調和之患也。

　　（三）設使吾人爲市鄉之議員，則一市鄉之利弊，若者當興，若者當革，吾人能一一胸有成竹乎？又設使吾人爲市會之董事，一鄉之鄉長，則議會所議決之事，是否可以執行，抑須請其復議。如可執行矣，必如何而後能底於完善，吾人能一一皆有把握乎？於此可見政治之才之貴於豫儲。

（四）協謀一市之公益，其責在於市議員及董事會之手。協謀一鄉之公益，其責在於鄉議員及鄉長之身。設吾人選舉議員董事鄉長時而不慎，其害豈不身受之乎？於此見選舉之不可不慎，一市一鄉如是，推之一國，亦如是也。

（五）地方自治，所以分縣與市鄉兩級者，蓋一縣之公益，當合一縣之人以謀之，一市一鄉之公益，當合一市一鄉之人以謀之也。市鄉之自治事務，不能委之於縣，與地方自治之事，不能委之於國家者，其理正同。

備考

〔維桑與梓，必恭敬止。〕見《詩經》。

第六課　選　舉

要旨

本課述選舉，使學生知選舉權之性質。

本文

國家庶政，必順輿情。故國有國會，省有省會，縣與市鄉亦有議會。蓋各方面之利害，必合各方面之人乃能周知，而全國及一地方之行政，亦必視大多數人之意向。此所以議政之權，操之議員，而選舉議員之權，則操之於多數公民也。選舉及被選舉，自一方面言之，為國民對於國家之義務，自一方面言之，即為國家賦與國民之權利。彼違法運動及受人運動者，不徒可恥，抑亦刑法上之罪人也。

教授要義

（一）國家之有政治，所以增進全國民之福利，一地方之有自治，所以增進一地方人民之福利。而國民之公利與一地方人民之公利何在，與其委之於一二人之專斷，不若委之於多數人之籌謀，所得者較為正確也。故國家之有國會,地方之有議會,實圖謀全國民及一地方人民之公益,最善之方法也。

（二）如是則以政治付諸議會之籌議,其結果利益,必及於吾人。故吾人之有選舉權及被選舉權,實爲吾人所應享之權利。然議會之議政,非徒爲吾人一人之私益,而實爲全體之公益。則吾人之有選舉權及被選舉權,又爲一種之義務也。蓋國家因欲達其開設議會之目的,故以此責任課吾人也。

（三）以政治付議會公議,其利益既如上所述。則議員而不能稱職,害亦如之,不待言而可知矣。然則吾人而不以正當之方法選舉議員,使一國及一地方之人,皆受其害,其罪大矣。受刑法上之制裁,誰曰不宜?

（四）以不正當之手段,謀得被選舉及選舉者,其道多端,而要不外乎威脅及利誘。夫受人之威脅而選舉之,可恥;受人之利誘而選舉之,尤可恥。即用威脅利誘之手段,得達被選之目的者,亦庸足樂乎? 以爲榮耶? 得之不以正,人人將指而目之,而何樂之有? 以圖利耶,議員有何利可圖? 議員而至於可以圖利,其爲議員也可知矣,未有終不敗露者也。刑法從而制裁之,國人從而非笑之,名固喪矣,利亦安在? 彼受些小之利,而爲之效力,懾於無足重輕之威,而爲之奔走者,至是亦伴之俱爲刑法上之罪人。利固無有矣,威亦安能庇我乎? 故吾人遇有此等事務,須毅然決然,持之以正,而決不可隨波逐流也。

第七課　納　　税

要旨

本課授以納税之義,以引起學生對於國家之責任心。

本文

吾人以眇然之躬,處於社會之中,所以身命財産皆獲安全,而一切幸福且蒸蒸日上者,由有法律以保護之,又有政治以促進之也。使無法律政治,則生命財産皆不能一日安,而況於幸福乎? 國家以維持社會秩序,增進社會幸福,故而有種種之費用。此種種之費用,苟非吾人負擔之,將誰負擔之哉? 專制時代，舉國之租稅視爲君主一人之收入，故輕徭薄賦，君主視爲寬典，小民亦頌爲仁政。共和時代，國家爲人民所公有，國家之事，即國民之事。若猶沿襲此思想，實謬之甚者也！

教授要義

（一）社會之克維持秩序，賴國家之有法律。社會之克增進幸福，賴國家之有政治。而立法、司法、行政實行之也，必皆須財，故財爲國家庶政之本。

（二）國家之自身不能有財，故財必責之於國民。

（三）所以設立國家者，爲欲維持現狀增進幸福故也。設立國家而不與之以財，則一切政治皆無由行，即與無國家等。

（四）設無國家，則吾人保全生命增進幸福之事，必一一自謀之，其所費較國家之爲吾謀者，將十百千萬而未有已，其結果必不能如國家之爲吾謀者之完善，甚至全不能達其目的者有之。此吾人之所以設立國家，以自謀其幸福也。蓋設立國家以謀吾人之幸福，即爲吾人所費最少，所得最多之良策矣。

（五）如上所述之理，可於兵刑二者見之，國家歲擲鉅大之經費，以擴張海陸軍，設立司法機關，吾人之負擔，誠亦因此而增重。然設無國家，外侮至，吾人能自禦之乎？盜賊至，吾人能自捕之乎？藉曰不能，則其所損失者，較□納稅當幾何矣？

（六）專制時代，惟王不會，視全國之收入，悉爲君主一人之私產。既又以輕徭薄賦，博寬大之名，此真朝三暮四愚民之術也。而人民亦遂頌其寬大之恩，寧非真以奴隸自處乎？今共和時代，國爲民國，財爲國民之財，用之皆以圖謀國民之公益，而猶沿襲此等思想，不亦謬乎？況立憲時代，亦既慮政府收稅之不得其當，而監督之以議院矣，又慮其用之之不得其當，而監督之以豫算決算，及會計審查之制矣。此而猶視納稅爲畏途，以逃稅爲幸遇，不亦有靦面目乎？凡我國民，可不戒哉！

備考

〔輕徭薄賦〕輕其徭役，薄其賦稅也。

第八課　當　兵

要旨

本課詳當兵之原理，以明人民有保護國家之義務。

本文

　　凡物皆有其自衛之具，而況於人乎？而況於國乎？國之有兵，則國之所以自衛，而亦即民之所以自衛也。《傳》曰：國於天地，必有與立。與國同休戚者，民也。故服兵役之事，外國人不得與，若本國人而亦規避兵役，豈非以外國人自居乎？我國自古以來，民德强武，兵威遠耀，故能征服異族，爲亞洲一大國。自與西洋交通以來，兵出屢敗，土地日蹙，利權盡喪，外人至誚我爲不武之民。嗟！我國民何時一雪斯恥哉！

教授要義

　　（一）魚有鱗，蜂有螫，雞有爪距，牛馬有蹄角，天皆賦以自衛之具。獨人無之，苟不自謀，外侮且因之而至，故人不可不知自營其保衛之方。

　　（二）國家者，人民所集之大社會也。人民爲其體，而國家爲其名，人民不知保衛國家，則國家之虛名不能自保。故兵之爲用，雖爲保護國家，亦即人民之所以自衛。名與體固不能離而爲二也。

　　（三）國家即民，民即國家。古人譬之子弟衛父兄，手足捍頭目。此中蓋無彼此之可言。國家而亡，人民何有？人民苟存，必思所以維持其國家，使長存於天地間也，此即立國之大本也。

　　（四）人民既與國家不可分而爲二，則規避兵役，竟是自棄其手足而不用，斷非人情。

　　（五）既有國家之範圍，則此一國家，彼一國家，其中不能無界限。外國人不得與於本國之兵役者，猶之他人之手，不能代我搔癢而撫痛也。

　　（六）我國近年，習於文弱，人皆謂昔年傳習所致。不知古時國人，無不尚武。孔子能舉國門之鼎,其教人禮樂書數之外,必兼射御。吾人當知此義,庶不墮古來民德。

（七）自周以前,我國疆域,僅局於黃河流域。漢始服匈奴通西域,此後出兵遠略,代有其事。慎勿謂自古閉關自守,未嘗與聞天下事也。

（八）西洋交通,始於西漢張騫出使。遠屆羅馬,歷史具在,信而有徵。東漢大秦航海東來,已在張騫之後,故欲談遠略,我華人固開西洋之先導。其時西洋之仰望我國,亦復中心誠服,而今則一反其情形矣。可不自知所以振作哉！

備考

〔國於天地,必有與立。〕見《左傳》。

〔民德強武〕自黃帝征服蚩尤,爲漢族強武之最初證據,此後歷史可徵者甚多。

〔征服異族〕苗最著,此外匈奴、西域等,皆不與我同族。

〔土地日蹙〕臺灣,東三省,黑龍江以北,烏蘇里江以東,新疆伊犁城以西北,朝鮮、緬甸、琉球、越南,先皆我屬。

〔利權盡喪〕如內河航行權,鐵道建築權等,無一不有外人侵入。

第九課　服從法律

要旨

本課說法律所以維持全國之秩序,使學生堅服從法律之觀念。

本文

法律者,所以範圍人之行爲,使社會之秩序得以維持者也。世之人,有以不守法律誇示其權力之優者,又有破壞法律以自便其私圖者,皆國家之罪人也。今試問文明各國有無法律者乎？又試問世界進化法律有不同趨於完備者乎？然則法律者,文明進化之徵也。彼不守法律者,適自成其爲野蠻之行而已。語曰："己所不欲，勿施於人。"使一國之人，人人皆不守法律，吾人又何以自安？反是以觀法律，安可不服從哉？

教授要義

（一）法律之由來，導源契約。兩人共守之條文，謂之契約。團體公訂之條文，謂之規則。全國共守之條文，則法律是也。故法律有範圍全國人行爲之效用。

（二）人之行爲，何以必就範圍，爲保公安之故也。人人所承認，即爲公安，即爲秩序。無法律，則人人所承認之公安不見，而社會之秩序混亂矣。維持而謹守之，是在服從法律。

（三）國何以有法律，人民有公認之條文故也。既公認之而自破壞之，此爲人民之公敵，社會之巨蠹，既爲人民社會所不容，則國家豈能承認其自由哉？

（四）草昧榛狉之世，無法律之可言，弱肉强食而已。是何也？人民智識淺短，未嘗知議訂公守之條文，以爲合羣之用也。人民程度，日進文明，斯法律斷無不成立者。

（五）人民進化，始造法律之初，其節文條目，必未完備，古史所述可徵也。歷代增訂，漸趨於密。至今日文明先進諸邦，法律學始臻完備，而其進化亦非古人所能及矣。

（六）法律與文明之關係如此，苟不知遵守，非回復其野蠻之自由，直無以自立於世界。吁嗟！吾徒，其可自甘於野蠻乎？

（七）盜賊擾亂及一切侵人之事，皆法律所不許。凡法律所不許，皆非吾人所願遭逢也。然則以我所不願遭逢之事，而施之於人，人豈能容我乎？人人以我不願遭逢之事，施之於我，我其能忍爲一日之安乎？

（八）我生今日，而能不遭逢我所不願遭逢之事，何也？以有法律爲之保障也。法律之益我如此，而不服從者，則爲天下所共棄而已。

備考

〔己所不欲，勿施於人。〕見《論語》。

第十課　愛　　國

要旨

本課述亡國之慘，以興起學生之愛國心。

本文

印度，大國也。安南、朝鮮，亦皆亞洲文明之邦也。以國民不知愛國，夷爲英、法、日本之屬矣。《傳》曰："民之所欲，天必從之。"我國人口之衆，土地之廣，甲於五洲；氣候之温和，物産之豐富，亦爲各國所不及。而至今以貧弱聞於天下，謂非國民愛國之心尚有所欠闕哉？亡國之民，一切權利義務皆不克與戰勝國之民相等，非不幸也，自取之也。《詩》曰："啜其泣矣，何嗟及矣！"觀於印度、朝鮮、安南之民，可不知所警哉？

教授要義

（一）國即民之國，民爲國之民，國與民非有二物也。問人有不自愛其身者乎？無有也。問人有不自願其身之安康而强健者乎？無有也。然則何爲而不愛國？國固我之國也。

（二）印度、朝鮮、安南，今皆亡矣。彼印度、朝鮮、安南之民，自願亡之乎？非也。謂彼國之民，不知印度、朝鮮、安南爲彼之國乎？亦非也。然而亡矣。有國而不知愛，於人乎何尤？

（三）國以一人興，以一人亡。凡我國民之在國也，皆具有一人之資格者也。欲興此國也，我興之；欲亡此國也，我亡之。試問吾人願亡乎？願興乎？

（四）爲國之本者民也，民多國强，民寡國弱。譬之一木易折，衆擎難摧，人人知之。我國户籍法開始擬行，人民未得確數，然以略數言，共知爲四百兆矣。求之寰球各國，人數未能踰我也，此固宜興者一也。

（五）民何以賴，賴於土地，無土地則民衆不能自存，此又人人所共知也。我國疆土，北盡蒙邊，南臨崖海，東至東瀛，西連衛藏，以方里計之。世界各國，廣袤有踰我者，亦不數覯。土廣而物阜，物阜而民昌，此又宜強者一也。

（六）日光斜照地球，南北極有常冰之地，赤道有溽暑之邦。氣候調和，厥推温帶。而我國適居温帶之中，此固列邦所傾羨，而我獨享之。我之自視我國，其感情固何如乎？

（七）文明古邦，獨推東亞，非我自誇，固世界所公認也。然而其貧如此，恃借債以爲生，其弱如此，受人欺而不能與較。嗟我國民，其甘於自棄乎？何爲而使至於此極也？

（八）國亡身亡，事由一貫。彼印度、朝鮮、安南，幸有孑遺，已無生理。彼民之在今日，未必不悔其當初之對於國家，實不自知愛護也，然而晚矣。

（九）至我國土地物產，實遠勝於印度、朝鮮、安南，他人之垂涎而思一逞者，今尤呶呶。吾輩國民，慎勿自貽將來之悔也。

備考

〔印度〕位於亞洲西南之印度半島，部落分爭，愚昧已甚，卒爲英人所役屬。

〔安南朝鮮〕安南，在亞洲南部，今屬於法。朝鮮，在中國之東，今屬於日本。

〔民之所欲，天必從之。〕見《尚書·泰誓》。

〔人口土地〕我國人口號稱四萬萬，土地約三千三百餘萬方里。

〔啜其泣矣，何嗟及矣！〕見《詩·王風》。

第十一課　道　　德

要旨

本課促學生實踐之義，以總前授各課，而明道德之指歸。

本文

修身之道，貴乎實踐，不能實踐，雖博聞強記無益也。人雖至愚，未有不知善之爲善惡之爲惡者。知其爲善而不爲，知其爲惡而爲之，斯不可救藥矣。苟能於行事之際，隨時省察，善者爲之，惡者不爲，人人皆善人也。昂藏七尺軀，何至遂爲惡事？何至遂陷溺於惡事而不知返？苟一念及有不悚然汗下者乎？孟子曰：“人之所以異於禽獸者幾希。”痛哉！斯言可不念哉？可不懼哉？

教授要義

（一）我欲登樓而不肯涉梯，能登樓乎？我欲渡江而不肯乘船，能渡江乎？江也，樓也，人皆知其可渡，知其可登也。然而不涉梯不乘船，則終不能登，不能渡也。故事貴實行，修身尤貴實踐。踐者，行之謂也。

（二）諸生讀書，書可毀裂乎？皆知其不可也。諸生習字，筆墨可損棄乎？皆知其不可也。善惡之辨，人人有此心。然而不免爲惡者，未之思也。

（三）明知書之不可毀裂，筆墨之不可損棄矣，而故意毀之，故意損之，故意棄之，吾知諸生必不願如此。然使今日而竟有如此之人，諸生將謂之何？

（四）樓也，江也，書也，筆與墨也，事之小焉者也，理之顯焉者也。平居一舉一動，皆可作如是觀。自知爲善，實踐力行；自知爲惡，實踐力戒。天下有不能爲善人者哉？

（五）生而爲人，有聰明，有材力，更有辨別善惡之聰明。有行善戒惡之材力，則亦何至不能爲善人？則又何至竟成爲惡人？更何至甘心爲不善而惡之人？使竟有之矣，諸生將謂之何？

（六）孟子有言：“人之所以異於禽獸者幾希。”其言至爲沈痛，諸生念之。

備考

〔昂藏〕高大雄壯之謂。

〔幾希〕少也。

高等小學校用　新式歷史教授書

前　　言

　　《高等小學校用　新式歷史教授書》系呂先生與莊啟傳先生合編的一本歷史教學參考書。全書分六冊，依《高等小學校用　新式歷史教科書》編撰，上起於炎黃之前的太古時代，下至辛亥革命，最後另設一課，敘中國歷史特色和結論。此書除了全錄教科書的課文外，又設有要旨、準備、預習、教授次序、備考等諸欄目，或提示課文的精義，或詳載教學所需的相關資料，並列有教學方法、教授次序、練習問答等內容，以便於教師備課檢索和參考。

　　《高等小學校用　新式歷史教授書》由中華書局於一九一六年九月至一九一七年一月初版，後曾多次再版重印：如第一冊有一九二三年五月第十八版；第二冊有一九二二年四月第十二版；第三冊有一九二三年九月第十四版；第四冊有一九二四年六月第十二版；第五冊有一九二三年九月第十四版；第六冊有一九二四年六月第十四版等，是當年發行量較大的一本歷史教學參考書。①此次我們將《高等小學校用　新式歷史教授書》收入《呂思勉全集》重印出版，除了訂正原書的錯字或勘誤，其他如文字、術語、格式等，均照原書刊印不改。

李永圻　張耕華
二〇一四年八月

---

　　①　有關《高等小學校用　新式歷史教授書》的再版、重印的情況，詳見《呂思勉全集》之《呂思勉先生編年事輯》附錄二《呂思勉先生著述繫年》的記錄。

目　　録

歷史參考書編纂例言

一、本書專供小學教師教授新法歷史者參考之用；編纂之趣旨有二：

（一）時間經濟　小學教師，往往以一人而兼任數科目，課前豫備，恆苦時促事煩；有參考書爲之窮源竟委，使之一覽了然，則可免翻檢羣書之勞。而豫備時間，大可經濟。

（二）財力經濟　史事至爲繁博，非羅列羣書，互爲參證，不能得其真因確果。顧小學校安能力購羣書，廣供參考。此書採羣書之精華，萃於一編，教授既便，學校財力所省，當亦不少。

二、本書依據教科書課目編次，（内分一、二、三、四等數字，與教授書課文項附註相符。）凡課文包含之史事，一一叙列；務使教者了解内容，教授時足以應付。然非以授之兒童者也。

三、本書編述之各項史事，大率以正史爲根據；而旁及於諸子百家十三經，及其他稗官野史，名人筆記雜録之類。每一項下，皆注明出自某書，或某書某篇，以孚傳信之旨。

四、本書援引古籍，悉仍原文。篇幅過長者，則間節之。惟近世史之資料，甚少精確可靠之本爲據，故祇由編者博考羣籍而輯成之，其根據恕不一一詳注。

五、本書各課事項，有須闡明學理者，間由編者就一己思想所及，加以按語。其謬誤與否，仍候讀者鑒正。

編 輯 大 意

一、本書依新式高等小學歷史教科書編纂，全六冊，供教員教授之用。

二、本書編纂之順序，分列：教材、要旨、準備、預習、教授次序、備考等項。

（甲）教材　全錄教科書本文及圖表等，免教授時檢查比對之煩，並按教材之長短，而注授課時數於本課題目之下。

（乙）要旨　述全課精義，及史事因果之關係。

（丙）準備　詳載關於本課之沿革、地圖、統系表，或用黑板畫，或由教師制作。及遺像、古物、遺跡等。

（丁）預習　概分三種，列舉如下：此三種不必每課皆備，視教材酌量行之。

（一）筆記　令學生遇有本課難解字句，立簿摘記，俾聽講時，知所注意。

（二）繪圖　令學生依本課應示之地圖摹繪之，使知歷史與地理之關係。統系表亦然。

（三）復習前課　令學生從已有之舊觀念，引起新觀念。

（戊）教授次序　記載教授上應行之事，分三階段，詳列如下：

（一）預備　内分二項：

［一］檢查預習　即學生筆記等項，一經檢查，則講授時益知所注意。惟不列預習者則略之。［二］指示目的　即本課要旨，教師將授以新知識，須先行指示，藉以喚起其注意。

（二）提示　内括五項。惟參考一項，無則缺之。

［一］分節講授　俾學生易於記憶。［二］簡明參考　按節附注，俾教師便於指點。［三］復演　補前講所略。［四］指生試讀及範讀　使文理句讀，不至訛舛。［五］指生口述及正誤

（三）整理　内分五項：

［一］回講　令總括全課大義。［二］約述　令撮舉全課節目。［三］聯絡

比較 使知本課與前課及各科學之關係。［四］思考 以啓發其思想推測判斷力等。［五］作表及填註地圖 令學生練習表式，及審察地理沿革與位置。

（己）備考 專詳課題原委，及重要人物，重要事實，以備教員參考。其應否舉告學生，由教員隨時酌定。

三、本書採自動主義，編輯故多列預習一項。又於教段中多採啓發式，務養成兒童自力研究之習慣。

四、歷史爲過去之事，學校設歷史科之目的，在以過去證現在及將來。本書注意此點，力求簡明精要，一洗空泛無謂之弊。

高等小學校用　新式歷史教授書
第一册

第一　太　古(一時間)

教材

中華位於亞洲之東南。太古之民，畧分二種：苗種初居本部，華種起於帕米爾高原，在我國極西境。次第東來，漸蕃殖於黃河流域。苗種益徙而南，其地遂爲華種所有。相傳首出御世者，曰盤古，繼爲三皇，未有文字，無史可稽。生活狀況，穴居野處，茹毛飲血而已。

要旨

本課授太古槪略，俾知華種所由來，以引起其歷史進化之觀念。

準備

繪華種東徙圖如下。

預習

於課前指定下列數事，使先分時自習之。
(一) 課文遇有難解字句，錄入筆記簿。下同。
(二) 以教師所繪華種東徙圖爲藍本，摹繪之。

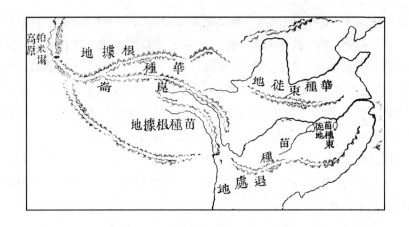

教授次序

（甲）預備

（一）檢查預習：令各出圖簿，教師巡閱。地圖，則查其有無不合；不合者使改正之。筆記簿，則查其何處不解。俾教時知所注意。下同。

（二）指示目的：此課爲全書發端，故指示項下，兼及本書大旨。

書歷史二字於板，告以史者，記事之書也。歷，經歷也。取已經經歷之事，記之於書，爲後人之明鑑也。我國立於世界之上，有數千年之文化，即有數千年之經歷。不考歷史，惡知文化所由來。故高等小學，特設歷史一科，以供諸生之研究。今日所授之書，即中華歷史是也。

述一人之歷史，必自其最初時代始，述一國之歷史，理亦宜然。即板書課題太古。示之，曰：此即歷史最初時代之名。本課則述中華之最初時代。

（乙）提示

（一）講第一節：起課首，至“略分二種”止。亞洲即亞細亞之簡稱。爲世界五大洲之一，中華則位於其東南一部分。太古之民，即中華最初之人民也。鴻荒甫闢，種類不齊，大略可分爲二。講畢，指生將本節文字朗讀一遍，令諸生開書同聽之；如誤。教師範讀，正其句讀，再指生口述大義；如誤。則略述前講復演之。下同。

（二）講第二節：起“苗種初居”，至“華種所有”止。上節所稱二種，即苗種、華種是也。先是中華本部，止有苗種，華種則在極西之帕米爾高原。未幾陸續東來，即以黃河流域爲殖民地。苗種勢力不敵，避徙南方，至是華種遂占有中原之地。苗種，今湖南、貴州、四川、雲南等省猶有之，分生熟二種。華種，即漢族最初之民族，對於苗，故稱華。華字有光華美麗之意，我國之稱中華，實基於此。帕米爾高原，在亞洲之中央，全洲山脈，皆發於此。黃河流域，今甘肅、陝西、山西、河南、山東、直隸六省地，太古時中華之地止此。講畢同上。

（三）講第三節：起"相傳首出御世"，至課末止。御，統治也。盤古首出，繼以三皇，相傳爲華種東遷之君長。無史可稽，以未有文字故。穴居野處，以未有宮室故。茹毛飲血，以未知烹飪，未知稼穡故。太古之生活狀況，大略如此。盤古，即盤古氏，一曰渾敦氏。三皇，即繼盤古而治者，曰天皇氏，曰地皇氏，曰人皇氏，並見中華舊史。穴，土窟。茹，食也。弋獵鳥獸之肉，連毛帶血而飲食之也。講畢。同上。

（丙）整理

（一）回講：令生徒將各節文字，或分或合，輪流口述。述時宜將教師已講演者，略舉大概。

（二）約述：使答下列各項，不許開書。［一］中華最初爲何時代？［二］華種起於何處？其後蕃殖在何流域？［三］中華因何得名？［四］中華本部位置，在亞洲何方？［五］首出御世者何人？

（三）聯絡比較：［一］黃河流域，在帕米爾高原何方？［二］太古時之生活，視今日若何？

（四）思考：［一］華種何以勝於苗種？［二］使中華至今尚無文字，將若何？

（五）作表及填註地圖：令生徒就本文摘要，分類，試作簡表。如不能作。書左式於板示之，使載入筆記簿。

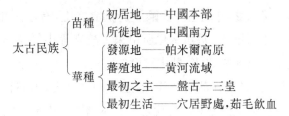

備考

華苗二種，其初蓋皆自崑崙東徙者。華種沿黃河東徙，苗種沿長江東徙，何以知之？按《遁甲開山圖》云：天皇被跡在柱州崑崙山下，地皇興於熊耳龍門山，人皇生於刑馬山提地之國。柱州，以崑崙山高，若天柱然，故名。《通鑑外紀》。崑崙爲河源所自出，《史記》。則今青海巴顏哈喇山脈地方也。熊耳龍門，俱山名，在今河南、山西。刑馬山，舊說在蜀地。提地，即圖伯特之音轉，亦即吐蕃之音轉。古讀蕃如播。今青海，古亦藏地也，故是圖以崑崙爲華種根據地。《書》竄三苗於三危，三危即今西藏，所謂梁州黑水，即今哈喇烏蘇，怒江。其地蓋苗種初居，及入中國，則居湘、贛二省間。故《左傳》云：三苗之國，左洞庭，右彭蠡，厥後爲華種所敗，自洞庭沿沅江西南徙，遂徧布於雲貴兩廣，故歷代史籍，皆以武陵五谿爲南蠻之正支也。故此圖以今西藏爲苗種根據地，洞庭、鄱陽之間，爲苗族之東徙地，沅江流域及南嶺山脈一帶，爲苗種退處之地。

此等考據，萬勿爲學生言之，但舉以供教員之參證而已。圖中今地名，悉使學生於預習時自書之。關於歷史上各名詞，至授課時，然後書於黑板，令學生照填。

第二　開化之始（二時間）

凡一課授二時者，第一時，起預習，至提示止；第二時，起整理，至作表及填註地圖止。或提示項下內容豐富，非一時所能授畢，亦可留一二節，併入第二時再授。聽教師隨時酌量之。下同。

教材

有巢氏作，教民構木爲巢，始免露處。燧人氏作，教民鑽木取火，始知熟食。巢、燧之後，有伏羲氏，創作寖多。定嫁娶之制，而男女有別。結繩以爲網罟，而佃漁始便。又畫八卦，製樂器，開後世文字音樂之先聲。繼伏羲而作者，曰神農氏，初作耒耜，以教民耕。日中爲市，各以貨交易，而有無始通。又嘗百草，興醫藥，而疾病得以療治。同時有夙沙氏，利用海水，煑之成鹽，爲後世鹽業之祖。民生所需，至是漸備。其時去今約五千餘年，故中華開化，視世界各國爲早。

乾☰　坤☷　震☳　艮☶
離☲　坎☵　兌☱　巽☴

要旨

授巢、燧、羲、農之創作，俾知中華文化所由開。

準備

巢、燧、羲、農四氏肖圖。琴瑟圖。網罟、耒耜等模型。

預習

筆記：摹本課所附八卦。

教授次序

（甲）預備

（一）檢查預習：同前。

（二）指示目的：華種東來，雖有盤古、三皇，相繼代作，而風氣簡陋，依然一未開化之世界也。今述中華開化之始。

（乙）提示

（一）講第一節：起課首，至"始知熟食"止。有巢氏，繼三皇而治者也。以教民構木爲巢，免於穴居野處，故曰有巢氏。燧人氏，繼有巢而治者也。以教民取火之法，炮生爲熟，免於茹毛飲血，故曰燧人氏。作，興起也。燧，音遂，取火之具。鑽木取火，鑽，錐子也。與木磨擦而生熱，至發火點則燃。同前。

（二）講第二節：起"巢燧之後"，至"先聲"止。伏羲氏，繼巢、燧而治者也。創作之事，較前漸多。上古男女無別，無夫婦，故亦無父子。自伏羲定嫁娶之禮，男女乃有一定匹偶，而人倫始定。佃以取禽獸，漁以取魚鼈，但恃手足而無器械，不便甚矣。伏羲爰教之，結繩以爲網罟，而佃漁始便。文字積點畫而成，八卦連者爲畫，斷者爲點，不已開文字之先聲乎。聲成文謂之音，合衆器迭奏而成樂，伏羲造樂器，有琴瑟等名，不已開音樂之先聲乎。伏羲以教民佃漁，故曰伏羲氏。又養犧牲以充庖廚，故又曰庖犧氏。罟，音古，亦網也。八卦，《易》乾爲天，坤爲地，震爲雷，艮爲山，離爲火，坎爲水，兌爲澤，巽爲風。同前。

（三）講第三節：起繼伏羲，至療治止。伏羲氏時，民賴佃漁以爲養。然人民日多，禽獸之肉，不足以供給。神農氏作，能辨五穀，因斵木爲耜，揉木爲耒，以教民耕，而農事興焉。又教民擇地爲市，定日中時，以貨交易，而商業興焉。又親嘗百草，教民療治疾病，而醫藥興焉。神農氏，始由畜牧時代，而進於耕稼時代。故曰神農。耒耜，手耕田曲木也，柄謂之耒，耒端謂之耜。嘗百草，辨五味，別五色，神農氏嘗一日而遇七十毒。同前。

（四）講第四節：起"同時有夙沙氏"，至課末止。鹽，今人每食所不能無者也。神農氏時，有夙沙氏者，其部落瀕海，知海水質重味鹹，以火煮之成鹽，是爲中國發明食鹽之祖。以年代考之，自神農至今約五千餘年。其時世界各大國，尚未發現。而我中國歷經巢、燧、羲、農諸人之創作，日用事物，業已漸備。謂爲開化最早固宜。夙沙氏，神農時諸侯，居東海之濱，在今山東。同前。

（丙）整理

（一）回講：同前。

（二）約述：〔一〕有巢燧人，何以得名？〔二〕嫁娶之制，何人所定？〔三〕八卦何以爲文字先聲？〔四〕耒耜何爲而作？〔五〕醫藥何爲而興？〔六〕鹽業始於何人？

（三）聯絡比較：〔一〕巢居之利，視穴居野處奚若？〔二〕熟食之利，視茹毛飲血奚若？〔三〕伏羲以前，有網罟之制否？〔四〕神農以前，有交易之事否？

（四）思考：〔一〕設無有巢氏之創作，當時之居處若何？〔二〕設無燧人氏之創作，當時之飲食若何？〔三〕伏羲氏之創作，以何項爲最重？〔四〕神農氏之創作，以何項爲最重？

（五）作表及填註地圖：

開化之統系表

有巢—燧人—伏羲—神農

有巢
燧人 氏之創作 ｛構木爲巢
　　　　　　鑽木取火

伏羲氏之創作 ｛定嫁娶之制
　　　　　　結繩爲網罟
　　　　　　畫八卦
　　　　　　製樂器

神農氏之創作 ｛作耒耜
　　　　　　日中爲市
　　　　　　嘗百草興醫藥
　　　　　　夙沙氏製鹽

第三　黃　帝（二時間）

教材

神農氏後，傳至楡罔，蚩尤喜兵好亂，作刀戟大弩，暴虐中國，楡罔不能征。有黃帝者，造甲兵，立陣法，逐葷粥。於北方，與蚩尤戰，戮之。苗種益驅而南,疆土大闢,人民遂尊爲天子。部落政治,進爲國家政治,自黃帝始。黃帝即位,作衣冠,建宮室,造舟車,定官制,創甲子,製律度量衡,利民之事畢舉。

黃帝陵圖

帝妃嫘祖,發明育蠶,至今利賴之。其史官倉頡,推廣書契之用,因物象形,藉以記事,是爲蝌蚪文。其後形聲相益,文字興焉。其臣隸首,又作算數,於是算學興焉。

要旨

授黃帝戰功及其創作,俾知中國國家政治所由起。

教授次序

(甲) 預備

指示目的:我國經巢、燧、羲、農創作以來,雖已漸入開化時代,然國土未甚擴張,政治之建設,亦未完全。今述最初建設中國國家之偉人。

(乙) 提示

(一) 講第一節:起課首,至"尊爲天子"止。榆罔不修神農之政,民漸離心。蚩尤乘機爲亂,恃有刀戟大弩,暴虐中國,榆罔莫能禦。時黃帝國於有熊,制革爲甲,鑄金爲兵,又作行陣步武之法。先與葷粥戰,逐之北徙。繼與蚩尤戰於涿鹿,擒而戮之。苗種畏威,日益南徙,疆土日闢。於是人民不歸榆罔,而歸黃帝。中國君主之稱天子,始此。榆罔,神農八世孫。蚩尤,九黎之君,始造兵器者也。黃帝,與神農同族,生於軒轅之邱(在今河南新鄭縣)。故曰軒轅氏。葷粥,突厥種人。同前。

（二）講第二節：起"部落",至"自黃帝始"止。部,猶羣也。落,猶聚也。神農以前,政治未能統一,當時所設君長,不過以一羣之長,治一羣聚之人而已。自黃帝以兵定亂,統諸部長而一之,得百里之國萬區,始由部落政治,而進爲國家政治。同前。

（三）講第三節：起"黃帝即位",至"畢舉"止。即位者,即天子之位也。其利民之事,不止一端。如衣冠、宮室、舟車、官制、甲子、律度、量衡,其最要者也。皆由黃帝創作之,可不謂之畢舉乎。衣冠,古代人民,衣鳥獸之皮,至黃帝始作衣冠,興布帛之用。宮室,木處而顛,故上棟下宇,作爲宮室。舟、共鼓、貨狄所作。車,邑夷所作。官制,黃帝始立六相,暨史官、天官等名。甲子,大撓所作。律,樂律。度,丈、尺。量,斗、斛。衡,天平。同前。

（四）講第四節：起"帝妃嫘祖",至課末止。蠶絲之利,所以製衣服者也。發明者,即爲帝之元妃。上古結繩而治,其後易以書契。書契者,刻木而中分之,各執其一爲信。倉頡因物象形,製爲蝌蚪文。後世形聲相益,文字始備,記事益便。黃帝雖作律、度、量、衡,無算學則四者不能畫一。隸首又作算數,是爲算學之祖。嫘祖,西陵氏之女,後世祀爲先蠶。蝌蚪,蛙之幼蟲也,頭大而尾細,倉頡所作古文,其形似之。同前。

（丙）整理

（一）回講：同前。

（二）約述：[一]榆罔爲何人之後？[二]黃帝之戰功,可舉者有幾？[三]國家政治,始自何人？[四]黃帝利民之事安在？[五]育蠶何人發明？[六]文字何人所作？[七]算學何人所作？

（三）聯絡比較：[一]神農以前,有征戰之事否？[二]太古時之疆域,視黃帝時廣狹若何？[三]宮室之制,視巢居何如？[四]倉頡造字,視伏羲畫卦有無同異？[五]黃帝之前,有算學否？

（四）思考：[一]設使蚩尤作亂時無黃帝,中國將若何？[二]疆土既闢,部落政治尚適於用否？[三]官制與政治之關係。[四]文字與歷史之關係。[五]算學與人生日用之關係。

（五）作表：

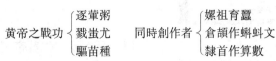

黃帝之戰功 ｛ 逐葷粥　戮蚩尤　驅苗種　同時創作者 ｛ 嫘祖育蠶　倉頡作蝌蚪文　隸首作算數

$$黄帝之創作 \begin{cases} 作衣冠 \\ 建宮室 \\ 造舟車 \\ 定官制 \\ 創甲子 \\ 製律度量衡 \end{cases}$$

備考

神農氏母弟,世嗣少典爲諸侯。帝榆罔之世,少典國君之妃,曰附寶者,生帝於軒轅之邱,因名軒轅,姓公孫。生而神靈,弱而能言。幼而徇齊,長而敦敏,成而聰明。國於有熊,故號有熊氏。長於姬水,故又以姬爲姓。圖註:黄帝葬橋山,在今陝西中部縣。

第四　唐　堯（一時間）

教材

帝堯,黄帝之玄孫也。起自唐侯,故號曰唐。其爲君也,施仁政,尚儉樸。命羲和二氏,觀察天象,以閏月定四時,於是我國始有曆法。時洪水爲患,帝命鯀治之,九載無功。子丹朱復不肖,乃欲遜位。初讓於許由,由不受而逃。後乃得舜,歷試諸艱,使之攝政,因禪位焉。

要旨

授帝堯概畧,俾知古帝施仁政,及不私有天下之盛治。

準備

圖像具本課。作黄帝至堯世系表。

帝　堯

$$黄帝\begin{cases}少昊金天氏——（蟜極）帝嚳高辛氏\begin{cases}帝摯\\唐堯\end{cases}\\（昌意）——顓頊高陽氏\end{cases}$$

預習

筆記：依式作世系表。搜求前課關於曆法之事。

教授次序

（甲）預備

（一）檢查預習：同前。

（二）指示目的：自黃帝以來，帝位相承，其不私有天下，而付託於有德之人者，自何人始。即書課題於板，並指圖像示之，曰唐堯是也。

（乙）提示

（一）講第一節：起課首，至"故號曰唐"止。堯與帝摯，同爲黃帝玄孫。摯居長，應立。堯初爲唐侯，曰唐堯者，明其所自始也。玄孫，曾孫之子。唐，今直隸唐縣。同前。

（二）講第二節：起"其爲君也"，至"始有曆法"止。摯無道，諸侯舉堯爲天子。懲帝摯之失民，行仁政，席黃帝之業，創作咸備，故所尚惟儉樸。史稱其仁如天，其知如神，其君德可想見矣。羲和二氏，精於曆象。堯命置閏月，定四時，是爲太陰曆法。仁政，如親九族，平章百姓，協和萬邦之類。儉樸，如茅茨不剪，太羹不和，鹿裘禦寒之類。羲和二氏，占日之官。同前。

（三）講第三節：起"時洪水爲患"，至課末止。洪水之患，在堯之即位六十一載。時朝臣舉鯀治水，堯知鯀方命，欲弗使，眾請試可，乃命之。鯀專恃堤防，不知疏導，閱九載，功不成。堯以精力漸衰，久居君位，恐負人民付託，而子又不肖，難於繼立。知許由賢，初欲遜位於由。由辭，繼得舜，多方試之，使攝政，然後禪位。堯之不以天下自私如此。洪，大也。鯀，崇伯之名。不肖，不似其父也。許由，堯時賢人，隱於箕山。舜，詳下。攝，代也。禪，音膳，傳與也。同前。

（丙）整理

（一）回講：同前。

（二）約述：[一]堯爲何人子孫？[二]曆法何人所定？[三]堯命何人治水？[四]堯之子何人？[五]堯之君位，遜與何人？[六]堯之始封，在何流域？

（三）聯絡比較：〔一〕堯以諸侯爲天子，視黃帝得國情勢同否？〔二〕洪水之患，視蚩尤之患奚若？〔三〕堯以前有無禪讓之事？

（四）思考：〔一〕堯之曆法，視今日曆法何別？〔二〕堯何爲以位傳之於舜乎？〔三〕堯將禪位於舜，必使歷試諸艱，何故？

（五）作表：

$$帝堯之興\begin{cases}黃帝玄孫\\起自唐侯\end{cases}堯之爲君\begin{cases}施仁政\\尚檢樸\\命羲和治曆\\命鯀治水\end{cases}晚年遜位\begin{cases}初讓許由\\卒禪於舜\end{cases}$$

備考

帝堯，高辛氏之次子，曰放勳。育於母家伊侯之國，後徙耆，故曰伊耆氏。年十三，佐帝摯封植，初封于陶，又封於唐。年十六，諸侯廢摯，而立爲天子，都平陽。今山西臨汾縣。在位百年。

附圖：摹漢時武氏石室畫像。

第五　虞　舜（一時間）

教材

舜既任事，舉元愷，除四凶，賞罰得當。用鯀之子禹治水，使民得居平土。及受堯禪，興教育之制，定考績之法，巡狩四方，無爲而治。苗族亦感其化。後人仰其德，與堯並稱。而其禪讓君位於禹，不敢自私，尤與堯相合。

要旨

授舜概略，俾知盛治與唐媲美。

預習

筆記：復習前課"時洪水爲患"以下之事實。

教授次序

（甲）預備

（一）檢查預習：同前。

（二）指示目的：唐堯之盛治，既知之矣。亦知與唐堯媲美者，尚有何人乎？板書課題，並指圖像示之，曰虞舜是也。

（乙）提示

（一）講第一節：起課首，至“使民得居平土”止。方舜之任事也，見善無有不舉，見惡無有不除，故曰賞罰得當。鯀雖治水無功，然罰及其身而止。禹能治水，使民安居，舜亦不以其父之故而弗使。其能副堯之付託也，

帝舜

已如此。元愷，八元八愷。四凶：共工、驩兜、三苗、鯀。當，丁浪切，黨去聲，事理合宜也。同前。

（二）講第二節：起“及受堯禪”，至“亦感其化”止。興教育，所以樹人才。定考績，所以察百官。巡狩四方，所以審視諸侯。故舜既受禪，天下大治。雖被竄之三苗，亦感其化。人但見其無爲而已。教育，舜始設上庠、下庠。考績，考百官之成績也。巡狩四方，天子適諸侯曰巡狩，言巡行諸侯所守之土也。東至岱宗，南至南岳，西至西岳，北至北岳。苗族，即太古時苗種。同前。

（三）講第三節：起“後人仰其德”，至課末止。舜之德，不獨被於當時，即後人亦仰之。其尤與堯相合者，堯以君位與舜，舜至晚年，亦法堯之禪讓，而以君位與禹。故後人堯舜並稱。同前。

（丙）整理

（一）回講：同前。

（二）約述：［一］舜初任事，所施行者何事？［二］洪水未平，舜使何人治之？［三］舜既受禪，所施行者何事？［四］舜何以與堯並稱？

（三）聯絡比較：［一］舜興教育，視羲農開化何若？［二］巡狩所至之地，當今中國何部？［三］虞舜時之苗族，與太古南遷之苗種，是一是二？［四］舜之遜位，視堯若何？

（四）思考：［一］鯀治水無功，何故復用其子？［二］考績之法，因何而定？［三］何謂無爲而治？

（五）作表：

初任事所施行者 { 舉元愷　除四凶　使禹治水

即位時所施行者 { 興教育之制　定考績之法　巡狩四方　苗族感化

備考

帝舜，顓頊六世孫。父瞽瞍，母握登，生於姚墟，今山西永濟縣。故姓姚。其先國於虞，故曰有虞氏。都蒲坂。即姚墟。在位四十八年。

附圖：同前。

第六　后　稷（一時間）

教材

后稷名棄，舜九官之一也。當孩孺時，即好種植。及長，精於農事，所種麻麥，無不蕃茂。民爭效之，堯因使爲農師。及舜受禪，分職命官。禹爲司空，契爲司徒，益爲虞，皋陶爲士，垂治百工。伯夷典禮，夔典樂，龍作納言，稷亦以播百穀，教民稼穡。洪水既平，天下得收粒食之利，稷之功也。後封於邰，在今陝西。姓姬氏，爲三代時周之始祖。

要旨

注重后稷教稼，俾知農業爲中國立國之根本。

預習

筆記：復習第二課關於稼穡，及四課、五課治水之事。

教授次序

（甲）預備

（一）檢查預習：同前。

（二）指示目的：舜使禹治水，民得居平土，既拯民之溺矣。然不提倡農業，則民不死於溺而死於飢，非舜所以承堯之意也。因板書課題，告以今日所授，即洪水以後教民稼穡者。

（乙）提示

（一）講第一節：起課首，至“使爲農師”止。后稷，爲舜時九官之一，名棄，其初固堯之臣也。幼時即好種植，及長，於農事益精。人見其所種麻麥等物，無不蕃茂，爭相效之。堯之命爲農師以此。匍匐，手足並行之貌。農師，勸農之官。同前。

（二）講第二節：起“及舜受禪”，至“教民稼穡”止。舜之所以無爲而治者何哉？亦由分職命官，得人而已。禹宅百揆，故爲司空。契善教育，故爲司徒。益掌山澤，故爲虞。皋陶明刑，故爲士。垂爲共工，故治百工。伯夷爲秩宗，故典禮。夔知音律，故典樂。龍出納君命，故作納言。棄能播百穀，故爲后稷。此舜時九官之大略也。禹、契、益、皋陶、垂、伯夷、夔、龍，臣名。司空、司徒、虞、士、納言、后稷，官名。治百工、典禮、典樂，官之事。同前。

（三）講第三節：起“洪水”，至課末止。洪水爲災，可耕之地少，而農事益荒。然水土既平，依然收粒食之效，是不得不歸功於稷。封之於邰，嘉其功也。其後姬周之興，實肇於此。粒食，米食曰粒。邰，音胎，國名，在今陝西武功縣境。

（丙）整理

（一）回請：同前。

（二）約述：〔一〕舜時九官，稷之外更有何人？〔二〕粒食之利，何人所興？〔三〕稷封於何地？〔四〕邰在何流域？

（三）聯絡比較：〔一〕后稷之功，視神農有無異同？〔二〕虞廷分職，視黃帝時官制若何？〔三〕伏羲始製樂器，其時有無典樂之官？

（四）思考：〔一〕洪水之後，設無后稷教稼，民食將何如？〔二〕教與養並重，無司徒之教可乎？〔三〕農與工並重，百工不治可乎？

（五）作表：

備考

　　后稷母，有邰氏女，曰姜嫄，爲帝嚳元妃。姜嫄出野，見巨人跡，踐之而身動，如孕者。居期而生子，以爲不祥，棄之隘巷。馬牛過者皆避不踐，徙置之林中，適山林多人遷之。而棄渠中冰上，飛鳥以其翼覆薦之。姜嫄以爲神，遂收養之。因初欲棄之，故名曰棄。棄兒時屹如巨人之志，其游戲好種樹麻菽。及爲成人，遂好農耕。相土之宜，宜穀者稼穡焉，民皆法則之。帝堯聞之，舉棄爲農師。天下得其利。

第七　夏　禹（一時間）

教材

　　禹，姒姓，鯀之子也。其治水也，鑒鯀之失，不恃隄防，專重疏導。南方之水，引之入江；北方之水，引之入河；順江河之流，東行入海。十三年於外，而後民得安居。後受舜禪，國號夏，都於安邑。在今山西。晚年思以君位禪益，未果，禹没。民念其功，推禹子啓，即位。啓親政，饗諸侯於鈞臺，在今河南。四方悅服。

夏　禹

要旨

　　注重禹平水土，功德在民，俾知夏統所由繼。

預習

　　筆記：復習前數課治水及舜禪位之事。

教授次序

（甲）預備

（一）檢查預習：同前。

198

（二）指示目的：禹治水之功及受舜禪，前既言之矣。今述其治水之法，及繼位傳子所以得民心之故。因板書課題，並指圖像示之。

（乙）提示

（一）講第一節：起課首，至“專重疏導”止。禹亦黃帝玄孫，別姓爲姒。痛父功之不成，思有以蓋其愆而竟其志。知鯀之所以無功，皆由與水爭地之故，因力矯其失。於下流則專用疏，如鑿龍門，在今陝西。疏九河故道在今山東直隸。之類。於上流則專用導，如導河積石，山名，在今青海。岷山同上。導江之類，然後功乃可施。禹名文命，父鯀，祖顓頊。姒，音似。同前。

（二）講第二節：起“南方之水”，至“民得安居”止。南方諸水，以江爲最大；北方諸水，以河爲最長；而皆以海爲歸宿。禹則順水之性，使水有所歸，不與人爭地。水歸於海，人歸於陸，斯兩得其所矣。蓋禹之勤勞於外者，已十有三年。江入海處，在今江蘇。河入海處，在今山東。同前。

（三）講第三節：起“後受舜禪”，至課末止。受禪後，改虞曰夏，遷都安邑。然民之戴禹，仍無異戴堯舜也。晚年效舜遜位，讓於益，益不受。禹沒，民不能忘，朝覲獄訟，不之益而之啓，曰吾君之子也。啓遂嗣立，饗諸侯。然則啓之繼禹，非禹傳之，實四方悅而推戴之也。至是而禪讓之局一變。夏禹所封地，今河南禹縣。夏訓大，我國之稱華夏本此。安邑，故城，在今山西夏縣北。鈞臺，在今禹縣。

（丙）整理

（一）同講：同前。

（二）約述：［一］禹治水之法，視鯀若何？［二］江河之水，歸於何處？［三］禹思禪位何人？［四］禹之子如何？［五］華夏之稱，始於何時？［六］安邑在何流域？

（三）聯絡比較：［一］禹爲何人之後，與堯舜同裔否？［二］啓視丹朱何如？

（四）思考：［一］使禹仍用堤防，不事疏導，治水能有功否？［二］使江河之水，不能入海，民將如何？［三］禹不傳啓而傳益，啓終繼位，其故安在？

（五）作表及填註地圖：

禹治水之順序 ｛南方之水入江／北方之水入河｝ 江河之水入海

禪讓之局 ｛堯傳舜／舜傳禹｝

備考

附圖：同前。禹手所執者，治水之器也。

第八　少康中興(一時間)

教材

啓子太康，荒於田，十旬弗返，后羿拒之。會太康卒，羿立仲康而專其權。仲康卒，子相立，羿逼之遷都商邱，在今河南。因代夏政。羿臣寒浞，復殺羿而代之，遂弒相自立。未幾，相子少康，以一成一旅，起而討亂，其遺臣靡，舉兵助之。浞滅，國難既平，夏業中興。

要旨

授少康中興，俾知國家盛衰，係於人爲。

準備

作禹至少康世系表。

$$禹—啓—\begin{bmatrix}太康\\仲康\end{bmatrix}—相—少康$$

預習

筆記：依教師範本作世系表。復習前課"後受舜禪"以下之課文。

教授次序

(甲) 預備

（一）檢查預習：同前。

（二）指示目的：夏啓既因得民心，而繼承禹之位矣。然其子孫果何如乎？今試述少康之中興，而國家之盛衰之故，可以知矣。因書課題於板示之。

（乙）提示

（一）講第一節：起課首，至"而專其權"止。太康，啓之子，而少康之祖也。好田獵，久而不返，后羿拒之於河，使不得歸安邑。未幾卒。羿立其弟仲康，而夏之政柄，遂操於羿。可見人君當盡心民事，一有所溺，則不得終於其位矣。荒，從獸無厭之謂。十旬，十日曰旬。十旬，百日也。后羿，有窮國君之名。同前。

（二）講第二節：起"仲康卒"，至"遂弑相自立"止。仲康即位，頗思振作，奈受制於羿，不得伸其志，旋卒。子相立，羿權益甚，逼相遷於河以南之商邱。而己居安邑，以代其政。旋爲寒浞所殺。浞更弑相，而代有窮。斯時夏統中絕。商邱，亦今縣名。寒浞：寒，國名。浞，人名，音捉。同前。

（三）講第三節：起"未幾相子少康"，至課末止。相被弑，而夏之臣民，尚未忘夏也。方浞盛時，少康亦漸成立。志在復仇，雖有田不過一成，有衆不過一旅，而其志固已吞寒浞矣。其遺臣名靡者，又舉兵應之，討浞，浞遂伏誅。夏業衰而復興，故謂中興。一成，地十里。一旅，五百人。中，去聲，再也。同前。

（丙）整理

（一）回講：同前。

（二）約述：〔一〕太康因何失政？〔二〕仲康時何人專權？〔三〕相爲何人所弑？〔四〕夏之中興爲何人？〔五〕少康討亂，助之舉兵者何人？

（三）聯絡比較：〔一〕太康與榆罔之比較。〔二〕后羿與蚩尤之比較。〔三〕商邱在河之南，抑在河之北？

（四）思考：〔一〕太康般遊無度，設無后羿爲亂，人民願其返國否？〔二〕仲康志圖振作，使天假之年，能滅羿而中興否？〔三〕后羿專權逼相，使無寒浞，夏之臣民能不殺羿歟？〔四〕寒浞代羿日久，惡黨甚多，少康僅恃一成一旅，何以即能滅浞？

（五）作表：

$$啓——太康\begin{cases}仲康——相——羿代夏政浞殺羿弑相——少康中興\\羿專權時代\end{cases}$$

備考

太康尸位，不修先王之政。畋於洛表，十旬弗歸。羿拒於河，五弟御母

201

以從,遂都陽夏。今河南太康縣。二十九歲,王崩於陽夏。羿立太康弟仲康。元歲,王命胤侯掌六師。二歲,征羲和。十有三歲,王崩。子相踐位。時權歸后羿,相爲羿所逐,居商邱,依同姓諸侯斟灌、斟鄩氏。羿恃善射,不脩民事,淫於原獸,專任寒浞。羿篡夏,凡八歲,浞殺羿而代之,不改有窮之號。浞因羿室,生澆及豷。二十有八歲,浞使澆滅斟灌、斟鄩,而弒帝相於商邱。后緡方娠,逃出自竇,歸於有仍。夏遺臣靡,奔有鬲氏。后緡生少康於有仍,長爲仍牧正。浞又求之,逃奔有虞,爲之庖正。掌膳羞之官。虞君妻之二姚,而邑諸綸。在今河南虞城縣東南。有田一成,有衆一旅,能布其德,以收夏衆。少康四十歲,靡自有鬲氏,收二國之燼,以滅浞而立少康。使女艾少康臣名。滅澆,使季杼少康子。滅豷,有窮遂亡。少康仍歸故都,於是夏道復興,諸侯來朝。

第九　商湯　太甲(一時間)

教材

湯,子姓,契之後,世封於商,至湯始居於亳。在今河南。葛伯無道,湯征之,十一征,無敵於天下。時夏王桀暴虐,湯順民心,舉兵伐桀,桀敗。衆戴湯爲天子,國號曰商。伊尹者,商之賢相也。初隱於莘,在今山東。躬耕樂道。湯三使往聘之,始佐湯,成商初之治。湯崩,尹奉其孫太甲即位。太甲不明,顛覆湯法,尹乃爲營桐。在今山西。宮,居憂三年,而己攝政。俟其悔過,乃復迎歸。諸侯聞之,咸來歸附。商治復振,尹之功也。

要旨

授商湯事,俾知革命之所由起,與用賢之有益於國。

預習

筆記:復習前課,注意其國家盛衰之理。

教授次序

（甲）預備

（一）檢查預習：同前。

（二）指示目的：啓承父位，在於得民心。太康荒於田，即爲其臣下所弑。人君得國與否，於此可見。爰書商湯二字於板，示之曰：此即代夏而有天下者。復板書太甲示之，曰：此即繼湯之位者。

（乙）提示

（一）講第一節：起課首，至"國號曰商"止。述湯得姓受封之始，明其所自始也。湯征諸侯，始自葛。以有道征無道，故無敵也。夏桀暴虐，湯舉兵伐之，順民心也。湯既敗桀，衆益戴湯。湯遂爲天子，改號曰商。猶舜繼堯而號虞，禹繼舜而號夏云爾。契，舜時司徒，賜姓子。商，即商邱，見前。亳，即景亳，在商邱境內。葛伯，夏諸侯，嬴姓之國。十一征，見《孟子》。同前。

（二）講第二節：起"伊尹者"，至"太甲即位"止。諸生抑知湯得天下，果何人佐之乎？即伊尹是也。尹初隱居不仕，躬耕莘野，以堯舜之道爲樂。湯聞其賢，聘之再三，然後出。開國政治，皆成於尹。迨湯崩，子太丁又早卒，尹遂循君主世襲之例，奉太甲繼湯之位，而己相之。伊尹，黃帝臣力牧之後。莘，今山東曹縣。同前。

（三）講第三節：起"太甲不明"，至"尹之功也"止。太甲當立而不明，顛覆湯法。爲輔相者不能辭其責。尹乃爲營宮於桐，使太甲居憂。終三年之制，而己攝天子之政。太甲知悔，自桐迎歸。諸侯聞太甲賢，附者益衆。非尹之功，何克致此。營，造也。桐，湯墓所在（今山西榮河縣），使之密邇先王也。同前。

（丙）整理

（一）回講：同前。

（二）約述：〔一〕湯先征何國？〔二〕湯所伐何人？〔三〕伊尹初隱何地？〔四〕太甲時何人攝政？〔五〕桐在今何地？

（三）聯絡比較：〔一〕契在虞時爲何官？〔二〕湯之代夏，視禹之代虞同否？〔三〕伊尹攝政，視舜之攝政，同異若何？

（四）思考：〔一〕夏桀暴虐，設使時無商湯，能保其不爲諸侯所伐歟？〔二〕湯爲桀臣，夏之衆，何以戴湯爲天子？〔三〕商之佐不止一人，何以獨推伊尹？

（五）作表：

備考

居亳。自契封商，至於成湯，凡八遷，湯始居亳。

湯伐桀。桀能伸鉤索鐵，負恃其力，不務德而武傷百姓。寵妹喜，爲之造瓊室象廊瑤臺玉牀，作肉山脯林酒池，以爲戲樂。囚商湯於夏臺，既而釋之。殺諫臣關龍逄，夏民咸怨，惟恐其後亡。湯乃誓師伐桀，伊尹爲相，與桀戰於鳴條。今山西安邑縣。桀敗，放之於南巢。今安徽巢縣。湯歸於亳，踐天子位。

第十　周武王(一時間)

教材

武王，姬姓，名發，后稷之後也。商末，嗣文王爲西伯。時商王紂益無道，武王從諸侯之願，大會於孟津，在今河南。誓師伐紂。紂自焚死，遂代商而王中國，建都於鎬，在今陝西。國號曰周。分封宗親功臣，與前代之諸侯，參伍而處。封建之制，乃益明備。

要旨

授武王代商，俾知革命之局既開，君主不仁者不能保其國家。

預習

筆記：復習前課前段。

教授次序

（甲）預備

（一）檢查預習：同前。

（二）指示目的：夏桀無道，湯順民心而伐之，代有天下。抑知繼湯之後，與湯行事相同者爲何人乎？爰書課題於板示之。

（乙）提示

（一）講第一節：起課首，至"爲西伯"止。自后稷封邰，姬姓子孫皆以耕稼爲業。傳至太王，始遷周原，建國焉。及文王爲紂西伯，是時諸侯歸化者，已有三分之二。文王卒，子發嗣，是爲武王。西伯，商西方諸侯之長，掌征伐。文王治岐（今陝西岐山縣），在殷都之西，故稱西伯。同前。

（二）講第二節：起"時商王紂"，至"國號曰周"止。方文王之爲西伯也，紂已爲炮烙、脯醢等刑。至武王時，無道益甚。孟津之會，諸侯咸願伐紂。師至殷都，紂知不免，自焚。武王爲衆所戴，遂爲天子。乃由岐遷鎬，改殷曰周，從所始也。紂，帝乙之子。誓師，孟津之會，諸侯不期而至者八百國，武王作《泰誓》三篇，至於商郊牧野，又作《牧誓》。同前。

（三）講第三節：起"分封宗親功臣"，至課末止。封建之制，自黃帝統一部落始。唐虞夏商皆用之，然成湯放桀，去古尚近，故未分封宗親功臣，及前代之諸侯。至武王代殷，乃實行封建，以屛藩王室。而中央之權益固矣。參，間廁也。伍，與衆雜處，有互相箝制之意。同前。

（丙）整理

（一）回講：同前。

（二）約述：〔一〕武王嗣何人爲西伯？〔二〕武王何以伐紂？〔三〕周既代殷，建都何處？〔四〕何謂封建之制？〔五〕孟津在何流域？〔六〕鎬在今何省？

（三）聯絡比較：〔一〕后稷始封何地？〔二〕武王伐紂，視湯伐桀何如？

（四）思考：〔一〕文王何以不有天下？〔二〕周初分封，必使參伍而處何意？

（五）作表及填註地圖：

備考

周始祖曰棄,虞時爲后稷,別姓姬氏,封於邰。稷卒,子不窋立。不窋末年,夏后氏政衰,去稷不務,不窋以失官,而奔戎狄之間。不窋卒,子鞠立。鞠卒,子公劉立。公劉雖在戎狄,復修后稷之業,始居於豳。九世孫曰古公亶父,避狄遷岐。古公傳少子季歷。季歷傳昌,是爲文王,爲殷西伯。

紂之無道。紂資辨捷疾,聞見甚敏,才力過人,手格猛獸。知足以拒諫,言足以飾非。愛妲己,惟其言是從。醢九侯,脯鄂侯,囚西伯,又作炮烙之刑。剖賢人之心,斮朝涉之脛,爲武王所伐。紂兵敗,登鹿臺,衣其寶玉衣,赴火而死。

周初封建。武王封黃帝之後於薊,堯之後於祝,舜之後於陳,禹之後於杞,商之後於宋。又封太公望於齊,周公旦於魯,召公奭於燕。其餘管、蔡、康叔等,亦以次受封。

第十一　成　王（一時間）

教材

周　公

武王崩,子成王立。年幼,叔父周公旦攝政。平武庚之亂,營洛邑爲東都。又制禮作樂,凡井田、官職、軍旅、學校,一一規畫,垂諸久遠。《周官》一書,即周公所作。召公奭,周之支族,初與周公共相武王。及成王時,與周公分陝而治。陝以東,周公制之;陝以西,召公制之;故後人合稱周召。

要旨

授成王嗣位,二公夾輔,俾知周治所由盛。

預習

筆記:復習第九後段。

教授次序

（甲）預備

（一）檢查預習：同前。

（二）指示目的：湯代夏，太甲嗣位。賴伊尹輔弼，保存殷室。武王崩時，成王年幼嗣位，亦知賴何人之輔弼乎？今述成王當國時之事實，因書課題於板示之。

（乙）提示

（一）講第一節：起課首，至“營洛邑爲東都”止。武王即位，七年而崩，子誦立，是爲成王。時年十三，不能蒞治。周公，武王弟也。時爲相，故代行天子之事。紂子武庚，思乘機作亂，乃煽惑管叔、蔡叔、霍叔，流言於國，云公將不利於孺子。周公因東征三年，罪人斯得，遂營洛邑爲東都，而以鎬京爲西都。遷殷民於成周，亂事乃定。洛邑，今河南洛陽縣。同前。

（二）講第二節：起“又制禮作樂”，至“即周公所作”止。夏尚忠，商尚質，惟周尚文。故二代之制作，頗多簡略。至周公出，而禮明樂備。舉凡井田、官職、軍旅、學校等諸大政，無不監於二代，損益得中，以成一王之制。爲後世政治家所效法。其大綱細目，皆具於《周官》一書。《周官》，十三經之一，亦曰《周禮》，共分六官，各有所掌。周初政治，悉備於此。同前。

（三）講第三節：起“召公奭”，至課末止。周之開國，人才最盛。若太公望、畢公、榮公諸人，皆有名。而與周公同時作相者，則惟召公奭。奭亦姬姓，但族屬稍疏耳。二公勤勞王室，惟分治諸侯。以陝爲限，陝以東，隸周公；陝以西，隸召公。德望並隆，亦稱二伯。陝，今河南陝縣。同前。

（丙）整理

（一）回講：同前。

（二）約述：［一］成王時何人作亂？［二］述周公所定制度之概略。［三］與周公共相者爲何人？［四］周召合稱之故。［五］鎬京位置，在洛邑何方？［六］陝以東，當今何省？陝以西，當今何省？

（三）聯絡比較：［一］成王視太甲何如？［二］周公視伊尹何如？

（四）思考：［一］武庚何以作亂？［二］武王實行封建，何以制禮作樂，及一切規畫之事，尚待周公？［三］周召夾輔，何以召公不稱攝政？

（五）作表：

$$\text{成王二相}\begin{cases}\text{周公旦——治陝以東}\\\text{召公奭——治陝以西}\end{cases}\qquad\text{周之二京}\begin{cases}\text{西都鎬京在陝西。武王所建}\\\text{東都洛邑在河南。周公所建}\end{cases}$$

$$\text{周公相業}\begin{cases}\text{平武庚之亂}\\\text{營洛邑爲東都}\\\text{制禮作樂}\\\text{規畫井田、官職、軍旅、學校}\\\text{作周禮}\end{cases}$$

備考

周公制周禮，以經邦國，總其凡有五，曰：吉、凶、軍、賓、嘉。舉其大有六，曰：冠、婚、喪、祭、鄉、相見。又分六樂而序之，雲門以祀天神，咸池以祭地祇，大韶以祀四望，大夏以祭山川，大濩以享先妣姜嫄，大武以享先祖。

井田。一夫受田百畝，八家同井，中爲公田。

官職。天官冢宰，地官司徒，春官宗伯，夏官司馬，秋官司寇，冬官司空。六官之屬，各有六十，合成三百六十官。

軍旅。周代寓兵於農，故軍旅之制，與井田相表裏。方里而井，非有八家，四井爲邑，四邑爲邱，四邱爲甸。邱出戎馬一匹，牛三頭，甸出戎馬四匹，兵車一乘，牛十二頭，甲士三人，步卒七十二人，運輜重者二十五人。周時，謂兵爲賦，意蓋因此。

學校。大學在國者有五，惟辟雍在中，爲周制。其餘在南之成均，黃帝制也。在東之東序，夏制也。在西之瞽宗，殷制也。在北之上庠，虞制也。在鄉者，鄉有校，州有序，黨有庠，亦兼各代之名。至於小學，則閭有塾。教育普及，無逾於此。

第十二　穆　王（一時間）

教材

穆王，名滿，成王之曾孫也。其父昭王，南征不返，諸侯離貳。王乃勤遠略，以振君威。得八駿馬，命造父御之，西巡狩，登崑崙山。在今青海。徐夷乘間作亂，馳歸，討平之。東南大局，得以無事。

要旨

授穆王事略，俾知君主好務邊功之非。

預習

筆記：復習第八夏太康之事。

教授次序

（甲）預備

（一）檢查預習：同前。

（二）指示目的：前言人君以得民心爲本。然民心之歸附，在懷其德，而非畏其威，震其武功。諸生亦欲知專尚威務武功之人君乎？爰書課題於板，並指穆王肖像示之曰：此尚威務武功之穆王也。

（乙）提示

（一）講第一節：起課首，至"諸侯離貳"止。昭王没，子滿立，是爲穆王。初昭王以南蠻不服，親自南征，反自漢濟。漢濱之人，以膠船進，至中流，膠液船解，王及卿士，皆溺死。王不務德，而以威臨民，故諸侯離貳。昭王，名瑕，在位五十一年。南征，南巡狩也。同前。

（二）講第二節：起"王乃勤遠略"，至"登崑崙山"止。穆王懲父之禍，用君牙、伯同諸賢，國家復治。於是雄心勃發，冀振威於萬里之外。適得駿馬八，又得善御名造父者。御之以巡狩西方，登崑崙之邱，樂而忘返。而國内之治亂，遂無暇顧慮焉。八駿：一赤驥，二盜驪，三白義，四渠黄，五驊騮，六騄駬，七騊耳，八山子。造父，紂臣蜚廉之後。崑崙山，黄河、長江發源處，山脈近帕米爾高原。同前。

（三）講第三節：起"徐夷乘間作亂"至課末止。徐國名，其地僻處東南，而化於夷，故稱徐夷。至是其君能行仁義。中原無主，諸侯爭訟無所質證，朝之者三十六國。徐君自稱王，儼欲代周。穆王聞之，長驅而歸，興師討之。徐君不忍鬭其民，北走彭城，旋死。亂事乃定。徐，嬴姓，伯益之後。同前。

（丙）整理

（一）回講：同前。

（二）約述：[一]穆王何人之曾孫？[二]昭王何以不返？[三]穆王西巡，至於何地？[四]西巡未返，東南何人作亂？[五]崑崙山在帕米爾高原何方？

（三）聯絡比較：[一]昭王視夏太康何如？[二]穆王西巡狩，視虞舜巡狩四方何如？[三]徐夷作亂，與武庚之亂同否？

（四）思考：[一]昭王時諸侯何以離貳？[二]穆王勤遠略，何以仍有徐夷之亂？[三]西登崑崙，何以又南向討罪？[四]使徐夷不平，東南大局如何？

（五）作表及填註地圖：

$$穆王之遠略 \begin{cases} 御八駿西巡 \\ 登崑崙山 \\ 平徐夷之亂 \end{cases}$$

備考

穆王西巡狩，登崑崙之邱，以觀黃帝之宮。又升春山，宿乎閬風玄圃，更至羣玉之山。《穆天子傳》云：羣玉之山，阿平無險，四徹中繩。蓋即今之所謂帕米爾。春山、閬風、玄圃，皆在其近旁。更至於西王母之邦，宴於瑤池，樂而忘返。返平徐夷，以造父有功，封之於趙，是爲趙之始祖。又征犬戎，祭公謀父諫，不聽。得四白狼、四白鹿以歸。自是荒服者不至。後因國用不足，使民以金贖罪，作呂刑。初，王欲肆其心，周行天下，將皆必有車轍馬跡焉。謀父作《祈招》之詩，以止王心。其詩曰：祈招之愔愔，式昭德音。思我王度，式如玉，式如金。形民之力，而無醉飽之心。王以是獲没於祇宮。在位五十五年。

第十三　厲　王（一時間）

教材

五傳至厲王，暴虐無道，用榮夷公謀利，使衛巫監謗，民不堪命，起而襲王，王敗，奔彘。在今山西。其時有政府而無君主，賴周，召即周召二公之後。二相，相與協和，共理國事，史家所謂共和時代也。迨厲王殁，二相奉太子靖即位，是爲宣王。至是政權復歸君主。

要旨

授厲王概略，俾知君主暴虐者之必敗。

準備

穆王至宣王統系表：
穆王——恭王——懿王——孝王——夷王——厲王——宣王

預習

筆記：依教師所立統系表列表。復習第八及第十一後段。

教授次序

（甲）預備
（一）檢查預習：同前。
（二）指示目的：前言昭王、穆王尚威務武功，猶不能令臣民悅服。然則暴虐臣民者將何如？爰書課題於板，並示之曰：厲王，周主之暴虐無道者也。
（乙）提示
（一）講第一節：起課首，至“奔彘”止。天子富有四海，何至謀利。國無失政，何慮毀謗。乃厲王用非其人，至有謀利、監謗之舉。此二端，皆暴虐無道之尤者。民何以堪命乎！民之襲王，王自取之也。於是敗而奔彘，終身不得復位。榮夷公，厲王卿士。衛巫，衛國之巫，以巫人神靈，有謗毀必察也。襲王，掩其不備曰襲。彘，今山西霍縣。同前。
（二）講第二節：起“其時有政府”，至“共和時代也”止。王既去位，則中國無君。時周、召二相，同在政府。欲迎歸厲王，則重違民意；欲立新主，則太子尚幼。親政未遑，又恐徒擁虛名。轉於嗣君有所不利，於是二相和衷共濟，暫攝國政，以待事機。謂之共和，亦權以處變之意也。時為厲王三十八年。共和，《史記正義》引韋昭云：公卿相與和而修政事，號曰共和也。同前。
（三）講第三節：起“迨厲王殁”，至課末止。共和時代，厲王之王號固未廢也。

至五十一年，王没於彘。其時民怨已平，太子靖業成立，二相因以政權歸之，奉即王位，是爲周之宣王。於是去共和之號，復爲君主之治。太子靖，彘之亂，太子匿召公之家，國人圍之，召公出其子代太子，乃免。同前。

（丙）整理

（一）回講：同前。

（二）約述：〔一〕厲王最寵任者何人？〔二〕王被襲，出奔何地？〔三〕周召秉政，史稱爲何時代？〔四〕王没，嗣位者何人？〔五〕彘在今何省？

（三）聯絡比較：〔一〕周厲無道，視商紂何如？〔二〕共和時之周召，視分陝時之周召，難易若何？〔三〕二相歸政宣王，視伊尹歸政太甲同否？

（四）思考：〔一〕厲王設監謗之官，民不堪命時如何？〔二〕王何以敗？〔三〕共和之義與現今稱共和政體者同否？

（五）作表：

$$
\text{共和始末} \begin{cases} \text{厲王暴虐} \\ \text{奔彘之禍} \\ \text{周召共理國事} \\ \text{太子靖即位} \\ \text{大權復歸君主} \end{cases}
$$

備考

周厲王，名胡，夷王之子。王好利，近榮夷公。芮良夫諫曰：榮公好專利，而不知大難。匹夫專利，猶謂之盜，王而行之，其歸鮮矣。榮公若用，周必敗。王不聽。國人謗之。王怒，得衛巫，使監謗者，以告則殺之。國人莫敢言，道路以目。王喜，自以爲能弭謗。召公虎曰：是障之也。防民之口，甚於防川。是故爲川者決之使導，爲民者宣之使言。若壅其口，其與能幾何？王不聽。居數年，民不能忍，乃相與畔，厲王出奔於彘。

第十四　宣王　平王（一時間）

教材

宣王慨外族之逼處，南征荆蠻，北伐玁狁，遂致中興。幽王嗣位，無道，寵褒姒，結怨於諸侯，犬戎内寇，遂弑王。其子宜臼，初得罪於父，出奔於外。至是晉、秦、鄭、衞勤王兵至，迎宜臼立之，是爲平王。平王不能報父仇，雪國恥，遷都洛邑，在今河南。以避戎患。周室遂成偏安之勢。

要旨

授宣王中興，兼及幽平槪略，俾知能制外患者國必强，否則國弱。

預習

筆記：復習第八"相子少康"以下課文，及第十二"王乃勤遠略"以下課文。

教授次序

（甲）預備

（一）檢查預習：同前。

（二）指示目的：中國自黃帝驅除外族，始能統一國家。故國之强弱，恆與外患爲消長。能制外患，則國强；受制於外患，則國弱。爰書課題於板曰：宣王是能制外患者，平王則受制於外患者。

（乙）提示

（一）講第一節：起課首，至"遂致中興"止。宣王即位，周召輔政，復修文武成康之治。惟外族日益强大，如西戎、淮夷、徐夷等，皆患逼處。而最大者則有南方之荊蠻，北方之玁狁。宣王均次第平之。號爲中興，周室益固。荊蠻，今湖北江漢間。玁狁，今山西塞外。同前。

（二）講第二節："起幽王嗣位"，至"是爲平王"止。宣王没，子幽王嗣。嬖寵褒姒，廢申后，及太子宜臼。諸侯咸怨，釀成犬戎之禍，被弑驪山。幸賴晉、秦、鄭、衞四國，率師勤王，驅逐犬戎，並迎宜臼於外，奉之爲君。周室絶而復延，即史稱平王是也。褒姒，褒，國名，在今陝西。姒姓，初褒人有罪，請入女子於王以贖罪，是爲褒姒。犬戎，突厥族，以今陝西鳳翔一帶爲根據地。晉，在今山西。秦，在今陝西。鄭、衞，均在今河南。同前。

（三）講第三節：起"平王不能報父仇"，至課末止。犬戎之於平王，有殺父之仇，有亡國之恥。使平王能正位鎬京，報仇雪恥，未嘗不可以繼武宣王。乃心存畏葸，舍西都而就東都，此周室之偏安，所由致也。遷都，自武王即位訖於平王東遷，凡三百四十八年。同前。

（丙）整理

（一）回講：同前。

（二）約述：［一］宣王何以中興？［二］幽王何以被弒？［三］宜臼何人迎立？［四］周室因何偏安？［五］晉、秦、鄭、衛，當今何地？［六］洛邑何人所營？

（三）聯絡比較：［一］宣王中興，視夏少康何如？［二］犬戎之亂，視徐夷何如？［三］宣王南征北伐，視穆王勤遠略何如？

（四）思考：［一］外族逼處，使宣王不能征伐，周室尚能安否？［二］宣王大張撻伐，何以幽王時，犬戎尚能内寇？［三］周初封建諸侯，何以勤王之兵，止有晉、秦、鄭、衛？［四］平王視宣王何如？

（五）作表：

$$共和時代後周之興衰 \begin{cases} 宣王中興 \\ 幽王被弒 \\ 平王東遷 \end{cases}$$

備考

宣王命秦仲討西戎，命尹吉甫帥師北伐玁狁，命方叔將兵南征荆蠻，遣召穆公虎帥師伐淮南之夷，王自將親征淮北徐夷。勤於政事，卒成中興。在位四十六年。

幽王名涅，初娶申姜姓國，在今河南南陽縣。女爲后，生太子宜臼。後得褒姒，生伯服。於是廢申后，黜宜臼，以褒姒爲后，立伯服爲太子。宜臼奔申，後王聽褒姒之譖，欲殺宜臼。求之於申，申侯乃召犬戎以攻王。先是王欲得褒姒之笑，無故舉烽火，諸侯皆至，至而無寇，褒姒大笑。至是王舉烽火徵兵，兵莫至。犬戎遂弒王於驪山之下，虜褒姒，并殺鄭桓公，盡取周寶賂而去。晉文侯、衛武公、秦襄公，將兵救周平戎。與鄭武公即申國，共立故太子宜臼，是爲平王。而西周遂亡。

第十五　春秋霸者（二時間）

教材

東遷以後，二百四十二年間，史謂之春秋之世。强陵弱，衆暴寡，周不能討，惟賴强大之諸侯，主持盟會，謂之霸者。齊太公望之後也，而有桓公。宋微子啓之後也,而有襄公。晉唐叔虞之後也,而有文公。秦非子之後也,而有穆公。楚熊繹之後也,而有莊王。齊桓、晉文,均能尊周攘夷。獨宋襄霸業不終。而秦穆起自西戎,楚莊敢於問鼎,宗旨各異。中原大勢,亦因是爲轉移焉。五霸既微,吳、越繼起。吳,周泰伯之後也,而有夫差。越,夏禹之後也,而有句踐。夫差霸吳,幾滅越國。句踐卧薪嘗膽,用范蠡、文種,使修内政,令民皆習兵,生聚教訓,二十餘年,卒滅吳而圖霸。其能報仇雪恥,人多稱之。

春秋形勢圖

要旨

授東遷以後,王室衰微,俾知攘夷尊周,賴有霸者。

準備

春秋形勢簡圖。

預習

筆記:令依附圖繪之。復習第十分"封宗親功臣"以下課文,及第十四。

215

並探揣平王以前，權在天子，平王以後，權在諸侯，是何主因。

教授次序

(甲) 預備

（一）檢查預習：同前。

（二）指示目的：周初封建諸侯，原以屏藩王室，故犬戎内寇，諸侯猶能勤王。然平王東遷後，周室之勢力與諸侯之情狀若何？爰書課題於板，指示之。

(乙) 提示

（一）講第一節：起課首至，至"謂之霸者"止。春秋，本魯史之名。孔子因之記平王以來，迄於敬王之事，故其間二百四十二年，謂之春秋。其實即東遷以後史也。西周之時，苟有諸侯恃强陵弱，恃衆暴寡，天子得而討之。至此而天子無權，惟賴霸者出而主持盟會。時局一變焉。霸者，諸侯之長。盟，誓約也。謂殺牲歃血，而告誓於神明也。會，諸侯相見曰會。同前。

（二）講第二節：起"齊太公望之後也"，至"而有莊王"止。霸者之國必大，兵必强，而又必爲明德之後。威望素著，然後足以進退諸侯。齊之桓公，宋之襄公，晉之文公，秦之穆公，楚之莊王，相繼主盟中原，恃此故也。兹五君者，謂之五霸。太公望，文王時爲尚父，佐武王伐紂。微子，商湯之後。唐叔，成王弟。非子，舜臣伯益之後，周時養馬汧渭之間，封邑於秦。熊繹，文王師，鬻熊之孫，成王時封於楚。同前。

（三）講第三節：起"齊桓、晉文均能"，至"亦因是爲轉移焉"止。齊桓、晉文，尚知尊周室，攘夷狄，以維持中夏。宋襄則求霸諸侯而業不終。秦穆稱霸西戎，西方諸侯，但知有秦而不知有周。楚莊率師過周，問鼎輕重，其心已不可測。故中原大勢，亦視其霸業之盛衰，爲轉移焉。起自西戎，平王時，秦文公敗戎師，收岐西之地，秦始大。問鼎，禹之九鼎，三代相傳，猶傳國玉璽也。楚子問鼎，有圖周之意。同前。

（四）講第四節：起"五霸既微"，至"而有句踐"止。周泰伯之後，封於吳。夏禹之後封於越。衹以僻處東南，中原盟會，罕與其列。自晉爲楚敗，遂聯吳以疲楚，楚亦聯越以制吳，而吳、越因之繼起。其後吳之君最著者，曰夫差。越之君最著者，曰句踐。吳，在今江蘇。越，在今浙江。同前。

（五）講第五節：起"夫差霸吳"，至課末止。初夫差伐越，爲文闔閭復仇。當是時，越幾不國，求和許之。吳遂霸東南。句踐陰懷雪恥報仇之志，藉薪而卧，寢不安也。懸膽而嘗，食不甘也。一切內政軍事，恃范蠡、文種爲謀主，以力圖振作。歷二十年，一舉滅吳，亦稱霸焉。計自齊桓創霸，終春秋之世，至於句踐，而霸者之局亦終。范蠡，字少伯。文種，字子禽。皆越大夫。生聚教訓，越十年生聚，十年教訓，故二十年而報吳。同前。

（丙）整理

（一）回講：同前。

（二）約述：[一]春秋之名因何而起？[二]五霸何人之後？[三]尊周攘夷者何人？[四]秦、楚對於周之情狀如何？[五]吳、越何人之後？[六]句踐致強，賴何人之力？[七]齊、宋、秦、晉、楚、吳、越，當今何地？

（三）聯絡比較：[一]春秋時代，與共和時代同否？[二]霸者視三王何如？[三]平王以前，中原大勢何如？[四]句踐視夏少康何如？

（四）思考：[一]諸侯紛爭，周何以不能討？[二]秦楚對於周室，與齊宋晉何以不同？[三]句踐報吳，何以必待二十餘年？

（五）作表及填註地圖：

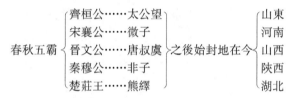

$$
春秋五霸
\begin{cases}
齊桓公……太公望 \\
宋襄公……微子 \\
晉文公……唐叔虞 \\
秦穆公……非子 \\
楚莊王……熊繹
\end{cases}
之後始封地在今
\begin{cases}
山東 \\
河南 \\
山西 \\
陝西 \\
湖北
\end{cases}
$$

$$
五霸後之霸者
\begin{cases}
吳王夫差……泰伯 \\
越王句踐……夏禹
\end{cases}
之後始封地在今
\begin{cases}
江蘇 \\
浙江
\end{cases}
$$

備考

齊桓公，姜姓，名小白，太公十一世孫。初太公封齊，今山東昌樂縣。至桓公霸諸侯，一匡天下。

宋襄公，子姓，名茲父。其先出自商，周初封微子於宋，今河南商邱縣。至襄公稱霸。爲楚所敗，宋霸遂衰。

晉文公，姬姓，名重耳，叔虞之後。初叔虞封唐，今山西翼城縣。後稱晉。至文公敗楚於城濮，遂霸諸侯。晉以世有賢佐，故能世爲霸主，凡百餘年。

秦穆公，嬴姓，名任好。晉文公卒，東向窺鄭，冀得志於中原，爲晉所遏，故僅霸有西戎。所據地，當今陝西、甘肅一帶。

楚莊王，羋姓，名侶。楚爲子國。周制子男五十里，其初疆域甚小。迨熊渠自丹陽今湖北秭歸縣。東侵，至於鄂。立其諸子爲王，分處江上。至莊王大破晉兵於邲，遂霸諸侯。

吳，姬姓。泰伯，周太王長子，與弟仲雍讓國於季歷，逃至荆蠻。後人遂居其地，武王封其後爲吳。舊都今江蘇吳縣，傳至闔閭，曾破楚。後因伐越，傷將指而卒。其子夫差立，使人立於庭，出入必呼曰：夫差而忘越王之殺而父乎？則對曰：不敢忘。三年興師伐越，大敗之。越請成，吳許之。遂臣服於吳。既而與諸侯會於黃池，與晉爭長。

越，姒姓。夏少康子無餘所封國。二十餘傳而至句踐。句踐既敗於會稽而歸，乃苦身焦思，臥薪嘗膽。身自耕作，夫人自織，折節下賢，賑貧弔死，與百姓同勞苦二十餘年。周敬王三十八年襲吳，入其郛，獲太子。後五年，又伐吳，圍之三年，遂滅吳。

高等小學校用　新式歷史教授書
第二册

第一　管　仲（一時間）

教材

管仲，名夷吾，春秋時政治家也。相齊桓公，首修内政，別四民之居，興魚鹽之利，編户口，作軍政，使人與人相保，家與家相愛。爲政期月，民大悦。然後北伐山戎，南伐楚。桓公創霸，仲之力也。所著書，有《管子》八十六篇。

要旨

授管仲生平之概略，俾知齊桓創霸所由成。

預習

於課前指定下列數事，使先分時自習之。下同。
筆記：復習前册第十五，注意齊事，及越句踐所以致强之故。

教授次序

（甲）預備

（一）檢查預習：令各出筆記簿，教師巡閲，查其何處不解。如有圖表，則查其有無不合。不合者使改正之。俾教時知所注意。下同。

（二）指示目的：成湯之王也，以伊尹。周武之興也，以周公。得人則治，不獨王者然也，即霸者亦然。諸生亦知齊桓公霸業之所由成乎？爰書課題於板曰：此即佐桓公創霸業者。

（乙）提示

（一）講第一節：起課首，至第三句止。管夷吾，潁上人，初事齊公子糾。子糾死，鮑叔牙薦於桓公，以爲相。尊爲仲父，故曰管仲。在春秋霸佐之中，宋、晉、秦、楚諸臣，皆莫能及，故爲政治大家。政治家，言長於政治之專門家也。講畢，指生將本節文字，朗讀一遍，令諸生開書同聽之。（如誤）教師範讀，正其句讀，再指生口述大義。（如誤）則略述前講復演之。下同。

（二）講第二節：起"相齊桓公"，至"仲之力也"止。仲之修內政，所以寄軍令也。別四民，使安其業。興魚鹽，以理其財。編戶口，以知民數。作軍政，以振民氣。相保相愛，是其作用。期月民悅，是其功效。內政既修，然後從事征討。北方之患在山戎，南方之患在楚，次第伐之。以達其尊攘之目的。故孔子嘗曰：桓公九合諸侯，不以兵車，管仲之力也。其推重可知矣。四民：士、農、工、商。魚鹽，齊處東海，富魚鹽之利。戶口：家曰戶，人曰口。軍政：五家爲軌，十軌爲里，四里爲連，十連爲鄉，五鄉一帥。伍之人居同樂，行同和，死同哀。守則同固，戰則同强。期，讀作姬，周一年也。山戎，東胡族，所佔地當今直隸之東北部。同上。

（三）講第三節：課末二句止。吾人生於今日，仲之霸功，不可得而見矣。其可得而讀者，猶有仲之遺書。此八十六篇，相傳即仲所手著。今考其書，如《牧民》、《乘馬》、《幼官》、《輕重》諸篇，大抵不離《周官》以制用，而亦不盡局於《周官》，以通其變，昔人言之詳矣。故由春秋至今，猶保存之。其令人景慕何如耶。管子，道德學問出衆者曰子，所著書亦曰子，如孟子、莊子皆是。八十六篇，《管子》原本篇數，今佚十篇。同上。

（丙）整理

（一）回講：令生徒將各節文字，或分或合，輪流口述。述時宜將教師已講演者，略舉大概。下同。

（二）約述：使答下列各項，不許開書。［一］略舉仲之內政。［二］仲佐桓公所伐何國？［三］《管子》一書若干篇？［四］山戎當今何地？

（三）聯絡比較：［一］管仲比伊尹何如？［二］桓公之得管仲，比句踐之得范蠡、文種何如？［三］齊之鹽利，視夙沙氏製鹽同否？［四］管仲著書，視周公著禮何如？

（四）思考：［一］管仲治齊，何以不先征伐？［二］相保相愛之政策，施之於今，尚適用否？［三］春秋距今已遠，《管子》一書，何以人猶保存？

（五）作表：令生徒就本文摘要，分類，試作簡表。如不能作。書下式於板示之，使載入筆記簿。

$$管仲之内政\begin{cases}別四民之居\\興魚鹽之利\\編户口\\作軍政\end{cases}　武功\begin{cases}北伐山戎\\南伐楚\end{cases}$$

備考

　　管仲,少與鮑叔牙爲友。時稱管鮑。初,齊襄公桓公父。無道,鮑叔奉公子小白奔莒。及公孫無知弑襄公,仲及召忽,奉公子糾奔魯,魯人納之,未克,而小白入,是爲桓公。使魯殺子糾,而請管、召,召忽死之,管仲請囚,鮑叔薦於桓公。

　　別四民之居。處士就燕閒,處工就官府,處商就市井,處農就田野。少而習焉,其心安焉。

　　北伐山戎。以山戎伐燕故。

　　南伐楚。以楚滅諸姬故。

第二　子　產(一時間)

教材

　　子產,鄭公族,名僑,亦春秋時政治家也。爲政寬猛相濟,豪強不得逞,而民受其惠。時晉、楚爭霸,鄭介居其間,與晉則晉霸,與楚則楚霸,故被兵尤亟。子產修明內政,而後應付外交,詞令不卑不亢,晉、楚不敢侮鄭者,四十年。

要旨

　　授子產概略,俾知處列強之世,尤重外交。

預習

　　筆記:復習前課。

教授次序

（甲）預備

（一）檢查預習：同前。

（二）指示目的：春秋之時，强陵弱，衆暴寡。管仲相桓公，圖霸業，在修明內政。諸生既聞之矣，抑知當時善於外交之人乎？爰書課題於板曰：此即春秋之善於外交者。

（乙）提示

（一）講第一節：起課首，至"而民受其惠"止。子產，鄭之公族，別姓公孫氏，名僑。春秋時，管仲而後一政治家也。周景王時，鄭君使執國政，寬以濟猛，猛以濟寬。以鄭國族大寵多，子產一以禮法馭之，故人莫敢犯。孔子稱爲惠人，則民之所受者可知矣。鄭，周宣王弟友封國。始封地，今陝西華縣，繼遷地，今河南新鄭縣。同前。

（二）講第二節：起"時晉楚爭霸"，至"故被兵尤亟"止。鄭之爲國，晉在其北，楚在其南。時晉、楚方爭霸中原，楚得鄭，則足以制晉；晉得鄭，則足以制楚。鄭雖欲守中立，而力有所不能。故晉、楚交兵，鄭之受禍，較他國爲烈。被兵尤亟，如周定王十年邲之戰，簡王十一年鄢陵之戰，皆是。邲與鄢陵，皆鄭地。同前。

（三）講第三節：起"子產修明內政"，至課末止。及子產爲相，始則講求內政，繼則講求外交。外交最重者詞令。鄭之國小，卑則受侮，亢則招尤。故鄭國使命，必經裨諶草創，游吉討論，子羽修飾，而終以子產之潤色，期於不卑不亢而後止。遂能確立於兩大之間，歷四十年之久不受兵禍，皆子產之力也。修明內政，如都鄙有章，上下有服，田有封洫，廬井有伍之類。同前。

（丙）整理

（一）回講：同前。

（二）約述：〔一〕子產爲政何如？〔二〕鄭何以常被兵禍？〔三〕子產外交何如？

（三）聯絡比較：〔一〕鄭之國勢，視齊奚若？〔二〕子產之修內政，視管仲奚若？〔三〕鄭在今何省？

（四）思考：〔一〕鄭何以不能與晉、楚爭霸？〔二〕晉、楚何以不敢侮鄭？

（五）作表：

$$\text{子產事略}\begin{cases}\text{鄭公族}\\\text{春秋政治家}\\\text{修明內政}\\\text{應付外交}\end{cases}\quad\text{鄭之鄰國}\begin{cases}\text{晉在其北}\\\text{楚在其南}\end{cases}$$

備考

子產從政一年，輿人誦之曰：取我衣冠而褚藏也。之，取我田疇而伍之。孰殺子產，吾其與之。及三年，又誦之曰：我有子弟，子產誨之。我有田疇，子產殖之。子產而死，誰其嗣之。

子產有疾，謂子太叔曰：我死子必爲政，唯有德者，能以寬服民，其次莫如猛。夫火烈，民望而畏之，故鮮死焉。水懦弱，民狎而玩之，則多死焉。故寬難。子產卒，仲尼聞之，出涕曰：古之遺愛也。

第三　孔　子(一時間)

教材

孔子，名丘，字仲尼，生於魯，在今山東。大聖人也。初仕魯，爲相三月，國俗一變。魯君與齊君會於夾谷，在今山東。孔子以片言卻萊在今山東。兵，反侵地。齊忌魯強，賂執政以女樂，使之怠於政事。孔子知魯不足有爲，遂去魯。周流列國，所至不合。返魯，修《春秋》、删《詩》、《書》，定《禮》、《樂》；教育，分德行、政事、言語、文學四科。弟子三千人，顏回、曾參最賢。

要旨

授孔子概略，俾知爲中國儒家之祖。

孔子像

準備

孔子肖像圖。

教授次序

（甲）預備

指示目的：上所講歷史上之人，大都身爲君相，得志以行其道者。諸生亦知有道不行於當時，而其言行師表萬世，爲吾國歷史上唯一之人乎？爰書課題於板，並指圖像示之曰：此即吾人所崇拜之孔子。

（乙）提示

（一）講第一節：起課首，至"大聖人也"止。孔子之先本宋人，其後遷於魯。父叔梁紇，母顏氏，禱於尼丘，而生孔子，故名丘，字仲尼。事無不通之謂聖。孔子生堯、舜、禹、湯、文、武、周公之後，而能傳其道，以教後世，故謂之大聖人。魯，周公所封國，其都城，在今山東曲阜縣。同前。

（二）講第二節：起"初仕魯"，至"使之怠於政事"止。孔子初仕魯爲中都宰，治績大著，四方諸侯則焉。繼由大司寇攝行相事，三月，鬻羔豚者弗飾賈，男女行者別於塗，塗不拾遺，國俗爲之一變。夾谷，齊地也，魯定公與齊景公爲好會，孔子嘗相之。禮畢，齊人詐言奏樂，以萊夷兵脅魯君。孔子面責齊君，使麾而退，并要其歸前所侵地，以謝過。齊因與魯接壤，忌魯用孔子，不利於齊。因遺魯君以女樂，季桓子受之。三月不聽政，於是齊人之間行，而孔子乃不能久於其位。夾谷，山名，在今山東淄水縣。反魯侵地，即鄆（今山東鄆城縣）、汶陽（今山東汶上縣）、龜陰（今山東泗水縣龜山之北）之田，本魯地，爲齊所侵，至此始歸之。同前。

（三）講第三節：起"孔子知魯不足有爲"，至課末止。魯君臣既爲齊所惑，孔子遂去魯。冀有所遇，以行其道。周流鄭、衛、齊、楚諸國，計十有四年。道大莫容，旋返魯著書，以詔後世。《春秋》、《詩》、《書》、《禮》、《樂》，皆孔子所手訂者也。其教育分爲四科：首德行，次政事，次言語，次文學。弟子著籍者，三千人。身通六藝者，七十二人。顏回好學，先孔子卒。曾參受業最後，得一貫之傳。故弟子最賢者，推顏、曾。春秋，見第一冊第十五。《詩》、《書》、《禮》、《樂》，孔子刪書，上紀唐虞，下至秦穆。古詩三千餘篇，孔子刪詩存三百五篇，皆弦歌之，以求合韶武雅頌之音，禮樂自此可得而述。見《史記》。顏回，字子淵。曾參，字子輿。同前。

（丙）整理

（一）回講：同前。

（二）約述：〔一〕孔子初仕何國？〔二〕夾谷之會，孔子與齊所爭者何事？〔三〕夾谷在今何省？〔四〕返魯後有何著述？〔五〕教育所分幾科？〔六〕弟子著名者何人？〔七〕弟子三千人，顏、曾何以最賢？

（三）聯絡比較：〔一〕孔子制作視周公何如？〔二〕孔子之六經，視管子何如？

（四）思考：〔一〕不用甲兵，而能卻敵反地，是何作用？〔二〕孔子去留，於魯國有何關係？

（五）作表：

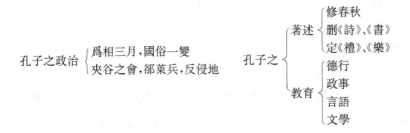

備考

孔子，宋微子之後。宋之公族，別姓爲孔氏。孔防叔畏華氏之逼，奔魯，故孔氏爲魯人。防叔生伯夏，伯夏生叔梁紇，叔梁紇生孔子。時魯襄公二十二年，即周靈王二十一年也。

四科。德行：顏淵、閔子騫、冉伯、牛仲弓。政事：冉有、季路。言語：宰我、子貢。文學：子游、子夏。

第四　老　子（一時間）

教材

孔子時，有周守藏室史老子者，姓李，名耳，其年長於孔子，孔子嘗就而學禮焉。老子熟於掌故，慨周末文勝，矯以清静無爲之説，著《道德經》五千言。周衰，棄官而去。列禦寇、莊周之徒繼之，稱爲老莊之學。言道德者，或託之黃帝、老子，以黃老並稱。而道教又目老子爲神仙，末流附會，不足信也。

要旨

授老子概略，俾知儒家之外，尚有別派。

預習

筆記：復習前課修春秋以下之課文。

教授次序

（甲）預備

（一）檢查預習：同前。

（二）指示目的：孔子之道甚大，其教人尤重倫理，故後世奉爲儒家之祖。惟春秋時代，諸子漸興，亦有別立學派者。諸生知有與孔子並稱之人乎？爰書課題於板示之。

（乙）提示

（一）講第一節：起課首，至"而學禮焉"止。老子，楚人，官於周，爲守藏室之史。李姓，名耳，一稱老子。孔子年少好學，聞老子年高，精於禮。弟子南宮敬叔爲之言於魯君，與之一車兩馬，俱適周，以就學焉。守藏室史，周天子藏書室之史也。一曰柱下史。同前。

（二）講第二節：起"老子熟於掌故"，至"棄官而去"止。老子職司典册，且居官久，故於歷朝掌故之學，言之甚熟。周代尚文，至其末年，文勝於質，老子思有以矯之，而無其權，爰立説垂教，以爲清静則可息爭，無爲則可返樸。《道德經》五千言，其所著也。後亦無心仕進，遂去周，不知所終。掌，職掌也。故，謂故事。《道德經》，分上、下篇，今其書即稱《老子》。同前。

（三）講第三節：起"列禦寇"，至課末止。觀於老子守禮法，重道德，其宗旨甚正。絕非放棄禮教，菲薄道德，及好爲長生不死之説可知。自列禦寇、莊周之徒，學老子而矯枉過正，於是始有老莊之學。至以黃帝與老子並稱，及目老子爲神仙，則皆始於西漢。其實黃帝與老子不侔，道教又與老氏刺謬，末流附會，何足與議老子哉！列禦寇所著書，名《列子》。莊周所著書，名《莊子》。皆戰國時人。黃老，漢文帝好黃老家言。道教始於漢張道陵等,以老子爲道教之祖。同前。

（丙）整理

（一）回講：同前。

（二）約述：［一］老子仕周爲何官？［二］就之學禮者何人？［三］所著書何名？［四］繼老子之後,而宗其說者何人？

（三）聯絡比較：［一］老子視孔子何如？［二］莊、列之徒,視孔門顏、曾何如？

（四）思考：［一］老子之學,與今日之道家,是否相同？［二］神仙之說,是否足信？

（五）作表：

$$ 老子 \begin{cases} 學說 \cdots\cdots 清靜無爲 \\ 著述 \cdots\cdots 《道德經》 \\ 傳統 \cdots\cdots 列禦寇、莊周 \end{cases} $$

備考

老子,字伯陽,謚曰聃,楚苦縣今河南鹿邑縣。厲鄉曲里人也。

孔子適周,將問禮於老子。老子曰：子所言者,其人與骨皆已朽矣,獨其言在耳。且君子得其時,則駕；不得其時,則蓬累而行。吾聞之,良賈深藏若虛,君子盛德,容貌若愚,去子之驕氣,與多慾,態色與淫志,是無益於子之身。吾所以告子者,若是而已。

第五　戰　國（二時間）

凡一課授二時者,第一時,起預習,至提示止。第二時,起整理,至作表及填註地圖止。或提示項下内容豐富,非一時所能授畢,亦可留一二節,併入第二時再授。聽教師隨時酌量之。下同。

教材

春秋以後,周室愈衰,亙二百五十七年之久,史稱戰國之世。三家分晉,爲趙、魏、韓三國。齊爲田氏所篡,咸僭稱王號,與秦、楚、燕並峙,是爲戰國七雄。此外各國,併吞殆盡。七雄之中,秦最强。秦孝公用商鞅,鞅欲變法,先立木南門,下令國中曰:"有能徙至北門者,予五十金。"有一人徙之,予五十金。於是令民爲什伍,安居務農,有事則爲兵。勤者賞,惰者罰。太子犯法,鞅刑其師傅。國人守法,不敢犯,秦國大治。此外若趙武靈王,胡服騎射,教民尚武,北略胡地,西探强秦,亦能發憤自雄者也。

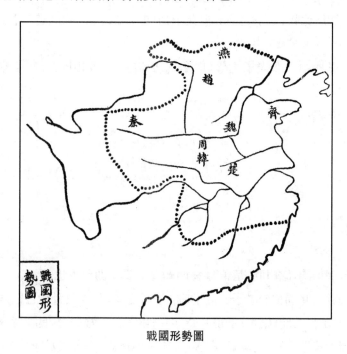

戰國形勢圖

要旨

授戰國概略,俾知霸者之後,更有七雄之競爭。

準備

戰國疆域形勢簡圖。

預習

筆記:令以附圖爲藍本,與春秋疆域比較之。復習第一册第十五。

教授次序

（甲）預備

（一）檢查預習：同前。

（二）指示目的：春秋時政在諸侯，諸生既已聞之矣。抑知春秋末之事變，更有異乎？爰書課題於板，並指疆域簡圖示之曰：春秋以後之強國止此。

古時攻戰圖

（乙）提示

（一）講第一節：起課首，至"史稱戰國之世"止。春秋霸者咸以尊周爲名，故其時諸侯目中，尚有王室。至此以後，周室愈衰，其所以不即亡者，則以權勢愈分，競爭愈烈，無暇圖周故也。其間二百餘年，稱曰戰國。則周亦徒有其名而已。

二百五十七年：自周敬王四十年，迄秦始皇二十六年，適二百五十七年，天下統一於秦，戰國遂終。同前。

（二）講第二節：起"三家分晉"，至"併吞殆盡"止。戰國時，有一國而分裂者，有易姓而仍其國名者。如晉本爲一國，三家分之，而爲趙、魏、韓三國。齊本太公之後，田氏篡之，而仍其國號是也。有本爲故國，由弱而強，如秦、楚、燕是也。此七國者，並峙中原，如鬭雞然，各有雄飛之勢，故謂之雄。若魯、衛、中山諸小國，賴大國保護，幸而不亡。其餘蓋罕有存焉者矣。趙：趙籍分地，都城在今直隸。魏：魏斯分地，都城在今山西。韓：韓虔分地，都城在今河南。田氏：齊大夫田和。秦、楚、燕見前。同前。

（三）講第三節：起"七雄之中"至"有一人徙之，予五十金"止。秦據關中，居六國上游，其勢最強。商鞅者，衛之諸公子，好刑名之學。初仕於魏，不見用，聞孝公賢，遂入秦。鞅首言變法，以爲民可與樂成，難與圖始。子夏曰：信而後勞其民。鞅之徙木立信，蓋此意也。孝公，名渠梁。獻公子。商鞅，姓公孫氏，以封於商，故曰商鞅。同前。

（四）講第四節：起"於是令民爲什伍"，至"秦國大治"止。鞅之政策，在足食足兵，故什伍之法，即行於平居無事之時。使舉國之民，不入於農，則入於兵。其作用，則又在信賞必罰。故雖太子犯法，亦必刑其師傅也。於是國俗一變，稱強諸侯。什伍：軍隊以五人爲伍，二伍謂之什。太子，即惠王。師，公孫賈。傅，公子虔。同前。

（五）講第五節：起"此外若趙武靈王"，至課末止。秦既最強，趙亦不弱。趙武靈王，以中國古用車戰，不利衝突，且褒衣博帶，弗適於用武。從其臣樓緩謀，改襲胡服，令士卒悉習騎射，至是軍威大震。取中山，滅林胡，又西北略地，將從雲中、九原，南襲咸陽。乃詐爲使者入秦，欲以觀秦地形，及秦王之爲人。及爲秦所覺，而王已脫關歸國矣。此亦齊、楚、韓、魏、燕諸君，所不能及者也。趙武靈王，名雍，後更名主父，趙肅侯子也。同前。

（丙）整理

（一）回講：同前。

（二）約述：〔一〕戰國時代，稱雄者何國？〔二〕分晉者何人？〔三〕篡齊者何人？〔四〕徙木之令，何人所作？〔五〕秦人何以守法不敢犯？〔六〕趙武靈王以何事教民？〔七〕趙、魏、韓三國，在何流域？〔八〕齊、秦、楚、燕在今何省？

（三）聯絡比較：〔一〕戰國時之諸侯，視春秋多寡若何？〔二〕商鞅治秦，視管仲治齊及子產爲政何如？〔三〕趙武靈王之政策，視句踐何如？〔四〕七雄宗旨，視五霸有無同異？

（四）思考：〔一〕晉分，齊篡，周室何以不討？〔二〕太子犯法，何以刑其師傅？〔三〕趙王教民尚武，何以不能併秦？

（五）作表及填註地圖：

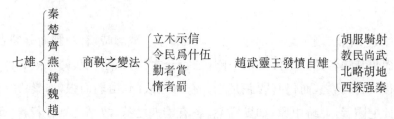

七雄 ⎰ 秦／楚／齊／燕／韓／魏／趙

商鞅之變法 ⎰ 立木示信／令民爲什伍／勤者賞／惰者罰

趙武靈王發憤自雄 ⎰ 胡服騎射／教民尚武／北略胡地／西探強秦

備考

　　周威烈王二十三年，初命晉大夫魏斯、文侯。趙籍、烈侯。韓虔爲諸侯。初，晉之政在六卿。六卿者，范氏、中行氏、智氏，與韓、趙、魏三氏也。及春秋之末，智氏最强，遂與三家滅范、中行氏，而分其地。至周貞定王十六年，三家又滅智氏，而分其地。晉侯止有絳、曲沃二邑，反往朝三家焉。及是三家始受命爲諸侯。越二十七年、三家共廢晉君，而分絳、曲沃地，晉亡。

　　齊之世卿，曰高氏、國氏，皆同姓之卿也。桓公時陳公子完，奔齊，世仕齊國。至景公時，滅國、高而專齊政。後陳恆弑簡公，所據封邑，大於公田。嗣後改稱田氏。至其裔孫田和，遷其君於海上，而求爲諸侯。周安王十六年，命田和爲諸侯。

孟子墓

　　秦孝公，獻公子，用商鞅變法，行之十年。秦國道不拾遺，山無盜賊。民勇於公戰，怯於私鬪。乃封鞅商於十五邑，號曰商君。孝公卒，子駟立，是爲惠王。公子虔之徒，告鞅欲反，發吏捕之。鞅出亡，去之魏。魏人不受，納之秦。秦車裂以徇。

第六　孟　子（一時間）

教材

　　後孔子百餘年，有孟子，名軻，字子輿，鄒在今山東。人。幼學不力，母斷機以警之，孟子懼而勤學，遂成大儒。戰國尚功利，不恤民命。孟子倡民貴之説，惠王、齊宣王聞其賢交聘之。既至，宗旨不合，歸而與其徒萬章、公孫丑輩，講學以終老焉。與孟子相先後者，宋有墨翟，周有楊朱，齊有鄒衍，魏有李悝，楚有許行，鄭有申不害，韓有韓非。各以其學鳴。孟子獨宗仲尼，著書七篇，以翼孔教，後世尊爲亞聖。

要旨

授孟子概略，俾知扶翼聖教，實爲後世尊孔之先聲。

預習

筆記：復習第三第四。

教授次序

（甲）預備

（一）檢查預習：同前。

（二）指示目的：春秋時，有孔子出，及於戰國，有紹孔子之道統而與孔子並稱者爲何人乎？爰書課題於板示之。

（乙）提示

（一）講第一節：起課首，至“遂成大儒”止。孔子歿於周敬王四十一年，閱百有餘年，而有孟子。鄒，魯邑，近聖人之居。孟子少孤，出而求學，旋棄歸。時母方織，以刀斷機，諭以學業間斷，與廢機同。孟子惶恐受教，學益力，遂繼孔子而成大儒。可見家庭教育，關係至巨也。軻，音珂。鄒，今山東鄒縣。機，紡織器。同前。

（二）講第二節：起“戰國尚功利”，至“講學以終老焉”止。戰國不恤民命，其殺人之慘，至於盈城盈野，皆功利之說誤之。孟子學成而後，獨提倡民貴之說，以捄其失。仁與義相輔而行，所以維持專尚功利之失；教與養相輔而行，所以維持專尚富强之失。平日持論如此，使當時之君，能用孟子，其圖治之效，必非商鞅區區示信所能及。特惜魏惠、齊宣有好賢之名，而無其實。徒令孟子以講學終，良可歎已。萬章，公孫丑，孟子弟子中最優者也。民貴之說，見孟子《盡心篇》。捄，與救同。魏惠王，名罃。齊宣王，名辟疆。同前。

（三）講第三節：起“與孟子相先後者”，至課末止。即以講學而論，當時於孟子之外，學派尚多。今舉其最有名者：如墨翟，宋人也，主兼愛。楊朱，周人也，主爲我。鄒衍，齊人也，善談天。李悝，魏人也，盡地力。許行，楚人也，重並耕。申不害，鄭人，韓非，韓人也；皆主刑名。凡此諸子，或在孟子之先，或在孟子之後，皆能如摩空健鶻，飛鳴於七雄之間。惟孟子之學，獨宗仲尼，所以翼輔孔教者，見於七篇之書，尊爲亞聖。蓋謂孟子雖不能稱大聖人，亦庶幾乎聖之次矣。鳴，鳥聲，凡發聲皆曰鳴。翼，輔也。亞，次也。同前。

（丙）整理

（一）回講：同前。

（二）約述：［一］孟子何以能成大儒？［二］孟子何以倡言民貴？［三］交聘者何國之君？［四］與孟子相先後以學名者何人？

（三）聯絡比較：［一］孟子之不遇於時，視孔子何如？［二］孟子論治，視商鞅何如？［三］萬章、公孫丑之賢，是否能及顏、曾？［四］楊、墨諸人之學，是否與老子同派？

（四）思考：［一］魏惠、齊宣何以與孟子宗旨不合？［二］孟子翼孔教，與後世有何關係？

（五）作表：

$$
孟子之
\begin{cases}
政策……主仁義，重教養\\
事功……翼孔教\\
著作……《孟子》七篇
\end{cases}
$$

$$
與孟子相先後者
\begin{cases}
墨\quad 翟\\
楊\quad 朱\\
鄒\quad 衍\\
李\quad 悝\\
許\quad 行\\
申不害\\
韓\quad 非
\end{cases}
$$

備考

孟子。趙岐云：孟子，魯公族孟孫之後。鄒。魯縣，古邾婁國，帝顓頊之後，亦稱邾國。至魯穆公時，改曰鄒。

孟子之母。仉音掌。氏。

魏齊交聘。周顯王三十三年，孟子至魏。慎靚王二年，孟子去魏適齊。

學宗仲尼。韓愈云：孔子之道，大而能博，門弟子不能徧觀而盡識也。故學焉而得其性之所近，其後離散分處諸侯之國，又各以其所能授弟子，源遠而末益分。惟孟軻師子思，而子思之學，出於曾子。自孔子没，獨孟軻氏之傳得其宗，故求觀聖人之道者，必自孟子始。

附圖：孟子墓，在今山東。

第七　游説之士及四君（二時間）

教材

周人蘇秦，與魏人張儀，同習縱橫之術，以游説諸侯。蘇秦先以連橫説秦惠王，不用。乃主約縱，與秦抗，北説燕，燕王從之。使之説趙、韓、魏、齊、楚諸國，約成，蘇秦爲縱約長。未幾，齊、魏先背盟，約遂解。張儀復以連橫之説，游説六國，使六國相率事秦。同時蘇代、蘇厲、公孫衍之徒，亦各逞口辯，爲諸侯謀主。惟六國之君，謀私利，忘公敵，卒爲秦所滅。同時齊有孟嘗君田文，趙有平原君趙勝，魏有信陵君魏無忌，楚有春申君黃歇，均以豪俠養士稱，謂之四君。門下食客，各數千人。

要旨

授戰國處士概略，俾知戰國時縱橫之習尚。

預習

筆記：復習第五後段七雄之中—秦國大治，及前課。

教授次序

（甲）預備

（一）檢查預習：同前。

（二）指示目的：自商鞅變法强秦，六國之君始争養士。士不歸秦，則歸六國。於是强弱之主因，遂不在諸侯，而在游説之士。中原大勢，視戰國之初又一變，爰書課題於板指示之。

（乙）提示

（一）講第一節：起課首，至"以游説諸侯"止。戰國以前，初無游説之士也。有鬼谷子者，長於兵家形勢之術，謂之縱橫，隱居不仕。周人蘇秦，魏人張儀，同師事之。後各出其所學，干求諸侯，以取卿相。天下之士，遂從風而靡焉。故士有游説，自儀、秦始。游説，猶言游談。説，讀作税。縱横，中國形勢，南北爲縱，東西爲横。同前。

（二）講第二節：起"蘇秦先以連横説秦惠王"，至"爲縱約長"止。蘇秦初游秦，以連横説惠王。連横者，連六國以事秦也，惠王不用。遂改變宗旨，合六國以抗秦，謂之約縱。先説燕與趙從親，趙王又使秦説韓、魏、齊、楚皆從之。於是六國會於洹水之上，約曰：秦攻一國，則五國共援之；一國背約，則共伐之。蘇秦遂爲縱約長，兼佩六國相印。秦人不敢開函谷關。秦惠王，孝公之子。長，上聲。同前。

（三）講第三節：起"未幾"，至"使六國相率事秦"止。其後齊、魏二國，爲秦所欺，與秦伐趙。趙王責蘇秦，秦乃去趙，旋死。時張儀已相秦，乃游説六國之君，使之西面事秦。於是合縱之約解，而連横之説興。齊、魏背盟，秦使公孫衍爲之也。同前。

（四）講第四節：起"同時蘇代"，至"爲秦所滅"止。儀、秦既以游説顯名，於是效其術者，復有蘇代、蘇厲、公孫衍之徒。其口辯，亦能傾動諸侯，爲之謀主。惟是縱人利於六國，而不利於秦；横人利於秦，而不利於六國。使六國之君，能堅守縱約，不爲横人所欺，則人人以秦爲公敵，秦亦無奈六國何。乃私利是貪，舍縱言横，此六國所以終滅於秦也。蘇代、蘇厲，皆周人，蘇秦弟。公孫衍，魏人。同前。

（五）講第五節：起"同時齊有孟嘗君"，至課末止。田文、趙勝、魏無忌、黃歇，皆六國中善於養士者也。文號孟嘗，勝號平原，無忌號信陵，歇號春申，謂之四君，皆以豪俠著名當時。其門下客雖不必盡賢，然亦有才能出衆，關係其國之重輕者，故附於游説之後，而並述之。文，齊王庶弟。勝，趙之諸公子。無忌，魏安釐王異母弟。歇，楚頃襄王臣。同前。

（丙）整理

（一）回講：同前。

（二）約述：［一］蘇張持何術游説諸侯？［二］何以謂之約縱？［三］何以謂之連横？［四］蘇張之外，爲諸侯謀主者何人？［五］六國之滅，是何主因？［六］稱爲四君者何人？

（三）聯絡比較：［一］縱横之術，視孔孟學術同否？［二］戰國地理形勢，何者爲縱？何者爲横？［三］四君各養士數千人，與孔孟弟子三千，有無同異？

（四）思考：［一］周有蘇秦，何以不事周而説六國？［二］魏有張儀，何以不事魏而相秦？［三］使六國堅守縱約，秦人是否能滅六國？［四］四君養士之故安在？

（五）作表：

縱橫家	蘇秦約縱……約六國以擯秦		四君	齊孟嘗君……田文
	張儀連橫……連六國以事秦			趙平原君……趙勝
				魏信陵君……魏無忌
				楚春申君……黃歇

備考

蘇秦約縱。初，洛陽人蘇秦，說秦以兼天下之術，不用。乃去說燕文公，曰：燕之所以不被兵者，以趙蔽其南也。願王與趙從親，則燕必無患。文公從之。資秦車馬，以說趙肅侯，曰：當今山東之國，莫強於趙。秦之所害，亦莫如趙。而秦不敢舉兵伐趙者，畏韓、魏議其後也。故爲王計，莫如一韓、魏、齊、楚、燕、趙爲從親，以擯秦。令其將相會洹水_{在今河南安陽縣}之上，定約，則秦甲不敢出函谷，_{關名，在今河南靈寶縣。}以害山東矣。肅侯大悅，厚賜賚之，以約於諸侯，韓宣、惠王、魏惠王、齊宣王皆聽之。乃說楚威王曰：楚，天下之彊國也。故秦之所害，莫如楚。楚之與秦，其勢不兩立。縱親，則諸侯割地以事楚；橫合，則楚割地以事秦。此兩策者，相去遠矣。楚王亦許之。於是蘇秦爲縱約

秦始皇琅邪臺刻石

長,并相六國。北報趙,車騎輜重,擬於王者。

齊魏背盟。周顯王三十七年,秦使公孫衍,欺齊、魏以伐趙。趙肅侯讓蘇秦,秦恐,請使燕。必報齊,乃去趙。而縱約皆解。

張儀連橫。周赧王四年,秦使張儀説楚、韓、齊、趙、燕,連橫以事秦。先是秦相張儀,出而相魏。説魏以連橫之利,魏王乃背縱約,而因儀以請成於秦。儀歸復相秦,秦使説楚懷王,許之。既而説韓襄王,許之。儀歸報秦,封以六邑,號武信君。復使東説齊湣王,趙武靈王,皆許之。儀北説燕昭王曰:趙已事秦,大王不事秦,秦下甲驅趙攻燕,則易水長城,非王之有矣。燕王請獻五城以和。

第八　秦始皇(一時間)

教材

秦莊襄王滅周,其子政,又并六國,一統中夏,定都咸陽,在今陝西。自號曰始皇帝。廢封建之制,以爲郡縣。南取南粤,在今廣東、廣西及安南。北逐匈奴,在今蒙古。築長城以固邊防,威名遠播。外人稱秦,訛爲支那,支那之名,自此始。始皇爲治,以愚民爲主義,而用法又極嚴。焚詩書,坑儒士,鑄兵器爲金人,徙富豪於關內,禁民偶語,實行專制之政。傳至二世,豪傑並起,而秦以亡。

要旨

授秦始皇概略,俾知戰國之後,天下統一於秦。

預習

筆記:復習第五及第七前段。

教授次序

(甲) 預備
(一)檢查預習:同前。

（二）指示目的：戰國七雄並峙。蘇秦約縱，以六國制一秦，其事若易；張儀連橫，以一秦制六國，其事似難。然卒不能制秦，何歟？則以秦之勢一，六國之勢分也。今試述并六國之秦始皇，並書課題於板示之。

（乙）提示

（一）講第一節：起課首，至"以爲郡縣"止。秦王政，莊襄王子也。莊襄王初立，滅周。三年而卒。政嗣位，年幼，國事皆決於呂不韋。立十年，始親政。次第用兵，使内史騰滅韓，王翦滅趙、滅楚，王賁滅魏、滅燕、滅齊。至二十六年，秦遂統一。乃改王號，稱始皇帝。以咸陽爲帝都。懲周代封建之弊，分國内爲三十六郡，以郡統縣，而集權於中央。封建之制自此終，郡縣之制自此始。莊襄王，名楚，孝文王子。咸陽，今陝西咸陽縣。同前。

（二）講第二節：起"南取南粵"，至"支那之名自此始"止。内地統一，乃事外征。三十三年，畧取南粵地，置桂林、象郡、南海三郡。此始皇之拓地於南也。使蒙恬伐匈奴，收河南地，即今之鄂爾多斯，地名河套者是也。又築長城，起臨洮，至遼東，延袤萬餘里，使匈奴不敢南下。此始皇之拓地於北也。兵威所及，無不震秦之名。今外人稱中國爲支那，蓋起於此。匈奴，屬土耳其族。支那，秦之轉音，初見於譯本佛經。同前。

（三）講第三節：起"始皇爲治"，至課末止。武力可以得天下，而不能治天下，則文治尚焉。所異者始皇統一海内，不以開民智爲主義，而以愚民爲主義。焚詩書，坑儒士，又繼之以嚴刑峻罰，皆愚民政策之尤者也。鑄兵器爲金人，示民間不許藏兵也。徙富豪於關内，防謀亂也。禁民偶語，慮其謗己也。實行專制如此，皆促亡之主因耳。及傳至二世，陳勝、吳廣之徒紛然並起，雖欲不亡，不可得矣。偶語，《史記·秦本紀》註，應劭曰：禁民聚語，畏其謗己。《正義》：偶，對也。二世，名胡亥，始皇少子，是爲二世皇帝。在位三年，繁刑重役，誅殺任情，天下叛之，爲趙高所殺。子嬰立，凡四十六日，降漢。同前。

（丙）整理

（一）回講：同前。

（二）約述：［一］秦并六國，行如何制度？［二］始皇威名，何以遠播？［三］愚民主義，以何者爲最甚？

（三）聯絡比較：［一］郡縣之制，視封建同異若何？［二］禁民偶語，與周屬王監謗何如？

（四）思考：［一］六國何以不能滅秦？［二］秦代構焚坑之禍，何以《詩》、《書》與儒教，後世猶存？［三］始皇勢力如此其大，何以再傳而亡？

（五）作表：

$$
秦始皇之事蹟\begin{cases}
并六國\\
稱皇帝\\
廢封建，爲郡縣\\
取南粤\\
逐匈奴\\
築長城\\
焚詩書\\
坑儒士\\
鑄兵器爲金人\\
徙富豪於關內\\
禁民偶語
\end{cases}
$$

備考

　　秦始皇初并天下，自以爲德兼三皇，功過五帝，乃更號曰皇帝。追尊莊襄王爲太上皇。制曰：死而以行爲諡，是子議父，臣議君也。甚無謂。自今以後，除諡法。朕爲始皇帝，後世以數計，二世、三世至千萬世，傳之無窮。丞相王綰等，言燕、齊、荆地遠，請立諸子爲王以鎮之。廷尉李斯以爲不便。始皇曰：天下苦戰鬪不休，以有侯王。賴宗廟天下初定，又復立國，是樹兵也。而求其寧息，豈不難哉！廷尉議是。分天下爲三十六郡，後平百粤，又增置閩中、南海、桂林、象郡，爲四十郡。郡置守、尉、監。收天下兵，銷以爲鐘鐻金人，置宮庭中。徙天下豪傑於咸陽十二萬戶。李斯又言：今諸生不師今而學古，以非當世，惑亂黔首。人聞令下，則各以其學議之，入則心非，出則巷議，禁之便。臣請史官非秦記，皆燒之。天下有藏《詩》、《書》、百家語者，皆詣守尉雜燒之。制曰可。侯生、盧生，相與譏議始皇，因亡去。始皇聞之，大怒曰：諸生或爲妖言以亂黔首。使御史按問之，諸生轉相告引，乃自除。犯禁者四百六十餘人，皆坑之咸陽。

　　附圖：琅邪臺石刻。始皇二十八年東巡所立。琅邪，山名，在今山東諸城縣。石刻頌功德文，李斯所書。

第九　項　羽（一時間）

教材

項羽，名籍，下相在今江蘇。人，項梁之猶子也。力能扛鼎。少時，書劍皆不願學，願學萬人敵。於是梁乃教以兵法。乘秦亂，起兵會稽，在今浙江。所至莫與爭鋒。會劉邦先受秦降，羽嫉之。遂入咸陽，燒秦宮室，裂地分封諸將，自稱西楚霸王，而以劉邦王漢中。在今陝西。邦失望，未幾起兵攻羽，圍之垓下，在今安徽。羽走烏江，在今安徽。自刎而死。

要旨

授項羽概略，俾知楚能亡秦，而徒勇亦不足成大事。

預習

筆記：復習前課，令就秦致亡之原因，及亡時之事實求之。

教授次序

（甲）預備

（一）檢查預習：同前。

（二）指示目的：秦始皇并六國，實行專制。然天下怨毒已久，思逞者固大有人焉。試述乘秦亂而起兵之項羽，並書課題於板示之。

（乙）提示

（一）講第一節：起課首，至"所至莫與爭鋒"止。梁父項燕，本楚將，爲秦將王翦所戮。羽少時，依其叔父梁，嘗學書不成，去而學劍，又不成。梁怒之，羽曰：書足以記姓名而已。劍一人敵，不足學，願學萬人敵。梁乃教羽兵法，又不肯竟其學。然力能扛鼎，才氣過人。時陳勝王楚，武臣王趙，劉邦起沛。羽適從梁留吳中，乃殺會稽守起兵應之，屢破秦軍，無敢攖其鋒者，由是顯名中原。下相，今江蘇宿遷縣地。扛，舉也。會稽，秦郡名，包有今江蘇東南部，及浙江北部地，治今江蘇吳縣。同前。

（二）講第二節：起"會劉邦先受秦降"，至"而以劉邦王漢中"止。秦之圍趙也，羽會諸侯兵救之。劉邦遂乘虛入關，攻秦，秦二世子子嬰降。羽既解趙圍，聞邦已受秦降，心嫉其功，乃由趙引兵，西屠咸陽，殺子嬰，燒秦宮室，火三月不滅。廢秦制，復行封建，裂地分封。諸將大者爲王，小者爲侯，自王梁、楚九郡地，爲西楚霸王。而以漢中封邦，因三分關中地，以塞漢出兵之路。西楚，都彭城，今江蘇銅山縣。王漢中之王，讀作去聲。漢中，秦郡名，治今陝西南鄭縣。同前。

（三）講第三節：_{起“邦失望”，至課末止。}初，羽與邦等起兵，立楚後爲懷王。王與諸將約，先入定關中者王之。至是羽既背約，邦亦失望。會羽立懷王爲義帝，旋又弒之。邦遂假討罪之名，先并關中，會諸侯王之師，起兵攻羽。爭戰數年，韓信、黥布助之。圍羽垓下，羽食盡，潰圍出，走烏江。自知大事已去，連殺追騎數人以示勇，然後自殺。西楚遂亡。_{垓下，今安徽靈璧縣地。烏江，今安}徽和縣城北。刎，_{武粉切，音吻，以刀自殺曰自刎。同前。}

（丙）整理

（一）回講：_{同前。}

（二）約述：［一］項羽少時狀況？［二］項羽因何起兵？［三］羽嫉劉邦何事？［四］羽之結果何如？

（三）聯絡比較：［一］項燕爲楚將，是否戰國之楚，抑爲春秋之楚？［二］羽燒秦宮室，視秦焚詩書何如？［三］楚漢之爭，視戰國七雄何如？［四］項羽之亡，視秦之亡何如？

（四）思考：［一］書劍之學，視兵法孰爲有用？［二］羽能亡秦，何以不能有天下？

（五）作表：

$$
項羽事蹟
\begin{cases}
世爲楚將 \\
起兵會稽 \\
入咸陽燒秦宮室 \\
裂地分封諸將 \\
自王西楚 \\
被圍垓下 \\
走烏江
\end{cases}
$$

備考

西楚之興。初秦始皇坑儒，長子扶蘇諫，不聽，黜監蒙恬軍。及二世立，殺扶蘇，百姓多聞其賢，未知其死。項燕，楚良將，與秦戰，爲王翦所殺。楚人憐之，或以爲死，或以爲亡。故陳勝起兵，詐稱公子扶蘇、項燕，以爲天下倡，稱大楚，旋爲二世將章邯所破。勝死，時項羽已從項梁起兵會稽，因其世爲楚將，人多附之。梁戰死，羽代將其軍，威力益振。既屠咸陽，見秦宮室皆以燒殘破，遂收其寶貨婦女東歸。曰：富貴不歸故鄉，如衣繡夜行，誰知之者。乃舍關中東歸，建都彭城，稱西楚霸王。

241

項羽之亡。漢五年，項羽軍垓下，漢兵圍之數重。羽聞漢軍四面皆楚歌，驚曰：漢已盡得楚乎？何楚人之多也！乃從八百餘騎，潰圍而出。迷道，陷大澤中。漢兵追及之。羽引而東，乃有二十八騎，漢騎追者數千人，羽自度不得脱。乃分其騎爲四隊，四向。項王大呼，殺漢兵士數十百人。羽欲東渡，烏江亭長，艤船以待，曰：江東雖小，亦足王也。羽笑曰：天之亡我，我渡何爲！乃以馬賜亭長，持短兵接戰，所殺猶數百人。身亦被十餘創，遂自刎而死。

第十　漢高祖　三傑(一時間)

教材

劉邦起兵於沛，在今江蘇。亡秦并楚，定都長安，在今陝西。國號曰漢，是爲高祖。夏商以來，平民爲皇帝，自高祖始。初入關，與父老約法三章，除秦苛法。即位後，過魯，以太牢祠孔子，開後世帝王尊孔之先聲。惟封建之制，與郡縣並行，薄於功臣，而厚於親貴，遂釀七國之亂。方項羽之强，僅有一范增而不能用。高祖則有蕭何、張良、韓信，皆能用之。此劉項成敗所由分也。何善轉餉，良善運籌，信善用兵，號爲三傑。

要旨

授漢高祖概略，兼及三傑，俾知漢室所由興。

預習

筆記：復習前課，令就劉邦與項羽有關係之事研究之。

教授次序

(甲) 預備

(一) 檢查預習：同前。

（二）指示目的：以項羽之雄，所至莫與爭鋒，而卒爲劉邦所敗，則邦之所以勝羽，良非無故。爰書課題於板曰：此即劉邦得有天下後之稱號也。

（乙）提示

（一）講第一節：_{起課首，至“自高祖始”止。}劉邦，字季，沛豐邑人也。豁達大度，不事家人生產。初，爲泗上亭長。二世末年，沛令欲應陳勝，召邦。邦已集衆數百人，令悔，閉城。父老乃率子弟殺令，立邦爲沛公，以應諸侯，後竟亡秦并楚，而成帝業。初封漢中，故國號曰漢，高祖，其廟號也。征誅之局，始於湯武，而盛於秦。湯武與秦始皇，其初皆諸侯也。有侯國之憑藉，成功尚易。若漢高由平民而起爲天子，實自古所未有。_{沛，今江蘇沛縣。長安，今陝西長安縣。同前。}

（二）講第二節：_{起“初入關”，至“七國之亂”止。}高祖定天下之大計有二：一爲與父老約法三章，凡秦苛法悉除之。此入關時所行者也。一爲過魯以太牢親祀孔子，提倡帝王尊孔，此即位後所行者也。惟秦廢封建而行郡縣，高祖懲秦孤立，議封建與郡縣並行。海內既定，誅戮功臣，悉封子弟於要地，且定例非劉氏不王。薄於所疏，而厚於所親。此景帝時七國之變，所由來也。是則不能無譏焉。_{約法三章：殺人者死，傷人及盜抵罪。太牢，牛也。薄於功臣，如殺韓信，殺彭越，誅黥布，皆是。同前。}

（三）講第三節：_{起“方項羽之强”，至課末止。}以楚、漢勢力較之，則漢弱而楚强。然羽之謀主，僅一范增，而不能盡其用。若高祖則有蕭何、張良、韓信諸人，均爲所用。得人者昌，失人者亡，其劉與項之謂乎？何以轉餉稱，良以運籌稱，信以用兵稱，皆一時之人傑，漢能兼而有之，其得天下也固宜。_{范增，居鄛今安徽巢縣。人。蕭何，沛豐今江蘇豐縣。人。張良，其先韓今山西。人。韓信，淮陰今江蘇淮陰縣。人。同前。}

（丙）整理

（一）回講：_{同前。}

（二）約述：［一］高祖起兵於何處？［二］入關時最要政策？［三］即位後最要政策？［四］三傑何謂？

（三）聯絡比較：［一］漢高祖得天下，視湯武何如？［二］除秦苛法，視羽燒秦宮室何如？［三］漢三傑，視戰國四君何如？

（四）思考：［一］國號何以曰漢？［二］尊孔用意安在？［三］薄待功臣，厚於親貴，其用意安在？

（五）作表：

$$漢高祖大事記\begin{cases}起兵於沛，亡秦幷楚\\定都長安\\以平民爲天子\\入關約法三章\\即位後以太牢祠孔子\\封建之制與郡縣並行\end{cases}$$

$$三傑\begin{cases}蕭何……善轉餉\\張良……善運籌\\韓信……善用兵\end{cases}$$

備考

漢高祖，沛豐邑中陽里人，姓劉氏，父曰太公，母曰劉媼。高祖爲人，隆準而龍顏，美須髯，仁而愛人，喜施，意豁如也。常有大度，不事家人生產。及壯試爲吏，爲泗水亭長。常遊咸陽，縱觀，觀秦皇帝，喟然太息曰：嗟乎！大丈夫當如此也。後由沛起兵，五載而成帝業。在位十二年，壽五十二歲而崩。

七國之亂。漢景帝初即位，鼂錯言於帝曰：高帝封三庶孽，分天下半。今吳王不朝，於古法當誅。因勸帝削諸王封地。於是吳王濞、膠西王卬、膠東王雄渠、菑川王賢、濟南王辟光、楚王戊、趙王遂，同時反。是爲七國之亂。命周亞夫將兵討平之。

三傑。漢定天下，蕭何封酇侯，張良封留侯，韓信初封齊王，徙楚王，降封

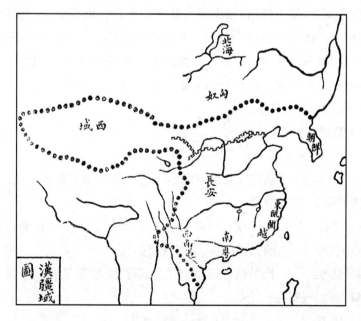

漢疆域圖

淮陰侯。高祖曰：運籌帷幄之中，決勝千里之外，吾不如子房，_{張良字。}鎮國家，撫百姓，給餉餽，不絕糧道，吾不如蕭何。連百萬之衆，戰必勝，攻必取，吾不如韓信。三人皆人傑，吾能用之。此吾所以取天下也，項羽有一范增而不能用，此所以爲我擒也。

第十一　漢武帝_{（一時間）}

教材

高祖以後，爲文帝，景帝，節儉愛民，國庫充實，史稱文景之治。及武帝立，崇信儒術，抱雄才大略。漢初，匈奴寖强，帝命衞青、霍去病等，出師屢破之。又遣使交通西域，征服朝鮮，平定南粵，疆土遠闢。餘如東甌、閩粵、西南夷，亦次第蕩平。漢族得名，蓋由於此。惟帝以頻年征伐，又信方士，行封禪，國財日匱，不免爲盛德之累。

要旨

授漢武帝概略，並使知漢族得名所自始。

準備

漢疆域圖。

預習

筆記：繪圖。復習第八與第十前段。

教授次序

（甲）預備

（一）檢查預習：_{同前。}

（二）指示目的：高祖以武功定天下，未暇與外族爭。然漢族威名，遠震於外國,何歟？蓋漢武帝之功也,爰書課題於板示之。

(乙) 提示

(一) 講第一節：起課首,至"抱雄才大略"止。武帝名徹,景帝之子,文帝之孫也。文景在位,尚節儉,民康國富,内治極盛,故史稱文景,皆高祖後之令主也。然文帝好黄老,景帝好申韓,惟武帝獨好儒術。表章六經,罷黜百家,才雄而略大,尤非文景所能及。文帝,名恆,高帝中子,初封代王。惠帝無嗣,吕后崩,大臣迎立之,在位二十二年。景帝,名啓,文帝太子,在位十六年。同前。

(二) 講第二節：起"漢初匈奴寖强",至"蓋由於此"止。高祖即位七年,曾爲匈奴困於平城,坐是匈奴益大。文景之世,屢來寇邊。武帝以爲欲雪國恥,當振國威,故用兵先自北方始,乃命衛青、霍去病等,屢破匈奴,於是漠南無王庭。既而西通西域,東服朝鮮,南平南粤,疆域大闢,遠過於秦。又次第征服東甌、閩粤及西南夷,此皆武帝之武功也。漢族之名,由是大震。西域,詳下課。朝鮮,本我國藩屬,今爲日本領土。南粤,詳本册第八。東甌、閩粤,今浙江東部,及福建地。西南夷,今四川貴州邊地。同前。

(三) 講第三節：起"惟帝以頻年征伐",至課末止。惟是連年用兵,民少休息。信用方士,遂溺於神仙之説。又巡遊名山,舉行封禪,以致國用困乏。苟歛於民,殊失文景節儉愛民之意。然則武帝雖有武功,於此亦不無可議云。方士,託名神仙之術被寵者。封禪,積土增山曰封,掃地而祭曰禪,古者天子巡狩則爲之。武帝元封元年,封泰山。禪,肅然。禪,音膳。同前。

(丙) 整理

(一) 回講：同前。

(二) 約述：〔一〕文景之治。〔二〕武帝之武功。〔三〕武帝盛德之累何在？〔四〕漢族因何得名？

(三) 聯絡比較：〔一〕武帝比文景有何不同？〔二〕衛青、霍去病在三傑中可比何人？〔三〕武帝武功比始皇何如？〔四〕崇信儒教視高祖何如？

(四) 思考：〔一〕武帝之雄才大略,於何而見？〔二〕武帝時國財何以日匱？

(五) 作表及填註地圖：

武帝之武功 { 屢破匈奴 / 交通西域 / 征服朝鮮 / 平定南粤 / 蕩平東甌、閩粤、西南夷等

備考

漢武帝在位五十四年,壽七十一歲而崩。帝承文景富庶之業,征服四夷,海內虛耗,末年不免輪臺之悔。如帝之雄才大略,使其不改文景之恭儉,以濟斯民,雖詩書所稱,何以加焉。衛青,字仲卿,平陽人。武帝朝拜大中大夫。凡七出擊匈奴,立大功,威震雲中、上谷,封長平侯。霍去病,平陽人,青姊子。武帝朝爲嫖姚校尉。凡六出擊匈奴,封狼居胥山,禪於姑衍,山名。登臨瀚海。封冠軍侯,加驃騎大將軍。

征服朝鮮。元封二年,朝鮮襲殺遼東都尉,遣楊僕、荀彘將兵伐之。三年朝鮮降,置樂浪、臨屯、玄菟、真番四郡。

平定南粵。元鼎六年,命楊僕、路博德平南粵,遂分南粵地,置南海、蒼梧、鬱林、合浦、交趾、九真、日南、珠崖、儋耳,凡九郡。

東甌。建元三年,閩粵擊東甌,遣使發兵救之,遂徙其衆於江淮間。

閩粵。建元六年,閩粵王郢攻南粵,遣王恢等將兵擊之,閩粵人殺郢降。

西南夷。元光元年,通南夷,置犍爲郡。通西夷,置一都尉。元鼎六年,平西南夷,置牂牁、越巂、沈黎、汶山、武都五郡。

信方士。帝信方士李少君、公孫卿、少翁、欒大言,使人入海求蓬萊安期生之屬。於是燕、齊迂怪之士,競上書言神仙事矣。

第十二　張騫　蘇武(一時間)

教材

漢之西域,即今新疆及葱嶺以西也。向未通中國,武帝欲聯西域,以制匈奴,使張騫往。道經匈奴,被留。久之,得間亡走西域。歷遊各國,宣漢威德,記其地形物產,歸報武帝。蓋距去國時已十三年矣。及騫再奉使,西域內附,故騫可稱中國第一冒險家。同時,蘇武北使匈奴,匈奴迫之降,不從。乃囚之窖中,絕其飲食,武嚙氈與雪并咽之,終不屈。旋徙之北海在今俄領貝加爾湖南岸。上,使牧羊自給。武持漢節牧羊,節旄盡落,歷十九年之久,乃歸。

要旨

授張騫、蘇武概略，俾知出使外國，貴有冒險之才能與忠義之氣節。

準備

前課漢疆域圖。

預習

筆記：復習前課關於武功之事並圖。

教授次序

(甲) 預備

(一) 檢查預習：同前。

(二) 指示目的：武帝之疆土遠闢，由衞、霍諸名將之功居多。然効勝疆場，固特將帥之力，至若偵敵情，尊國體，則尤貴使臣之得其人。爰書課題於板示之。

(乙) 提示

(一) 講第一節：起課首，至"使張騫往"止。指地圖示之曰：此即今之新疆省，及葱嶺以西地。在漢時謂之西域。舊服屬於匈奴，不與中國通。武帝問匈奴降者，言西域有國名月氏者，其王爲匈奴所殺，國人仇匈奴，恨無與共擊之。帝聞此言，於是募使通西域。張騫以郎應募，遂使之。蓋以敵攻敵之法也。葱嶺，在帕米爾高原之東，爲亞洲諸山發脈處。同前。

(二) 講第二節：起"首經匈奴"，至"第一冒險家"止。張騫道出隴西，經匈奴中，爲匈奴所留十餘歲。後得間走入西域，徧歷各部，宣布漢之威德，記其道里山川及所出物産，歸爲武帝言之。猶今日出使者之必有游歷日記也。其後再使烏孫，西域各國，皆背匈奴而附中國。騫之不避艱險，卒能成事。洵漢以前所未有。同前。

(三) 講第三節：起"同時，蘇武北使匈奴"，至課末止。蘇武北使，亦在武帝時。在匈奴之漢人，有謀劫單于母歸漢者，事洩，詞連武，單于怒。武自殺不死。匈奴愛其氣節，迫之使降，武不從。因囚武，並絕其食。武齧氈咽雪得不死，匈奴以爲神，愈欲降之，武終不屈。乃徙武北海，令之牧羊。指前課附圖北海二字示之，告以即漢蘇武持節牧羊處。臥起持節，至於節旄盡落，可想見其久矣。後至昭帝即位，與匈奴和親，武乃得歸。蓋歷時已十有九年。窖，音教，穴地藏物處。北海，漢時海道未通，而西伯利亞之貝加爾湖，適當匈奴北境，因目爲北海。節，古使臣執以持信之物。旄，懸節端，以牛尾爲之。同前。

（丙）整理

（一）回講：同前。

（二）約述：［一］武帝欲聯西域，其意安在？［二］張騫使西域，成績若何？［三］蘇武使匈奴，狀況若何？［四］葱嶺在帕米爾高原何方？［五］北海在長城何方？

（三）聯絡比較：［一］張騫、蘇武之功，視衛青、霍去病何如？［二］騫、武使才，視子產外交，有無同異？

（四）思考：［一］匈奴留張騫何意？［二］張騫何以能使西域內附？［三］蘇武迫降不從何意？

（五）作表：

$$
\left.\begin{array}{l}張騫\\蘇武\end{array}\right\}使\left\{\begin{array}{l}西域\cdots歷遊各國，宣漢威德\cdots十三年\\匈奴\cdots牧羊北海，持漢節\cdots\cdots十九年\end{array}\right.
$$

備考

張騫，漢中成固今陝西成固縣。人。武帝欲通西域，募可使，騫以郎應募。出隴西，今甘肅西部、及內蒙古阿拉善、額濟納二旗，新疆之哈密鎮西諸地，漢初皆爲匈奴領土。自武帝伐匈奴，始次第收爲漢土。經匈奴中，單于得之，留十餘年。得間西走，至大宛。大宛爲發驛道抵康居，傳至大月氏。居歲餘，不得要領，乃還。又爲匈奴所得，會匈奴亂，騫乃亡歸。出使時百餘人，僅二人得歸。騫具爲武帝言其地形所有，拜太中大夫，時元朔三年也。至元狩元年，再命騫使西域，通滇國。元鼎二年，西域始通內，屬者三十六國。騫於元朔六年，從衛青、霍去病伐匈奴，以功封博望侯。

蘇武，杜陵今陝西長安縣境。人，字子卿。武帝天漢元年，匈奴歸漢使者路充國等，於是帝命武送匈奴使北還，以答其意。既至，單于益驕，非漢所望也。會漢人虞常等，謀殺漢降人衛律，而刼單于母歸漢。事洩，單于使衛律治之，虞常引蘇武副使張勝知其謀。單于怒，欲殺漢使，既而欲降之。使衛律召武受辭，武謂其屬曰：屈節辱命，雖生，何面目歸漢。引刀自刺，氣絶，半日復息。單于壯其節，朝夕使人問武，而收繫張勝。武尋愈，會論虞常，欲因此時降武。劍斬常已，欲殺張勝，勝請降。律謂武曰：副有罪，當相坐。以劍擬武，武不動。律曰：君因我降，與君爲兄弟，今不聽吾言，復欲見吾得乎？武罵之曰：汝爲降虜於蠻夷，何見汝爲？律還白單于，單于愈欲降之，乃囚之大窖中。又徙之北海上無人處，使之牧羊。別其官屬，各置他所。昭帝始元六年，匈奴有内亂，與漢和親，乃歸蘇武。詔以爲典屬國。武奉使時方壯年，及歸，鬚髮皆白。

第十三　東漢光武帝（一時間）

教材

昭帝之後，漢治漸衰。至平帝時，外戚王莽專政。未幾，簒漢自立，改國號曰新。政令反覆，亂者四起。漢宗室劉秀起兵討莽，大破莽軍於昆陽，在今河南。率諸將進攻，莽勢日促，爲漢兵所殺。秀即位，是爲光武帝。羣雄反側，次第剗除，定都洛陽，在今河南。是爲東漢。帝重儒術，勵名節，振吏治，總攬大綱，舉無過事，故能光復漢業，躬致太平。後傳明帝、章帝，海内乂安，史稱明章之治。

要旨

授光武帝概略，俾知漢室之中興。

預習

筆記：復習第一册第八、第十四關於中興之事，及本册第十高祖興漢之事。

教授次序

（甲）預備

（一）檢查預習：同前。

（二）指示目的：專制之世，國之治亂，係乎人主之賢否。夏政衰，少康中興，而夏祚以延。周政衰，宣王中興，而周祚以永。漢自武帝後，其盛衰之迹如何？今試述之，並書課題於板，示以此即中興漢室者。

（乙）提示

（一）講第一節：起課首，至"亂者四起"止。漢武帝没，子昭帝立。在位未久，昌邑王以昏亂被廢。宣帝繼立，亦稱令主。然視文景之治，則漸衰矣。至哀帝之崩，太皇太后以外戚王莽爲大司馬。莽既得政，立平帝，旋弒之，而立孺子嬰。初始元年，莽自稱帝，改漢曰新。變易漢制，法令煩苛，吏緣爲奸，農桑失業。海内豪傑，起而圖莽，天下騷然矣。王莽，字巨君，元帝后弟，曼之子也。同前。

（二）講第二節：起"漢宗室劉秀"，至"是爲東漢"止。劉秀，景帝子長沙王發之後，字文叔，世居南陽。王莽末，與兄縯起兵春陵。又招新市、平林、下江兵，與之合。遂進圍宛。莽使其將王尋、王邑，將兵百萬救宛。秀大破之於昆陽。於是海内響應，皆用漢年號。是年九月，破長安，誅莽，傳首至宛，新亡。秀以諸將勸進，即帝位。數年之間，平赤眉，降隴蜀，卒成中興之業。稱爲東漢，以漢舊都長安，洛陽在其東故也。同前。

（三）講第三節：起"帝重儒術"，至課末止。帝即位後，起太學，祠孔子，禮處士周黨、嚴光，封舊密令卓茂，以嘉循良，故東漢儒術、名節、吏治，蒸蒸日上。至其總攬大綱，舉無過事，尤深得帝王之度。以此光復漢業，躬致太平，所由來也。殁後，傳位明帝，再傳章帝。蒙業貽安，天下無事，史稱明章。亦猶西漢稱文景焉。明帝，名莊，光武子。章帝，名炟，明帝子。同前。

（丙）整理

（一）回講：同前。

（二）約述：［一］昭帝後漢室何如？［二］王莽篡漢後之結果。［三］東漢建都何處？［四］光武帝之政治。

（三）聯絡比較：［一］王莽視后羿何如？［二］光武視夏少康何如？［三］漢室東遷，視周室東遷，有無同異？［四］東漢初業，視西漢初業何如？［五］東漢明章，可比西漢何帝？

（四）思考：［一］漢治何故而漸衰？［二］王莽何以能專政？［三］光武何以能復漢業？

（五）作表：

　　　　　　　┌討王莽
　　　　　　　│除羣雄
　　　　　　　│都洛陽
　光武中興 ┤
　　　　　　　│重儒術
　　　　　　　│勵名節
　　　　　　　└振吏治

備考

漢光武。初，長沙定王發，生舂陵今湖北棗陽縣。節侯買，買生鬱林太守外，外生鉅鹿都尉回，回生南頓令欽，欽生三男：縯、仲、秀。縯慷慨有大節，交結天下雄俊。秀美鬚眉，隆準日角。嘗受《尚書》，長畧通大義，性勤稼穡，縯常非笑之，比於高祖兄弟。後與縯會諸豪傑起兵討莽，共立更始將軍劉玄爲皇帝。莽聞更始立，遣王尋、王邑等發兵禦之，號稱百萬。諸將見兵盛，皆反走入昆陽。秀爲圖畫成敗，眾曰諾。時城中惟八九千人，秀使王常等守昆陽，夜與李軼等十三騎，收兵於外。尋、邑縱兵圍昆陽，積弩亂發，矢下如雨，城中負戶而汲。常等乞降，不許。秀至郾定陵，悉發諸營兵，自將步騎千餘，爲前鋒。莽軍遣兵數千合戰。秀奔之，斬首數十級。諸將喜曰：劉將軍平生見小敵怯，今見大敵勇，可怪也，且復居前，請助將軍。秀復進，連勝，諸將膽益壯，無不一當百。尋、邑陳亂，漢軍乘銳奔之，遂殺尋。城中亦鼓譟而出，中外勢合，震呼動天地。會大風雷，屋瓦皆飛，雨下如注，滍川盛溢，士卒溺死以萬數，水爲不流。於是海內豪傑響應，皆殺其牧守，自稱將軍，用漢年號，以待詔命。秀以積功封蕭王。其後更始失眾心，王自薊還中山，諸將請上尊號，乃即位於鄗南，改元建武。

第十四　班　超(一時間)

教材

自新莽篡漢，國威漸衰。光武平定內亂，未遑攘外，於是西域諸國，復爲匈奴所役。明帝時，既遣將伐匈奴，勝之。又使班超往招西域。超至鄯善，在今新疆。其王有意屬漢，會匈奴遣使來，遂猶豫不決。超偵知之，率吏士三十六人，擊殺匈奴使者，鄯善王恐，請降。西域諸國震其威，復與漢通。超後爲西域都護，威名大著，內附者五十餘國。同時帝又遣蔡愔等至天竺，在今印度。求得佛經還。中國之有佛教始此。

班超使西域印

要旨

授班超概畧,俾知漢室中興,國威再震於西域。

預習

筆記:復習本册第十二,及前課秀即位以下課文。

教授次序

(甲) 預備

(一)檢查預習:同前。

(二)指示目的:張騫使西域,以才能稱。蘇武使匈奴,以氣節稱。然身在虜庭,敵情狡詐,有時才能不足以濟變,氣節徒足以亡身,則非有勇略不爲功。爰書課題於板曰:此即東漢時出使以勇略著者。

(乙) 提示

(一)講第一節:起課首,至"又使班超往招西域"止。王莽末,中國大亂,不暇顧及西域。光武雖光復舊物,未遑遠略,此西域各國所以背漢而屬匈奴也。匈奴在西漢末年,分爲南北二部。明帝時南部內附,北部屢梗化。因遣竇固等分道出塞,伐北匈奴,破呼衍王於天山,取伊吾盧地,置宜禾都尉,留兵屯之。固旋,遣假司馬班超,通使西域。指附圖示之,告以此即超出使時所用之印信也。同前。

(二)講第二節:起"超至鄯善",至"內附者五十餘國"止。鄯善,初名樓蘭。今新疆鄯善縣南,羅布泊附近即其地。其王見超至,敬禮甚備,後忽疏懈。超偵知有匈奴使至,故王持兩端。斯時漢使勢處危險,不得不以勇略勝。超因會所從吏士飲,激怒之,至夜共奔虜營,殺匈奴使。詰旦召王,示以虜首,王懼遂降。西域諸國與漢絕六十餘載,至是復通。其後超爲都護,西域震其威名,內附者至五十餘國。視武帝時地又加闢矣。猶豫:二獸,皆進退多疑。人多疑惑者,似之。都護,漢官名,猶今之都護使。五十餘國:武帝時,內屬者三十六國。哀平間自相分割,爲五十五國,明帝時皆內屬。同前。

(三)講第三節:起"同時帝又遣蔡愔等",至課末止。天竺,古稱身毒,即今之印度。佛教始祖釋迦牟尼所生地。從未與中國通。明帝命蔡愔等至其國，求得佛經，於是佛教遂入中國，而東西交通之路，亦由茲漸啓。同前。

（丙）整理

（一）回講：同前。

（二）約述：［一］王莽時西域諸國，爲何國所役？［二］超至鄯善，有何舉動？［三］西域五十餘國，何以內附？［四］佛教何以入中國？［五］天竺在亞洲何方？

（三）聯絡比較：［一］明帝攘外之功，視武帝何如？［二］班超宣揚國威，視張騫、蘇武何如？［三］佛教視儒教何如？

（四）思考：［一］西域復爲匈奴所役，於中國利害若何？［二］班超何以敢擊殺匈奴使者乎？［三］鄯善一國請降，何以內附者至五十餘國？

（五）作表：

$$
班超之事略 \left\{
\begin{array}{l}
招西域 \\
殺匈奴使者 \\
服鄯善 \\
爲西域都護 \\
內附五十餘國
\end{array}
\right.
$$

備考

班超，字仲升，扶風今陝西扶風縣。人。明帝永平十六年，竇固出擊匈奴，以超爲假司馬，與從事郭恂俱使西域。超至鄯善，其王廣，禮敬甚備。後忽疏懈，超謂其官屬曰：寧覺廣禮意薄乎？此必北使來，彼未知所從故也。乃召侍胡詐之曰：匈奴使來數日，今安在乎？侍胡皇恐，具服其狀。超乃閉侍胡，悉會其吏士三十六人，與共飲。酒酣，因激怒之曰：吾等俱在絶域，今虜使到才數日，而廣禮敬即廢。如令收吾屬送匈奴，則將奈何？皆曰：今在危亡之地，死生從司馬。超曰：今獨有因夜以火攻虜使，可盡殄也。滅此虜，則鄯善破膽矣。衆曰：善。初夜，超將吏士，往奔虜營。會天大風，超令十人持鼓，伏虜舍後。餘人悉持兵弩，夾門而伏。超乃順風縱火，前後鼓譟。虜衆驚亂，斬其使，及從士三十餘級，餘悉燒死。明日召鄯善王，以虜使首示之。一國震怖，超曉告撫慰，遂納子爲質。超降于闐，定疏勒，龜茲、焉耆亦先後降附。於是西域五十餘國，復通於漢。至和帝時，以超爲西域都護，後又封爲定遠侯。及永元十四年，始歸。在西域凡三十一年。

佛教出於印度。初，印度之阿利安族，其人民之階級分四種：婆羅門掌祭祀，曰僧族。刹帝利掌軍政，曰王族。其營農桑業者，曰吠奢，爲平民。三者皆阿利安人種也。其限役者，曰戍陀羅，爲奴隷，則非阿利安人種。婆羅門對於平民、奴隷，每多苛罰。釋迦牟尼譯言能仁之義，謂德全道備，堪濟萬物也。或曰，生於東周莊王時。憫之，大倡平等之説。謂一切衆生，不問其爲何等種姓，苟能杜邪慾，脫離人世系縛，則皆能受未來幸福。其教遂盛行於印度。明帝使蔡愔至印度，或曰愔等未至天竺，僅至大月支而已。得佛經四十二章，與釋迦之像，載以白馬，并挾二沙門歸。帝命在洛陽建白馬寺，使迦葉騰、竺法蘭譯佛經，是爲佛教入中國之始。

第十五　黨　錮(一時間)

教材

明章以後，政柄下移，始而權在外戚，繼而權在宦官。當宦官之橫也，李膺爲司隷校尉，嚴治之，不少貸，宦官怨之。會士大夫評論時政，又多指斥宦官。宦官乃誣膺等結黨謀叛，四出逮捕。旋赦歸，禁錮終身。靈帝立，陳蕃、竇武引用膺等，謀誅宦官。事泄，宦官殺蕃、武及膺等百餘人，凡列名黨籍者，悉禁錮。人心瓦解，而黄巾之亂作矣。

要旨

授東漢黨錮概略，俾知國無賢人，禍亂斯作。

準備

東漢光武帝至靈帝統系表：
光武帝—明帝—章帝—和帝—殤帝—安帝—順帝—沖帝—質帝—桓帝—靈帝

預習

筆記：依式作統系表。復習本冊第八後段，及第十三前段。

教授次序

（甲）預備

（一）檢查預習：同前。

（二）指示目的：西漢之亡，由於外戚專權，亦知東漢之所由亂乎？爰書"黨錮"二字於板，指示之。

（乙）提示

（一）講第一節：起課首，至"宦官怨之"止。明章以前，國之大權，皆操於上。故政治修明，無可疵議。自章帝没，和帝年幼，竇太后臨朝，以其兄憲專政，於是外戚之權始盛。及和帝長，畏憲勢，與鄭衆等謀誅憲，於是宦官之權始盛。嗣後戚宦爭權，無代無之。桓帝時，司隸校尉李膺，以宦官專橫，主嚴治，無少寬假。宦官遂恨膺，日伺隙以傾之。李膺，字元禮，襄城（今河南襄城縣。）人。司隸校尉，漢官。同前。

（二）講第二節：起"會士大夫評論時政"，至"謀誅宦官"止。東漢重氣節，學校最盛。桓帝時，太學諸生三萬餘人，郭泰、賈彪爲之冠。皆以氣節著。與李膺、陳蕃等，聲氣相通。時政有不便，輒加以評論，而指斥宦官尤力。宦官知不能容，乃以結黨謀叛誣膺等。始而逮捕，繼而赦歸，終禁錮之。此黨錮之獄，所由興也。及靈帝立，太傅陳蕃、大將軍竇武請開黨錮之禁，膺等復起用，士氣爲之一振。於是有謀誅宦官之事。陳蕃，字仲舉。竇武，字游平。當桓靈時，與劉淑號爲三君。君者，一世所宗也。同前。

（三）講第三節：起"事泄"，至課末止。使蕃、武之謀能遂，盡除宦官，漢治未嘗不可復興。無奈事機不密，轉爲宦官所殺。膺等百餘人咸被戮，而黨錮之獄，株連更廣。人心離散，不可收拾。於是張角之徒，以左道惑民，蘊蓄十餘年，乘機起事。天下響應，是謂黃巾之亂。黃巾，號太平道，起事黃其巾以爲識，故號黃巾。時靈帝中平元年也。同前。

（丙）整理

（一）回講：同前。

（二）約述：［一］明章以後漢廷政柄，操於何人？［二］黨錮之獄因何而起？［三］陳蕃、竇武因何而敗？

（三）聯絡比較：［一］東漢之亂，比西漢何如？［二］黨錮之獄，視周厲王監謗何如？［三］東漢黨禍，視秦始皇坑儒何如？

（四）思考：［一］外戚宦官相繼執政，其害何如？［二］黨禍何由而起？

［三］黃巾之亂何由而作？

（五）作表：

明章以後專政者 ｛ 外戚 / 宦官　　黨錮中著名者 ｛ 李膺 / 陳蕃 / 竇武

備考

黨錮。漢桓帝以其師甘陵今山東清平縣。周福爲尚書，福同郡人房植，亦有盛名。二家賓客，互相譏揣，遂成尤隙。於是有甘陵南北部黨人之議。時太學諸生三萬人，以賈彪、郭泰爲之冠，與李膺、陳蕃等更相褒重。於是中外承風，競以臧否相尙，自公卿以下，莫不畏其譏貶。膺等遇宦官尤嚴。在官時，於宦官倚勢犯法之事，執法不少假借。宦官深忌之，因告膺等養太學游士，共爲部黨，誹謗朝廷。於是天子震怒，逮捕黨人，布告天下，使同忿疾。陳蕃力諫，帝愈怒，下膺等獄，連及者二百餘人，或逃遁不獲，皆懸金購募。後因竇武言，乃赦黨人歸田里，禁錮終身。然膺等雖廢錮，天下士大夫，皆高尙其道，爲之稱號。有三君、八俊、八顧、八及、八厨等名目。靈帝時，陳竇用事，擧拔膺等。及陳竇勢敗，膺等復廢。宦官深惡之，遂復鉤治黨人，凡黨人死者百餘人，妻子皆徙邊。天下豪傑，及儒學有行義者，宦官一切指爲黨人。有怨隙者，因相陷害，而橫被禁錮，及死、廢黜者又六七百人，且遇赦不赦。後因黃巾賊起，以宦官呂彊言，乃赦之。士氣之摧殘，至此已極矣。

黃巾之亂。靈帝時，鉅鹿人張角事黃老，以妖術敎授，號太平道。呪符水以療病，遣弟子遊四方，轉相誑誘。十餘年間，徒衆數十萬，自靑、徐、幽、荆、冀、揚、兗、豫八州之人，莫不畢應。郡縣反言角以善道敎化，爲民所歸。未幾，角遂起兵，置三十六方方將，猶將軍也。以黃巾爲識，人謂之黃巾賊。旬日之間，天下響應。帝使盧植、皇甫嵩等討之，角死。其弟寶及梁，皆誅夷。然餘衆猶蔓延河北一帶，不可勝數。至諸鎮兵起，乃漸削平。此爲人民藉宗敎作亂之始。

第十六　董　卓(一時間)

教材

宦官之患既甚，何進、袁紹謀除之，使使召董卓於外。卓未至，謀泄，進遇害,紹遂大誅宦官。卓至,京師大亂,廢少帝而立獻帝。州郡爭起兵討卓,卓挾獻帝西遷長安,專權好殺,人心離怨。司徒王允設計,使其黨呂布殺之。曹操乘亂而起,遷帝於許,在今河南。政歸曹氏,漢業遂衰。

要旨

授董卓概略,俾知東漢所由衰。

預習

筆記:復習前課。

教授次序

(甲)預備

(一)檢查預習:同前。

(二)指示目的:前言宦官專權,禁錮士大夫,人心瓦解,東漢之亂,至斯而極。爰書"董卓"二字於板,指示之。曰:此即以平亂爲名而亡東漢者。

(乙)提示

(一)講第一節:起課首,至"紹遂大誅宦官"止。靈帝以黃巾賊起,留心戎事,置西園八校尉。以小黃門蹇碩爲上軍校尉,袁紹、曹操等七校尉屬焉。又因討角功,封宦者十三人爲侯,故宦官勢益甚。帝崩,少帝辯立,何太后臨朝。后兄進,爲大將軍。收碩斬之,悉領其兵。袁紹者,安之玄孫,世爲公卿,以豪俠自雄。勸進誅宦官,且召董卓於河東以爲助。宦官張讓等聞之,伏兵先殺進。於是紹勒兵入宮,誅宦官二千餘人。宦官外戚,至此同歸於盡。袁紹,字本初,汝南(今河南汝南縣。)人。董卓,隴西(今甘肅狄道縣。)人。同前。

(二)講第二節:起"卓至",至"使其黨呂布殺之"止。時張讓等爲紹所迫,挾帝太后及陳留王協,遁走,夜宿民舍中。明日,卓至洛陽,與公卿迎帝。帝與卓語,不能了了。卓問陳留王禍亂之由,王答之,無少遺失。卓以爲賢,遂廢帝爲弘農王,而立陳留王,是爲獻帝。政權悉歸於卓。又弑何后。袁紹以議不合,奔冀州,糾四方州郡兵討之。卓懼,留其黨李傕、郭汜等,屯陝,今河南陝縣。以備東方。卓燒洛陽宮室,又發諸帝陵寢,收其珍寶,挾帝西遷長安。兇殘益甚,上下離心。司徒王允，陰結卓養子呂布，共謀誅之。元惡始除。王允，字子師，祁（今山西祁縣。）人。呂布，字奉先，五原（今綏遠特別區域五原縣。）人。同前。

（三）講第三節：起"曹操乘亂而起"，至課末止。董卓既誅，卓黨催、氾又舉兵犯闕，殺王允。既而催、氾各治兵相攻，長安大亂。帝自長安還洛陽，時袁紹在鄴，其臣沮授，力勸紹迎天子，紹不從。未幾，曹操入朝，逼帝遷許，自是政歸曹氏。天子守府，而漢亡矣。曹操，字孟德，沛國譙（今安徽亳縣。）人。許，今河南許昌縣。同前。

（丙）整理

（一）回講：同前。

（二）約述：［一］謀除宦官者何人？［二］董卓何人所召？何人誅之？［三］獻帝何以西遷長安？［四］獻帝遷許後，漢勢何如？

（三）聯絡比較：［一］何進袁紹，視陳蕃、竇武何如？［二］董卓視王莽何如？［三］獻帝西遷，視周平王東遷何如？

（四）思考：［一］何、袁同誅宦官，必召董卓何意？［二］卓何以必欲西遷？［三］曹操視董卓，有無異同？

（五）作表：

$$董卓亂漢始末\begin{cases}何進召董卓\\董卓遷獻帝\\王允殺董卓\end{cases}$$

備考

漢獻帝初平元年春正月，關東州郡起兵，討董卓。奉袁紹爲盟主，紹以曹操行奮武將軍。三月，卓遷都長安，燒洛陽宮廟，發諸帝陵，車駕西遷。操與卓兵戰於滎陽，不克，還屯河內。紹表爲東郡太守。既而操據兗州，自稱刺史。建安元年秋七月，帝遷洛陽，時曹操在許，謀迎天子。衆以爲山東未定，未可卒制。荀彧曰：今鑾駕旋軫，東京榛蕪。誠因此時，奉主上以從人望，大順也。秉至公以服天下，大略也。扶弘義以致英俊，大德也。四方雖有逆節，其何能爲？操乃將兵詣洛陽。既至，帝以操領司隸校尉，錄尚書事。操旋遷帝於許，自爲大將軍，封武平侯。

高等小學校用　新式歷史教授書
第三册

第一　三　國（二時間）

　　凡一課授二時者，第一時預備提示，第二時整理。或提示項下，內容豐富，非一時所能授畢。亦可留一二節，併入第二時再授。聽教師隨時酌量之。下同。

教材

　　曹操挾天子以令諸侯，豪傑莫與爭鋒。當時能與操抗衡者，惟劉備、孫權

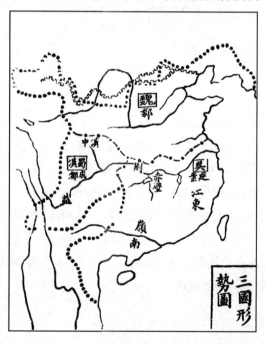

三國形勢圖

而已。操初攻備，繼伐權，赤壁在今湖北。一戰，中國遂分爲三。操死，子丕簒漢
自立，改國號曰魏，都鄴，在今河南。是爲文帝，而追尊操爲武帝。劉備，漢景帝
後也。轉戰江漢間，得荆、在今湖北。益在今四川。及漢中在今陝西。地。聞曹丕簒
漢，備亦即帝位，都成都，在今四川。是爲蜀漢昭烈帝。孫權襲父兄之業，保有江
東，兼及嶺南，國號吳，都建業，在今江蘇。最後乃即帝位，是爲吳大帝。魏、蜀、
吳鼎足並峙，史稱三國時代。

要旨

授三國概略，俾知東漢之季，中國所由三分。

準備

三國疆域圖。

預習

於課前指定下列數事，使先分時自習之。
（一）筆記：摘課中難解字句，録入筆記。
（二）繪圖：依本課所示地圖摹繪。
（三）復習前課：探揣獻帝遷許之後，漢之天下，能統一否。

教授次序

（甲）預備
（一）檢查預習：令學生各出圖簿，教師巡閱，地圖則查其有無不合，不合
者使改正之。筆記簿則查其何處不解，俾教時知所注意。
（二）指示目的：漢之政柄，甫離宦官，又入權臣之手。權之所集者衆必
爭，爭而不已，於是分裂之端肇焉。爰書課題於板，並指地圖魏、蜀、吳形勢
示之。
（乙）提示
（一）講第一節：起課首，至“操爲武帝”止。操之專權，與董卓同。其多謀善兵，

則勝於卓。海內豪傑，如袁紹、劉表諸人，均非其敵。惟劉備、孫權，獨不爲之下，遂爲操所忌。赤壁之戰，孫、劉聯兵，大破操軍。各依所據地以立國。東漢一統之局，遂分爲三。未幾，操自爲魏王。旋卒，子丕嗣，廢獻帝而篡其位，建號遷都，是爲文帝。操不及身爲帝，故武帝之號，爲魏人於死後追尊之。赤壁，在今湖北嘉魚縣，西北濱江。丕，操長子，字子桓。篡漢，在獻帝建安二十五年，帝廢爲山陽公。鄴，今河南安陽縣境。講畢，指生將本節文字朗讀一遍，令諸生開書同聽，（如誤）教師範讀，正其句讀。再指生口述大義，（如誤）則略述前講復演之。下同。

（二）講第二節：起"劉備"，至"是爲蜀漢昭烈帝"止。備字玄德，景帝子中山靖王勝之後也。少有大志，好交結諸豪傑。平黃巾有功。赤壁之戰，與孫權共破曹兵，遂據有荆州。後又取益州及漢中，稱漢中王。丕既篡漢，備亦稱帝。定都成都，置百官，立宗廟，改元章武。三年崩，諡曰昭烈。以立國於蜀，故曰蜀漢。荆，今湖北江陵縣。益，今四川成都縣。漢中，見二册第九。同上。

（三）講第三節：起"孫權襲父兄之業"，至課末止。權字仲謀，堅之子，策之弟也。建安初年，策已據有吳越之衆，三江之固。策没，權領其地，拓土益廣，兼及嶺南。赤壁戰後，國基益固。蜀漢章武二年，始稱帝，故曰最後。其後丕不再伐吳，皆臨江而退。昭烈亦大舉伐吳，大敗。至是蜀、魏、吳，遂並峙中原，如鼎足然，號曰三國。嶺南，今廣東省。建業，今江蘇江寧縣。同上。

（丙）整理

（一）回講：令生徒將各節文字，或分或合，輪流口述。述時宜將教師已講演者，略舉大概。下同。

（二）約述：使答列下各項，不許開書。［一］漢末能與曹操抗衡者何人？［二］魏建都何地？［三］蜀漢建都何地？［四］吳建都何地？

（三）聯絡比較：［一］曹操可比於齊桓公否？［二］赤壁在何流域？［三］昭烈視光武帝何如？［四］孫權視吳王夫差何如？

（四）思考：［一］赤壁一戰，中國何以三分？［二］魏武何以不及身爲帝？［三］使昭烈不死，能併吳滅魏，光復漢室否？［四］吳大帝勢力視曹、劉何如？

（五）作表及填註地圖：令生徒就本文摘要，分類試作簡表。如不能作，書左式於板，令仿造載入筆記簿。今將圖中應有地名，審定位置填註之。

備考

　　建安初年，曹操專政。劉備與董承等謀誅操，謀泄，備走歸袁紹。操殺
董承，急擊紹，紹敗。備奔汝南。紹又攻之，備奔荆州，依劉表。表死，子琮
降操。備奔江陵，操追擊之於當陽，備棄妻子，與諸葛亮、趙雲、張飛等數十
騎走。趙雲身抱備子禪，適與關羽船會，遂俱到夏口。操欲自江陵順流東
下。時孫策已卒，弟權代領其衆，兵彊勢盛。備遣諸葛亮赴吳，説權同破
操。權之羣臣懼操，多主迎降。惟周瑜、魯肅，堅請拒戰。權從之。使瑜
督率三軍，與備共拒操，戰於赤壁。因風縱火，大破之。備亦下荆州諸郡。
權表備爲荆州牧，妻以妹，而以荆州借之，與共拒操。於是三國分立之
勢成。

第二　關　羽 _(一時間)

教材

　　關羽，字雲長，解_{在今山西}。人也。與張飛同事劉備，患難相從，不避艱
險。後爲曹操所得，禮之甚厚，欲引爲己用，終無留意。會袁紹攻操，羽乃立
功以報，然後去，操甚義之。及備既定益州，使羽董督荆州事，羽因攻操軍
於樊，_{在今湖北}。軍威大振，操議徙都以避其鋭。孫權忌之，潛師取江陵，_在
_{今湖北}。虜其士衆，羽還，遂爲權將所襲殺之。後世欽其忠義，祠宇遍於
中國。

要旨

　　授關羽概略，俾知蜀漢之興，有此忠義之名將。

準備

　　關羽肖像。

預習

筆記：復習前課，並搜求三國以前，有無戰敗死義，爲後人所崇祀者？

教授次序

（甲）預備

（一）檢查預習：同前。

（二）指示目的：關羽爲吾國著名勇將，聲稱垂於後世，迄今祠宇，猶徧全國。此非可以幸致也。諸生亦欲知其人乎？爰書課題於板，並指圖像示之。

（乙）提示

（一）講第一節：起課首，至"操甚義之"止。漢末，黃巾亂作。昭烈起兵涿郡，羽自山西來歸，與郡人張飛，同事昭烈。分統部曲，患難艱險，靡役不從。既而昭烈爲曹操所敗，往依袁紹。羽以昭烈妻子均被虜，故亦留曹軍。操尊禮甚至。使張遼探其意，羽歎曰：吾受劉將軍厚恩，誓以共死，不可背之。當立功以報曹公。會紹遣兵攻操，羽出陣，爲斬紹將，圍遂解。操表奏獻帝，封羽漢壽亭侯。羽盡封其所賜，拜書辭操，往依昭烈於袁軍。操不敢阻。可見羽之義氣，能使操心折也。解，今山西解縣。張飛，字翼德，涿郡（今京兆涿縣。）人。同前。

（二）講第二節：起"及備既定益州"，至"以避其銳"止。及昭烈得益州，與諸將經營巴蜀，爲根據地。而以荆州爲長江重鎮，全蜀門户，特駐重兵，使羽董督之，以防吳、魏。時操將曹仁，駐軍於樊，羽率衆攻之。操益兵助仁，皆爲羽敗。降于禁，斬龐德，七軍盡没，襄樊山中羣盜，或遙受羽印號，爲之聲援。操聞之，至議遷都以避。於是蜀漢軍威一振。樊，即樊城，在今襄陽縣北，南臨漢水。同前。

（三）講第三節：起"孫權忌之"至課末止。初吳與蜀聯和，以爭荆州之故，遂生猜忌。至是聞羽破魏，心益嫉之。陰許魏約，使呂蒙潛師取江陵，虜其士衆。羽自樊城還，荆州已陷，爲吳軍所襲，旋被害。功雖不竟，然其忠義之氣，百世而下，聞者無不興起。馨香俎豆，非偶然也。江陵，今湖北江陵縣，即荆州治。忠義，清乾隆時改諡，羽初諡壯繆。同前。

（丙）整理

（一）回講：同前。

（二）約述：［一］羽與何人共事劉備？［二］曹操待羽何如？［三］羽在荆州軍威如何？［四］羽後爲何人所襲？

（三）聯絡比較：［一］羽之用兵，視項羽如何？［二］羽之守節，視蘇武何如？［三］荆州在何流域？［四］後人欽羽忠義，視尊孔何如？

（四）思考：［一］羽始終事劉備，宗旨安在？［二］羽不爲操用，操何以義之？［三］荆州與蜀漢之關係？［四］孫權助操襲羽，可爲漢之忠臣否？

（五）作表：

$$
關羽事略 \begin{cases} 與張飛同事劉備 \\ 爲曹操所得不爲所用 \\ 董督荆州事 \\ 攻操軍於樊 \\ 祠宇遍於中國 \end{cases}
$$

備考

先主收兵收江南諸郡，乃封拜元勳，以羽爲襄陽太守，駐江北。先主西定益州，拜羽董督荆州事。羽聞馬超來降，舊非故人。羽書與諸葛亮，問超人才可誰比。亮知羽護前，乃答之曰：孟起兼資文武，雄烈過人，一世之傑，黥、彭之徒。當與益德並驅爭先，猶未及髯之絶倫逸羣也。羽美鬚髯，故亮謂之髯。羽大悦。羽嘗爲流矢所中，貫其左臂。後創雖愈，每至陰雨，骨常疼。醫曰：矢鏃有毒，毒入骨。當破臂作創，刮骨去毒，然後此患乃除耳。羽便伸臂，令醫劈之。時羽適請諸將飲食，相對臂血流離，盈於盤器。而羽割炙引酒，言笑自若。建安二十四年，先主爲漢中王，拜羽爲前將軍，假節鉞。

第三　諸葛亮（一時間）

教材

三國人才蔚起，魏有荀彧，吳有周瑜，蜀有諸葛亮，而亮尤著名。亮字孔明，初隱隆中。在今湖北。劉備聞其名，三顧其廬，乃出。時操與權地大兵强，備無寸土，亮佐備聯吳破魏，以荆州爲根據地，規取益州及漢中。嗣後受遺，命輔後主,以興復漢室爲事。先率師南征,免後顧憂,繼伐魏,以圖中原,師凡六出,魏人憚之。

要旨

授孔明概略,俾知出處光明,實爲三國人才之冠。

準備

諸葛亮肖像。

預習

筆記:復習前課,并搜求漢以前名相,值主少國危之際,能負責任者幾人。

教授次序

(甲) 預備

(一) 檢查預習:同前。

(二) 指示目的:蜀在三國中,建國最遲,據地亦最小。昭烈既崩,嗣主未必象賢,然厥後四十餘年,獨能存其國於競爭之世者,皆諸葛亮之功也。爰書課題於板,並指圖像示之。

(乙) 提示

(一) 講第一節:起課首,至"三顧其廬乃出"止。三國時,天下雖亂,人才則甚多。如荀彧仕操,而事非其主。周瑜仕吳,而不永其年。惟亮出處正大,功業昭然。故其名視彧、瑜爲著。建安初年,亮居隆中,不求聞達。昭烈聞其賢,親造其居,至於再,至於三,然後出。可見士之才德兼優者,不輕爲人所屈也。

蔚,草木盛貌。荀彧,字文若,潁川(今河南禹縣。)人。周瑜,字公瑾,盧江舒(今安徽舒城縣。)人。同前。

(二) 講第二節:起"時操與權",至"規取益州及漢中"止。時操權勢力甚大。昭烈依附劉表,一無建設。會表死,操又奪其地。既逼昭烈,且因以伐吳。亮因爲昭烈使吳,聯盟拒魏,破之,是爲赤壁之戰。昭烈得乘間復取荊州。亮更爲畫策,西取益州及漢中。於是蜀漢乃能立國,與吳,魏鼎足而三。蓋亮在隆中,已預籌及此。同前。

（三）講第三節：起"嗣受遺命",至課末止。昭烈即位三年崩,詔亮親受遺命,諄諄以輔相後主爲託。於是用人行政,一出於亮。以興復漢室爲己任,南征孟獲,七縱七禽之,不敢復反。蜀始無後顧之憂。繼而興師伐魏,討曹魏篡漢之罪。師凡六出,雖未能規復中原,成昭烈未竟之志,然終亮之世,魏人不敢犯蜀。其聲威可想矣。同前。

（丙）整理

（一）回講：同前。

（二）約述：[一]吳、魏有何人才?[二]孔明隱居何處?[三]亮佐昭烈,有何計畫?[四]亮輔後主,功業若何?

（三）聯絡比較：[一]三國人才,視戰國時何如?[二]昭烈三顧諸葛,視湯聘伊尹,有無異同?[三]聯吳破魏,視約縱拒秦若何?[四]孔明輔後主,能比周公輔成王否?

（四）思考：[一]孔明何以不仕吳、魏?[二]荀彧、周瑜之名,何以不及孔明?[三]備無寸土,何以能有全蜀?[四]將欲伐魏,先事南征,其意安在?

（五）作表：

$$
\text{三國時之人才}
\begin{cases}
\text{魏有荀彧}\\
\text{吳有周瑜}\\
\text{蜀有諸葛亮}
\end{cases}
$$

$$
\text{諸葛亮之事略}
\begin{cases}
\text{初隱隆中}\\
\text{劉備聘之定聯吳破魏之策}\\
\text{受遺命輔後主}\\
\text{平南夷}\\
\text{伐魏}
\end{cases}
$$

備考

亮家於南陽之鄧縣,地號隆中。在今湖北襄陽縣西。躬耕隴畝,好爲梁父吟。身長八尺,每自比管仲、樂毅,時人未之許。惟博陵崔州平、潁川徐庶,與亮友,謂爲信然。時先主屯新野,徐庶謂先主曰:諸葛孔明,臥龍也。將軍豈願見之乎?先主曰:君與俱來。庶曰:此人可就見,不可屈致也。將軍宜枉駕顧之。由是先主遂詣亮,凡三往,乃見。後主建興三年,亮率衆討雍闓,至南中，所在皆捷。由越巂入，斬雍闓等。孟獲素爲夷漢所服，收餘衆拒亮。亮募生致之，既得，使觀於營陳間。獲曰：向者不知虛實，故敗。今衹如此，即易勝耳。乃縱使更戰。七縱七禽，而亮猶遣獲。獲止不去，曰：公，天威也。南人不復反矣。建興五年春，亮率諸軍出屯漢中，以圖中原。六年春，亮伐魏，戰於街亭。是年冬，亮伐魏，圍陳倉。八年秋，魏寇漢中，亮出次成固。九月魏師還。九年春，亮伐魏，圍祁山。夏，亮敗魏司馬懿於鹵城，殺其將張郃。十二年春，亮伐魏，作木牛流馬運米。是年夏，亮進軍渭南，魏司馬懿引兵拒守，亮始分兵屯田。八月，亮卒於軍。

第四　晉武帝(一時間)

教材

司馬懿及子昭，相繼爲魏相，干政專兵，權傾帝室。時蜀勢日衰，昭遂舉兵滅蜀。昭子炎，篡魏，定都洛陽，是爲晉武帝。又舉兵平吳，中國復歸一統。帝懲漢魏孤立致敗，乃分封宗室爲王，出鎮要區。傳子惠帝，愚而懦，其后賈氏專恣，殺太子，弒太后。於是諸王先後舉兵，自相攻伐，史稱八王之亂。當時士大夫又競尚清談，不顧國事。北部雜居之外族劉淵，遂稱帝於平陽。在今山西。劉聰、劉曜繼起，陷洛陽，破長安，虜懷、愍二帝，弒之。

晉武帝書

要旨

授晉武帝概略，俾知晉代之興衰。

準備

晉代疆域圖。

預習

筆記：繪圖。復習前課，并探揣魏、蜀、

吳各據一方,其勢能長久不變否。

教授次序

（甲）預備

（一）檢查預習：同前。

（二）指示目的：封建不能行於後世,行之,必召分裂之禍。而內亂不已,外寇必從而乘之。八王之爭,五胡之亂,誠後世之龜鑑也。而其事皆由晉武措置之失當。爰書課題於板,並指晉代疆域圖示之。

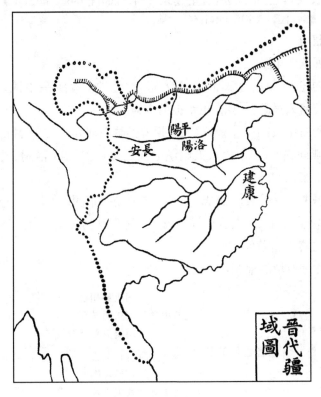

晉代疆域圖

（乙）提示

（一）講第一節：起課首,至“中國復歸一統”止。武帝,姓司馬名炎,昭之子,懿之孫也。懿、昭皆相魏,行政用兵,悉由己出。蜀爲昭滅,昭死,炎遂篡魏,即帝位,都洛陽。以昭封晉王,故以晉爲國號。太康元年,大舉伐吳,滅之。中國復統一。武帝善草書,本課附列拓本,即帝之手筆也。司馬懿,字仲達,河內溫縣_{今河南溫縣}。人。昭，字子上。_{同前}。

（二）講第二節：起"帝懲漢魏孤立致敗"，至"八王之亂"止。武帝封建諸王，鑒於漢魏孤立故也。帝歿，子惠帝愚懦，權在賈后，既殺太子遹，又弑太后楊氏。於是諸王搆兵，内亂大作，惠帝被黜，旋又復位。前後共八王，故曰八王之亂。此皆武帝貽謀不善，階之厲也。_{惠帝，名衷，武帝第二子。同前}。

（三）講第三節：起"當時士大夫"，至課末止。諸王肇亂，使士大夫能維持國事，晉未嘗不可爲。無奈王戎身爲三公，好讀老莊，以清静無爲爲宗旨。士大夫從而和之，置理亂於不問。於是匈奴劉淵，僭號漢帝，建都平陽。淵死，子聰嗣立，使其將石勒寇晉，陷洛陽，執懷帝以去。晉立愍帝，都長安。聰又使劉曜寇晉，陷長安，執愍帝以去，晉室遂東。_{平陽，今山西臨汾縣。懷帝，名熾，武帝第二十五子，在位六年。愍帝，名業，武帝孫，在位四年。同前}。

（丙）整理

（一）回講：_{同前}。

（二）約述：［一］晉武帝祖若父何人？［二］晉統一中國，政策何如？［三］惠帝時何人爲亂？［四］惠帝後何人繼立？

（三）聯絡比較：［一］晉武篡魏，視曹丕篡漢何如？［二］晉初封建，視周初封建，有無同異？［三］晉八王與漢七國之比較。［四］洛陽、長安，晉以前爲何代建都之地？

（四）思考：［一］使司馬氏不篡魏，魏能統一中國否？［二］分封宗室，是否可免孤立？［三］八王與賈后同一亂晉，其罪孰爲輕重？［四］外族侵擾中國，負國事之責者當若何？

（五）作表及填註地圖：

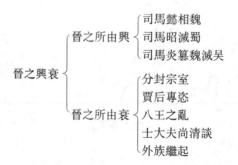

備考

武帝崩，惠帝立。太后楊駿輔政，賈后欲干政，報汝南王亮，使連兵討駿，亮未從。后遂與楚王瑋，設謀誅駿。駿既死，乃徵汝南王亮爲太宰，錄尚書事。亮頗專恣，賈后又與楚王瑋謀殺之，復以矯詔之罪，殺瑋。尋又弑楊太后，殺太子遹。於是趙王倫舉兵誅賈后，廢惠帝而自立。齊王冏說河間王顒、成都王穎，與誅倫。冏以功統國政。長沙王乂，又起兵殺冏而代之。成都王與河間王，又合兵破乂而代之。東海王越，又起兵奉惠帝，逐二王而代之。前後凡八王。

惠帝時王戎爲司徒，王衍爲尚書令，樂廣爲河南尹，皆喜清談，宅心事外，朝野爭慕之。

劉淵，匈奴左賢王豹之子。幼而儁異，及長，文武悉備。武帝時爲侍子，在洛陽。豹死，淵代爲左部帥。惠帝時，成都王穎，淵表監五部軍事，使將兵居鄴。惠帝失政，諸王迭相殘殺。匈奴種人，遂立劉淵爲大單于，國號曰漢。永興元年，晉將軍聶玄討之，大敗。淵遣劉曜寇太原諸郡，皆陷之。永嘉二年，即皇帝位，遷都平陽。四年，淵死，子聰立。命呼延晏、王彌、劉曜南寇。

永嘉五年六月，劉曜、王彌入京師。帝開華林園門出河陰藕池，欲幸長安，爲曜等所追及。曜等遂焚燒宮廟，逼辱妃后，百官士庶，死者三萬餘人。帝蒙塵於平陽。劉聰以帝爲會稽公。七年春正月，聰大會，使帝著青衣行酒，侍中庾珉號哭，聰惡之。丁未，帝遇弑，年三十。

建興四年八月，劉曜逼京師，內外斷絕。十一月，乙未，帝出降。辛丑，帝蒙塵於平陽。五年，冬十月，劉聰出獵，令帝行車騎將軍，戎服執戟爲導，百姓聚而觀之。故老或歔欷流涕，聰聞而惡之。後因大會，使帝行酒洗爵。反而更衣，又使帝執蓋，晉臣在坐者，多失聲而泣。尚書郎辛賓，抱帝慟哭，爲聰所害。十二月，戊戌，帝遇弑。年十八。

第五　東晉元帝（一時間）

教材

北方失陷，晉宗室琅琊王睿，渡江立國，即位於建康，在今江蘇。是爲東晉元帝。時中國北部，紛擾特甚，五胡諸國，先後崛起。東晉所有，僅南部耳。孝武帝時，秦苻堅驍强，率師百萬南侵。晉將謝玄、謝石等，以八萬人拒之淝水，在今安徽。堅敗，僅以身免。至是東晉得以偏安，而黃河流域，終未恢復。

要旨

授東晉元帝概略，俾知偏安之局，亦賴武功。

準備

東晉疆域圖。

預習

筆記：繪圖。復習前課，探揣外族逼處，中原分裂，晉尚有繼起之望否？

教授次序

(甲) 預備

（一）檢查預習：同前。

（二）指示目的：北方爲異族所據，華種偏安於南方，始於東晉。而東晉之所以能自立，實由淝水一戰，此歷史上關係存亡之大戰役也。諸生願聞之乎？爰書課題於板，並指地圖示之。

(乙) 提示

（一）講第一節：起課首，至"是爲東晉元帝"止。元帝名睿，懿之曾孫，瑯琊恭王覲之子。年十五，嗣王位。懷帝初，以安東將軍鎮建業。洛陽失陷，晉之世族，多相率渡江，佐王立國。長安不守，始稱晉王。愍帝遇害，王乃在所治即帝位，建都焉。史家以建康在舊都之東，故稱東晉。瑯琊，在今山東臨沂縣北，懿子伷封地。建康，即建業，以愍帝諱，改業爲康，今江蘇江寧縣。同前。

（二）講第二節：起"時中國北部"，至"僅南部耳"止。指地圖示之，是時黃河流域，及長江上游，諸族崛起。先後建國者：若夏，若趙，若燕，若秦，若涼，若蜀，干戈相尋，紛擾不已。晉所有者，在圖中虛綫右方，僅長江東南耳。是爲外族最強，漢族最弱時代。趙、夏、燕、秦、涼、蜀，詳下。同前。

（三）講第三節：起"孝武帝時"，至課末止。元帝殁後，歷八傳，至孝武帝。帝名昌明。時秦苻堅，并吞中國北部，勢力強大，舉衆南伐，號稱百萬。帝命謝玄、

東晉疆域圖

謝石等,率師八萬,與秦軍夾淝水而陣。秦將擬使晉軍半渡而後擊,麾其兵使却,秦兵誤以爲敗,退不可止。玄等乘勢進擊,秦兵死者大半,堅奔還長安。晉稍復淮以北地,雖未能恢復黃河流域,然有此一役,北方諸國,遂不敢東窺。

符堅,前秦符健弟雄之子。謝玄,字幼度。謝石,字石奴,陽夏(今河南太康縣。)人。淝水,今安徽壽縣東北。同前。

(丙) 整理

(一) 回講:同前。

(二) 約述:[一]東晉建都何地?[二]元帝時,中國北部,爲何國所有?[三]孝武帝時,何人南侵?[四]淝水之戰,何人之功?

(三) 聯絡比較:[一]晉之東渡,視周之東遷何如?[二]建康在何流域?[三]謝玄、謝石,可比於衛青、霍去病否?[四]淝水之戰,視赤壁之戰何如?

（四）思考：［一］西晉之後，使無元帝，中國南部將如何？［二］孝武帝距元帝幾傳？［三］秦師百萬，晉師何以能用少擊衆？［四］黃河流域何以不能恢復？

（五）作表及填註地圖：

東晉立國 ｛ 元帝即位建康
　　　　　　孝武拒秦淝水

備考

晉孝武帝太元八年，秦王堅大舉伐晉。將相大臣，皆不欲行，獨慕容垂姚萇勸之，堅意遂決。使弟融督垂等步騎二十七萬爲前鋒，自以大軍六十萬繼之。晉以謝石爲征討大都督，謝玄爲前鋒都督，帥師八萬拒之。秦兵破壽陽，謝玄使劉牢之以輕騎五千趨洛澗，擊破秦兵，士氣少振。堅登壽陽城，見晉兵步陣嚴整，又望見八公山草木，皆以爲晉兵，始有懼色。秦兵逼淝水而陳，玄使謂融曰：君懸軍深入，而置陳逼水，此乃持久之計，非欲速戰者也。若移陳小却，使我兵得渡，以決勝負，不亦善乎？秦諸將皆曰：我衆彼寡，不如遏之，使不得上，可以萬全。堅曰：但使半渡，我以鐵騎蹙而殺之，蔑不勝矣。融亦以爲然。遂麾兵使卻，秦兵遂退，不可復止。玄等引兵急渡水，擊之。融騎而畧陳，欲以止退者，馬倒，爲晉軍所殺，秦兵遂敗。自相踏藉，死者蔽野塞川。其走者，聞風聲鶴唳，皆以爲晉兵，晝夜不敢息。初，秦兵小卻，朱序在陳後大呼曰：秦兵敗矣，衆遂大奔。序因與張天錫來奔，獲堅所乘車，及儀服器械，不可勝計，遂取壽陽。

第六　王導　謝安（二時間）

教材

晉之東也，王、謝二族，倚任尤重。元帝時，以王導爲相，導之從兄敦爲將，遂開巨室專權之漸。未幾，敦據武昌在今湖北。反，導請討之，不勝，帝憂憤而卒。明帝立，敦旋病死，導始破其軍。嗣後重臣謀叛，代不乏人。孝武帝時，桓溫督中外諸軍，謀簒位。尚書謝安，素負時望，以鎮靜遇之，溫不能逞而死。其時淝水破秦，主用謝玄，亦安之策也。

要旨

授王導、謝安概略，俾知東晉之賢相。

準備

王導、謝安肖像。

預習

筆記：復習前課，探揣東晉立國，朝臣中有無聲望最著者？

教授次序

（甲）預備

（一）檢查預習：同前。

（二）指示目的：內外相猜，爲晉室不能恢復之原因。然其猶未至於滅亡者，則宰相得人之效也。爰書課題於板，並指圖像示之，曰此爲王導，曰此爲謝安，先後相東晉者。

（乙）提示

（一）講第一節：起課首，至“帝憂憤而卒”止。晉代用人，多尚門第。元帝東渡，洛陽貴族，亦相率東來。王、謝二族，人才最多，故帝室倚任，視他族尤重。元帝時，以王導爲相，王敦爲將，王氏子弟亦多列顯要。時人爲之語曰：王與馬，共天下。敦恃功而驕，帝惡之，引刁協、劉隗等爲腹心，以分王氏權。導亦見疏。敦意不平，遂舉兵反，以誅刁、劉爲名，進犯建康。導不黨敦，請討之。帝命刁、劉等出禦，皆大敗。帝不得已，以敦爲相，兼總軍政。敦乃殺朝臣之不附己者，還屯武昌。帝不能堪，憂憤卒。王導，字茂弘，臨沂（在今山東。）人。敦，字處仲。同前。

（二）講第二節：起“明帝立”，至課末止。元帝卒，子紹立，是爲明帝。導奉遺詔輔政，大舉討敦。會敦病死，得破其軍。敦亂既平，蘇峻之亂又作。峻以討敦功，官至內史，亦重臣也。成帝初立，庾亮秉政，與峻不協。峻遂反，後溫嶠、陶侃等平之。其後又有桓溫之亂。溫於穆帝時曾滅蜀勝秦，後爲大司馬，都督中外諸軍事，遂陰蓄異志。廢帝奕而立簡文帝，謀簒位，未遂。簡文尋崩，孝武繼立，溫入朝，大陳兵衛，謝安從容説徹之。後溫求九錫，安復緩抑之。故晉室賴以安。淝水之捷，主用玄等，晉室又賴以不亡。史稱東晉賢相。安、導齊名，信不誣已。明帝，名紹。桓溫，字元子，龍亢（今安徽懷遠縣境。）人。謝安，字安石，謝玄從父。同前。

（丙）整理

（一）回講：同前。

（二）約述：［一］晉之世族，何姓最著？［二］王導從兄何人？［三］孝武帝時，何人謀簒位？［四］謝安對外之策若何？

（三）聯絡比較：［一］王導可比於管仲否？［二］王敦視王莽何如？［三］桓溫視董卓何如？［四］謝安可比於諸葛亮否？

（四）思考：［一］巨室專權，欲國不亂得乎？［二］導請討敦，何以不止敦勿反？［三］桓溫謀簒，使無謝安，晉室能無危否？［四］安任用玄、石，何以不謂之專權？

（五）作表：

$$東晉賢相\begin{cases}王導\\謝安\end{cases}\qquad 東晉叛臣\begin{cases}王敦\\桓溫\end{cases}$$

備考

王導。元帝初即位，中州士民，避亂者多南渡江。導勸帝收禮才俊，與之圖事，朝野傾心，時有江左夷吾之目。及敦反，劉隗、刁協勸帝盡誅王氏，帝不許。導帥宗族，每旦詣臺待罪。周顗上表，明導無罪。帝命導還朝服召見之，導稽首曰：逆臣賊子，何代無之。不意今者近出臣族。帝跣而執其手曰：茂弘方寄卿以百里之命，是何言耶？以爲前鋒大都督。明帝太寧二年，導督諸軍討敦，敦復反。秋七月，至江寧，帝親征，破之。敦死，衆潰，其黨錢鳳、沈充伏誅。

謝安。安少有重名，前後徵辟皆不就，寓居會稽，以山水文籍自娱。雖爲布衣，時人皆以公輔期之。士大夫至相謂曰：安石不出，當如蒼生何！

孝武帝初即位，大司馬桓溫來朝，詔吏部尚書謝安，侍中王坦之，迎於新亭。時都下恟恟，云欲誅王、謝，因移晉祚。坦之甚懼，安神色不變，曰：晉祚

存亡,決於此行。溫既至,百官拜於道側。溫大陳兵衛,延見朝士。坦之流汗
沾衣,倒執手版。安從容就席,謂溫曰:安聞諸侯有道,守在四鄰。明公何須
壁後置人耶? 溫笑曰:正自不能不爾。遂命撤之,與安笑語移日。時天子幼
弱,外有强臣。安與坦之,盡忠輔衛,卒安晉室。

第七　五胡　十六國(一時間)

教材

中國內地,容留外族,始於漢末,盛於晉初。劉氏,匈奴也。石氏,羯也。
慕容,鮮卑也。苻氏,氐也。姚氏,羌也。謂之五胡。自劉氏首先亂華,後遂
爭相割據。匈奴之國三:曰前趙,曰北涼,曰夏。鮮卑之國五:曰前燕,曰後
燕,曰南燕,曰西秦,曰南涼。羯之國一:曰後趙。氐之國三:曰蜀,亦稱成。曰前
秦,曰後涼。羌之國一:曰後秦。益以漢族之國三:曰前涼,曰西涼,曰北燕。謂
之十六國。

要旨

授五胡十六國概略,俾知東晉時中國北方之情狀。

準備

東晉五胡十六國疆域圖。

預習

筆記:繪圖。復習前課,搜求晉以前有無外族分裂中原以建國者。

教授次序

(甲)預備

(一)檢查預習:同前。

（二）指示目的：五胡爲華種所征服之異族，以未能完全同化，故遂至並起爲亂。此可見民族不能同化之害矣。爰書課題於板，並指地圖示之。

（乙）提示

（一）講第一節：<small>起課首，至"盛於晉初"止</small>。漢以前，華戎之界甚嚴。漢宣帝納南匈奴呼韓邪，居之亭障。趙充國遷降羌於金城。然止許依附邊境而不容留於内地。迨至東漢末年，諸侯來者日多。晉初猶不絕。遂留而不返，自遼東至隴西一帶，往往與漢民雜居。久之漸臻蕃盛，而與漢民不相能。有識之士，早深憂之。此亂華之禍，所由起也。<small>同前</small>。

（二）講第二節：<small>起"劉氏匈奴也"，至"後遂争相割據"止</small>。晉之外族，雜居西北方者，約有五種。劉氏爲匈奴種，石氏爲羯種，慕容氏爲鮮卑種，苻氏爲氏種，姚氏爲羌種，是爲五胡。自劉氏起而亂華，於是諸族效尤，争據晉地。晉之不復西也以此。<small>同前</small>。

（三）講第三節：<small>起"匈奴之國三"，至課末止</small>。五胡之別，既於上節析言之，此節則專詳其立國之名。曰漢，劉淵所建，後改稱趙，即前趙是也。曰北涼，沮渠蒙遜建。曰夏，赫連勃勃建。此三者匈奴之國也。曰前燕，慕容廆建。曰後燕，慕容垂建。曰南燕，慕容德建。曰西秦，乞伏國仁建。曰南涼，禿髮烏孤建。此五者鮮卑之國也。曰後趙，石勒建。羯之國也。曰蜀，亦稱後蜀，亦稱成，李特建。曰前秦，苻洪建。曰後涼，呂光建。此三者，氏之國也。曰後秦，姚弋仲建。羌之國也。此外曰前涼，張軌建。曰西涼，李暠建。曰北燕，馮跋建。此三者，則爲漢族之國。此十六國之大略也。<small>同前</small>。

（丙）整理

（一）回講：<small>同前</small>。

（二）約述：［一］外族容留內地，始於何時？［二］何謂五胡？［三］首先亂華者何人？［四］何謂十六國？

（三）聯絡比較：［一］周秦時代，能容外族居留內地否？［二］東漢時代，何以無胡人亂華之禍？［三］東晉之十六國，視周之戰國何如？

（四）思考：［一］胡漢雜居，能不生種族之見否？［二］五胡亂華，東晉何以不能討？［三］十六國所據地，在何流域？

（五）作表及填註地圖：

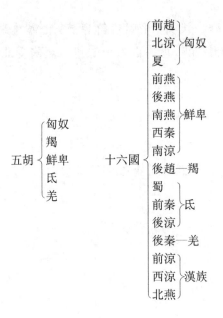

備考

五胡。匈奴與羯，於人種學中，屬土耳其族。羯，匈奴之別種也。鮮卑，屬東胡族。氐與羌，屬西藏族。東晉時，漢族操中國主權，故目此數種爲五胡。今則此數種人民，均屬中國國民之一部，已無復種界之區別矣。

十六國都城考。前趙都長安，今陝西長安縣。北涼都張掖，今甘肅張掖縣。夏都統萬，今陝西懷遠縣。後趙都襄國，今直隸邢臺縣。前燕都龍城，今熱河特別區域承德縣。後燕都中山，今直隸定縣。南涼都河西，今甘肅西寧縣。南燕都廣固，今山東益都縣。西秦都隴右，今甘肅皋蘭縣。前秦都關中，今陝西長安縣。蜀都成都，今四川成都縣。後涼都涼州，今甘肅武威縣。後秦都長安，今陝西長安縣。前涼都涼州，今甘肅武威縣。西涼都燉煌，今甘肅燉煌縣。北燕都和龍。今熱河特別區域承德縣。

第八　南北朝（一時間）

教材

維東晉而有南方之地者：曰宋，曰齊，曰梁，曰陳，皆漢族也，是爲南朝。北方諸國，併於後魏。旋分東西，既而東魏爲北齊所篡，西魏爲北周所篡,北周又滅北齊。後魏、北周皆鮮卑族,北齊雖爲漢族,而同化於鮮卑,是爲北朝。南北對峙,互一百六十餘年。至隋受北周之禪,滅陳,南北始歸一統。

要旨

授南北朝概略,俾知五胡亂華之後,南北分治之狀況。

準備

南北朝形勢圖。

預習

筆記:繪圖。復習第五後段及前課。

教授次序

(甲) 預備

(一) 檢查預習:同前。

(二) 指示目的:自淝水破秦,晉雖不能恢復黃河流域,然已足自立於南方。而北方諸國,亦於是時併合爲一。遂呈兩大國對立之觀。中國之大勢,又一變矣。爰書課題於板,並指地圖示之曰:此即當日分據之形勢也。

(乙) 提示

(一) 講第一節:起課首,至"是爲南朝"止。東晉之亡也,禪於宋高祖武帝,傳八世,而禪於齊高帝,傳七世,而梁代之。梁武帝傳四世,而陳代之,是爲陳武帝。之四朝者,皆漢族,此南朝之統系也。宋武帝劉裕,彭城(今江蘇銅山縣。)人。齊高帝蕭道成,南蘭陵(今江蘇武進縣。)人。梁武帝蕭衍,齊高帝族姪。陳武帝陳霸先,吳興(今浙江吳興縣。)人。同前。

(二) 講第二節:起"北方諸國",至"是爲北朝"止。晉孝武初,秦苻堅曾統一江北。及堅爲晉敗,江北又數分裂。有拓拔珪者,鮮卑種也,其國初爲苻堅所

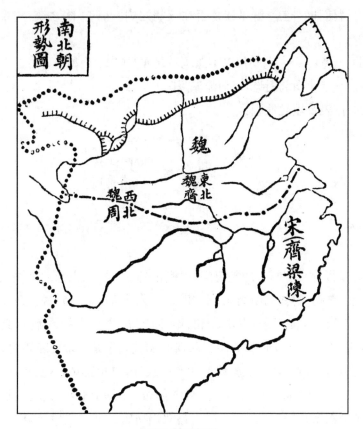

南北朝形勢圖

滅,至珪收合部衆,據有中原,是爲後魏道武帝,遂統一江北。及魏孝武帝時,高歡專國,帝謀誅之,歡引兵至洛陽,帝奔長安,依鮮卑宇文泰,是爲西魏。歡立孝静帝,是爲東魏。後東魏禪於高洋,是爲北齊。西魏禪於宇文覺,是爲北周。北周武帝,又并北齊。北齊雖爲漢族,然久居北方,亦爲鮮卑所化焉。此北朝之統系也。同前。

（三）講第三節：起"南北對峙",至課末止。北周武帝,既併北齊,子宣帝立,荒淫無度,傳立静帝。鮮卑勢益弱,旋禪於隋。統計南北對峙,共一百六十餘年。迨隋滅陳,而南方亦統於隋,至是漢族復張,中國混一。同前。

（丙）整理

（一）回講：同前。

（二）約述：〔一〕南朝共易幾姓？〔二〕北朝有何分并？〔三〕南北何時復歸統一？

（三）聯絡比較：〔一〕南朝所據地,視三國時孫吳孰大？〔二〕魏分東西,

281

比三家分晉何如？〔三〕鮮卑族是否在五胡之内？〔四〕隋之統一，視秦併六國若何？

（四）思考：〔一〕南朝何以不能統一北方？〔二〕後魏時，匈奴、羌、羯、氐諸族安在？〔三〕南北對峙，以何流域爲限？

（五）作表及填註地圖：

$$南北朝\begin{cases}南朝—宋\cdots齊\cdots梁\cdots陳\\北朝—後魏\begin{cases}東魏\cdots北齊\\西魏\cdots北周\end{cases}\end{cases}$$

備考

東晉以後，南北並立，地醜德齊，莫能相尚。故史家以南北朝稱之。南朝凡易四姓：宋武劉裕，以篡晉得國，凡八主，六十年，而篡於齊。齊高祖蕭道成，爲漢相蕭何之後，凡七主，二十四年，而篡於梁。梁武帝蕭衍，爲齊之同族，凡四主，五十六年，而篡於陳。陳武帝霸先，爲漢太邱長陳寔之後，凡五主，三十三年，而滅於隋。北朝魏道武帝拓跋珪，自稱帝後，傳至孝武，凡十一主，一百三十五年，而分爲東西。東魏孝靜帝，在位十七年，爲北齊所篡。西魏自文帝至恭帝，凡三主，二十三年，爲北周所篡。北齊文宣帝高洋，爲晉玄菟太守高隱之後，凡六主，二十八年，滅於北周。北周孝閔帝宇文覺，爲鮮卑之族，傳至静帝，凡五主，二十五年，爲隋所篡。其時兵力，北强於南，而君主之多昏暴，政治之多亂濁，則南北無異。

第九　宋武帝　魏孝文帝（一時間）

教材

宋武帝，姓劉，名裕。初仕晉，討桓玄有功。復率師滅南燕及後秦，入長安，東還受禪，關中之地，得而復失。惟帝處富貴，不忘貧賤，常以微時耕具，陳於庭，爲後世鑒。儉而有制，實爲南朝諸君之冠。魏孝文帝者，亦北朝賢君也。姓拓跋氏，名宏。欲以中國文化變其國俗，故自平城在今山西。徙都洛陽，在今河南。禁民胡服胡語，令其族與漢族通婚姻，功臣宗室，悉改漢姓。自是詩書禮樂之教，復盛於北部，而鮮卑亦與中國同化。

要旨

授宋武帝及魏孝文帝概略，俾知南北朝之賢主。

準備

宋武帝肖像。魏孝文帝肖像。

預習

筆記：復習第五、第七及前課。

教授次序

（甲）預備

（一）檢查預習：<small>同前。</small>

（二）指示目的：宋武帝爲南朝雄主，南朝基業之所由立也。魏孝文帝爲北朝賢主，鮮卑與華種所由奏同化之效也。書課題於黑板，並指圖像示之，使知此爲南北朝時最有關係之君主。

（乙）提示

（一）講第一節：<small>起課首，至"諸君之冠"止。</small>裕，字德輿，漢楚元王交之後也。晉安帝時，擊海寇孫恩有功。桓玄之亂，裕又起兵滅之。遂專晉政。後又滅南燕，滅後秦。裕因急欲受晉禪，東還，留子義眞守長安。赫連勃勃入據之，於是關中得而復失。論者惜之。及爲帝，以東晉士大夫務爲高名，習俗奢靡，崇尚節儉，力矯其弊。微時所用耕作之具，常陳之以示子孫。於是風俗爲之一變。其儉素之德如此，故克成大業，光啓宋室也。其後齊、梁、陳諸君，皆不能及。<small>桓玄，溫子，安帝時叛晉稱帝。同前。</small>

（二）講第二節：<small>起"魏孝文帝者"，至課末止。</small>魏自道武帝開國，傳至拓跋宏，凡五世矣。其間如太武帝統一北方，國勢雖强盛，然不脫胡俗，制度文物，殊不足觀。至宏即位，是爲孝文帝，亦北朝諸帝中所不易得者也。孝文見鮮卑風俗之陋，慕中國文物之美，有志改革，而故舊大臣多不欲，特遷都洛陽，以示其改革之決心焉。衣服言語，悉從漢制，此猶其表著者也。至令胡漢通婚，宗室更姓，則欲並種族之界而泯之矣。蓋自五胡之亂，種族競爭之禍日烈，中原之地屢經兵火。至是中國文化，普被於鮮卑。而詩書禮樂之教，復盛於北部。此外族漸歸同化之一證也。平城，今山西大同縣，魏初都此。同前。

（丙）整理

（一）回講：同前。

（二）約述：〔一〕宋武仕晉時，有何武功？〔二〕即位後，何以爲南朝諸君之冠？〔三〕魏孝文舍平城而都洛陽，宗旨安在？〔四〕鮮卑何以與中國同化？

（三）聯絡比較：〔一〕宋受晉禪，視舜受堯禪何如？〔二〕宋武微時，既有耕具，是否如伊尹躬耕？〔三〕魏孝文禁民胡服，視趙武靈王若何？〔四〕鮮卑既與中國同化，是否知尊孔子？

（四）思考：〔一〕使宋武不急於伐晉，關中之地，能不失歟？〔二〕儉可爲美德歟？〔三〕徙都洛陽，視平城形勢孰便？〔四〕中國北部，在前是否有詩書禮樂之教？

（五）作表：

宋武帝事蹟	｛ 討桓玄有功 滅南燕及後秦 受晉禪 儉而有制	魏孝文帝事蹟	｛ 自平城徙都洛陽 禁民胡服、胡語 與漢族通婚姻 令功臣宗室改漢姓

備考

裕少時，落魄無行，以摴蒱傾其家。而晉人尚門第，故名流皆不與相知。既破桓玄，遂都督十六州軍事，出鎮京口。晉安帝五年夏，裕伐南燕，慕容超。大破之，遂圍廣固。南燕都。六年春，拔廣固，執南燕主超，送建康斬之，南燕亡。十三年，裕至潼關，遣王鎮惡帥水軍自河入渭，大破秦兵，遂入長安，秦主姚泓出降。恭帝二年，裕還建康，稱皇帝，廢帝爲零陵王，改國號宋。

魏道武帝珪，傳子明元帝嗣，嗣傳太武帝燾，燾傳文成帝濬，濬傳獻文帝弘，弘傳孝文帝宏。孝文以平城地寒，六月雨雪，將遷都洛陽。乃佯大舉伐齊，率步騎三十萬，至洛陽。會霖雨不止，羣臣皆諫伐齊。帝曰：若不南征，當遷都於此。時舊人雖不欲，無敢言者。遂定都焉。帝改姓元，因令諸功臣舊族，悉改從漢姓。

第十　隋文帝　煬帝（一時間）

教材

楊堅，北周外戚也。静帝時，封隋王，尋受禪，即皇帝位，國號曰隋，都長安，是爲隋文帝。時南朝陳後主無道，帝遣將滅之，中國復合於一。帝性仁儉，用楊素、高熲等掌朝政，釐訂制度，所定官制、兵制、刑制，後爲唐所取法。子廣，弑父自立，是爲煬帝。開國未久，兵力頗强。東下流求，即琉球，今屬日本。南征林邑，在今安南。北朝突厥，西通西域，服吐谷渾。在今青海。高麗輕隋不至，帝起大軍，再伐之，懼而乞降。帝性侈肆，好興土木，又築長城，開運河，殫竭民力，民多怨之。後幸江都，在今江蘇。遇弑。

要旨

授隋文帝統一南北，兼及煬帝概略，俾知有國家者仁儉則興，侈肆則亡。

準備

隋代疆域圖。

預習

筆記：繪圖。復習第二冊第八及本冊第八。

教授次序

（甲）預備

（一）檢查預習：同前。

（二）指示目的：南北分立，始於東晉，而迄於隋。爲時局一大變。而文帝之恭儉，煬帝之淫侈，亦爲歷史上所罕有，實有關係之君主也。爰審課題於板，並指地圖示之曰：今日所授即隋文帝、煬帝之事。

隋代疆域圖

（乙）提示

（一）講第一節：起課首，至"中國復合於一"止。文帝楊堅，華陰今陝西華陰縣。人。父忠，歷事魏、周，封隋國公。周宣帝后楊氏，堅之女也。宣帝卒，靜帝尚幼，堅以后父輔政，進爵隋王，政權悉歸之。旋受周禪，改國號隋。圖中長安，其都城也。時南朝歷宋、齊、梁三朝而至陳。陳後主荒淫無道，不理國政。隋開皇八年，遣將滅之，南北遂統一焉。陳後主，名叔寶。同前。

（二）講第二節：起"帝性仁儉"，至"後爲唐所取法"止。南北朝之時，兵爭不息，民生困苦極矣。而一切制度，多付闕如。隋文既混一中夏，乃能克己愛民，輕減賦稅。而所用掌朝政者，如楊素、高熲等，皆極一時之選。如所定官制，則仍依漢魏。兵制，用府兵。刑制，定笞、杖、徒、流、死五等。皆最適時用。後李唐代隋，即取法乎此。<small>楊素，字處道。高熲，字昭玄。皆隋功臣。熲，音景。同前。</small>

（三）講第三節：<small>起"子廣"，至"懼而乞降"止。</small>未幾，文帝寢疾，廣覬覦帝位，遂弒父自立，史所稱爲煬帝是也。帝承隋初之盛，兵力頗强。初使朱寬招撫流求，不從，乃遣兵破之。繼命劉方經略林邑，又大破之。突厥啓明克汗來朝，帝大悅，遂北巡，幸其帳。命裴矩招諭諸蕃，復巡幸西方，西域朝者二十七國。矩又說鐵勒擊吐谷渾，其克汗伏允遁去。東西南北無不震懾。惟高麗未服，屢出兵無功。大業九年，自將親征，高麗乃降。其武功可述者如此。<small>煬帝，文帝第二子，初封晉王。同前。</small>

（四）講第四節：<small>起"帝性侈肆"，至課末止。</small>帝之武功，不下文帝，而性則相反，侈肆二字，即亡國之原因也。兵威遠播，以爲天下莫敢抗。於是大發丁役，營都城宮殿。增築長城，起今陝西至山西。開運河，自今直隸直達江浙。殫天下之力，以快一人。巡游不息，天下騷然。被弒江都，乃其自取之也。<small>同前。</small>

（丙）整理

（一）回講：<small>同前。</small>

（二）約述：［一］文帝何以得國？［二］述文帝之制度。［三］述煬帝之武功。［四］煬帝因何遇弒？

（三）聯絡比較：［一］文帝視王莽何如？［二］楊素、高熲可比漢三傑否？［三］煬帝之武功可比漢武帝否？［四］煬帝之失德，視秦二世何如？

（四）思考：［一］陳後主何以不能併隋？［二］仁儉可謂帝王之美德歟？［三］煬帝用兵，四方咸服，何以不免滅亡？［四］運河貫今幾省？

（五）作表及填註地圖：

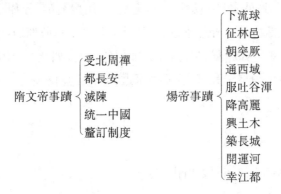

287

備考

陳後主,宣帝子。寵信佞倖,恣爲奢汰。隋開皇^{文帝年號}。八年,命晉王廣等,率師伐陳。陳諸將奏請防禦,皆爲倖臣所抑。隋師將臨江,後主語侍臣曰:王氣在此,彼何爲者耶? 仍不爲備。明年正月朔,隋將韓擒虎渡采石,守者皆醉,遂克之。賀若弼又攻克京口,緣江諸戍,望風盡走。及隋師抵建康,陳人始出戰,大敗。任忠引韓擒虎入宮城,後主匿於景陽宮井中,兵士引出之,後主降,陳亡。

文帝素性節儉,而太子勇頗奢靡,獨孤后性妬,而勇又多內寵,由是漸失愛於帝后。晉王廣乃矯爲節儉,深結帝后左右,譽言日聞。獨孤后力勸帝廢勇而立廣,楊素亦勸之,遂以廣爲太子。及帝疾篤,廣入侍,帝所寵宣華陳夫人,旦出更衣,爲廣所逼,力拒得免。以告帝,帝大怒,曰:畜生何足付大事!獨孤誤我。命召故太子勇。廣懼,令其腹心張衡,入帝寢室,盡遣左右出,須臾帝崩,實被弑也。

大業^{煬帝年號}。十四年,帝在江都,見天下已亂,無心北歸,欲保江東,乃命治丹陽宮。時從駕者,多關中人,皆思歸。郎將司馬德戡、裴虔通等,謀亡去,以告宇文智及。智及勸以行大事,乃共推智及兄化及爲主,舉兵入宮,縊帝於寢殿。

第十一　唐太宗_(二時間)

教材

隋末,中原大亂,豪傑並起。太原_{在今山西}。留守李淵,用其子世民策,亦乘勢舉兵入長安,立煬帝孫侑,旋受其禪,改國號曰唐,是爲高祖。世民翦滅羣雄,繼高祖即位,是爲太宗。太宗英明沈毅,內用房元齡、杜如晦等理國政,宇內太平,史稱貞觀之治。外遣李勣、李靖諸人,平突厥,收西域,遠與大食_{今 阿剌伯國}。相交通。東方如新羅、契丹,北方如回紇,西方如吐蕃、印度_{今英屬}。及南洋諸國,咸入貢內附。子高宗立,蒙太宗遺業,疆土愈闢。

要旨

授唐太宗概略,俾知唐之所由興。

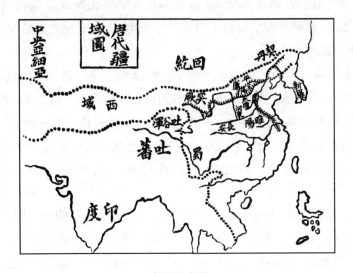

唐代疆域圖

準備

唐代疆域圖。

預習

筆記：繪圖。復習前課，探揣煬帝歿後，楊氏子孫能復有中國否？

教授次序

（甲）預備

（一）檢查預習：同前。

（二）指示目的：三代以後，言武功文治者，必稱漢唐。唐之武功文治，極盛於太宗之時，實中國歷史上最有關係之時代也。爰書課題於板，并指地圖示之。

（乙）提示

（一）講第一節：起課首，至“豪傑並起”止。煬帝大業九年，楊素之子玄感，首先作亂。舉事一月而敗。十二年，翟讓起兵於河南，推李密爲主，稱魏公。竇建德據河北，稱夏王。林士弘據鄱陽，稱楚帝。蕭銑江陵，稱梁帝。餘如李子通、杜伏威、劉武周、梁師都等，亦各據郡反。宇文化及既弒煬帝，引兵趨東都，止於魏縣，自稱許帝。隋越王侗即位於東都，王世充廢之而自立，稱鄭帝。此皆隋末之亂事也。同前。

（二）講第二節：起"太原留守李淵"，至"是爲太宗"止。李淵初仕隋，襲爵唐公，爲太原留守。乘隋之亂，進克長安，立煬帝孫代王侑爲帝。越一年，侑禪於淵，改國號唐，史稱唐高祖者是也。高祖起兵，其主動皆由於其子世民。後削平羣雄，亦皆世民之力。唐之得天下，高祖不過受成而已。世民功名既盛，將士歸心，故未幾立爲太子，而禪位焉。稱爲太宗，有由來也。太原，今山西陽曲縣。同前。

（三）講第三節：起"太宗英明沈毅"，至"史稱貞觀之治"止。英明所以馭羣材，沈毅所以定大事。太宗兼而有之，故能以武功得天下，而以文德致太平。房、杜皆王佐才。房善謀，杜善斷，太宗任以爲相，是以貞觀之治，媲隆三代云。房元齡，名喬，臨淄（今山東臨淄縣。）人。杜如晦，字克明，京兆（今陝西長安縣。）人。同前。

（四）講第四節：起"外遣李勣、李靖諸人"，至課末止。內治既定，乃事外征。勣、靖諸人，皆一時名將，太宗任以征伐，東西南朔，皆爲聲威之所被。傳至高宗，遂平西突厥，滅百濟，降高句麗，敗日本，幅員之大，超越秦漢。外族遂有天可汗之稱。又有唐人之目，實爲中國全盛時代也。李勣，本徐姓，以功賜姓李，曹州（今山東曹縣。）人。李靖，本名藥師，三原（今陝西三原縣。）人。高宗，名治，太宗第九子。同前。

（丙）整理

（一）回講：同前。

（二）約述：［一］隋末中原狀況。［二］李淵起兵何地？主謀何人？［三］唐高祖受何人之禪？［四］太宗即位，用何人爲相？［五］太宗文治若何？［六］太宗外征，兵力所及者何地？［七］繼太宗而立者何人？

（三）聯絡比較：［一］唐受隋禪，親隋受周禪有無同異？［二］太宗遠略，視漢武帝若何？［三］貞觀之治，可比於漢之文景否？［四］勣靖爲將，可比於衛青、霍去病否？［五］唐代疆域，視隋代孰廣孰狹？

（四）思考：［一］豪傑叛隋，隋何以不能討？［二］高祖起兵太原，先入長安何意？［三］使高祖不用太宗之策，能繼隋而有天下否？［四］房、杜皆一時人傑，何以願爲太宗用？［五］突厥、西域、大食、新羅、契丹、回紇、吐蕃諸名稱，當今何地？［六］印度及南洋諸國，唐以前是否歸附中國？

（五）作表及填註地圖：

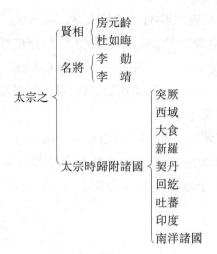

備考

　　李淵，西凉王暠之後也，世仕西魏，周隋爲太原留守。次子世民，識量過人，見隋室方亂，陰有安天下之志。大業十三年，突厥寇馬邑，淵遣人拒之，不利，恐見罪。世民乃乘間説淵，以順民心，起義兵。淵猶豫未決。煬帝以淵不能拒寇，將執詣江都，淵大懼。既而劉武周據汾陽宮，淵乃聲稱擊寇，大集兵，殺副留守王威，遂使世民擊西河郡，克之。進克長安，立煬帝孫代王侑爲帝。明年，侑禪於淵，是爲唐高祖神堯皇帝。

　　高祖既定天下，立長子建成爲太子，元吉爲齊王，世民爲秦王。世民功名既盛，得將士心。建成忌之，與元吉合謀，欲害世民。世民不得已，乃伏兵玄武門，殺建成、元吉。高祖以世民爲太子，尋禪位焉。

　　貞觀三年，以李靖爲定讓道行軍總管，統諸軍討突厥，李勣、柴紹等爲諸道總管。四年，靖破突厥於陰山，頡利可汗遁去，副總管張寶相擒之。突厥遂亡。

　　貞觀二十一年，以阿史那社爾爲總管，率兵伐龜兹，拔其都，擒其王布失畢，得七百餘城，西域遂平。

　　謨罕默德教徒，建大食國於阿剌比亞，震唐威名，遣使與唐通好。

　　新羅在朝鮮東南，入貢於唐，在貞觀五年。

　　契丹爲通古斯族，南朝之初，其部衆以潢河附近爲根據地，佔內蒙古東部一帶，隋唐時常屬於中國。

　　回紇在外蒙古西北，貞觀二十一年，回紇諸部，來朝請吏。

吐蕃,在西藏。貞觀八年,吐蕃遣使入貢。

印度,即天竺,貞觀二十二年,遣王玄使天竺,因襲擊之,執其王以歸。又占婆,今安南南部。真臘,今柬埔寨。扶南,今暹羅。闍婆今爪哇。諸國皆來貢獻。

初,西突厥在今土耳其斯坦。阿史那賀魯,自稱沙鉢羅可汗,叛唐。高宗顯慶二年,命薛仁貴等討擒之。

五年,遣蘇定方等率水陸十萬,自山東成山濟海,與新羅王共擊百濟,在今朝鮮西部。降之。百濟故將福信,求援於日本,唐將劉仁軌,大破日本兵於白石江。百濟遂亡。唐兵近逼高句麗,李勣圍平壤,其王高藏降,高句麗亦亡。時高宗總章元年也。

第十二　唐玄宗(一時間)

教材

高宗之歿,武后臨朝,廢中宗而自稱皇帝。及中宗復位,韋后又亂政,中宗被弒。睿宗立,由子隆基,討平韋氏之功,旋禪位隆基,是爲玄宗。初用姚崇、宋璟、張九齡諸賢相,開元之治,比於貞觀。晚年耽於逸樂,寵貴妃楊氏,相李林甫,武備不修,卒啓安祿山之叛。

要旨

授唐玄宗概略,俾知有國家者,起於憂患則興,溺於安樂則亂。

準備

唐玄宗肖像。唐自高祖至玄宗世系表。

$$高祖李淵—太宗世民—高宗治\begin{cases}中宗哲\\睿宗旦—玄宗隆基\end{cases}$$

預習

筆記：製表。復習前課,探揣高宗以後,能常保全盛之業否。

教授次序

（甲）預備

（一）檢查預習：同前。

（二）指示目的：高宗席太宗之業，玄宗致開元之治，而皆以耽於女色致敗。可見爲國家者召亂易而圖治難。爰書課題於板，並指圖表示之。

（乙）提示

（一）講第一節：起課首，至"是爲玄宗"止。玄宗，名隆基，睿宗之子，高宗之孫也。高宗即位數年，多疾，朝政決於武后。高宗崩，中宗哲立，旋廢之爲廬陵王。立豫王旦爲嗣，武后自稱則天皇帝，改國號周。後賴大臣張柬之等，乘后寢疾，勒兵誅其黨，迎中宗復位，反周爲唐。后亦旋死。中宗后韋氏，其才不及武后，而擅權相等，且弑中宗而自攝政。於是隆基舉兵斬之，迎立相王，是爲睿宗。在位三年，傳位隆基，自是政權復歸李氏。中宗，初名顯，更名哲，高宗太子。睿宗，中宗弟。同前。

（二）講第二節：起"初用"，至"比於貞觀"止。平韋氏之亂，使唐室危而復安，玄宗之力也。既即位，改元開元。開元之治，號稱太平，比於貞觀。蓋以其能用姚、宋及張九齡諸賢相故也。姚崇，字元之，硤石（今河南陝縣。）人。宋璟，字廣平，南和（今直隸南和縣。）人。張九齡，字子壽，曲江（今廣東曲江縣。）人。同前。

（三）講第三節：起"晚年耽於逸樂"，至課末止。唐經武韋干政，雖頗擾亂，然事關宮庭，無與軍國，故開元更化，宇內又安。洎玄宗晚年，改元天寶。天寶之治，與開元時判然不同。以其內寵楊妃，外用李林甫諸小人故也。承平日久，民間不識兵革，而祿山遂稱兵擾亂中原。即謂玄宗有以啓之也可。貴妃楊氏，初爲玄宗子壽王瑁妃。李林甫，唐宗室。同前。

（丙）整理

（一）回講：同前。

（二）約述：〔一〕高宗後，相繼干政者何人？〔二〕玄宗受何人之禪？〔三〕開元之治，何以稱盛？〔四〕玄宗晚年，何以致亂？

（三）聯絡比較：〔一〕中宗復位，視太甲復位，有無異同？〔二〕玄宗受禪，視太宗受禪何如？〔三〕姚、宋作相，能比於房、杜否？〔四〕玄宗寵楊貴妃，視周幽王寵褒姒何如？

（四）思考：〔一〕母后臨朝，可謂國家幸事否？〔二〕韋氏之亂，使無玄宗，唐室情狀當若何？〔三〕宰相之賢奸，何以關於國家之治亂？〔四〕玄宗目覘武韋之亂,何以晚年寵幸楊妃?

（五）作表：

$$玄宗\begin{cases}初政之善\cdots用姚崇、宋璟、張九齡\\晚年之失\cdots寵貴妃楊氏\cdots相李林甫\end{cases}$$

備考

武氏初爲太宗才人,太宗崩,出爲尼,高宗納之後宮。旋廢王后而立武氏爲后,大臣切諫,多貶死。而高宗多疾,百司奏事,后裁決皆稱旨,自是遂專政。高宗崩,中宗立。越二月,武氏廢之爲廬陵王,遷居房州今湖北房縣。立豫王旦,居別殿,不得有所預。嗣聖七年,武后自稱皇帝,改國號周,立武氏七廟,諸武皆封王。又欲立武承嗣爲太子,賴狄仁傑之諫,是以不果。中宗神龍元年,張柬之、崔元暐、桓彥範等,乘武后寢疾,舉兵迎中宗於東宮,斬關入玄武門,殺張易之、張昌宗於廡下,中宗乃復位。后亦旋死,年八十二,計其篡唐,凡十六年,古所未有也。

中宗在房州時,與韋后同艱苦,故復位後縱任之,后遂專政。已而與武氏姪三思通,因進毒弒中宗,而立中宗幼子溫王重茂,自爲太后攝政,一如武氏爲太后時,將復危唐室。隆基與劉幽求等謀,率兵入宮,斬韋氏及其黨,廢溫王,擁立睿宗。睿宗因以隆基爲太子,在位三年,自稱太上皇,傳位太子,是爲玄宗。

崇與璟先後當國,崇善應變成務,璟善守法持正,二人志操不同,然協心輔佐,百姓庶富。唐世賢相,前稱房、杜,後稱姚、宋。玄宗千秋節,羣臣皆獻寶玩,張九齡乃述前世興廢之源,爲書五卷,謂之《千秋金鑑録》,以伸諷諭。嘗抑李林甫,反被所擠罷相。又識祿山必爲唐患。後祿山叛,上思九齡先見之明。

楊貴妃,初爲壽王妃,玄宗見而悅之。乃爲壽王別娶,令妃自乞爲女冠,號太真,潛納之宮中,寵遇無比,舉族皆顯貴,玄宗自是不早朝。

李林甫好以甘言啗人,而陰中傷之,世謂林甫口有蜜,腹有劍。在朝十九年,專政自恣,養成天下之亂。

第十三　安禄山（一時間）

教材

安禄山,胡人,爲節度使,兼三鎮,居范陽。在今京兆。與楊國忠有隙,舉兵反，陷長安，帝出奔蜀。時黃河南北，遍地皆賊。惟顏杲卿守常山，_{在今直隸}。顏真卿守平原，_{在今山東}。張巡守睢陽，_{在今河南}。忠勇獨著。既而禄山爲其子慶緒所殺，史思明又殺慶緒而代之。及思明亡，大亂始平，時在代宗之初矣。

要旨

授安禄山概略，俾知玄宗時，中原擾亂之情狀。

準備

唐代疆域圖。

預習

筆記：繪圖。復習本冊第四劉淵稱帝以下一段及前課。

教授次序

（甲）預備

（一）檢查預習：_{同前。}

（二）指示目的：兵權偏重而政治不修者，往往易以召亂。而禄山以胡人亂天下者，尤借材異族不能善用之龜鑑也。爰書課題於板，並指地圖示之。

（乙）提示

（一）講第一節：_{起課首，至"帝出奔蜀"止。}禄山本營州雜胡，初隸唐將張守珪軍，失律當誅，送之京師，玄宗釋而用之。禄山善事帝左右，爲之延譽，帝遂以爲平盧節度使，兼范陽河東，封東平郡王。寵信無比。時李林甫死，楊國忠爲相，與禄山爭寵，極不相能。禄山遂以誅國忠爲名，自范陽舉兵，進陷長安，自稱大燕皇帝，玄宗幸蜀以避之。_{節度使，唐官名，軍民兼治。三鎮，平盧治營州，（今熱河特別區域朝陽縣。）范陽治幽州，（今京兆。）河東治太原。（今山西陽曲縣。）　楊國忠，楊貴妃族兄。同前。}

（二）講第二節：_{起"時黃河南北"，至"忠勇獨著"止。}禄山入長安，其勢力遂遍及黃河流域，諸郡皆望風而靡。其郡守中以忠勇著者，惟常山顏杲卿，罵賊死。

平原顏真卿，倡義勤王。睢陽張巡，保障江淮，使賊不得南下。唐之軍事，始有轉機。常山，今直隸正定縣西南。平原，今山東平原縣。睢陽，今河南商邱縣。同前。

（三）講第三節：起"既而禄山爲其子慶緒所殺"，至課末止。玄宗幸蜀，稱太上皇，而以討亂事付肅宗。未幾，禄山爲其子慶緒所殺。史思明又殺慶緒而代其位，仍號大燕。思明者，亦營州雜胡，佐禄山起事，其驍勇善戰，過於禄山。故史稱安史之亂。肅宗末年，思明爲其子朝義所殺，賊勢漸衰，至代宗初年，亂始平。代宗名豫，肅宗太子，玄宗之孫。同前。

（丙）整理

（一）回講：同前。

（二）約述：〔一〕禄山之反，何人激成？〔二〕唐郡守以忠勇著者何人？〔三〕禄山爲何人所殺？〔四〕繼禄山作亂者何人？

（三）聯絡比較：〔一〕安禄山可方於劉淵否？〔二〕玄宗奔蜀，視周平王東遷若何？〔三〕顏、張諸人，堅守諸郡，視蘇武守節若何？〔四〕史思明可方於石勒否？

（四）思考：〔一〕三鎮爲唐邊重地，何以使胡人兼之？〔二〕禄山舉兵，玄宗何以不討？〔三〕常山、平原、睢陽，在何流域？〔四〕代宗何人之子？

（五）作表及填註地圖：

$$
\text{唐郡守之能拒安禄山者}\begin{cases}常山\cdots顏杲卿\\平原\cdots顏真卿\\睢陽\cdots張\quad巡\end{cases}
$$

備考

安禄山，本姓康，其母再適安氏，遂冒姓。以驍勇聞，性巧黠，善事人。初爲平盧軍節度使，上左右至者，禄山厚賂之，譽言日聞，上以爲賢，遂使兼領三鎮。禄山入朝，見武備廢弛，有輕中國意，陰蓄異志。以上待之厚，未遽發。楊國忠與禄山有隙，屢言禄山必反，禄山懼禍及，遂反於范陽，時天寶十四載也。

禄山陷潼關，京師震駭，國忠首進幸蜀之謀，上倉皇出走。次馬嵬驛，有吐蕃使者二十餘人，遮國忠馬，訴以無食。軍士遂呼國忠與胡虜謀反，執而殺之。上聞變，親出慰諭，軍士猶不退。將軍陳元禮曰：國忠謀反，貴妃不宜供奉。上不得已，賜貴妃死。明日將發，民遮馬留之，乃命太子慰撫，上遂幸蜀。太子不得已，乃入朔方。節度使所治地，曰靈州，今甘肅靈武縣。既而至靈武，羣下勸進，遂即位，是爲肅宗，尊帝爲太上皇。禄山聞上西幸，入長安，僭僞號。

顔杲卿，字昕之，爲常山太守。禄山反，杲卿舉兵討賊，以守具未備，爲賊所執。禄山曰：吾擢汝爲太守，何所負而叛。杲卿瞋目罵曰：我爲國討賊，恨不斬汝，何謂叛也。詈不絶口。賊鈎斷其舌，杲卿遂死。

顔真卿，字清臣，爲平原太守。禄山反，獨倡義討之。玄宗歎曰：河北二十四郡，無一人忠臣耶？及聞真卿討賊，曰：朕不識真卿作何狀，乃能如是。禄山取洛陽，分遣其黨尹子奇南下。張巡與許遠，固守睢陽，以當其衝。江淮得以保全，唐之運輸貢賦，賴以不絶。皆二人之功也。至是力竭城陷，皆死之。

禄山爲其子慶緒所弑，肅宗自靈武幸鳳翔，以廣平王俶爲元帥，郭子儀副之，得回紇之助，遂復兩京。上皇亦自成都還。安慶緒走保鄴，官軍圍之，賊黨史思明來救，諸軍潰。思明既勝，乃殺慶緒而自立。既而思明爲子朝義所殺。朝義庸懦，諸將解體，遂爲唐軍所滅。前後凡八年，始平。

第十四　郭子儀(一時間)

教材

當安禄山猖獗時，玄宗傳位肅宗，命郭子儀、李光弼等率師討賊，收復兩京，洛陽、長安。而子儀勳名尤著。有回紇者，唐嘗假其兵力，以平亂，遂有輕唐之意。代宗時，訛傳子儀死，遂引吐蕃入寇。子儀親率數騎，往其營，宣唐威德，責以失信，免胄勞軍，回紇皆下馬羅拜。子儀因與約，合擊吐蕃。吐蕃聞之，遁，遂大破之。

要旨

授郭子儀概略，俾知唐中興之名將。

準備

郭子儀肖像。

預習

筆記：復習前課，探揣大亂敉平，實賴何人之力。

教授次序

（甲）預備

（一）檢查預習：同前。

（二）指示目的：唐室再造，功由郭、李，而子儀勳節尤著，實可模範之軍人也。回紇吐蕃之亂，尤足爲借外兵平内寇者之殷鑒。爰書課題於板，並指圖像示之。

（乙）提示

（一）講第一節：起課首，"而子儀勳名尤著"止。子儀，華州鄭今陝西華縣。人。素稱忠勇，得將士心。方安氏起兵，玄宗命子儀爲朔方節度使，收復河北一帶，屢挫賊鋒。肅宗即位靈武，子儀首率重兵至，軍威始盛，諸道聞之，皆來勤王。子儀乃與李光弼等，并朔方兵及回紇之衆，東取西京，復進取東京，使安史之亂，次第悉平。故論肅代諸將，當以子儀稱首。猖獗，賊勢盛貌。肅宗，名亨，玄宗太子。李光弼，柳州（今熱河特別區域凌源縣。）人，與子儀齊名，時稱李郭。同前。

（二）講第二節：起"有回紇者"，至"遂引吐蕃入寇"止。回紇素與唐和親，兩京之復也，曾假其兵力，遂恃功而驕，漸輕唐室。然畏服子儀，不敢發。肅宗崩，代宗嗣位，會唐將僕固懷恩叛，訛言子儀已死。回紇信之，遂附懷恩，並引吐蕃兵，合數十萬衆，入寇西北邊。京師大震。回紇、吐蕃，俱見前。同前。

（三）講第三節：起"子儀親率數騎"，至課末止。時子儀屯兵涇陽，今陝西涇陽縣。嚴備不戰。適懷恩已死，二寇爭長不相睦。子儀偵之悉，乃親往回紇營，使人傳呼曰：令公來，並免冑示之。回紇大驚，乃與其酋執手，並讓之曰：汝回紇有功於唐，唐之報汝亦不薄，奈何負約？其酋知爲懷恩所誤，率將士羅拜馬前。因與約合擊吐蕃。吐蕃遁，聯兵追破之。此一役也，以敵攻敵，轉危爲安，子儀之力也。冑，戰時所著之冠，以禦兵刃者也。同前。

（丙）整理

（一）回講：同前。

（二）約述：［一］玄宗傳位何人？［二］南京何人收復？［三］吐蕃何以入

寇？［四］回紇之衆，何故羅拜子儀？

　　（三）聯絡比較：［一］子儀收復兩京，視杲卿諸人死守三郡，其功孰大？［二］唐之回紇視漢之匈奴若何？［三］唐之吐蕃，視漢之西域若何？

　　（四）思考：［一］唐之兩京，當今何地？［二］代宗時，二虜聯兵，使子儀果死，唐室能無危否？［三］子儀爲唐上將，何竟親入虜營？

　　（五）作表：

$$
郭子儀大事記 \begin{cases} 收復兩京 \\ 親往回紇營，宣唐威德 \\ 約回紇擊破吐蕃 \end{cases}
$$

備考

　　代宗時，僕固懷恩誘吐蕃、回紇等，三十餘萬衆入寇。京師震恐。子儀以兵萬餘，屯於涇陽，出入陣中，虜見而問曰：此誰也？報曰：郭令公子儀以太尉兼中書令，故曰令公。也。回紇曰：令公存乎？懷恩言天可汗已棄天下，令公即世，中國無主，故我從之來。今令公誠存，可得見乎？子儀欲往，衆將諫止，子儀曰：虜衆十倍於我，力固不敵。不若以至誠感之。昔吾與回紇約甚厚，可不戰而下也。衆又請以五百騎爲衛，子儀曰：此不足威敵，適啓其疑，滋爲害耳。子儀與數騎逕出，回紇大驚，皆執弓注矢以待。子儀免胄投槍而進，虜衆相顧曰：果吾父也。皆下馬羅拜。時懷恩已暴疾死，回紇又與吐蕃不協。子儀因說其酋長藥葛羅，與共擊吐蕃，遂與之盟。虜衆皆歡呼。吐蕃聞之，遁去。子儀與回紇追擊，大破之。京師解嚴。

　　子儀爲上將，擁强兵。程元振、魚朝恩讒謗百端，詔書一紙徵之，無不即日就道，由是讒謗不行。天下以其身爲安危者殆三十年，年八十五而終，其將佐爲名臣者甚衆。

第十五　藩　鎭（一時間）

教材

　　安史既平，節度使權益重，兵民財賦，皆歸掌握，漸至目無朝廷，史稱藩鎭之禍是也。而以河北三鎭成德、魏博、盧龍。爲尤橫，唐室無如之何，姑容之而已。

德宗立,欲裁抑之,河北、淮西並叛。及憲宗用裴度爲相,力主用兵,平淮西,誅首惡吳元濟,諸鎮始知聽命。

要旨

授唐代藩鎮概略,俾知武人不可過授大權。

準備

唐代疆域圖。

預習

筆記: 繪圖。復習前課,探揣自是以後,唐室是否獲安。

教授次序

(甲) 預備

(一) 檢查預習: 同前。

(二) 指示目的: 唐自肅代用郭子儀等,蕩平積寇,結回紇,破吐蕃,内患既除,外憂亦靖。然中葉以後,終於不振者,藩鎮之禍,實其大原因也。爰書課題於板指示之。

(乙) 提示

(一) 講第一節: 起課首,至"史稱藩鎮之禍是也"止。唐置諸道節度使,原所以屏藩國家,鎮撫要塞也,故亦曰藩鎮。乃自安史亂後,肅、代二宗,不鑒於范陽之失,兵民財賦諸大權,一切予之,不加限制。外重内輕,積久難反。其不肖者,遂陰謀兼併,以反抗中央。此藩鎮之禍所由來也。同前。

(二) 講第二節: 起"而以河北三鎮爲尤橫",至"河北、淮西並叛"止。節度使之最橫者,無過於河北三鎮。三鎮者: 張志忠鎮成德,田承嗣鎮魏博,李懷仙鎮盧龍,皆安史降將。其後互通婚姻,相爲表裏。練兵守城,不貢賦稅,朝廷希冀無事,姑優容之,其實無如何也。迨德宗立,有志削藩,而河北諸鎮叛,李希烈亦竊據淮西以叛。賴陸贄等籌畫於内,渾瑊、李晟等,戮力於外,僅乃克之。此可見藩鎮之勢力矣。成德，今直隸正定縣。魏博，今直隸大名縣。盧龍，今京兆。德宗，名适，代宗太子。淮西，即蔡州。（河南汝南縣。）　橫，去聲。同前。

（三）講第三節：起"及憲宗用裴度爲相"，至課末止。先是李希烈勢蹙，其將陳仙奇殺之來降，朝廷即以仙奇鎮淮西。有吳少誠者，爲希烈報仇，殺仙奇，詔即以少誠爲留後。太阿倒持，莫此爲甚。少誠旋拒命。少誠死，其弟少陽繼之。少陽死，子元濟尤猖獗。及憲宗立，力圖振作，專任裴度爲相，討淮西。王師入蔡州，誅元濟，諸鎮始不敢輕唐。憲宗，名純，順宗太子，德宗孫。裴度，字中立，聞喜（今湖北松滋縣。）人。

（丙）整理

（一）回講：同前。

（二）約述：［一］何謂藩鎮之禍？［二］德宗時，叛唐者幾處？［三］憲宗時，所平者何地？所誅者何人？

（三）聯絡比較：［一］唐之藩鎮，可方春秋之諸侯否？［二］河北三鎮，是否即祿山兼領之地？［三］憲宗之武功，可方周宣王否？［四］裴度視郭子儀何如？

（四）思考：［一］兵民財賦之權，可令武人專之否？［二］三鎮專橫，姑容與裁抑，孰是孰非？［三］淮西在今何省？［四］使憲宗不用裴度，能誅吳元濟否？

（五）作表及填註地圖：

$$
藩鎮之禍
\begin{cases}
河北三鎮
\begin{cases}
魏博\cdots田承嗣 \\
成德\cdots張志忠 \\
盧龍\cdots李懷西
\end{cases} \\
淮西\cdots吳元濟
\end{cases}
$$

備考

德宗時，成德節度使李寶臣即張志忠，所賜姓名。卒，子惟岳，自稱留後。於是淄青李正己，魏博田悅，承嗣子。皆起兵應之。梁崇義亦據襄陽，遙相應援。既而李正己死，子納自稱留後。帝命李希烈討崇義，命馬燧、李抱真、李晟討悅，命朱滔討惟岳。惟岳之將王武俊，殺之以降。李希烈亦克襄陽，斬崇義。而李納勢亦衰。獨田悅未下，朝廷以爲指日可平。乃李希烈、朱滔、王武俊等，以賞功不滿其欲，田悅使人說之，於是四畔連盟，田悅稱趙王，李納稱齊王，而朱滔稱冀王，爲之盟主。李希烈則自稱天下都元帥，率兵攻襄城。詔發涇原兵救之，兵過京師，朝廷犒之薄，遂作亂，奉朱泚爲主，帝奔奉天。_{今陝西乾縣。}朱泚圍之，渾瑊、李懷光來救，始解其圍。帝下罪己之詔，人心感動。王武俊等，各去王號謝罪。後李希烈爲其下所殺，舉衆歸朝。天下乃略定。

吳元濟，淮西節度使吳少陽之子。少陽死，元濟匿喪，自領軍務。以不得朝命，縱兵侵掠，及於東都。詔發十六道兵討之，師久無功。時裴度爲相，力主用兵，會李愬雪夜入蔡州，擒元濟。淮蔡平。

第十六　韓　愈_(一時間)

教材

中國文學，以周秦兩漢爲最盛。魏晉南北朝以降，崇尚駢儷，華而少實。自韓愈提倡古文，文學界風氣爲之一變。其居官亦敢言。憲宗時，釋教大興，愈上表諫迎佛骨，詞甚切直。憲宗怒，謫之潮州。_{在今廣東。}穆宗立，復用愈爲侍郎。時成德節度使王廷湊，屢抗朝命，遣愈宣慰，一軍盡服。文章氣節，愈實兼之。

要旨

授韓愈概略，俾知唐一代之文學。

準備

韓愈肖像。

預習

筆記：復習第二册第三，尤須注意末段文學分科，與後世之關係。

教授次序

(甲) 預備

（一）檢查預習：_{同前。}

（二）指示目的：三代而下，言文學者，漢唐並稱，由來久矣。而有唐一代之文學，韓愈實爲最著。爰書課題於板，並指圖像示之。

（乙）提示

（一）講第一節：起課首，至“爲之一變”止。周秦兩漢爲中國學術最進化時期，故其時，文學亦稱盛。魏晉以後，排偶盛而單行少，華勝於實，沿至初唐，積習不改。韓愈當德宗時，好爲古文，毅然以起衰自任。學者仰之如泰山北斗。由是風氣丕變，粹然一出於正，其功偉矣。韓愈，字退之，南陽（今河南南陽縣。）人。同前。

（二）講第二節：起“其居官亦敢言”，至“謫之潮州”止。愈非獨能爲文章也。其爲御史時，尤克舉言責，深惡釋教害正。至欲人其人，火其書，廬其居。適憲宗信佛，有奉迎佛骨之舉，朝野從風，趨之若鶩。愈上表切諫，以期不負所學。憲宗怒，詔貶潮州。諫雖不從，然讀其文者，知媚佛之妄矣。謫，罰也。潮州，今廣東潮安縣。同前。

（三）講第三節：起“穆宗立”，至課末止。憲宗崩，子穆宗立，召愈還，以爲侍郎。時王廷湊據成德，抗朝命。朝廷憚於用兵，遣愈至成德宣慰，人爲愈危。愈至，爲之陳說利害，廷湊感服，遂內附。然則如愈者，固合文章氣節，以爲體用者矣。穆宗，名恆。王廷湊，王武俊養子。同前。

（丙）整理

（一）回講：同前。

（二）約述：［一］唐以前中國文學何如？［二］韓愈何以能變風氣？［三］憲宗因何事謫愈？［四］穆宗遣愈宣慰何人？

（三）聯絡比較：［一］韓愈若在孔門，當列何科？［二］韓愈闢佛，視孟子翼孔教，有無異同？［三］韓愈宣慰成德，視郭子儀親入虜營何如？

（四）思考：［一］華而少實，可得謂之古文否？［二］釋教何時始入中國？［三］潮州在何流域？［四］成德在今何省？

（五）作表：

$$\text{韓愈大事記}\begin{cases}\text{提倡古文}\\\text{上表諫迎佛骨}\\\text{宣慰成德軍}\end{cases}$$

備考

愈生七歲，讀書日記數千言，比長盡通六經百家之學。至貞元德宗年號。十九年，爲監察御史，以言事貶山陽令。元和憲宗年號。十四年，上迎佛骨入京師，留禁中三日。愈上表極諫，略言佛本夷狄，就使其身尚在，來朝京師，陛下不過宣政一見，賜衣一襲，衞之出境，不令惑衆也。況其朽骨，豈宜入宮。乞投諸水火，以斷天下之疑。帝大怒，將置極刑。裴度、崔羣救之，乃貶潮州刺史。穆宗長慶二年，王廷湊圍牛元翼於深州，官軍救之無功。朝廷不得已，以廷湊爲成德軍節度使，而遣韓愈宣慰其軍。廷湊雖受命，不解深州之圍。詔愈至境，廷湊拔刃弦弓以逆之。及階，甲士羅於庭。廷湊言曰：所以紛紛者，乃此曹所爲，非廷湊心。愈厲聲曰：天子以尚書有將帥材，故賜之節鉞，不知尚書乃不能與健兒語耶？甲士前曰：先太師爲國擊走朱滔，血衣猶在，此軍何負朝廷，乃以爲賊乎？愈曰：汝曹尚能記先太師，則善矣。夫順逆禍福，豈遠耶？自祿山、思明以來，至元濟、師道，其子孫有今尚存者乎？田令公以魏博歸朝廷，子孫孩提，皆爲美官。汝曹亦聞之乎？廷湊恐衆心動，麾之使出，謂愈曰：侍郎來欲何如？愈曰：神策諸將，如牛元翼者不少，但朝廷顧大體，不可棄之耳。尚書何爲圍之不置。廷湊曰：即當出之。因與之晏，禮而歸之。未幾，翼將十騎突圍出深州。四年，愈卒，贈禮部尚書，諡曰文。

第十七　朋黨與宦官（二時間）

教材

朋黨之興，始於李德裕與李宗閔。時宦官已擅權，宗閔交通之，引牛僧孺等，共傾德裕。德裕亦樹黨相爭，史稱牛李之黨。因是宦官益橫，德裕死，黨爭稍止。唐代宦官弑君，自陳弘志弑憲宗始。宦官立君，自王守澄立穆宗始。其後若文宗、武宗、宣宗、懿宗、僖宗、昭宗，無不立自宦官。昭宗時，宰相崔胤欲盡誅宦官，召節度使朱全忠於外。全忠者，黃巢餘黨也。巢以流寇連陷各地，旋稱齊帝，後爲唐敗，勢日蹙，全忠乃降唐。至是率兵入，悉殺宦官，遷昭宗於洛陽，弑之，立昭宣帝，因代唐統。

要旨

授朋黨宦官概畧，俾知唐亡之原因。

準備

起憲宗至昭宣帝世系表。

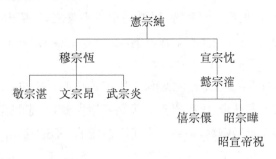

```
                    憲宗純
          ┌───────────────┴───────────────┐
       穆宗恆                          宣宗忱
   ┌─────┬─────┐                      懿宗漼
 敬宗湛  文宗昂  武宗炎            ┌─────┴─────┐
                              僖宗儇    昭宗曄
                                        昭宣帝祝
```

預習

筆記：製表。復習第二册第十五及本册第十五全課。

教授次序

（甲）預備

（一）檢查預習：同前。

（二）指示目的：唐代藩鎮之禍，諸生既知之矣。然藩鎮特肢體之患，而其腹心之患，實別有所在也。爰書課題於板，並書世系表指示之。

（乙）提示

（一）講第一節：起課首二句止。朝臣分朋黨，最不利於國家。唐不幸而有之，於是危亡之機肇焉。先是憲宗時，進士李宗閔對策，譏切宰相李吉甫，其子德裕憾之。宗閔又與元稹爭進取，有隙。德裕與稹，共搆宗閔，貶爲遠州。自是二人互相傾軋，勢如水火。此朋黨所由始也。李德裕，字文饒，贊皇（今直隸贊皇縣。）人。李宗閔，字損之，唐鄭王元懿四世孫。同前。

（二）講第二節：起“時宦官已擅權”，至“黨爭稍止”止。朋黨之外，又有閹禍。憲宗時，宦官之權已重。迨文宗立，宗閔乃交通內侍，得爲相，惡德裕逼己，排出之，而引牛僧孺同平章事，以厚其勢。德裕亦多樹黨援以相訐，不顧是非，但爭同異。宦官兩利用之，其專橫遂不可制。迨僧孺、宗閔，爲武宗所竄。宣宗即位，德裕亦被貶死，爭始息。計兩黨相軋，凡歷四十年之久云。牛僧孺，字思黯，

305

鶉觚（今甘肅靈臺縣。）人。同前。

（三）講第三節：起"唐代宦官弒君"，至"召節度使朱全忠於外"止。唐代閹禍，自玄宗任用宦官楊思勖及高力士始。其始典兵預政，固已駭人聽聞，然猶未聞擅主廢立也。及陳弘志弒憲宗，王守澄立穆宗，由是每立一君皆出其手。若文、武、宣、懿、僖、昭皆是也。昭宗時，崔胤爲相謀盡誅之，又懼力不敵，遂有召朱全忠之事。陳弘志、王守澄，皆宦官。崔胤，字垂休，武城（今山東武城縣西。）人。朱全忠，本名温，碭山（今江蘇縣名。）人，即後梁太祖。同前。

（四）講第四節：起"全忠者"至課末止。唐末黃巢起兵山東，全忠其黨也。巢連陷各地，西入長安稱帝，國號曰齊。後爲唐軍所蹙，全忠見巢失敗，遂降唐。至是駐兵大梁，受崔胤密約，率兵入京師悉殺宦官，不遺餘類。旋逼昭宗遷洛陽，繼又弒之。立昭宗子祝，是爲昭宣帝。未幾篡位，唐亡。黃巢，冤句（今山東菏澤縣。）人。同前。

（丙）整理

（一）回講：同前。

（二）約述：〔一〕朋黨始於何人？〔二〕朋黨中，何人交通宦官？〔三〕憲宗何人所立？〔四〕穆宗何人所弒？〔五〕欲盡誅宦官者何人？〔六〕朱全忠何人之黨？〔七〕昭宗遷洛陽，其後若何？

（三）聯絡比較：〔一〕唐之朋黨，視東漢黨錮何如？〔二〕唐之宦官，視東漢宦官何如？〔三〕崔胤召朱全忠，視王允召董卓何如？〔四〕黃巢之亂，與漢末黃巾同否？

（四）思考：〔一〕牛李之黨，因何而起？〔二〕陳弘志弒憲宗，穆宗何以不能討賊？〔三〕宦官何以有立君之權？〔四〕崔胤誅宦官，何以必藉外兵？〔五〕使昭宗不遷洛陽，唐能免於亡否？

（五）作表：

| 朋黨著名者 | 李宗閔…牛僧孺…牛黨
李德裕…李黨 | 宦官首惡者 | 陳弘志
王守澄 |

備考

唐文宗時，李德裕爲西川節度使。時吐蕃屢爲邊患，德裕注意邊防，作籌邊樓，山川險要，皆悉知之，西鄙以安。會吐蕃維州守將悉怛謀，以城降，德裕遣兵據其城，以狀聞。牛僧孺時爲相，勸帝詔德裕，以其城并悉怛謀還歸吐蕃。德裕由此怨僧孺益深，而朝臣多有咎僧孺失計者，且謂其嫉功，帝亦悔之。僧孺不自安，乃與宗閔並罷。德裕自西川還，帝待之甚厚。宗閔百方排擠之，不得，卒爲同平章事。既而宗閔黨勝，帝遂罷德裕，而相宗閔。未幾，宗閔亦出。紛紛擾擾，皆朋黨傾軋之事。故文宗謂去河北三鎮易，去朝廷朋黨難。其情可見矣。

憲宗屢任吐突承璀，使之出征。晚年遂爲宦官陳弘志所弑，諱言藥發暴崩。穆宗爲王守澄所立，而不能討賊也。敬宗遇宦者嚴，宦者鄧克明又弑之，立絳王悟。憲宗子。克明欲專内權，於是守澄等不服，殺克明而立文宗，朝野上下不敢問。其後馬元贄立宣宗，王宗實立懿宗，劉行深立僖宗，楊復恭立昭宗。故當時宦官，有門生天子之稱。

黃巢少喜任俠，數舉進士不第，遂畜養亡命，爲暴客湖江間。僖宗時，濮州王仙芝作亂，巢應之。未幾仙芝爲官軍所殺，衆皆歸巢。南下廣州，又自桂州沿湘而下，北趨襄陽，更渡江東走，自采石濟，圍天長六合，進陷東都，破長安，帝奔蜀。巢乃自稱齊帝，殺唐宗室殆盡。既而諸鎮兵至，河東李克用以沙陀兵，大破巢兵。巢棄長安遁，爲其下所殺。

昭宗體貌明粹，有英氣，以僖宗威令不行，朝廷日卑，有恢復先烈之志，素嫉宦官。宰相崔胤，憸人也，與朱全忠交結，而密請上誅宦官。由是南北司益相水火，各結方鎮以相排擠。既而宦者劉季述，幽帝於少陽院，而立太子爲帝。神策將孫德昭，伏兵擒季述，迎昭宗復辟。上既反正，與崔胤謀除宦官益亟。時朱全忠在汴，胤遺之書，稱密詔，令以兵迎車駕，全忠乃自將發大梁。宦者聞汴兵將至，韓全誨等，乃劫帝遷鳳翔，依李茂貞。汴軍進圍鳳翔，城中食盡，乃殺全誨等，以説昭宗還京。全忠又大誅宦官，無少長盡殺之。自此大權悉歸全忠。遂懷篡逆，殺崔胤，弑昭宗，立昭宣帝，尋受禪。

第十八　五　代（二時間）

教材

朱全忠弑唐昭宣帝，旋篡位，都大梁，在今河南。是爲後梁。既而李存勖，滅梁，稱帝，都洛陽，在今河南。是爲後唐。石敬瑭以契丹之師滅後唐，是爲後晉，繼爲契丹所滅。劉知遠遂入大梁，尋稱帝，是爲後漢。郭威篡漢自立，是爲後周。皆據中原，總稱五代，前後歷五十三年，而易八姓十三君。其時兵革不息,民生塗炭。惟後唐明宗,不戀帝位,常焚香祝天,願天早生聖人,以爲斯民主。後周世宗,明於用兵,敗東漢,_{亦稱北漢}。服南唐,伐契丹,所至有功,頗足稱述。至鏤版以印九經,亦始於五代時馮道,後人或以發明印刷稱之。然道以一身歷事數姓,無恥甚矣。

要旨

授五代概畧,俾知唐亡後相繼主中原者。

準備

五代帝系表：後梁—後唐—後晉—後漢—後周

預習

筆記：製表。復習本册第十五藩鎮及前課"全忠者"以下一段。

教授次序

（甲）預備

（一）檢查預習：_{同前。}

（二）指示目的：唐代藩鎮專橫,故其後卒成分裂之局。其時主中原者,凡五易姓,所謂五代也。爰書課題於板,並指帝系表示之。

（乙）提示

（一）講第一節：_{起課首,至"是爲後晉"止。}五代始於梁,太祖朱全忠篡唐,都大梁,因以梁爲國號,史家稱爲後梁。以別於南朝之梁也。唐、晉、漢、周,概稱曰後,例亦援此。梁傳二君,爲唐莊宗李存勗所滅。莊宗都於洛陽,傳四君,滅於石敬瑭。敬瑭滅唐,恃契丹之助也,改國號晉,亦傳二君。_{朱全忠,詳前課。大梁,今河南開封縣。李存勗,沙陀人克用子。契丹,詳本册第十一備考。石敬瑭,亦沙陀族。同前。}

（二）講第二節：_{起"繼爲契丹所滅",至"而易八姓十三君"止。}自古恃援於人,未有不受制於人者也。晉恃契丹而興,旋即見滅於契丹。有明徵矣。劉知遠,晉太原守將也。契丹虜晉出帝北歸,中原無主,知遠遂稱帝於大梁,國號漢,傳二世，爲郭威所篡。威本漢鄴都守將，既即位，國號周，傳三世禪於宋。合梁、唐、晉、漢共八姓十三君，五十三年。史家以其皆據中原，總稱五代，亦曰五季。_{劉知遠，沙陀人。郭威，邢州堯山（今直隸唐山縣。）人。同前。}

（三）講第三節：_{起"其時兵革不息"，至"以爲斯民主"止。}此五十餘年中，戰爭時起，民不聊生，實中國晦盲否塞之時也。推原其故，多由武人爲君，昏庸相繼耳。其間彼善於此，惟唐與周稍勝。唐明宗之立也，首除莊宗秕政，節用愛人，其不貪君位，尤爲人所難及。嘗焚香祝天云云，可謂五代中之令主矣。_{唐明宗，克用養子，賜姓名李嗣源。同前。}

（四）講第四節：_{起"後周世宗"，至"顧足稱述"止。}周世宗長於用兵，即位之初，東漢_{亦稱北漢。}劉旻_{本名崇。}引契丹入寇，帝自將出戰，大破之。又伐南唐，盡取江北諸地。又伐契丹，取其三州，幾有混一天下之勢，會因疾班師，尋卒。世宗勤於政治，發奸摘伏，聰察如神。升遐之日，遠近哀慕焉。_{周世宗，姓柴名榮，周太祖養子。同前。}

（五）講第五節：_{起"至鏤版以印九經"，至課末止。}由唐末至梁，中原擾攘，儒術不講久矣。後唐時有馮道者，請於明宗，令國子監校正九經，刻版印賣，書籍流行較便，文化賴以不絕。於是論者多以發明印刷，歸功於道。然道以一身歷事數姓，廉恥無存，士習卑污，亦由於此。_{馮道，景城（今直隸交河縣。）人。九經：《易》、《書》、《詩》、三《傳》、三《禮》。同前。}

（丙）整理

（一）回講：_{同前。}

（二）約述：［一］試舉五代國號。［二］五代歷幾何年？易幾君？［三］後唐賢主何人？［四］後周賢主何人？［五］九經鏤版，何人發明？

（三）聯絡比較：［一］朱全忠視梁武帝何如？［二］李存勗視唐太宗何如？［三］石敬瑭視司馬炎何如？［四］劉知遠視劉邦何如？［五］郭威視周武王發何如？［六］馮道視蘇武何如？

（四）思考：［一］大梁在今何省？［二］後唐以前，有建都洛陽者否？［三］五代易姓，何以如此之速？［四］明宗何以不戀帝位？［五］周世宗武功甚著，何以不能統一中國？［六］印刷視繕寫，功用孰大？

（五）作表：

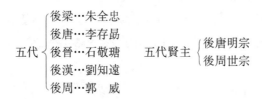

五代 {後梁…朱全忠　後唐…李存勗　後晉…石敬瑭　後漢…劉知遠　後周…郭威}　　五代賢主 {後唐明宗　後周世宗}

備考

朱全忠已詳前課。

李存勗，沙陀人，西突厥之別部也。父克用，以討黃巢功，封晉王。病革，詔存勗曰：梁，吾仇也。燕王劉仁恭。吾所立，契丹與吾約爲兄帝，而背晉以歸梁，此三者，吾遺恨也。與爾三矢，爾其無忘乃父之志。存勗受命，卒成父志，是爲後唐莊宗。

石敬瑭，後唐明宗之壻，從征有功，爲河東節度使。莊宗三傳至廢帝，與敬瑭有隙。廢帝勑敬瑭移鎮，敬瑭拒命。乞援契丹，契丹因立敬瑭爲帝，是爲晉高祖。以契丹兵大破唐兵，廢帝自焚死。

契丹本東胡之裔，爲鮮卑別族，南北朝之初，始更號契丹。自耶律阿保機開國，據有今東三省、蒙古，太祖、太宗繼之，改國號遼。初以兵輔立晉高祖，高祖獻以燕雲十六州之地，今直隸及山西之北部。以臣禮事之。高祖卒，出帝立，事之不如前，太宗怒，引兵入大梁，虜帝北歸。

劉知遠，初從晉高祖征伐有功，爲河東節度使。出帝與遼戰，用兵北方，帝疑知遠有異志。及遼太宗入大梁，知遠因奉表稱臣。已而太宗北還，知遠因逐遼守兵，即帝位於大梁，是爲後漢高祖，在位一年。

郭威少以勇力聞，漢高祖親愛之，既即位，拜爲樞密副使。高祖卒，隱帝立，威受顧命輔政。隱帝多誅戮大臣，將及威，威引兵入大梁。隱帝遇害，羣臣乃立其從子贇，亦被廢。威爲衆所推，即帝位，是爲後周太祖。

後梁朱姓。自太祖至末帝，十七年而亡。

後唐本姓朱邪，唐賜姓李。傳四世，自莊宗歷明宗、初本胡人，無姓，名邈吉烈。愍宗、至廢帝，十四年而亡。

晉傳二世，自高祖至出帝，十一年而亡。

漢傳二世，自高祖至隱帝，四年而亡。

周傳三世，自太祖歷世宗，姓柴名榮，太祖后兄守禮之子。至恭帝十年而亡。故爲八姓十三君。前朝之末年，即爲後朝之元年，故爲五十三年也。

馮道，少以孝謹知名，唐莊宗時始顯貴，自是累朝不離將相公師之位。周世宗時，道爲太師中書令，計歷四朝十君，嘗著《長樂老敍》，自敍累朝榮遇之狀，識者鄙之。

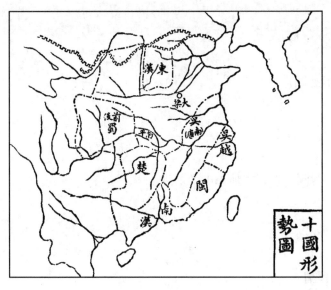

十圖形勢圖

第十九　十　國（二時間）

教材

　　梁、唐、晉、漢、周而外，其割據一方者：曰吳，在今江蘇。建於楊行密。繼吳而興者，曰南唐，建於李昇。曰前蜀，在今四川。建於王建。繼前蜀而興者，曰後蜀，建於孟知祥。曰南漢，在今廣東。建於劉隱。曰楚，在今湖南。建於馬殷。曰吳越，在今浙江。建於錢鏐。曰閩，在今福建。建於王審知。曰南平，亦稱荆南，在今湖北。建於高季興。曰東漢，在今山西。建於劉旻。初名崇。是爲十國。十國中享國最長久者，首推吳越。吳越王錢鏐，臨安在今浙江。人，唐末販鹽爲業，後以討董昌有功，爲節度使，尋據有今江浙地，後梁封爲吳越王。時中原喪亂，惟吳越一隅，休養生息，數十年不見兵革。又築塘以捍海潮，稱爲錢塘，至今利賴之。傳子元瓘，至孫俶，納地歸宋，共傳八十五年。

要旨

　　授十國概略，俾知五代時羣雄割據之情狀。

準備

十國形勢圖。

預習

筆記：繪圖。復習本册第七及前課。

教授次序

（甲）預備

（一）檢查預習：同前。

（二）指示目的：五代雖據中原，實則未能統一，諸生亦知斯時中原以外，屬於何人乎？爰書課題於板，並指形勢圖示之，曰此即五代時之十國。

（乙）提示

（一）講第一節：起課首，至"建於孟知祥"止。唐末羣雄並起，五代之君，次第僭號於中原。兵力不暇及遠，其實不能及也，故此外諸地，一聽有力者割據之。唐僖宗時，楊行密據揚州，昭宗封爲吳王，遂號吳。李昇者，行密養子也，諸楊不能容，改事徐溫。溫專吳政，溫死，昇遂代之，篡吳自立，改號曰唐，是爲南唐，據今江蘇地。王建，唐昭宗時市永軍節度使也，嘗封蜀王。朱梁篡唐，建遂據蜀稱帝，是爲前蜀，爲唐莊宗所滅。孟知祥者，莊宗所命以鎮蜀者也，旋據蜀，是爲後蜀，皆據今四川地。楊行密，合肥（今安徽合肥縣。）人。李昇，徐州（今江蘇銅山縣。）人。昇，音卞。王建，舞陽（今河南舞陽縣。）人。孟知祥，龍岡（今直隸邢臺縣。）人。同前。

（二）講第二節：起"曰南漢"，至"是爲十國"止。劉隱者，唐昭宗末年，封州節度使也。後梁封爲南海王，遂據有廣東地。及其弟龑，改國號曰南漢。馬殷者，唐僖宗時節度使也，後梁封爲楚王，遂據今湖南地，國號楚。錢鏐者，唐末封越王，旋封吳王，後梁因之封吳越王，遂據今浙江地，國號吳越。王審知者，兄潮爲唐福建觀察使，審知爲副使。潮卒，審知代立。唐以福州爲武威軍,拜審知爲節度使,封琅邪王,後梁封爲閩王,遂據有今福建地,國號閩。
高季興,後梁爲荆南節度使,後唐封南平王,遂據有今湖北地,國號南平。劉
旻者初名崇。漢高祖從弟也,高祖命爲太原尹。與郭威有隙,及威代漢,崇乃
以叔父禮事契丹,即位太原,遂據有今山西地,以續漢業。因地在河東,史
家稱爲東漢,或對於南漢而稱北漢。劉隱,上蔡(今河南上蔡縣。)人。龔,音掩。馬
殷,鄢陵(今河南鄢陵縣。)人。王潮,固始(今河南固始縣。)人。高季興,硤石(今河南陝縣。)人。
同前。

（三）講第三節：起"十國中享國最長久者",至"後梁封爲吳越王"止。五代羣雄,此
興彼滅,享國皆甚短促。惟吳越起自唐末,至宋太宗時猶存,不爲不久矣。
江浙爲産鹽之地,私販充斥,自古已然。鏐即因此發迹,可見此中非無豪傑
也。昭宗時,浙東節度使董昌叛,鏐率浙西將士,破其衆,擒昌以獻,遂代爲
節度。累受王封,及梁篡唐,鏐堅據其地,梁即因以封之。臨安,今浙江杭縣。
同前。

（四）講第四節：起"時中原喪亂",至課末止。時中原屢經兵革,民不聊生。經
梁、唐二代,鏐皆謹事之,保障一方,休養生息。故數十年中,江浙人民,不受
兵禍。又臨安沿江爲城,海潮上騰,江水時爲患。鏐鳩工鑿石,築塘以捍禦
之,民人利賴,稱曰錢塘,示不忘也。於是臨安富庶,盛於東南。四傳至俶,時
宋已統一,詔俶來朝,始納土歸京師。自唐末建國至此,歷年蓋八十有五云。
錢俶納地,在宋太宗太平興國三年。同前。

（丙）整理

（一）回講：同前。

（二）約述：［一］吳與南唐,建自何人?［二］前後蜀,建自何人?［三］南
漢與楚,建自何人?［四］吳越與閩,建自何人?［五］南平與東漢,建自何人?
［六］十國中享國最久者,何姓?

（三）聯絡比較：［一］楊行密可比於吳主孫權否?［二］王建與孟知祥,
可比於蜀主劉備否?［三］馬殷可比於楚莊王否?［四］十國形勢與東晉十六
國之比較?［五］吳越保守一隅,視東晉渡江建國何如?

（四）思考：［一］五代時割據南方者幾國?［二］割據北方者幾國?［三］
吳之後,何以改稱南唐?［四］蜀何以改稱後蜀?［五］十國之君,何以不爭長
中原?［六］錢塘在今何省?

（五）作表及填註地圖：

```
                    ┌吳——楊行密—今江蘇
                    │南唐—李　昇—同　上
                    │前蜀—王　建—今四川
                    │後蜀—孟知祥—同　上
                    │南漢—劉　隱—今廣東
        五代時之十國┤楚——馬　殷—今湖南
                    │吳越—錢　鏐—今浙江
                    │閩——王審知—今福建
                    │南平—高季興—今湖北
                    └東漢—劉　旻—今山西
```

備考

吳楊行密卒,子渥嗣,其將徐溫弒之,立其弟隆演,徙治昇州。今江蘇江甯縣。及卒,行密第四子溥立,稱帝,都於金陵。後其臣李昇篡之,吳亡。

李昇卒,子璟立,爲周世宗所敗,盡獻江北地,去帝號,稱國主,奉周正朔。及卒,子煜立,不恤政事。宋太祖召使入朝,稱疾不行。宋伐之,克金陵,俘之以歸,封違命侯,南唐亡。

王建卒,傳子衍,昏暴荒縱。後唐莊宗,遣郭從韜伐之,衍出降,前蜀亡。

孟知祥卒,子昶立,盡有前蜀故地。及宋太祖即位,詔伐蜀,俘昶以歸,封秦國公,後蜀亡。

劉隱卒,傳弟龑,稱帝,國號大越。三世至鋹,宋太祖遣潘美伐之,俘之以歸,封恩赦侯,南漢亡。

馬殷之後,傳子希範、希廣、希萼、希崇五主,南唐李璟滅之。

錢鏐傳子元瓘,元瓘傳其子佐,佐傳其弟俶,累世入貢於五代諸朝。宋太宗太平興國三年,詔俶來朝,俶舉族歸於京師,國除。

王審知傳子延翰,其弟延鈞弒之,自立稱帝。更歷三主,至延政,南唐李璟滅之。

高季興傳子從誨,從誨傳子保融,保融傳弟保勖,保勖傳子繼沖。宋太祖命慕容延釗等,討湖南周氏之亂,假道荊南,因滅之。

劉旻卒,子承鈞立。宋太祖諭之降,不從。承鈞傳子繼恩,被弒,其弟繼元立。宋太宗太平興國四年,宋師北征,繼元降,封彭城公,東漢亡。十國之中,或起於唐僖昭之時,或滅於宋太宗之世,惟吳越享國最長。

第二十　宋太祖<small>（一時間）</small>

教材

宋太祖,姓趙名匡胤。初爲後周將,威望日隆。周世宗卒,太祖爲軍士所擁立,遂代周而即帝位,改國號曰宋,都於汴,<small>在今河南</small>。分遣諸將剗滅諸國。弟太宗嗣位,又滅東漢,至是中國本部,惟契丹侵地未返,其餘復歸一統。

自唐末藩鎮擁兵,不受朝廷節制,釀成五代分裂之禍。宋太祖用趙普策,於杯酒之間,釋武臣兵柄,以文臣知州事,始集權於中央,一革五代時積弊。

宋太祖印

要旨

授宋太祖概略,俾知五代後,中國復爲一統。

準備

宋太祖肖像。

預習

筆記:復習本册第十八及前課。

教授次序

（甲）預備

（一）檢查預習：同前。

（二）指示目的：五代紛爭,十國割據,中國分裂已甚。諸生亦知繼起而

315

統一之者，果何人歟？爰書課題於板，並指圖像示之，曰此即繼五代而興者。

（乙）提示

（一）講第一節：_{起課首，至"分遣諸將翦滅諸國"止。}太祖仕周，爲殿前都檢點，累立戰功，遂握兵柄。及周世宗卒，恭帝嗣位，陳橋兵變，遂受周禪。此皆由軍士擁戴所致也。時十國中，吳楚與閩已爲南唐所并。乾德元年，慕容延釗滅荊南，遣王全斌伐蜀，孟昶降。開寶三年，遣潘美伐南漢，劉鋹降。七年，命曹彬伐南唐，克之。惟吳越、東漢尚存。_{宋太祖，涿郡（今京兆涿縣。）人。汴，今河南開封縣。同前。}

（二）講第二節：_{起"弟太宗嗣位"，至"其餘復歸一統"止。}太祖在位十六年卒，弟太宗嗣位。太平興國三年，吳越王錢俶，納土來朝。四年，自將伐東漢，平之。乘勢繼伐契丹，師久無功。故昔年石晉棄地，獨未收復。然其餘則皆入版圖。_{太宗，名光義。契丹侵地，即幽薊十六州，今直隸、山西北部。同前。}

（三）講第三節：_{起"自唐末藩鎮擁兵"，至課末止。}五代分裂，藩鎮擁兵所致也。太祖得國亦然。故內而卿貳，外而方鎮，仍多周室之舊。其心腹之臣，則惟趙普，故密謀大計，多決於普。其最要者，如召武臣石守信等飲酒，一言釋其兵權，諸州民事，皆易文臣主之，以收內重外輕之效。於是百餘年藩鎮之禍始除。論者謂宋之興始此，而積弱之原因，亦伏於此。_{趙普，幽州薊（今京兆薊縣。）人。同前。}

（丙）整理

（一）回講：_{同前。}

（二）約述：［一］宋太祖何以代周？［二］宋建都何地？［三］繼太祖即位者何人？［四］開國時用何人政策？

（三）聯絡比較：［一］宋太祖視唐高祖何如？［二］汴與大梁，是一是二？［三］宋太祖視唐太宗何如？［四］趙普視唐之房、杜何如？

（四）思考：［一］軍士擁立太祖，周室何以不討？［二］契丹侵地，始自何時？［三］唐末藩鎮之禍，是何主因？［四］中央集權，可無分裂之禍歟？

（五）作表：

$$\text{宋開國政策} \begin{cases} \text{釋武臣兵柄} \\ \text{以文臣知州事} \end{cases}$$

備考

宋太祖趙匡胤，涿人也。父弘殷，周檢校司徒，岳州防禦使。母杜氏。周恭帝時，東漢引遼兵入寇，命太祖禦之。時主少國疑，軍士密有推戴之意。軍次陳橋驛，_{在今河南開封縣境}。夜五鼓，軍士集驛門，宣言册檢點爲天子。黎明，太祖起，諸校露刃列庭曰：諸軍無主，願奉太尉爲天子。遂以黃袍加太祖身，掖之上馬，還趨京師，即皇帝位。

太宗初名匡義，後賜名光義。初封晉王，即位後，改名炅，太祖之弟也。

趙普，字則平，宋未受禪時，即爲太祖掌書記。及即位，石守信等，皆上故人，使典禁兵。趙普數以爲言，上從之。因晚朝，與守信諸將等飲酒，酒酣，屏左右謂曰：朕非卿等不及此，然天子亦大艱難，不及爲節度使之樂。守信等請其故。太祖曰：是不難知，此位誰不欲爲。守信等頓首曰：天命已定，誰復異心？太祖曰：卿等固然。如麾下欲富貴何？一旦有以黃袍加汝身，欲不爲得乎？卿等何不釋去兵柄，出守大藩，君臣之間，兩無猜疑，不亦善乎？守信等皆謝。明日皆稱疾，乞罷典兵。太祖以文臣知州事，又置諸州通制，皆普之謀也。

第二十一　寇　準_(一時間)

教材

宋真宗時，契丹大舉入寇，迫澶州，_{在今直隸}。汴京大震，衆議遷都。惟宰相寇準不可，請帝親征。車駕至河北，諸軍皆踴躍呼萬歲，聲聞數十里。契丹氣奪，有求盟之意，準欲乘勢要其稱臣獻地，以絕後患。帝不許，與契丹議和，歲贈金帛，宋朝爲兄，契丹爲弟，定約罷兵，是爲澶淵之盟。由是宋、遼相安，兵刃稍息。

要旨

授寇準概略，俾知宋與契丹和戰之政策。

準備

宋代疆域圖。

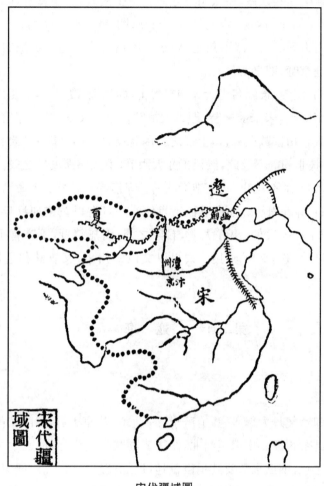

宋代疆域圖

預習

筆記：繪圖。復習本册第十八石敬瑭以契丹之師滅後唐三句，及前課。

教授次序

（甲）預備

（一）檢查預習：同前。

（二）指示目的：自五代迄宋，契丹爲北方一強敵，其和戰之關鍵，則澶淵之役是也。諸生亦欲知主是役者爲何人乎？爰書課題於板，並指地圖示之。

（乙）提示

（一）講第一節：起課首，至"請帝親征"止。寇準，字仲平，華州今陝西華縣。人，真宗時爲宰相。景德元年，契丹大舉南下，迫澶州。州瀕黄河北岸，與宋都近，人心大震。時參政王欽若，吳人也，請幸金陵。同簽樞密陳堯叟，蜀人也，請幸成都。惟準力請親征，以爲若用遷都之議，則根本動摇，大事去矣。宋真宗，名恆，太宗第三子。澶州，今直隷濮陽縣。澶，音蟬。同前。

（二）講第二節：起"車駕至河北"，至"以絶後患"止。澶州逼近敵兵，頗爲危險。乃真宗一經渡河，士氣因之大振，契丹亦俯首求和。可見勇往直前，即可氣吞胡虜也。準於此因欲要其臣服於宋，並獻石晉時所賂地，意謂雪前恥而杜後患，在此時矣。同前。

（三）講第三節：起"帝不許"，至課末止。準之所以不欲稍示退讓者，蓋知士氣方盛，實有可勝之道耳。惜帝不用其計，遂與議和。金帛之贈，兄弟之稱，皆是時所定條約，史稱澶淵之盟是也。自此以後，兩國休兵息民，北方稍靖。然微準之力不及此。澶淵，水名，在澶州。同前。

（丙）整理

（一）回講：同前。

（二）約述：〔一〕契丹入寇，兵近何地？〔二〕真宗何故親征？〔三〕寇準要求契丹何事？〔四〕澶淵之盟，條約何如？

（三）聯絡比較：〔一〕宋之契丹，視唐之回紇何如？〔二〕寇準視東晉謝安何如？〔三〕澶淵條約，視唐太宗時諸國入貢内附，孰得孰失？

（四）思考：〔一〕澶州與汴京，孰在河南，孰在河北？〔二〕真宗親征，諸軍何以踴躍？〔三〕準要契丹稱臣入貢，制勝之道安在？〔四〕使真宗竟許準議，兩國能罷兵否？

（五）作表及填註地圖：

$$寇準大事記\begin{cases}爲宋宰相，闢遷都之議\\請真宗渡河，親征契丹\\要求契丹稱臣獻地\end{cases}$$

備考

真宗景德元年，契丹入寇，陷德清，逼冀州，遂抵澶州，謀渡河。邊書告急，一夕五至。時準爲宰相,兼樞密使,上召問之,準請上幸澶州,上有難色。宰相畢士安,力勸上從準言。上乃議親征。而王欽若等請遷都,上以問準,準曰:誰爲此謀者,可斬也!乃止。途中復有請幸金陵者,準曰:陛下惟可進尺,不可退寸。若回鑾數步,則衆皆瓦解,雖金陵不可得而至也。上遂發。至澶州南城,準力請渡河,上從之。御北城門樓,張黃龍旂纛,諸軍望見御蓋,皆踴躍呼萬歲。契丹氣奪。有王繼忠者,故中國將也,降於虜。數爲遼主言和好之利,至是因諜者奏密表,爲上言之。上乃遣曹利用往議和。準欲要其稱臣,及還幽燕地,因畫策以進曰:如此可保百年無事。不然,數十年後,戎且生心矣。上曰:吾不忍生民之重困,姑許歲幣,可也。因謂利用,必不得已,雖百萬亦可許。準謂利用,不得過三十萬,利用竟以銀十萬兩,絹二十萬匹,成約而歸。國書以兄弟稱。遂罷兵。

第二十二　　遼聖宗(一時間)

教材

契丹本鮮卑族,自後魏以來,名始見於中國。後唐之末,其酋長耶律阿保機,據有今東三省、蒙古之地,稱帝。子太宗立,石敬瑭又割幽薊十六州與之,勢益强大,改國號曰遼。其民多以騎射爲事,雖女子亦嫺鞍馬。至聖宗立,與宋議和,效中國文治,益修内政,理冤滯,舉才行,察貪殘,抑奢僭,錄死事之子孫,振諸部之貧乏,而在位復長久,爲遼諸帝所莫及。

要旨

授遼聖宗概略,俾知契丹立國之情狀。

準備

遼疆域圖。

預習

筆記:繪圖。復習前課,探揣契丹所以能爲宋敵者,其故安在。

教授次序

（甲）預備

（一）檢查預習：同前。

（二）指示目的：遼雖非漢族，然當五代及宋時，實爲北方一大國，與中國並峙，則其立國之歷史，諸生亦願聞之乎？爰書課題於板，並指地圖示之。

（乙）提示

（一）講第一節：起課首三句止。遼聖宗，姓耶律，名隆緒，契丹賢主也。其族本鮮卑遺裔，三國時爲魏所敗，徙其衆於潢河在今內蒙古。以南，保鮮卑山爲根據地。及元魏時，改號曰契丹，其名見於中國始此。同前。

（二）講第二節：起“後唐之末”，至“雖女子亦嫻鞍馬”止。遼之稱帝也，始於耶律阿保機，是爲契丹太祖。蓋在後唐末年。今之東三省及蒙古，均在其所并八大部落之內。傳子太宗德光，石晉又賂以今直隸、山西北部地，故日見強大，改契丹曰遼，亦始於此時。北方風氣剛勁，人以射獵爲生，故無不善鞍馬者，雖女子亦然。此所以當爲中國患也。十六州，屬今直隸者十二，屬今山西者四。詳備考。同前。

（三）講第三節：起“至聖宗立”，至課末止。太宗四傳至聖宗，奉其母蕭太后，入侵宋。太后指揮軍士，極有方略，與宋議和，即澶淵之盟是也。罷兵後，聖宗親政，思以中國文化，變其國俗。觀於史稱諸端：理冤滯，則庭無留獄。舉才行，則國無遺賢。察貪殘，則吏治廉明。抑奢僭，則豪強守法。錄死事之子孫，則將士益奮。振諸部之貧乏，則屬國益親。其內政之修明，蓋有非中主所能及者，而在位又歷五十年之久，其享令名也固宜。同前。

（丙）整理

（一）回講：同前。

（二）約述：［一］契丹係出何族？［二］契丹最初稱帝者何人？［三］改號曰遼，始於何時？［四］遼聖宗之治，最著者何事？

（三）聯絡比較：［一］遼與五胡之慕容，是否同族？［二］耶律阿保機，視劉淵何如？［三］遼俗以騎射爲事，視趙武靈王胡服騎射，强弱何如？［四］遼聖宗可比後魏孝文帝否？

（四）思考：［一］遼耶律阿保機所據地，是否在長城以內，抑在其外？［二］幽薊十六州，在今何省？［三］騎射之事，施之今日尚適用否？［四］遼聖宗益修內政，度宋之力，能并遼否？

（五）作表及填註地圖：

$$
遼聖宗之治
\begin{cases}
理冤滯 \\
舉才行 \\
察貪殘 \\
抑奢僭 \\
録死事子孫 \\
振諸部貧乏
\end{cases}
$$

備考

聖宗即位時，年尚幼，母后蕭氏攝政。后聰明得將士心，以耶律休哥有智略，厚加委任。宋太宗之不得志於遼，蓋以此也。

太宗所得石晉十六州，曰幽，今京兆。曰薊，今直隸薊縣。曰瀛，今河間縣。曰莫，今肅寧縣。曰涿，今涿縣。曰檀，今密雲縣。曰順，今順義縣。曰新，今涿鹿縣。曰嬀，今懷來縣。曰儒，今延慶縣。曰武，今宣化縣。曰蔚，今蔚縣。以上十二州，均屬今直隸省。曰雲，今大同縣。曰應，今應縣。曰寰，今朔縣東。曰朔，今朔縣。以上四州，均屬今山西省。

聖宗既與宋和，遂東降高麗，西征回紇，東滅渤海遺族。遼之屬地，東臨日本海，西接天山之麓，南包中國本部之北，北至外蒙古臚朐河，國中建五京，一時納貢者，凡十六國。

聖宗即位於宋太宗太平興國七年，至仁宗天聖九年始卒，在位將五十年。

第二十三　宋仁宗（一時間）

教材

宋仁宗繼真宗而興，恭儉愛民，出於天性。且能注重教育，識拔人才。歐陽修、司馬光等，相繼柄政，宋室之治，於斯爲盛。

是時宋、遼無事，而西夏趙元昊稱帝於西北，據有今陝西、甘肅邊境及內蒙古西部。且屢寇邊。宋征之，互有勝負。惟韓琦、范仲淹督師防禦，號令一新，軍威頗振，夏不敢犯，邊人作歌曰：軍中有一韓，西賊聞之心膽寒；軍中有一范，西賊聞之驚破膽。其威望可以想見。未幾，夏稱臣於宋，願受冊封，宋亦歲賜銀絹以羈縻之，邊境以安。

要旨

授宋仁宗概略，俾知賢能在位，内安外寧，爲宋之最盛時代。

準備

宋與西夏疆域圖。

預習

筆記：繪圖。復習本册第二十"太宗嗣位"以下一段，及第二十一全課。

西夏文字

教授次序

(甲) 預備

(一) 檢查預習：同前。

(二) 指示目的：凡一代皆有其極盛之時，若漢之文景，唐之貞觀、永徽，而宋則仁宗，其極盛之時也。爰書課題於板指示之。

(乙) 提示

(一) 講第一節：起課首，至"於斯爲盛"止。真宗卒，太子禎立，是爲仁宗。真宗晚年好言符瑞，粉飾太平，内政漸弛。帝力矯其失，恭則不欺，儉則不費，皆愛民之一念所致也。人才者，國之寶，而教育又人才所自出。帝皆於此加意焉。其時執政之臣，如歐陽、司馬諸人，又皆一時俊傑，雖欲不治得乎？故論宋室之治，必以仁宗稱首。歐陽修，字永叔，廬陵(今江西吉安縣。)人。司馬光，字君實，陝州夏縣(今山西夏縣。)人。同前。

(二) 講第二節：起"是時宋遼無事"，至"夏不敢犯"止。時宋、遼盟好如故，東北無事。有西夏者，自唐始受封，宋初亦内附，遂賜姓趙。後漸貳宋，至元昊，遂僭帝號。指附圖西夏文字示之，此即元昊所製之字也。於是西北多事，邊境不

范仲淹

寧，宋屢征無功。帝命韓、范二人出鎮西邊，選將練士，一洗積弱之弊。軍威既振，夏兵亦不敢東窺。韓琦，字稚圭，相州（今河南安陽縣。）人。范仲淹，字希文，吳縣（今江蘇吳縣。）人。同前。

（三）講第三節：起"邊人作歌曰"，至課末止。韓、范能拒元昊，邊人感戴，至作歌以爲紀念。軍中以下云云，皆記實也。元昊畏范，尤甚於韓，當日夏人軍中有小范老子之稱。本課所列圖像，即其人。范之爲人，至今景仰。其後夏知宋有備，自願稱臣，並請復其故封。仁宗始終以愛民爲念，不欲再啓兵端。區區銀絹之賜，能費

幾何，而邊民已深受其福矣。同前。

（丙）整理

（一）回講：同前。

（二）約述：〔一〕仁宗何人之子？〔二〕仁宗時何人柄政？〔三〕遼宋相安，西北何人稱帝？〔四〕宋廷防禦西北者何人？

（三）聯絡比較：〔一〕宋仁宗視唐玄宗何如？〔二〕歐陽修、司馬光，視姚崇、宋璟何如？〔三〕西夏趙元昊，視秦苻堅何如？〔四〕韓琦、范仲淹之禦西夏，視班超之平西域何如？

（四）思考：〔一〕教育與人才之關繫。〔二〕宋之內治，仁宗時何以最盛？〔三〕西夏稱帝西北，關繫宋之利害若何？〔四〕韓、范鎮邊，何以能令元昊取消帝號？

（五）作表及填註地圖：

宋仁宗大事記 {
恭儉愛民
注重教育，識拔人才
命歐陽修、司馬光柄政
宋遼息兵
命韓琦、范仲淹防禦西邊
趙元昊稱臣受冊封
}

備考

仁宗初名受益,後更名禎,真宗第六子也。寶元二年,詔自乘輿服御,及宮掖所需,務從簡約。慶曆四年,詔天下州縣皆立學。在位四十二年,史稱其君臣上下,惻怛之心,忠厚之政,所以培壅國基者甚厚。

歐陽修,仁宗時爲諫官,論事切直。後拜參知政事,盡心匡輔。又以文章名天下,學者師之。

司馬光,寶元初進士,累官端明殿學士,罷居洛陽,天下以爲真宰相。仁宗崩,赴闕臨,衛士望見,皆以手加額。所至民遮道聚觀,曰無歸洛,留相天子,活百姓也。

趙元昊,西番人,後魏拓跋氏之後。唐僖宗時,有拓拔思恭者,討黃巢有功,賜姓李,有銀夏綏宥靜五州地。傳至李彝昌,爲其下所殺,軍中迎李仁福立之。宋太宗時,夏州留後李繼捧,來朝獻地,繼捧族弟繼遷,不樂內徙,叛降契丹。太宗使繼捧鎮夏州,竊招繼遷,後繼遷請降,太宗以爲銀州觀察使,賜姓名趙保吉。至真宗,復賜以舊領五州地,已而復叛。保吉卒,子德明立,宋及契丹,均封爲西平王。仁宗時,德明卒,子元昊嗣,雄毅有大略,遂獨立。

韓琦,風骨秀異,與范仲淹,名重一時,朝廷倚以爲重,天下稱韓范。

范仲淹,少有志操,爲秀才時,即以天下爲己任。嘗曰:士當先天下之憂而憂,後天下之樂而樂。

西夏用兵既久,仁宗頗生厭倦之心。元昊亦漸困弊,自生悔心。會契丹使至,言元昊有欲通款意,仁宗因使邊將招元昊。元昊果上書,仁宗因封元昊爲夏王。

第二十四　王安石（二時間）

教材

王安石,臨川在今江西。人,負才氣,工文章,好議論軍國大事。會神宗欲北滅遼,西併夏,統一中國。患兵力不足,財政支絀,非理財不能練兵,故聞安石名,遂有引用之意。

王安石

安石初不肯出，既出爲相，議變法，舊臣多反對之。安石勸神宗獨斷，下新法之令。以所用非人，不善奉行，卒無成效。新黨復自相傾軋，安石遂求去。無何，神宗亦卒。

哲宗立，起司馬光爲相，盡罷新法。已而章惇進用，新法復行，黨爭益烈。及徽宗時，蔡京執政，務括民財，供皇室奢侈。又與金共滅遼。其時夏勢雖微，而宋之外患，又在金矣。

要旨

授王安石概略，俾知宋變法之始末。

準備

王安石肖像。宋帝系表。

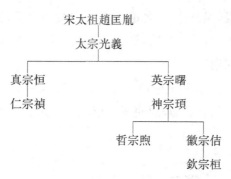

預習

筆記：製表。復習第二冊第五七雄之中以下一段，及前課。

教授次序

（甲）預備

（一）檢查預習：同前。

（二）指示目的：宋自遼夏議和，名爲一統，實則三分。仁宗既崩，其時朝臣中有一人，志在興宋，毅然變法者，亦歷史上大有關係之事也。爰書課題於板，並指圖像示之。

（乙）提示

（一）講第一節：起課首，至“遂有引用之意”止。安石，字介甫，少好讀書，以才氣文章名於世。仁宗時，曾上萬言書，所陳皆軍國大事。歐陽修嘗爲延譽。仁宗命爲知制誥，旋以憂去官。至神宗即位，志欲廓清西北，合遼、夏而統一之，以裕餉練兵爲急務。知安石有經濟才，嚮用益切。此安石起用所自始也。臨川，今江西臨川縣。神宗，名頊，英宗太子。同前。

（二）講第二節：起“安石初不肯出”，至“下新法之令”止。安石自仁宗末年去職，終英宗之世，屢召不出。及被神宗召，遂出知江甯府。熙甯二年，拜參政，以爲欲對外，先治內，治內首當變法。其時韓琦、司馬光等，多以爲不便。安石既見神宗信任，因請獨斷，於是農田水利、青苗、均輸、市易、保甲、保馬諸令，同時宣布，勢在必行。所謂熙甯新法也。同前。

（三）講第三節：起“以所用非人”，至“神宗亦卒”止。宋自真宗以來，朝野狃於治安，內政漸弛。安石請行之新法，如農田水利諸令，非不切要，特以舊黨反對者多，相率去位。而小人之徒，如陳升之、呂惠卿、韓絳等，乘間附和以取富貴。結果之不良，由於用人之不善也。新黨中人，本爲利來。久之又起爭端，互相排擠，而新法益爲世所詬病。安石不能制，因求去。神宗急於求治，而朝政愈亂，因是憤懣而死。同前。

（四）講第四節：起“哲宗立”，至“黨爭益烈”止。神宗歿，哲宗立，年幼，太皇太后高氏仁宗后。臨朝。以新黨亂政，悉貶黜有差。起用司馬光爲相，舊臣中反對新法者，亦漸任事，乃詔罷一切新法，稍安。未幾司馬光卒，太皇太后崩，帝親政。當時朝臣有調停新舊之說，章惇者。呂惠卿黨也，乘機復官，勸帝復行安石諸新政。於是新舊兩黨，競爭復起，勢如水火矣。哲宗，名煦，神宗第六子。章惇，浦城（今福建浦城縣。）人。同前。

（五）講第五節：起“及徽宗時”，至課末止。哲宗歿，弟徽宗立，任用蔡京爲相。

京素爲舊黨所惡,乃勸帝紹法神宗,力排舊黨。立黨人碑大書舊黨姓名,以司馬光冠首。藉口安石新法,務爲搜括,且大興土木網羅花石,以導徽宗之侈心。時遼勢漸衰,金人崛起東北。使人約金滅遼,以耀邊功。西北雖幸而無事,而金之爲患,乃視遼尤亟。徽宗,名佶,神宗庶子。蔡京,仙遊(今福建仙遊縣。)人。同前。

(丙)整理

(一)回講:同前。

(二)約述:[一]神宗何故引用安石?[二]安石變法何如?[三]安石何以求去?[四]哲宗時,何人爲相?[五]復行新法,主動者何人?[六]徽宗時,何人執政?

(三)聯絡比較:[一]安石工文章,視韓愈提倡古文若何?[二]宋神宗可比於秦孝公否?[三]安石變法,視商鞅何如?[四]宋之黨爭,視唐之朋黨何如?[五]蔡京務括民財,視周厲王時之榮夷公何如?

(四)思考:[一]理財與練兵之關繫。[二]宋與遼夏逼處,不變法,是否能致富强?[三]舊臣何故反對新法?[四]使安石用人得當,新法可覩成效否?[五]章惇與司馬光,是否同黨?[六]徽宗何人之子?

(五)作表:

$$王安石變法始末記 \begin{cases} 主動變法者——神宗 \\ 盡罷新法者 \\ 復行新法者 \end{cases}——哲宗 \\ 藉新法括財者——徽宗$$

備考

安石生有異質,及長博覽强記,善辯不屈。所爲文,淵源出於典誥,擢進士上第。神宗朝拜相,封荆國公,卒諡曰文。嘗變新法,有青苗、保馬、保甲、水利,僱役等名目。號半山,所著有周禮三經、文集等,行於世。章惇、蔡京,均在《宋史·姦臣傳》。

第二十五　宋高宗(一時間)

教材

金人爲女真族,蕃殖於今吉林東部,世爲遼屬,宋初嘗來獻馬。遼衰,其酋阿骨打稱帝,建國號曰金。金人約宋滅遼,許以晉賂契丹之地歸宋。旋起釁,遂伐宋,渡河而南,陷汴京,徽、欽二帝皆被虜,金人立張邦昌爲帝。康王構,欽宗弟也,避金兵而南,遂即位,渡江至臨安,在今浙江。定都焉,是爲高宗。宰相李綱、留守宗澤,力請帝回汴,圖恢復,雪國家之恥,報父兄之仇,高宗不能用。因是宋盡失北方之地,而偏安於南方,史家稱爲南宋。

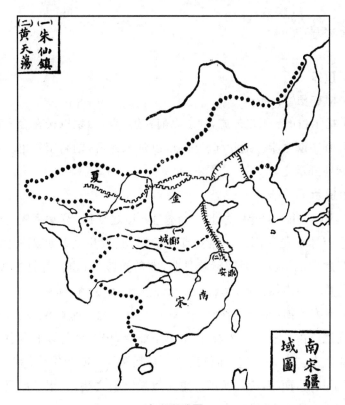

南宋疆域圖

要旨

授宋高宗概略,俾知金入中原,宋室南渡。

準備

南宋疆域圖。

預習

筆記：繪圖。復習本册第五"洛陽失陷"至"是爲東晉元帝"一段，及前課。

教授次序

（甲）預備

（一）檢查預習：同前。

（二）指示目的：宋之外患，神宗以前在遼、夏，徽宗以後在金。自遼亡夏微，金遂并吞中國之半。斯時起於南方，以延宋祚者，則高宗是也。爰書課題於板，並指地圖示之。

（乙）提示

（一）講第一節：起課首，至"建國號曰金"止。遼之東邊，有女真族，分生、熟二部，世居今吉林松花江兩岸。熟女真先隸遼，其後生女真亦漸歸附，獻馬於宋，蓋太祖建隆二年也。繼因遼政日非，疲於貢獻，酋長阿骨打遂叛遼稱帝，建國號，是爲金所自始。阿骨打，姓完顏，一譯稱阿古達，即金太祖。同前。

（二）講第二節：起"金人約宋滅遼"，至"張邦昌爲帝"止。金之滅遼也，宋人實助之，爲約還遼所占地故也。然宋攻遼，卒不能克，仍藉金力以取燕雲。又納金叛人，遂開戰端。徽宗畏寇，禪位欽宗。金兵渡河，京師陷。欽宗倉猝求和，虜要二帝至其營，面議，旋爲所虜。更用以漢制漢之法，立張邦昌爲楚帝。時河以北，半爲金所有，北宋遂亡。欽宗，名桓，徽宗子。同前。

（三）講第三節：起"康王構"，至課末止。邦昌雖稱帝，以人心不服，不得已，遣使迎欽宗弟康王構，羣臣咸勸進，遂即位於南京，今河南商邱縣。即宋之高宗。乃即位之後，不急謀北伐，而定都於臨安，識者已知其無能爲矣。使當時能徇李綱、宗澤之請，重返舊都，則雪恥報仇，亦非難事。乃忠言不納，畏葸性成，甘就偏安之局。良可惜也。其稱爲南宋者，以臨安在汴之南，故云。李綱，字伯紀，邵武（今福建邵武縣。）人。宗澤，字汝霖，義烏（今浙江義烏縣。）人。同前。

（丙）整理

（一）回講：同前。

（二）約述：［一］金之稱帝始於何人？［二］徽、欽何以被虜？［三］高宗定都何處？［四］請高宗返汴者何人？

　（三）聯絡比較：［一］阿骨打視安禄山何如？［二］宋之徽、欽，視晉之懷、愍何如？［三］宋高宗可比於東晉元帝否？［四］李綱、宗澤，視寇準何如？

　（四）思考：［一］阿骨打稱帝，遼何以不能討？［二］金人滅遼，於宋之利害若何？［三］臨安在今何省？［四］使高宗仍都汴京，能恢復黄河以北否？

　（五）作表及填註地圖：

女真之興 ｛ 滅遼伐宋　虜徽欽二帝　　高宗之南渡 ｛ 定都臨安　不能報仇雪恥　盡失北方之地

備考

　遼主天祚，荒淫無道，徵求無藝，其屬女真苦之。時女真酋長阿骨打，雄傑有大志，舉兵叛，屢戰皆勝，遂稱帝，國號大金，更名曰旻。時徽宗政和五年也。既而宋使人約金共伐遼，欲求石晉賂契丹故地，金亦使人來聘。宋使童貫伐遼，貫敗績。宣和七年，金滅遼，金以宋受遼降將，遂與宋齟齬。是年十月，金使其皇族黏没喝等，分道寇宋：一從山西陷太原，一從直隸陷燕京，長驅逼汴。徽宗乃傳位於欽宗。靖康元年正月，金將斡離不圍京師，帝許割太原、中山、河間三鎮以和，金師乃退。是年八月，金又分道入寇。十一月破汴京，帝如金營請降。明年四月，金人脅二帝，及后妃、太子、宗戚、諸臣等，北去。高宗即位，改元建炎。元年十月，帝如揚州。二年七月，至瓜洲，得小舟渡江，奔鎮江，又奔杭州。升杭州爲臨安府，因都焉。

　高宗之即位南京也，首召李綱爲相。綱至，慨然以脩政事，攘夷狄爲己任。遣張所撫河北，傅亮收河東，宗澤守京城，西顧關陝，南茸樊鄧，且將據形勝，以爲守中原還二帝之計。在相位竟七十餘日而罷。

　宗澤爲東京留守，屢出師挫敵，於京城四面，各置使以領新集之衆。據形勢，立堅壁二十四所於城外，沿河設連珠砦，以聯合兩河諸塞。於是陝西，京東西各路，咸願聽澤節制。澤上言京城不可棄，高宗不聽。澤前後請高宗還京二十餘疏，爲汪伯彦、黄潛善所沮。澤憂憤卒。

第二十六　岳　飛（一時間）

教材

岳飛，字鵬舉，湯陰_{在今河南。}人，南宋初之名將也。天性忠勇，洞明兵法，善以少擊衆。與金人戰，尤有功。金人爲之語曰：撼山易，撼岳家軍難。最後大破金兵於郾城，_{在今河南。}進次朱仙鎮。_{在今河南。}兩河豪傑，爭先響應，中原幾有恢復之望。時秦檜爲相，力主議和，請帝召飛，日以金牌十二促之。及飛還，誣以謀反，殺之。金人狂喜，至酌酒相賀。同時又有韓世忠，嘗以水師八千，與金兵十萬相拒於黃天蕩，_{在今江蘇。}金將大窘，雖幸而免，然自是不敢復渡江。

岳飛印

要旨

授岳飛概略，俾知宋南渡後之戰功。

準備

岳飛肖像。南宋疆域圖。

預習

筆記：繪圖。復習前課，探揣李綱、宗澤既不見用，宋室圖恢復者，尚有人否？

教授次序

（甲）預備

（一）檢查預習：_{同前。}

（二）指示目的：宋高宗遷都臨安，坐使黃河以北，盡淪金虜，諸生既知之矣。然虜勢方張，苟無北伐之師，則偏安之局，亦未可恃也。爰書課題於板，並指圖像示之。

（乙）提示

（一）講第一節：起課首，至“中原幾有恢復之望”止。南宋之所以能立國者，恃有諸名將在也。諸將之中，以岳飛爲第一。指附印圖告之。其文曰：鵬舉之印。鵬舉，其字也。飛之忠勇本於天性，與金人戰，每以少擊衆，所向有功，洞明兵法故也。撼山等語，出自敵人，其威望可想矣。再指圖中郾城、朱仙鎮等地，告之此飛戰績最著處。當時北人思宋，岳軍所至，豪傑爭迎，咸以爲恢復中原，在此時矣。湯陰，今河南湯陰縣。郾城，今河南郾城縣。朱仙鎮，在今河南開封縣西南。兩河：河東爲今山西，河北爲今直隸，故曰兩河。同前。

（二）講第二節：起“時秦檜爲相”，至“酌酒相賀”止。飛之志在恢復，高宗所深知也。使始終倚任之，則中原可淸，兩宮可返，無疑也。乃正當軍事得利之際，輕信秦檜主和，亟召飛還。指上附高宗墨蹟示之，此即當日召飛手勅也。檜恐飛不行，沮和議，一日之中，金牌至者十二。飛於是不得不返，功敗垂成，已屬可惜。檜又以謀反誣飛，置之於死，不啻爲金人除一勁敵。虜黨聞之，惡得不喜，又焉得不賀。秦檜，江甯（今江蘇江甯縣。）人。同前。

（三）講第三節：起“同時又有韓世忠”，至課末止。韓世忠者，與飛同爲金人所畏者也。其戰功，以黃天蕩之戰爲最著。並指地圖示之，即今江甯縣東北江面。金人習陸戰，而不習水戰，故亦能以少擊衆，金將幾爲所擒，旋以計遁走。然自此一役，金人遂不敢南窺長江。功亦偉矣。韓世忠，延安今陝西膚施縣。人。

高宗勅岳飛

同前。

（丙）整理

（一）回講：同前。

（二）約述：〔一〕岳飛用兵何如？〔二〕飛之戰績，最著者何地？〔三〕誣殺岳飛者何人？〔四〕同時以戰功著者何人？

（三）聯絡比較：〔一〕岳飛視關羽何如？〔二〕金人之畏岳飛，視西夏之畏范仲淹何如？〔三〕秦檜之奸，是否甚於蔡京？〔四〕韓世忠，視韓琦何如？

（四）思考：〔一〕湯陰在今何省？〔二〕撼山與撼軍孰易？〔三〕使時無秦檜主和，飛能恢復中原否？〔四〕金人何以不敢渡江？

（五）作表：

$$
岳飛事略\begin{cases}天性忠勇\\洞明兵法\\郾城之捷\\朱仙鎮之捷\\爲秦檜所誣殺\end{cases}
$$

備考

岳飛少負氣節，家貧力學，尤好《左氏春秋》、孫吳兵法。生有神力，未冠挽弓三百石。學射於周同，同死，朔望設祭，終其身。宣和時，應募從戎，金人入寇，隸宗澤麾下。數有功，澤大奇之，授以陣圖，飛謝曰：陣而後戰，兵法之常，運用之妙，存乎一心。澤是其言。

紹興十年，飛遣其部王貴、牛臯、楊再興等，經略西京。又命梁興渡河，糾合太行忠義社，取河東北州縣。又分兵東援劉錡，西援郭誥，自將大軍，長驅以圖中原，遂復河南州郡。乃留大軍於潁昌，命諸將分道出戰，自以輕兵駐郾城。兵勢甚銳，兀朮金太祖子，一稱烏珠。大懼。會諸帥欲併力一戰，飛曰：金人技窮矣。乃日出挑戰，且罵之，兀朮怒，合龍虎大王、蓋天大王，及韓常之兵，逼郾城。飛遣子雲，領騎兵直貫其陣，戰數十合，殺傷甚衆。兀朮以拐子馬萬五千來，飛戒步卒，以麻札刀入陣，勿仰視，但斫馬足。拐子馬相連，一馬仆，二馬不能行。飛軍奮擊，遂大破之。兀朮復益兵而前，飛以四千騎破之。兀朮憤甚，合兵十二萬，次於臨潁。楊再興以三百騎與之戰，殺二千人，及其大將。再興死焉，焚其屍，得箭鏃二升，飛痛惜之。復戰，兀朮夜遁，追奔十五里。中原大震，諸將屢戰皆捷。飛進軍朱仙鎮，距汴四十五里，與兀朮對壘而陣。遣背嵬軍五百，奮擊大破之，兀朮還汴。於是兩河豪傑李通等，率衆歸飛。金人動息，山川險要，飛皆得其實。中原盡磁、相、澤、潞、晉、絳、汾、隰之境，皆期日興兵。其所揭旗，以岳爲號。父老百姓，爭饋糗糧，焚香迎候者，充滿道路。自燕以南，金人號令不行。兀朮欲斂軍以抗飛，河北無一人應者。兀朮歎曰：自我起北方，未有如今日之挫衄者。金大將多密受旗榜，舉衆來降，飛大喜，語諸將士曰：直抵黃龍府，與諸君痛飲耳。方指日渡河，而秦檜定議，畫淮以北悉畀金人。飛上書力爭，不聽。速詔班師，一日奉十二金字牌。飛憤惋泣下，曰：十年之功，廢於一旦矣。飛以恢復爲己任，不附和議。檜以飛不死，終梗和議。使人誣告飛部將張憲罪，辭連飛父子。矯詔召飛父子詣獄，旋遇害。時年三十九。孝宗時，始昭雪，追復飛官，以禮改葬。飛既被殺，世忠不平，遂解職。嘗騎驢西湖上，徜徉以卒歲。

第二十七　金世宗（一時間）

教材

和議既成，宋與金分疆而治。至宋孝宗時，金世宗即位，爲其國最賢之主。政刑明斷，自奉儉約，宮中之飾，不用黃金，命學士以金國文字，翻譯經史，於是中華學術，被於女真。其時羣臣守職，上下相安，刑部歲斷死罪，或十七人，或二十人，幾於刑措。金人號爲小堯舜。世宗没，孫章宗立，國勢漸衰。數傳至哀宗，與蒙古交兵，大敗，遂爲蒙古所滅。

金世宗錢

要旨

授金世宗概略，俾知女真入中原，漸與漢族同化。

準備

金帝系表。

太祖阿骨打—太宗吳乞買—熙宗亶—廢帝亮—世宗雍—章宗璟—廢帝永濟—宣宗珣—哀宗守緒

預習

筆記：製表。復習本册第二十五"金人爲女真族"至"號曰金"一段，及前課"時秦檜爲相"以下云云。

教授次序

（甲）預備

（一）檢查預習：同前。

（二）指示目的：金之武功，可謂盛矣，然有武功而無文德，其立國不可久也。諸生亦知金之賢主爲何人乎？爰書課題於板，並指帝系表中世宗示之。

（乙）提示

（一）講第一節：起課首，至"被於女真"止。自宋高宗與金議和，以淮水及大散關等處爲界。淮以南宋治之，淮以北金治之。孝宗時，復議和，疆界如前。孝宗固宋之賢主，而金之賢主，則當推世宗。明則無失政，斷則無濫刑。黃金美飾也，世宗禁之，自宮中始。其儉約可知。至其以金國文字，翻譯中國經史，使女真族人與漢族同化，則尤非囿於國俗者所可及。宋孝宗，名眘，（同慎。）太祖六世孫。金世宗，名雍，太祖阿骨打之孫。同前。

（二）講第二節：起"其時羣臣守職"，至"金人號爲小堯舜"止。世宗明斷，羣臣皆能守職，故上下安，獄囚簡少，幾於刑措。故有小堯舜之稱。在金爲極盛時代。指上錢圖示之，文曰：大定通寶。大定，世宗年號也。當時宋孝宗雖銳意恢復，適值世宗賢明，故卒不能使金讓步。同前。

（三）講第三節：起"世宗没"，至課末止。宋孝宗乾道十六年，金世宗卒，孫璟立，是爲章宗。初政頗治，後漸怠荒，嬖倖用事，紀網不脩，金政始衰。章宗無子，疏忌宗室，愛衛王永濟柔弱，遂使爲嗣。及即位，爲臣下所弒，而立宣宗。時蒙古勢已盛，宣宗傳至哀宗，凡交戰皆失利。始由燕遷汴，又遷蔡。城破，哀宗自經，金亡。時宋理宗端平元年也。哀宗，名守緒，宣宗子。同前。

（丙）整理

（一）回講：同前。

（二）約述：[一]金世宗，與南宋何帝同時？[二]中華學術，何以被於女真？[三]小堯舜之稱，因何而得？[四]金爲何國所滅？

（三）聯絡比較：［一］金世宗，視魏孝文帝何如？［二］女真慕中華學術，視契丹效中國文治何如？［三］唐堯虞舜，視金世宗何如？

（四）思考：［一］儉約與奢侈，孰得孰失？［二］翻譯與學術之關係。［三］刑措之世，尚慮有冤獄否？

（五）作表：

$$
金世宗事略\begin{cases}
政刑明斷 \\
自奉儉約 \\
以金國文字翻譯經史 \\
羣臣守職上下相安 \\
幾於刑措 \\
金人號爲小堯舜
\end{cases}
$$

備考

金世宗，初爲東京留守，封曹國公。即位後，改元大定。嘗語近臣曰：朕於宮室居處，惟恐過度，其必須興修者則省宮人歲入費以充之。

金人初用契丹字，太祖命完顏希尹，撰本國字。希尹乃依仿漢人楷字，因契丹字，合本國語，製女真字，太祖命頒行之。其後熙宗亦製女真字，與希尹所製字並行。希尹所撰，謂之女真大字。熙宗所撰，謂女真小字。世宗時，以女真字譯中國經史，頒之各學。世宗在位二十九年而卒。

蒙古，故爲室韋之一部，唐爲蒙兀，亦號蒙骨斯。世爲遼、金所役屬，及合不勒爲部長，起兵抗金。兀朮討之，連年不能克，與議和，册爲蒙輔國王，合不勒不受，自號大蒙古國。及宋高宗紹興十七年，乃與金和，金歲遺甚厚。

合不勒，即元太祖成吉斯汗之曾祖也。

金宣宗時，蒙古成吉斯汗伐金，破之。及元太宗立，遂滅金。

第二十八　宋理學家（一時間）

教材

理學之名，始於宋代。其最著者：曰濂溪周敦頤，洛陽程顥、程頤，關中張載。南渡以後，曰閩中朱熹。是爲濂、洛、關、閩四派。而朱熹晚出，尤兼四子之長。歷事孝宗、光宗，均力持正論，爲國家根本之圖。寧宗朝，熹爲侍講，以觸怒權貴，去職講學，弟子益衆。忌者雖有僞學之禁，處之夷然。作《大學中庸章句》、《論語孟子集註》合爲四書，盛行於世。倫理之學，自是益重。

朱　熹

要旨

授理學家概略，俾知宋五子之學派。

準備

宋理學師承表。

$$\text{周敦頤}—\begin{cases}\text{程顥}\\\text{程頤}\end{cases}—\text{張載}——\text{朱熹}$$

預習

筆記：製表。復習第二册第三，並注意末段"德行分科"與後世之關係。

教授次序

（甲）預備

（一）檢查預習：同前。

（二）指示目的：自五代干戈擾攘，士習日非。然至宋而道德倫理之學，顧卓然開一新紀元。諸生亦欲聞之乎？爰書課題於板，並指師承表示之。

（乙）提示

（一）講第一節：起課首，至"是爲濂、洛、關、閩四派"止。宋之理學，即今之所謂倫理，孔門所謂德行也。漢唐以來，初無此名稱。自宋仁宗時，周敦頤以講學名家，洛陽程顥、程頤從之遊，遂傳其學。張載講學於關中，與二程論道，深服其言，命其徒師事之。關與洛遂爲同派。南宋私淑弟子，則有閩中朱熹，所謂濂、洛、關、閩也。總之支派雖分，淵源則一，是之謂宋理學家，亦謂之宋五子。濂溪，在今湖南道縣西。洛陽，見前。關中，今陝西省。閩中，今福建省。同前。

（二）講第二節：起"而朱熹晚出"，至"處之夷然"止。熹生南渡後，去北宋四子已遠，服膺四子，獨有心得，故能兼其所長。當孝光兩朝，力闢和議之非，以爲報恥報仇，恃乎一戰。偶以所學施於政事，具有成效，非徒託空言比也。寧宗朝爲侍講，爲宰相韓侂胄所忌，罷官，歸而提倡理學，從游者日益多，如黃幹、陳淳輩，皆入室弟子也。而侂胄黨又日騰蜚語，斥爲僞學。熹不與之辨，其以道自任，可想見矣。光宗，名惇，孝宗子。寧宗，名擴，光宗子。同前。

（三）講第三節：起"作《大學中庸章句》"，至課末止。熹之著述甚多，其最著者，爲《學庸章句》、《論孟集注》。《大學》、《中庸》，本列《禮記》，自二程表章之，熹始輯出，合《論語》、《孟子》，號爲四書。自是倫理之學，益昌於世。宋理學家之有功世教如此。同前。

（丙）整理

（一）回講：同前。

（二）約述：［一］宋理學家，最著者幾人？［二］朱熹歷事何帝？［三］朱熹何故去職？［四］朱熹之書，最盛行者幾種？

（三）聯絡比較：［一］宋理學家，視春秋政治家何如？［二］周、程、張、朱學派，視老莊、申、韓何如？［三］朱熹註四書，可比孟子翼孔教否？

（四）思考：［一］理學與教育之關係。［二］濂、洛、關、閩，當今何地？
［三］寧宗何人之子？［四］四書何人所著？

（五）作表：

$$\text{宋理學家}\begin{cases}\text{周敦頤——濂}\\\text{程　顥}\\\text{程　頤}\Big\}\text{洛}\\\text{張　載——關}\\\text{朱　熹——閩}\end{cases}$$

備考

周敦頤，字茂叔，道州今湖南道縣。濂溪人。博學力行，爲政精密嚴恕，掾
南安今江西大庾縣。時，通判程珦，知其深於道，使其二子顥、頤師事之。敦頤
每令其尋孔、顏樂處，所樂何事。嘗著《通書》，及《太極圖説》，學者稱爲濂
溪先生。

程顥，字伯淳；頤，字正叔，洛陽人。初同學於周敦頤，後游太學，師事
胡瑗。顥嘗求道，泛百家，出入釋老，反求六經而得之。其學本於識仁，識
仁斯可以定性，其論治道，則以正心窒慾，求賢育才爲先。著《定性書》，
與周敦頤《太極圖説》相表裏。其卒也，文彥博采衆論，題其墓曰：明道
先生。頤之學，以誠爲本，以窮理爲用。晚年著《易傳》，及《春秋傳》等
書，當時號曰伊川先生。二程性格不同，明道和粹，交遊未嘗見其有忿
屬之容；頤性嚴正，遇有非禮，訶責甚嚴。明道嘗曰：異日能尊師道者，
吾弟也。

張載，字子厚，郿今陝西郿縣。橫渠鎮名在縣東。人。少喜談兵，至欲結客取洮
西，謁范仲淹，仲淹警之。因勸之讀《中庸》，載猶以爲未足。搜究釋老之説，
知無所得，反而求之六經，與二程語道學之要，渙然自信曰：吾道自足，何待旁
求？遂盡棄其異學，淳如也。其爲政以敦本善俗爲務，爲學以禮爲先。著《正
蒙》、《理窟》及《東、西二銘》等書。世號橫渠先生。

朱熹，字元晦，婺源今安徽婺源縣。人。少有志求道，以其父松遺命，適崇安
今福建崇安縣。從胡憲劉勉之劉子翬受學，第進士，主同安今福建同安縣。簿。聞延
平福建南平縣城西。李侗，受業楊時門人羅從彥，隱居樂道，徒步往從之。侗嘗教
學者於靜中觀喜怒哀樂未發之氣象，熹殫心潛思，卒得其傳。楊時、羅從彥及

侗,皆閩人,故稱爲閩派。熹之學,以居敬爲主,窮理以致其知,反躬以踐其
實。著述甚富,如《易本義》、《詩集傳》、《大學中庸章句》、《論語孟子集註》、
《小學》、《近思錄》、《通鑑綱目》等,皆其著者。宋寧宗初立,宰相趙汝愚薦熹
爲煥章閣侍制,兼侍講。時韓侂冑以外戚之故,浸謀干政,且日夜謀去汝愚。
於是羣小居言路,專承侂冑風旨,排斥正士。朱熹、彭龜年先後以內批罷去,
汝愚尋罷相。又以朱熹等爲僞學,禁用其黨,削朱熹官。復嚴禁僞學,得罪者
凡五十九人。越數年,始弛僞學之禁。

第二十九　賈似道(一時間)

教材

理宗朝,蒙古之焰日熾。宋任賈似道率師禦之,似道不敢戰,稱臣割地,
奉歲幣以事之,不爲恥也。會蒙古師退,似道僞奏大勝。未幾,蒙古使郝經
至,申前議,請如約,似道懼事露,拘之真州。在今江蘇。蒙古怒,一意南征。理
宗沒,度宗立,加似道太師,恃以禦敵,而似道益驕。度宗沒,帝㬎立,始罷似
道,而蒙古兵已入臨安矣。

要旨

授賈似道概略,俾知南宋所由亡。

準備

南宋帝系表。
南宋　　高宗構—孝宗瑋—光宗惇—憲宗擴—理宗昀—度宗禥—恭宗
㬎—端宗昰—帝昺

預習

筆記:製表。復習本冊第二十七"世宗沒"以下一段,探揣蒙古滅金,宋人
禦蒙當何如。

教授次序

（甲）預備

（一）檢查預習：同前。

（二）指示目的：自金亡，宋之外患，又在蒙古。朝有賢相，和戰並用，猶懼不克自保，況復有誤國之臣乎？爰書課題於板，並指帝系表示之。

（乙）提示

（一）講第一節：起課首，至"不爲恥也"止。南宋自孝宗以後，國事日非，一誤於寧宗之任韓侂胄，再誤於理宗之任史彌遠。彌遠死，又專任一賈似道執朝政。迨蒙古忽必烈以兵圍鄂州，帝命出師援之，似道不敢與戰，私遣使入敵營，立款求和。躬爲大臣，無恥至此。宋室遂爲蒙古所輕。理宗，名昀，宋太祖十世孫。賈似道，台州今浙江臨海縣。人。同前。

（二）講第二節：起"會蒙古師退"，至"一意南征"止。會蒙古主死，諸王爭立，忽必烈許和北歸。似道僞奏諸路大捷，理宗以其有再造功，賞賚益厚。忽必烈既立，未暇圖宋，但使郝經來告即位，且徵前日請和之議，似道恐前事被洩，乃拘經真州，不令入見。蒙古主怒宋之失信也，遂議大舉。於是南北交兵，無寧日矣。郝經，字伯常，潞州（今京兆通縣。）人。真州，今江蘇儀徵縣。同前。

（三）講第三節：起"理宗沒"，至課末止。理宗在位四十年崩，度宗立，加封似道太師，以其有定策功也，且恃以禦蒙。及襄陽告急，似道匿不上聞，驕縱益甚。度宗沒，次子㬎立，是爲恭宗。時謝太后臨朝聽政，北軍已破鄂，似道不得已親征。師潰江上，朝野多歸咎似道，乃放似道循州，旋爲仇家所殺。而蒙古師已由建康東驅，都城遂失守。度宗，名禥。㬎，音蜆。同前。

（丙）整理

（一）回講：同前。

（二）約述：〔一〕賈似道禦蒙之策何如？〔二〕蒙古使何人至宋？〔三〕蒙古何故怒宋？〔四〕罷似道者何帝？

（三）聯絡比較：〔一〕南宋末年之蒙古，視徽、欽時之女真何如？〔二〕賈似道是否賢於秦檜？〔三〕似道拘郝經，視匈奴囚蘇武有無同異？

（四）思考：〔一〕使似道能與蒙古戰，可免稱臣割地否？〔二〕僞奏大勝，理宗何以不知？〔三〕兩國議和，拘其來使可乎？〔四〕真州在今何省？

（五）作表：

$$\text{賈似道誤國} \begin{cases} \text{求和於蒙古} \\ \text{僞奏大勝} \\ \text{拘使臣郝經,致蒙古南征} \\ \text{度宗加似道太師,恃以禦敵} \\ \text{似道益驕} \\ \text{蒙古入臨安} \end{cases}$$

備考

宋寧宗任用韓侂冑,侂冑專政十四年,權傾人主。寧宗沒,理宗立,史彌遠以定策功,專政,凡二十六年而死。國事遂不可爲矣。

賈似道,字師憲,理宗妃賈氏弟。少落魄,游博不事操行。以妃故,積官至宰相。寶祐六年,蒙古分道南寇。開慶元年九月,蒙古忽必烈將兵渡江,遂圍鄂州。帝命賈似道軍漢陽以援鄂,蒙古攻城益急,似道大懼,乃密遣宋京至蒙古營,請稱臣納幣割地以和。會蒙古主憲宗死,諸王爭立,忽必烈許和北歸。似道詭稱諸路大捷,理宗以其有再造功,賞賚有加。忽必烈旋即位,是爲元世祖。以翰林侍讀學士郝經,爲國信大使來告即位,且徵前日請和之議。似道恐事洩,竟拘經於真州之忠勇營。蒙古主怒,使阿杰爲征南都元帥,置兩統軍司,大舉南侵。度宗咸淳四年,蒙古兵圍襄陽。七年,又分兵侵嘉定諸路。九年,樊城及襄陽皆陷。度宗沒,恭宗立。德祐元年,似道出次蕪湖,既而蒙古兵克池州,宋將孫虎臣、夏貴之師,潰於江上。似道奔揚州,詔免官,流循州,今廣東龍川縣。監押官鄭虎臣殺之於路。明年,蒙古兵入臨安。

第三十　文天祥(一時間)

教材

方蒙古之逼臨安也,宋廷急徵四方兵入衛,罕有應者。獨文天祥慷慨起兵,盡散家財,以佐軍餉。師入,而已無及,帝㬎及太后均被虜。於是天祥等立帝㬎兄昰,於福州,在今福建。是爲端宗。元兵又逼之,南奔碙洲,在今廣東。未幾,崩。宋臣又立帝昺,遷厓山,在今廣東。旋爲元將張弘範所陷。宋臣陸秀夫抱

文天祥

帝投海死,宋亡。天祥初奉使於元,爲元所留,後逃歸,與元兵戰敗被執,囚於燕,三年,終不屈,元乃殺之。嘗作《正氣歌》,激昂慷慨,凜然有生氣。

要旨

授文天祥概略,俾知宋臣之氣節。

準備

文天祥肖像。

預習

筆記:復習前課,探揣臨安破後,宋室尚存否?

教授次序

(甲) 預備

(一) 檢查預習:同前。

(二) 指示目的:賈似道誤國,諸生既知之矣。雖然,莫謂宋廷竟無人也,特患其君用之不早耳。爰書課題於板,並指肖像示之。

(乙) 提示

(一) 講第一節:起課首,至"是爲端宗"止。文天祥,字宋瑞,吉水今江西吉水縣。人。帝昺時,爲江西提刑。臨安被圍,召勤王兵不至。天祥獨毀家紓難,募兵入都。既至,城破,帝與太后均被虜。天祥得間亡去,遂走福州,共立端宗昰,以圖恢復。端宗,初封益王。昰,是本字。同前。

(二) 講第二節:起"元兵又逼之",至"宋亡"止。端宗既立,以陸秀夫爲左丞相,天祥爲右丞相。時宋之疆域,喪失殆盡,惟淮東、重慶,尚堅守不下,其餘則僅有今閩廣三省,及浙贛南部而已。及元兵日逼,浙東閩廣相繼削奪,帝奔碙洲,旋卒。帝昺繼立,避於厓山以待援。元將又以兵來逼,秀夫知不可爲,免帝爲虜受辱，遂與帝沈海以殉。碙洲，在今廣東吳川縣南海中。帝昺，初封信王，恭宗弟。厓山，今廣東赤溪縣東。陸秀夫，鹽城（今江蘇鹽城縣。）人。同前。

（三）講第三節：起“天祥初奉使於元”，至課末止。初天祥勤王臨安，太后以事急，詔罷兵，命天祥使虜營議事。抗詞不屈，被拘。旋得間逃歸福州，謀再舉。繼與元兵戰於潮州，不利被執。元世祖愛其才，欲用之。天祥不屈，遂遇害。《正氣歌》一篇，居燕時所作也。人誰不死？若天祥者，百折不回，從容就義。詎非大宋一朝之特色哉！燕、元大都，今京兆。同前。

（丙）整理

（一）回講：同前。

（二）約述：［一］文天祥因何起兵？［二］帝昺之後，何人繼立？［三］投海殉國者何人？［四］天祥被執後，情狀若何？

（三）聯絡比較：［一］蒙古兵入臨安，視金兵入汴何如？［二］文天祥，與岳飛同異？［三］陸秀夫，可稱理學家否？［四］天祥作《正氣歌》，視蘇武持節牧羊何如？

（四）思考：［一］使宋室早用天祥，南宋可不亡否？［二］端宗及帝昺，何人之子？［三］碙洲與厓山，在今何地？［四］使天祥不遇害，仍有志圖恢復否？

（五）作表：

文天祥事略 {
起兵入衞臨安
盡散家財，以佐軍餉
奉使爲元所留，逃歸
立端宗於福州
兵敗被執
囚燕三年不屈
作《正氣歌》
爲元所害
}

備考

文天祥，理宗時試進士，以第一人及第。後提刑江西。元兵迫臨安，詔天下勤王，天祥率兵入衞，與元兵戰於常州，兵敗，召歸朝，除知臨安府。時陳宜中當國，惟事蒙蔽，不能措一策。元兵既逼，宜中請遣使如元稱臣乞和，元將巴延不許，進軍皋亭山。浙江杭縣東北。天祥與張世傑，請三宮入海，而率衆背城一戰。宜中不許，白太后，遣使奉璽降元。張世傑憤率所部入海爲後圖。召宜中議降事，宜中遁去。乃改命天祥爲右丞相，如元軍，抗詞不屈，爲巴延所留。元軍遂入臨安，封府庫，收圖籍符印，以帝及太后等北去。初，元軍之逼臨安也，天祥請以益王昰、信王昺，判閩、廣。遂以昰判福州，昺判泉州，故不及於難。恭帝既北，陸秀夫等聞二王走温州，相繼追及於道，使人召故相陳宜中，張世傑亦率兵至，共入福州，立昰爲帝。天祥被元兵虜至鎮江，得間亡走真州，展轉至温州，抵福州，端宗以爲右丞相。元兵來逼，端宗又遷碙洲，得病而卒，年僅十一。弟昺繼之，遷於新會之厓州。時官兵尚二十餘萬，多居於舟。未幾天祥兵敗潮陽，爲元人所執。世傑兵潰，陸秀夫先驅其妻子入海，謂帝昺曰：國事至此，陛下當爲國死。德祐_{恭帝年號}。帝辱已甚，陛下不可再辱。即負之赴海死，諸臣從死者甚衆。天祥被執，過吉州，不食八日，不死。既至燕幽囚數年，作《正氣歌》以見志，後爲元所殺。其衣帶中有贊曰：孔曰成仁，孟曰取義，惟其義盡，所以仁至。讀聖賢書，所學何事，而今而後，庶幾無愧。元主歎曰：文天祥好男子，惜不肯爲我用。殺之誠可惜也。

高等小學校用　新式歷史教授書
第四册

第一　元太祖　太宗　世祖（二時間）

教材

　　蒙古種族，本居黑龍江上游，斡難、克魯倫兩河_{俱在今外蒙古}之間，世臣服於遼、金。南宋時，其酋成吉斯汗崛起，恃其武力，并吞諸部落。今内外蒙古、新疆及葱嶺以西地，悉隸入版圖。又遣兵滅西夏，南下伐金，未克而卒，是爲太祖。子太宗立，約宋擊金，滅之。既降高麗，又西征，陷今俄羅斯舊都，_{今墨斯科}。進軍歐洲中原，破各國同盟軍，全歐大震，至今稱爲黃禍。太宗三傳，至世祖，建都大都，_{即燕，在今直隸}。定國號曰元。先平高麗之亂，遂大舉南下，滅宋，統一中國。又征緬甸，降西南夷，服安南及南洋諸國。是時，亞洲全部及歐洲東北部，幾盡歸元。疆域之廣，爲中國歷史所僅見。

要旨

　　授元太祖、太宗、世祖概略，俾知蒙古之興及其統一。

準備

　　元代疆域圖。

元太祖

347

預習

於課前指定下列數事，使先分時自習之。

（一）筆記：摘課中難解字句，録入筆記。

（二）繪圖：依本課所示地圖摹繪。

（三）復習前課：探揣宋亡後中原大勢屬於何人。

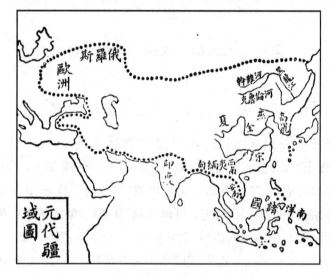

元代疆域圖

教授次序

（甲）預備

（一）檢查預習：令各出圖簿，教師巡閲。地圖則查其有無不合，不合者使改正之。筆記簿則查其何處不解，俾教時知所注意。下同。

（二）指示目的：金之稱帝，不自入中國始也，元亦何獨不然。今爲諸生講蒙古之興，及其代宋而有天下之事。爰書課題元太祖、太宗、世祖。於板，並指疆域圖示之。

（乙）提示

（一）講第一節：起課首，至"是爲太祖"止。蒙古爲今民國五大族之一，圖中所繪黑龍江上游兩源之間，爲其最初蕃殖地，舊與遼、金相接，故爲所臣服。宋高宗時,其部衆漸强,離金獨立。寧宗時,成吉斯汗崛起,既并吞鄰部,兵力遂及西方,所有内外蒙古及新疆葱嶺以西諸國,均被征服。西夏亦爲所破。此即《元史》所稱爲太祖者也。指所附圖像示之,曰此即其遺像。成吉斯汗,太祖初建之汗號,姓奇渥溫,名鐵木真。講畢,指生將本節文字朗讀一遍,令諸生開書同聽之。(如誤)教師範讀,正其句讀,再指生口述大義。(如誤)則略述前講復演之。下同。

（二）講第二節：起"子太宗立",至"至今稱爲黄禍"止。太宗名窩闊台,太祖第三子也。約宋共滅金,以成太祖未竟之志。時宋理宗端平元年也。繼又用兵東方,降高麗,復遣將率兵西征,乘勢擊今俄羅斯,陷其都城。進逼歐洲腹地,歐洲北部諸國起聯合軍禦之,亦爲所敗。由是歐洲有黄禍之説。同上。

（三）講第三節：起"太宗三傳",至"統一中國"止。太宗没,傳定宗貴由。定宗没,傳憲宗蒙哥。憲宗没,世祖立,始建大都,用漢人劉秉忠言,取《易經》"大哉乾元"之義,定國號曰元。時高麗内亂,遣兵討平之,收爲外藩。以宋臣賈似道背盟拘使,遂以全力并宋。臨安既下,南方相繼歸元,而統一之勢成矣。世祖,名忽必烈。同上。

（四）講第四節：起"又征緬甸",至課末止。世祖之武功,尤不止此。中國西南邊境,若緬甸,若西南夷,若安南,若南洋諸國,或在滅宋以前,或在滅宋以後,皆爲其兵力所懾服。至是元之版圖,幾幾乎包有亞洲,兼括歐洲之東北部。指圖中所畫虛線示之,此即元疆界。洵秦漢以來所未有也。緬甸,今英屬。安南,今法屬。同前。

（丙）整理

（一）回講：令生徒將各節文字,或分或合,輪流口述。述時將教師已講讀者,略舉大概。

（二）約述：使答次列各項,不許開書。［一］蒙古初居何地？［二］太祖之武功若何？［三］太宗之武功若何？［四］元朝之稱,始於何帝？［五］元代疆域若何？

（三）聯絡比較：［一］元太祖視耶律阿保機何如？［二］元太宗視西夏趙元昊何如？［三］元世祖視阿骨打何如？［四］元代疆域,視漢武帝時,孰爲廣狹？

（四）思考：［一］斡難、克魯倫兩河,在今何地？［二］葱嶺以西之地,是否尚屬亞洲？［三］俄羅斯舊都,今爲何地？［四］元以前,中國兵力有及於歐洲者否？［五］元之大都,今爲何地？［六］元帥南下,宋何以不能禦？

（五）作表及填註地圖：令生徒就本文摘要分類,試作簡表。如不能作。書左式於板示之,使載入筆記簿。

元太祖武功 { 并吞諸部落,盡有今内外蒙古、新疆及葱嶺以西地
　　　　　　 西破夏,南下伐金

元太宗武功 { 滅金
　　　　　　 降高麗
　　　　　　 陷俄羅斯舊都
　　　　　　 敗歐洲同盟軍

元世祖武功 { 平高麗之亂
　　　　　　 滅宋
　　　　　　 征緬甸
　　　　　　 降西南夷
　　　　　　 服安南及南洋諸國

備考

蒙古種族之歷史,已詳第三冊第二十九備考。

鐵木真,即合不勒之曾孫,并有貝爾加湖以南,及内外蒙古地。以宋寧宗之開禧二年,會諸部長於斡難河源,上汗號曰成吉斯。後滅花剌子模,伐欽察部,遂有葱嶺以西地。

西夏,當宋寧宗時,屢爲蒙古所侵,納女請降。已而納蒙古仇人,鐵木真自將伐之,城邑皆陷,夏主出降。

金廢帝即位,鐵木真與金絶,大敗金師。嗣又分三道進兵,盡取河北諸郡縣。及廢帝遇弒,章宗即位,遣使求和。以燕京不可守,遷都於汴。鐵木真怒,復引兵圍燕,下之。又令將攻定遼東未下郡縣,於是金益蹙。太宗即位,使其弟拖雷從漢中沿漢水以東,己則從白坡渡河,共逼汴京。金哀宗棄汴,奔蔡州。太宗遣使於宋,議與宋共伐金,約以河南地與宋。宋使孟珙、江海與元兵合破蔡州,金亡。

宋理宗端平三年,太宗使其姪拔都等率兵五十萬征俄羅斯,以速不台爲先鋒。既入俄羅斯,北向屠烈野贊,陷墨斯科,取幾富,遂入歐洲腹地。一軍自馬扎兒今匈牙利。渡多腦河,一軍自孛烈兒今波蘭。西侵略今奧國北境。歐洲北部諸國起聯合軍,逆擊於固利尼資,亦爲所敗。全歐震動,捏迷思今德意志。諸部民,皆荷擔而逃。既而太宗歿,蒙古軍乃東還。

世祖至元六年,高麗臣林衍廢其主植而立安慶公淳,世祖遣兵討之。會衍死,乃誅其子,以兵衛植復國,高麗遂臣服於元。

緬甸國,建都於蒲甘,威振後印度。世祖督使入貢,不應。屢遣將征之,以暑甚,班師。至元二十年,更出兵征之,破其國都,緬王請納幣以降。

初定宗時,命世祖總理漠南軍事,世祖乃從四川入雲南,伐大理國,降其

王段智興。更進入吐蕃,其主蘇固圖懼而出降。因與喇麻扮底達和。更遣將侵安南,其王陳日燝,納幣以和。至元十九年,世祖遣將伐占城。又二年,再伐之,假道安南,其王不許,乃伐之,失利而歸。至元二十四年,又遣將征安南,陷其都城,其王走於海。明年,再伐之,乃遣使謝罪。占城不久亦降。

　　世祖既征占城、安南,南洋諸國,亦先後入貢。獨爪哇不服,中統三十年,遣兵三萬擊破之。

第二　耶律楚材(一時間)

教材

　　耶律楚材,遼之舊族也。幼孤,受母教。及長,博覽羣書,旁通天文、地理、曆數、醫卜之學。後入仕蒙古,歷事太祖、太宗三十餘年,政蹟甚著。蒙古起自游牧,施行政治,多與華俗懸殊。楚材取中國之長,去蒙古之短,爲之斟酌損益,一切國制,漸見善良。太祖之世,州郡任意殺人,楚材設法禁之,民得無擾。太宗之世,國無赦令,楚材設法以赦罪輕之人,民命賴以保全。

要旨

授耶律楚材概略,俾知蒙古開國之大政治家。

預習

筆記：復習第三冊第二十二、二十七等課及前課。

教授次序

(甲) 預備

(一) 檢查預習：同前。

(二) 指示目的：元之武功,諸生既知之矣。然軍事與內政,相輔而行。內政不興,則軍事上之效力,必不能若是。諸生亦知蒙古開國,固有大政治家在乎? 爰書課題於板示之。

（乙）提示

（一）講第一節：起課首，至“政蹟甚著”止。耶律，遼之國姓。楚材，遼遺族也。幼受母教，後且能通天文、地理、曆算、醫卜之學，固一大學問家也。元太祖既滅金，召而用之，已見信任。繼事太宗，歷年頗久，故政蹟亦最著。可見博極羣書，實爲其生平事業之本。楚材，字晉卿，遼東丹王後裔。同前。

（二）講第二節：起“蒙古起自游牧”，至“漸見善良”止。蒙古人民逐水草而居，一切政治，向與中國不同。而楚材能因勢利導，使之舍短從長。於是開國制度，漸有規模，而部落之舊俗，爲之一變。洵可稱爲大政治家矣。同前。

（三）講第三節：起“太祖之世”，至課末止。楚材爲政，以省刑爲最先。蒙古開國，其刑人也，任意而不任法，故用刑尤酷。楚材設法以禁之，然後州郡始不敢輕於殺人。此太祖時之事也。然至太宗時尚無赦令，楚材爲之增置，罪輕者始得免死。於是民不苦吏，生命之受其保全者多矣。同前。

（丙）整理

（一）回講：同前。

（二）約述：［一］耶律楚材通何種科學？［二］歷事蒙古何帝？［三］蒙古國制因何改良？［四］楚材政治，何者最有益於百姓。

（三）聯絡比較：［一］耶律楚材可比於管仲否？［二］幼孤受母教，視孟子何如？［三］楚材取中國之長，去蒙古之短，視遼聖宗效中國文治何如？［四］蒙古開國，用刑從重，能如金世宗幾於刑措否？

（四）思考：［一］中國天文、地理、曆數、醫卜之學，始於何時？［二］游牧社會之政治，可施於中國否？［三］州郡任意殺人可乎？［四］罪輕之人是否當赦？

（五）作表：

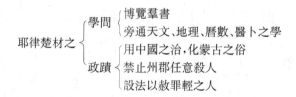

備考

耶律楚材，遼東丹王突欲八世孫履之子，生三歲而孤，夙承母教。及長，入仕於金，爲中書省左右司員外郎。元太祖定燕，聞其名，召見之，處之左右，呼爲長髯人而不名。帝每征討，必先以諮楚材，所決料皆應驗，由是日見親用。時帝方經營西土，未暇定制。州郡長吏，生殺任情，至孥人妻女，取貨財，兼土地。而燕薊留後長官尤貪暴，殺人盈市。楚材奏請禁州郡未奉璽書，不得徵發。囚當大辟者，必待報。違者罪死。於是貪暴之風稍戢。及太宗即位，時中原甫定，民多誤觸禁網，國法無赦令。楚材議請肆宥，民以得安。楚材又通術數之學，尤邃於太玄。時從征西域，以金大明曆不應，製庚午元曆上之。蒙古主每征伐，必令楚材預卜吉凶之兆，亦自灼羊胛以符之，然後行。後又定賦稅，一衡量，立鈔法，定鈞輸。庶政略備，民得蘇息。爲相十餘年而卒，封廣寧王，諡文正。

第三　元之衰亡（二時間）

教材

元初西征，所得之地悉分封諸子鎮之，其後漸不相睦。及世祖立，太宗孫海都遂聯合西北諸王以抗元，邊境大擾。已而海都又約遼東諸王，東西夾擊。世祖親征之，互有勝負。及成宗時，海都始走死，而先後搆兵四十年。元之威勢，亦因以頓衰。其後傳至順帝，怠荒逸樂，民生益困。值黃河屢決，饑民多起爲盜。有韓山童者，倡白蓮會，自稱宋後，煽衆起兵，羣雄應之。郭子興、張士誠、陳友諒等，先後起而割據。迨東南既失，北伐之師日逼，順帝北走上都，_{在今察哈爾。}元遂不復君臨中國。

要旨

授元入中國概略，俾知衰亡之遠因。

準備

元代疆域及四汗國圖。

預習

筆記：繪圖。復習本册第一課"太宗三傳"以下一段。

教授次序

（甲）預備

（一）檢查預習：同前。

（二）指示目的：元代武功之盛，疆域之廣，諸生既知之矣。亦知其衰亡所由兆乎？爰書課題於板，並指地圖示之。

（乙）提示

（一）講第一節：起課首，至"邊境大擾"止。自秦設郡縣，封建之制久已不適於用。蒙古初以西北領土分王諸子，即分裂之禍所自始。憲宗之立，太宗之子孫已不謂然。及世祖立，積嫌益深。海都之亂作，邊境騷然，而西北無寧日矣。海都，太宗之孫。同前。

（二）講第二節：起"已而海都又約遼東諸王"，至"亦因以頓衰"止。海都封地，在今內外蒙古之西。迨遼東諸王爲其所煽，遂成東西夾擊之勢。世祖兩面應敵，先平遼東，後用兵西方，師久無功。迨成宗立，海都勢衰，旋卒，亂始定。此數十年中，兵連禍結，元氣大傷。視開國時威勢，相去遠矣。成宗，名鐵木耳，世祖之孫。同前。

（三）講第三節：起"其後傳自順帝"，至"煽衆起兵"止。成宗在位十三年，傳武宗、仁宗、英宗、泰定帝、明宗、文宗，共六君。經二十餘年，至順帝，昏淫無道，不理國政，民多困乏。又值河患，年屢不登，內地盜賊漸起。於是白蓮會教徒，假託宋後，乘機作亂，東南遂日以多事。順帝，名妥歡帖睦爾，明宗長子。同前。

（四）講第四節：起"羣雄應之"，至課末止。韓山童等之亂，元已不支。而東南諸豪俊，又復各據一方，以與元抗。迨明太祖兼併東南，遂圖北伐，帝不能禦，乃棄大都而投上都，以保蒙古舊壤。自是長城以內，遂不屬元。郭子興，今安徽定遠縣人。張士誠，今江蘇泰縣人。陳友諒，今湖北沔陽縣人。同前。

（丙）整理

（一）回講：同前。

（二）約述：[一] 元初封建之制何如？[二] 海都何故抗元？[三] 繼世祖而立者何帝？[四] 元末首先起兵者何人？[五] 繼起割據者何人？[六] 順帝北走何地？

（三）聯絡比較：[一] 元代封建與周之比較。[二] 海都之叛，視漢之七國何如？[三] 元順帝視宋徽宗何如？[四] 白蓮會與漢末黃巾之比較。

［五］元末羣雄，視隋末豪傑何如？［六］順帝北走，可比宋高宗南渡否？

（四）思考：［一］諸王叛元，世祖何以不能制？［二］遼東當今何地？［三］成宗何人之子？［四］順帝怠荒逸樂，欲國不亂得乎？［五］上都當今何地？

（五）作表及填註地圖：

$$
元之衰亡\begin{cases}
諸王不睦 \\
海都倡亂 \\
黃河屢決 \\
韓山童倡白蓮會 \\
羣雄割據東南 \\
順帝北走上都
\end{cases}
$$

備考

元太宗歿，子定宗立。定宗歿，太祖之孫蒙哥，爲庫里爾泰庫里爾泰，大會之義。蒙古大汗，本由王族功臣及酋長等組織大會推定之。及世祖，始破壞此法，故海都等以爲口實。所推，是爲憲宗。於是太宗之子孫皆不平，憲宗執其黨首戮之，遷太宗子失烈門、太宗孫海都於阿爾泰山附近。世祖即位，太宗之子孫不平愈甚。蓋自太祖以來，蒙古諸王族於其國內，皆有分地。而太祖四子之後，分地尤大。今史家所稱爲四大汗國者也。四大汗國者：曰伊兒汗，領俄屬中亞南部，伊蘭高原，及小亞西亞一帶之地，拖雷之後也。曰欽察汗，東自吉利吉思荒原，西至匈加利，舉歐洲東北之地盡有之，尤赤之後也。曰察哈台汗，領阿母河以東，至天山附近，察哈台之後也。曰窩闊台汗。領阿爾泰山一帶，及新疆北部，太宗之後也。四汗之中，以窩闊台之後，與拖雷之後，嫌隙最深。至元世祖年號。六年，海都乘世祖南與宋爭，自立爲蒙古大汗，欽察、窩闊台、察哈台三汗國皆助之。十四年，世祖以皇子那木罕爲北平王，與憲宗子昔里吉等討之，昔里吉叛助海都。二十四年，海都又誘遼東諸王與之夾擊世祖。世祖先使伯顏阻海都於和林，而自將大軍，破遼東諸王於遼河，又親赴和林征海都，海都不戰而退，世祖乃引兵還。後海都至成宗時始死，與世祖構兵，前後凡四十年。

元順帝至正十一年，韓山童起兵於直隸，軍敗被執，其部將劉福通遁河南，奉山童子韓林兒爲帝，國號宋，當時名之曰紅巾賊。山東、山西、陝西多應之，不數年間，張士誠據江蘇，郭子興據安徽，徐壽輝據湖北，國號天完，陳友諒殺之，自稱漢帝。

第四　明太祖（二時間）

教材

朱元璋，濠州在今安徽。人。幼爲僧，乘元季之亂，從郭子興起兵。既又自將兵地，定都應天，在今江蘇。號吳王，破陳友諒、張士誠等。既有東南地，乃命

明太祖

徐達、常遇春等北伐，元順帝棄大都走，元璋遂即帝位，國號明，是爲太祖。時長城以外，尚爲元有，屢出侵擾。太祖遣將攻之，內蒙古及遼東，皆相繼降，邊釁漸平。遂分封諸子於邊要地，使之鎮守。太祖既統一中國，定法制，禁胡服，詔郡縣立學，尊崇孔子，以科舉取士，使海內才俊，受其範圍。又懲元政廢弛，峻法嚴刑，雖功臣不稍貸。當太祖略地時，徵求賢士，得青田在今浙江。劉基。基陳時務十八策，太祖用之，平定東南。又籌開國方略，卒成明初之治。其有所建白，輒屏人密議，太祖嘗比於漢高之得張良。

常遇春

徐　達

要旨

授明太祖概略，俾知明代之統一。

準備

明太祖肖像。

預習

筆記：復習前課，探揣繼元主中國者何人。

教授次序

（甲）預備

（一）檢查預習：同前。

（二）指示目的：自順帝北走，元遂不復君臨中國，諸生既知之矣。然逼元北走者，果何人乎？爰書課題於板，並指圖像示之。

（乙）提示

（一）講第一節：起課首，至"是爲太祖"止。太祖姓朱，名元璋，濠州人。今安徽鳳陽縣。幼失父母，貧無所依，故爲僧。元季大亂，從子興起兵皖北。後別爲一軍，率之渡江，據金陵，定都焉，始稱吳王。滅友諒，擒士誠，東南大定。旋命徐、常諸將伐元，指附列肖像示之。兵逼大都，順帝遁走，遂即帝位，國號曰明，太祖其廟號也。應天，今江蘇省會。徐達，濠州人。常遇春，懷遠（今安徽懷遠縣。）人。同前。

（二）講第二節：起"時長城以外"，至

劉　基

357

"使之鎮守"止。時長城以外猶未歸明,故元兵屢次南侵。圖規復,洪武_{太祖年號。}三年,太祖遣將分道征之。用兵數年,內蒙古及遼東,始相繼服。而封建諸王,亦於是時實行。_{分封諸子:如棣封燕王,鎮北平。桂封代王,鎮大同。權封寧王,鎮大寧。皆是。同前。}

（三）講第三節:起"太祖既統一中國",至"雖功臣不稍貸"止。自蒙古稱帝中華,禮俗政教,幾爲一變。明太祖統一後,如定法制,禁胡服,建學校,尊孔子,皆其最急者也。科舉取士,雖沿唐宋,而八股文則自明開之。海內才俊,苟有志於利祿,莫不受其範圍。元末刑法失中,太祖矯之以嚴峻。惟功成之後,猜忌勳舊,大獄屢興,不免失之太刻。_{同前。}

（四）講第四節:起"當太祖略地時",至課末止。明之興也,將帥既有徐、常諸人,而謀畧之士,則首推劉基。_{指圖像示之。}基洞明時務,初遇太祖,條陳十八策,遂見任用。嗣後開國規模,無不由其手定。太祖至比爲張良,信不誣也。_{青田,今浙江青田縣。劉基,字伯溫,後封誠意伯。同前。}

（丙）整理

（一）回講:_{同前。}

（二）約述:［一］太祖初從何人起兵?［二］既定東南,命何人北伐?［三］明初邊境,何人鎮守?［四］統一後政治何如?［五］開國方略,何人所定?

（三）聯絡比較:［一］明太祖比漢高祖何如?［二］徐達、常遇春可比漢韓信否?［三］明初分封諸子,視元初分封諸王何如?［四］劉基視宋之趙普何如?

（四）思考:［一］明之應天,當今何地?［二］使明太祖不破友諒、士誠,能命將北伐否?［三］太祖何以不使功臣居邊要?［四］科舉與學校之得失。［五］青田,在今何地?［六］劉基謀略,是否亞於張良?

（五）作表:

明太祖事略 {
從郭子興起兵
破陳友諒、張士誠
北伐大都,元帝北走
即位應天
分封諸子,鎮守邊要
尊崇孔子
以科舉取士
峻法嚴刑
}

明初 {
將帥…徐達…常遇春
文臣…劉基
}

備考

朱元璋,字國瑞。先世家沛,徙句容,再徙泗州。父世珍,始遷居濠州之鍾離,生四子,太祖其季也。年十七,江淮旱蝗,大疫,父母兄皆殁。孤無所依,乃入皇覺寺爲僧。郭子興起兵,太祖從之。旋別爲一軍,渡江南下。至正十五年,據金陵。既而大破陳友諒於鄱陽湖,殺之。移軍破張士誠,南降方國珍,大江南北悉定。又命胡廷瑞南定福建、兩廣。使徐達、常遇春北伐,乃先畧山東,收河南,破潼關,渡河而北。所至輒破,進逼燕京。元順帝奔上都,時至正二十八年也。太祖即位,定都金陵,建元洪武。

洪武三年,封子九人爲王。十一年,又封子五人爲王。二十四年,又封子十人爲王。太祖懲宋元孤立,故擇名城大都分封子弟。其護衛甲士,少者三千人,多者至萬九千人。

洪武三年,始設科取士,令各省連舉三年,自後三年一舉。鄉試以八月,會試以二月。

明太祖既即位,即定郊社、宗廟、典禮、衛所、官軍及將帥將兵之法,詔衣冠悉如唐制,放元宮人,禁宦官預政典兵。規模可謂宏遠矣。惟晚年誅戮功臣,如藍玉、李善長、傅友德,皆殺戮殆盡。

劉基,浙之青田人。幼穎異,其師鄭復初,謂其父爌曰:此子必大君之門矣。元至正間,舉進士,除高安丞,已而棄官去。及太祖下金華,定括蒼,聞基及宋濂等名,以幣聘之。基既至,陳時務十八策,太祖大喜,築禮賢館以處基等。因問進取之計,基曰:士誠自守虜,不足慮。友諒劫主脅下,名號不正,地據上游,其心無日忘我,宜先圖之。陳氏滅,張氏勢孤,一舉可定。然後北向中原,王業可成也。其後果如所言。

第五　明成祖(二時間)

教材

燕王棣,太祖第四子,擁重兵鎮燕。今京兆。時惠帝繼太祖立,憂諸王强大,議削其地。棣舉兵南下,美其名曰靖難。惠帝不能禦,出亡,不知所終。棣入應天,即位,是爲成祖。旋遷都燕,名曰北京,而以應天爲南京。時元裔

明成祖

衰微，去帝號，自稱韃靼可汗。帝親征之。其西部瓦刺，舊蒙古屬也，勢較強，尋亦爲帝所破。又置指揮等官於遼東，在今奉天。使鎮撫之。今西藏、青海等處，亦相繼內附。初，成祖疑惠帝亡在海外，令宦者鄭和往踪跡之，藉以耀兵異域。和造大舶，率衆自江蘇海道出發，首達占城，在交趾，即今安南。宣示中國威德，招撫南洋羣島。前後奉使七次，通三十餘國，足跡所經，西至印度，入紅海，經阿剌伯及阿非利加沿岸之地。世俗所傳三保太監下西洋是也。遂開東西航路交通之漸。

要旨

授明成祖概略，俾知遷燕後之國勢。

準備

明成祖肖像。明代疆域圖。

預習

筆記：繪圖。復習本册第三元"初西征"至"邊境大擾"一段及前課。

教授次序

(甲) 預備

（一）檢查預習：同前。

（二）指示目的：元初諸王封地過大，致有海都之亂，諸生既知之矣。明太祖開國亦分封諸子，是不鑒元代之失也。及太祖歿後，果有亂事。爰書課

明代疆域圖

題於板,並指圖像示之。

（乙）提示

（一）講第一節：_{起課首,至"美其名曰靖難"止。}洪武三年,太祖封子九人爲王,燕王棣其一也。燕爲北方重鎭,故兵馬最多。太祖崩,惠帝立,諸王漸跋扈,帝以爲憂。朝臣齊泰、黃子澄等,乃獻削藩之策。議甫行,棣遽發難,是爲靖難之師。_{惠帝,名允炆,太祖孫。同前。}

（二）講第二節：_{起"惠帝不能禦",至"而以應天爲南京"止。}棣英果善戰,素輕惠帝。其時宿將凋零,無人禦敵,故燕師南下,旋迫應天。相傳帝即出亡,或曰焚死。史無明文,存疑而已。棣即位,是曰成祖。未幾,遷都北京,以南京爲陪都。_{指疆域圖示之。}於是形勢上之關係,視太祖時一變。_{同前。}

（三）講第三節：_{起"時元裔衰微",至"亦相繼內附"止。}時元裔仍居和林,改稱韃靼可汗。成祖遷都後,率師親征,大敗之於斡難河。又征瓦剌,使奉明令。先後分遣使者,招降遼東諸部,設官鎭之。西藏、青海等處,太祖時未暇遠略。至是震於兵威,亦皆受册封,比於屬國。_{同前。}

（四）講第四節：起"初成祖疑惠帝亡在海外"，至課末止。太祖時，本嚴禁宦官干政。成祖南下，宦官以內應功，遂漸用事。鄭和航海之舉，一則踪跡惠帝，一則耀武南洋，成祖蓋有深意焉。據地圖：由江蘇出洋，沿亞洲海岸，以達非洲。所經各地，在今日輪舶往還，視爲甚易，當日恃帆檣之力，遠涉重洋，至於七次，則不得不驚爲創舉。於是三保太監之名，中外宣傳。而東西洋之交通，亦萌於此矣。鄭和，雲南人。三保，和之小字。同前。

（丙）整理

（一）回講：同前。

（二）約述：［一］成祖何人之子？［二］靖難之兵，因何而起？［三］成祖遷都何地。［四］元去帝號，改何名稱？［五］西方內附者何地？［六］鄭和下西洋，自何處出發，所經何地？

（三）聯絡比較：［一］燕王靖難，視海都叛元何如？［二］明成祖遷燕，視漢武定都洛陽何如？［三］成祖親征瓦剌，視宋真宗親征契丹有無同異？［四］鄭和通南洋三十餘國，視班超降西域五十餘國，孰難孰易？

（四）思考：［一］燕兵南下，惠帝何以不能禦？［二］成祖遷都北京何意？［三］遼東形勢與北京之關係。［四］青海西藏在中國何方？［五］占城今屬何國？［六］印度、紅海、阿剌伯，是否在亞洲，抑屬非洲？

（五）作表：

$$
明成祖大事記\begin{cases}
擁重兵鎮燕 \\
舉兵靖難 \\
遷都北京 \\
親征韃靼及瓦剌 \\
置指揮官於遼東 \\
西藏、青海內附 \\
命鄭和下西洋，宣示威德
\end{cases}
$$

備考

太祖太子標早卒，惠帝允炆，標之子。太祖初欲立燕王棣爲太子，格於羣議，不果。燕王心不平，陰有異志。及惠帝即位，用齊泰、黃子澄同參國政。時燕、周、齊、湘、代、岷諸王，流言相煽，帝與泰、子澄謀，而削藩之議起矣。棣以姚廣孝爲謀主，日夜練兵鑄械。至建文惠帝年號。元年七月，棣反，以誅齊、黃爲名，號其兵曰靖難。帝命耿炳文討之，炳文敗。代以李景隆，又大敗。既而鐵鉉、盛庸破燕兵於濟南,幾獲棣。棣乃引還。姚廣孝力勸再發,棣又大舉南下,改由徐沛,建文四年六月,自瓜洲渡江,進軍龍潭,逼金川門,谷王橞、李景隆開門迎降。燕王入即位,惠帝不知所終。

元順帝歿,子愛猷識理達臘嗣,歿,子脫古思鐵木兒嗣。五傳至坤帖木兒,爲其臣鬼力赤所弒,改稱韃靼。其知院阿魯台,復殺鬼力赤,迎立元裔本雅失里。成祖以書諭之,不聽,反殺我使者。帝命邱福討之,敗歿。永樂成祖年號。八年,帝親征,大破本雅失里及阿魯台,元之亡也。其遺臣猛可帖木兒據西垂,統瓦剌部之衆。猛可帖木兒死,衆分爲三:其酋曰瑪哈木,曰太平,曰把禿孛羅,明皆封之爲王。既而瑪哈木謀南下,邊將以聞。永樂十二年,帝親征,三部合力相抗,帝大破之。

初成祖疑惠帝遁跡海外,永樂三年,遣中官鄭和等蹤跡之。多齎金幣,率兵三萬七千餘人,造大船六十二,由蘇州劉家港泛海,至福建,達占城,以次徧歷西洋,頒天子詔,宣示威德。因給賜其君長,不服,則以兵懾之,諸邦咸聽命。比和還,皆遣使者隨和朝貢。成祖大喜,未幾,復遣和往,徧賚諸邦,由是來朝者益衆。和歷事成祖及仁、宣二朝,出使南洋凡七次,其所經歷之地,西至紅海,南達非洲東岸,計程數萬里。

第六　于　謙(二時間)

教材

自成祖再傳至宣宗,明治頗振。宣宗卒,子英宗立。時瓦剌部長也先,奉韃靼可汗入寇北邊,宦官王振勸帝親征,敗於土木,在今直隸。被虜,京師大震。時朝臣有主張南遷者,于謙持不可,一意備戰。於是立英宗弟郕王監國,旋即位,是爲景帝,遙尊英宗爲太上皇,而以戰守之事,委之于謙。後也先挾英宗爲質,屢次內犯,于謙嚴備之,不能得志,遂釋英宗歸。已而景帝有疾,羣臣仍奉英宗復位,誣殺于謙。瓦剌部衆,亦爲韃靼所破。然其後韃靼漸強,進陷河套,又擾明邊。世宗時,直逼北京,任其大掠而去。及穆宗立,乃就撫,西塞以寧。

要旨

授以于謙概略,俾知英宗被虜,景帝守禦之政策。

于　謙

準備

于謙肖像。

預習

筆記：復習第三册第二十五“金人伐宋”以下一段，及前課。

教授次序

（甲）預備

（一）檢查預習：同前。

（二）指示目的：成祖親征，諸生既聞之矣。乃甫歷數傳，北方又不靖，使非有人焉，力謀守禦，則明幾復爲南渡之宋。諸生亦欲知其人乎？爰書課題於板，並指圖像示之。

（乙）提示

（一）講第一節：起課首，至“京師大震”止。成祖殁後，傳仁宗，仁宗殁，傳宣宗，皆守成之主，號稱太平。至英宗之世，也先自大同入寇，時太監王振用事，勸帝親征，欲因以立功。帝至土木，寇猝至，被虜，京師聞耗，上下震懼，是爲土木之變。宣宗，名瞻基。英宗，名祁鎮。土木，堡名，在今直隸懷來縣西二十五里。同前。

（二）講第二節：起“時朝臣有主張南遷者”，至“委之于謙”止。瓦剌既虜英宗，勢益張。明廷遂有遷都之議，獨于謙力闢其説，專主用兵，遂擁立景帝，遙尊英宗爲太上皇，於是喪君有君，戰守可以著手矣。于謙，錢塘（今浙江杭縣。）人。景帝，名祁鈺，初封郕王。同前。

（三）講第三節：起“後也先挾英宗爲質”，至“誣殺于謙”止。謙既當國，也先猶屢挾英宗，與明挑戰，屢爲謙所敗。後也先知久留英宗無益，乃遣使請和，歸英宗。英宗還京師，居於南宮，時景帝景泰元年八月也。七年正月，景帝有疾，石亨、徐有貞等以兵迎英宗復位。景帝疾益篤，旋殁。亨與有貞復誣于謙而殺之。小人之無良，真不可以理喻也。同前。

（四）講第四節：起“瓦剌部衆”，至課末止。未幾，也先被其部人所殺，瓦剌衰，而韃靼漸強，遂破瓦剌，西據河套。自英宗歿，歷憲宗、孝宗、武宗，明邊世受其擾。迨世宗即位，曾有規復河套之議，乃誤信嚴嵩，阻格不行。韃靼酋俺答遂入寇，直犯京師，無可如何也。至穆宗時，張居正當國，整飭內治，武備尤嚴。俺答乃求和，邊境暫得無事。河套，今綏遠特別區域鄂爾多斯旗。世宗，名厚熜。穆宗，名載垕。同前。

（丙）整理

（一）回講：同前。

（二）約述：〔一〕英宗時北方何國入寇？〔二〕英宗何以被虜？〔三〕于謙奉何人監國？〔四〕也先屢次內犯，何以不能得志？〔五〕英宗何以復辟？〔六〕瓦剌爲何人所破？〔七〕世宗後，明西北邊之情狀。

（三）聯絡比較：〔一〕王振勸英宗親征瓦剌，視寇準勸真宗親征契丹何如？〔二〕于謙力阻南遷，視李綱力請回汴，同異若何？〔三〕明英宗能南歸，宋之徽欽終於北狩，其故安在？〔四〕明代之韃靼，視宋代之西夏若何？

（四）思考：〔一〕英宗親征瓦剌，謀之宦官，何故？〔二〕土木在今何省？〔三〕英宗被虜，不立監國可乎？〔四〕使于謙不嚴戰守，英宗得南歸否？〔五〕景帝有疾，何不立景帝之子？〔六〕于謙何故被殺？〔七〕河套在今何地？

（五）作表：

$$
英宗與于謙\begin{cases}王振勸英宗親征\\瓦剌虜英宗\\于謙立景帝\\于謙嚴備瓦剌\\瓦剌歸英宗\\羣臣奉英宗復辟\\英宗殺于謙\end{cases}
$$

備考

英宗正統十四年，瓦剌酋也先入寇，自大同入，諸邊守將皆逃。時宦者王振用事，勸帝親征。七月，帝發京師，倉猝就道，軍中常夜驚。過居庸關，至宣府，風雨連日，警報益亟，羣臣請留，振不聽。至大同，敵勢甚盛，振知不能敵，乃至土木堡，爲也先兵所圍。四面大呼，蹂躪而入，帝以親軍突圍不得出，下馬據地坐，虜遂擁之去。敗報聞，羣臣聚哭於朝。議戰守，或請南遷，于謙力主死守，議遂定。以太皇太后旨命郕王監國，以于謙爲兵部尚書。九月，太后命郕王即位，是爲景帝，尊英宗爲上皇。十月，也先挾英宗犯京師，于謙統諸將擊郤之。明年七月，也先議和，使右都御史楊善等報之。八月，上皇至自瓦剌，入居南宮。

景泰七年正月，武清侯石亨、右都御史徐有貞等以兵迎上皇於南宮，遂復位，廢景帝，仍爲郕王。時景帝固已疾篤，旋殁。下于謙於獄，既而殺之。謙性忠孝，忘身殉國，死之日，天下冤之。

河套者，地在黃河南，自寧夏至偏頭關，延袤二千餘里，多水草。外爲東勝衛，東勝而外，土地平衍，敵來不能隱。明初曾置戍守之，後以曠絕內徙，其地遂空。英宗時，有阿羅出者，其屬潛居河套。憲宗時，韃酋孛來及小王子、毛里孩等先後入居之，自是虜遂深入，抄掠無寧日矣。世宗時，曾詆總督三邊。詆有才略，感帝知遇，因建收復河套之策，條八議以進。帝許之，而嚴嵩忌其功，陰陷之，帝意遂中變。嘉靖二十九年，韃酋俺答入寇，長驅至通州，分兵剽昌平，京師戒嚴，詔各鎮勤王，既而虜騎渡河，駐安定門外。仇鸞、楊守謙等，皆以兵至。嚴嵩恐戰敗得罪，禁將士毋戰，曰：寇飽自颺去耳。虜縱橫畿內八日，所掠已過望，乃徐引去。至穆宗時，俺答之孫把漢那吉與俺答不協來降，三邊總督王崇古納之，疏請授以官職，以招徠俺答，若俺答桀驁，則明示以欲殺，以撓其志。時張居正爲相，力主其議，俺答竟受撫，封順義王。

第七　王守仁（一時間）

教材

王守仁，餘姚在今浙江。人，少好旅行，年十五，即出塞，縱觀形勢。十七，築室陽明洞今浙江紹興縣會稽山中。中，潛心求學，故一號陽明先生。初官兵部主事，以言事觸武宗怒，謫貴州龍塲驛丞。其地苗獠雜處，守仁因俗化導之。後江西盜亂，朝臣舉守仁巡撫其地，屢平巨寇。寧王宸濠據南昌在今江西。反，守仁率師討之，執宸濠，藩禍以定。守仁宗孟子良知之說，其爲教專以致良知爲主，知行一致，可以施諸實用，與空談義理者迥殊，世謂之陽明學派。

要旨

授王守仁生平概略，俾知明代禮學，有陽明一派。

準備

王守仁肖像。

預習

筆記：復習第二册第六"孟子獨宗仲尼"以下四句，及第三册第二十八全課。

王守仁

教授次序

（甲）預備

（一）檢查預習：同前。

（二）指示目的：宋代理學有濂、洛、關、閩四派，諸生既聞之矣。亦知明代復有特標學派者乎？爰書課題於板，並指圖像示之。

（乙）提示

（一）講第一節：<small>起課首，至"故一號陽明先生"止。</small>守仁，字伯安，生明憲宗成化八年。自少居北京，性豪邁不羈，十五歲，縱觀塞外經月，慨然有經略四方之志。後歸會稽山中，肆力於學，以所居曰陽明洞，故號陽明。與周敦頤之號濂溪，張載之稱關中，同一例也。<small>餘姚，今浙江縣名。同前。</small>

（二）講第二節：<small>起"初官兵部主事"，至"藩禍以定"止。</small>明武宗時，宦官劉瑾用事。守仁初出仕，即上疏劾瑾，武宗怒，貶爲龍場驛丞。龍場故苗疆，在任數年，爲講倫理之學，苗獠感化。後盜發江西，吏不能治，以尚書王瓊薦，擢贛南巡撫。守仁至，用以盜攻盜之法，甫一年，巨寇悉平。宸濠之叛，連陷江西諸郡，東下安徽，聲勢甚大。武宗親征，會守仁以計擒宸濠，亂遂定。其事功大略如此。<small>獠，魯皓切，音老，苗之別種。宸濠，太祖子寧王權之後。南昌，今江西省治南昌縣。同前。</small>

（三）講第三節：<small>起"守仁宗孟子良知之學"，至課末止。</small>守仁之學，初泛濫於詞章，中出入於佛老，久之，乃恍然悟澈聖賢之微旨，於是取孟子所謂良知，合諸《大學》所謂致知，爲致良知之說。其教人也，始主知行合一，終乃專揭致良知三字。世以其稍異朱子之學，初頗反對之，先生乃刊行朱子晚年定論，以釋學者之疑。此可知陽明之學，實非別爲一派也。同前。

（丙）整理

（一）回講：同前。

（二）約述：〔一〕守仁何省人？〔二〕陽明之號，因何而起？〔三〕述守仁之事功。〔四〕述守仁之學説。

（三）聯絡比較：〔一〕王守仁視于謙若何？〔二〕守仁觸怒武宗被謫，視朱熹觸怒權貴去職，何如？〔三〕宸濠據南昌反，視燕王舉兵燕京何如？〔四〕陽明學派，視閩學派同異若何？

（四）思考：〔一〕旅行與求學之關係。〔二〕陽明洞在今何省？〔三〕守仁之學，何以能化苗獠？〔四〕知行一致與空談義理，施之於今，孰爲適用？

（五）作表：

$$
王守仁事略
\begin{cases}
少好旅行 \\
築室陽明洞潛心求學 \\
謫龍塲驛丞苗獠感化 \\
平江西盜 \\
執寧王宸濠 \\
教人以致良知爲主 \\
世謂陽明學派
\end{cases}
$$

備考

明武宗時，宦官劉瑾專權。守仁時官兵部主事，抗疏劾之，瑾怒，廷杖四十，謫貴州龍塲驛丞。瑾欲殺之，使人伺其後。守仁賦詩，置衣冠大江側，若自沈者，而潛附商舶抵故人家。既而之龍塲驛，在任數年，爲講倫理之學，苗皆感化。瑾敗，乃召還，苗人爲生祠以祀之。江西南贛爲盜賊巢穴，兵部尚書王瓊薦守仁才足辦賊，乃以爲贛南巡撫。守仁至任，知左右多賊耳目，呼老隷詰之，隷不敢隱。因貰其罪，令詗賊，動靜無不知。於是討大帽山、橫水、左溪、桶岡諸賊，悉破之。又誘斬浰頭賊首池仲容，境內大定。守仁所將皆文吏及偏裨小校，甫一歲，平數十年巨寇。人驚以爲神。

寧王宸濠，封地在南昌。宸濠因武宗遊幸不時，人情危懼，陰有異志。御史蕭淮上疏發其姦狀，帝命人往收其護衛，宸濠遂發兵反，略九江、南康諸郡，陷之。守仁得反書，集衆議曰：賊若出長江，順流東下，則南都不保。吾當以計撓之，乃多遣間諜持檄，言都督許泰已率京軍四萬，贛南湖廣等各帥所部，合六十萬,直擣南昌。所至缺供者,以軍法論。又爲書遺宸濠心腹,敍其歸國之誠,令勸宸濠早日東下。宸濠果疑,不敢東。已知爲守仁所紿,乃自將攻安慶,守仁詗知南昌空虛,引兵夜抵其城,破之,獲宸濠家屬。守仁旣得南昌,知宸濠必還救,設伏中道以待,賊還,官軍與戰於黃家渡,大破之。宸濠盡發九江、南康兵赴援,守仁遣奇兵乘虛復兩郡。明日再戰,又破之。賊聯舟爲方陣,方設朝,官軍奄至,宸濠易舟而遁,官軍要而擒之。宸濠起事至此,才三十五日耳。

守仁天資異敏,不苟言笑。初築室陽明洞中,泛濫二氏學,數年無所得。謫龍場,窮荒無書,日繹舊聞,忽悟格物致知,當自求諸心,不當求諸事物。喟然曰:道在是矣。其爲教,專以致良知爲主,學者翕然從之,世遂有陽明學云。

第八　戚繼光(一時間)

教材

戚繼光,字元敬,幼倜儻,負奇氣。家貧,好讀書,通經史大義。及長,備倭山東,倭寇畏之。倭寇者,起於日本西部,明初常爲東南沿海患。成祖時,日本大將軍入貢受封,因命嚴捕倭寇,海疆稍靖。世宗時,內地奸人又引之入寇,所至焚掠,爲患更甚。命戚繼光等率師痛剿,先破之於浙江,又破之於福建,東南始無倭患。及穆宗時,移鎮薊門,邊備修飭,敵無由入。著有兵書,爲談兵者所遵用。

倭船式

要旨

授戚繼光戰功,俾知明代禦倭之槪略。

預習

筆記:復習本册第五明代疆域圖,搜求東方海中與我國對峙者何國。

教授次序

(甲) 預備

(一)檢查預習:同前。

(二)指示目的:明之中葉,于謙禦瓦剌,王守仁擒宸濠,諸生旣聞之矣。其後海疆多事,將帥中長於戰守之略者,亦大有其人。爰書課題於板,指示之。

(乙) 提示

(一)講第一節:起課首,至"倭寇畏之"止。繼光姓戚,定遠人,元敬其字也。幼時,氣宇英爽,異於常兒。家雖貧,誦讀不輟,經史大義,能了然於胸。其學有根柢已如此。家世襲登州衛今山東蓬萊縣。指揮,及繼光長,以世職備倭寇於山東。寇不敢犯。可見古來名將,未有不以讀書致用者也。同前。

(二)講第二節:起"倭寇者",至"海疆稍靖"止。日本,自元代互禁通商,其西部島民,私出海營貿易者,皆無賴之徒。久之,多流爲盜。我國東南沿海,常受其擾。當時目爲倭寇,善使帆檣,進退趫捷。指附圖示之,告以此即其船之形式。明太祖曾命湯和於浙閩等省瀕海,築城防之。成祖即位,日本大將軍入貢,受王封,通使不絕,得互市之利,並

明世祖

代擒倭寇來獻,海濱賴以稍安。同前。

（三）講第三節：起“世宗時”,至課末止。成祖八傳至世宗,寵任嚴嵩,疆事日壞。倭以奸民汪直等爲謀主,江浙承平既久,士不知兵,以故賊蹤所至,無不殘破。指附圖世宗肖像示之。繼光奉命剿倭,戰艦火器,焕然一新。於浙江、福建等,先後皆著戰績,東南一帶,倭氛始息。穆宗立,移鎮薊門,邊防益固。所著有《紀效新書》、《練兵實紀》等,皆實有經驗,非徒託空談,後世練兵者多用之。薊門,今京兆薊縣。同前。

（丙）整理

（一）回講：同前。

（二）約述：［一］戚繼光幼時狀況。［二］倭寇起於何地？［三］明成祖及世宗時東南海疆狀況。［四］繼光破倭寇,在今何省。

（三）聯絡比較：［一］戚繼光比王守仁何如？［二］倭寇爲患,視瓦剌何如？［三］繼光著兵書,視岳飛洞明兵法,有無同異？

（四）思考：［一］不讀書可以爲名將否？［二］我國東南沿海與日本之關係。［三］内地奸人引倭入寇,其罪可勝誅乎？［四］薊門在今何省。

（五）作表：

$$
明代倭寇記
\begin{cases}
明初…爲東南沿海患 \\
成祖時…命日本大將軍嚴捕 \\
世宗時…
\begin{cases}
内地奸人又引之入寇 \\
戚繼光痛剿之
\end{cases}
\end{cases}
$$

備考

明制,浙江設市舶,置提舉司,駐寧波,海舶至則平其直,制馭之權在上。及世宗時,撤天下鎮守中官,并撤市舶,而濱海奸人遂操其利。初,市猶商主之,及嚴通番之禁,遂移之貴官家,負其直者愈甚。倭喪其資不得返,則大恨。而大奸若汪直、徐海、陳東、麻葉輩,爲之主謀,誘之入寇。海盜襲其服飾旌號,分掠内地,無不大利。故倭患日劇。嘉靖三十二年,汪直勾諸倭大舉入寇,江浙悉被蹂躪。大抵真倭十之三,從倭者十之七也。三十三年,命兵部尚書張經總督軍務。明年五月,敗倭嘉興、王江涇。時嚴嵩黨趙文華以工部侍郎督察軍情,顛倒功罪,經復不能竟其功,代以胡宗憲。宗憲以計誘汪直誅之,倭失主謀,乃南走,流刼閩廣。四十二年四月,寇興化府陷之,遠近震動。

詔以俞大猷充總兵官,戚繼光副之,二人皆名將。大猷以謀略稱,繼光以節制勝,於是一敗之長樂,再殲之平海,而寇之侵犯他州縣者,亦先後爲諸將所破斬,東南始蕩平。然寇掠已二十餘年矣。_{大猷,字志輔,鳳陽人。}

第九　東林諸賢_(一時間)

教材

宦官干政,明初本懸爲厲禁。自成祖起兵靖難,宦官內應有功,漸見信任。自是宦官寖橫,遂有挾英宗親征,導武宗微行等事,爲明代巨患。神宗時,無錫_{在今江蘇。}顧憲成既罷官歸,而講學於東林書院。學者慕之,相與論朝政,評人物,士大夫或遙相應和。於是東林之名大著,忌者亦多。熹宗朝,忌者假宦官魏忠賢之力,以排擊之。東林諸賢,多爲所誣陷。正人君子,無倖免者。

要旨

授東林諸賢概略,俾知明代士大夫之氣節,與宦官之權勢。

預習

筆記:復習第二册第十五全文。

教授次序

(甲)預備

(一)檢查預習:_{同前。}

(二)指示目的:東漢黨錮之獄,諸生既聞之矣,非獨東漢爲然也,即明季亦有之。爰書課題於板,指示之曰,此即明之季世與宦官爲仇敵者。

(乙)提示

(一)講第一節:_{起課首,至"爲明代巨患"止。}明初不許宦官干政,至立鐵牌以禁之,可謂善矣。自成祖靖難,利用此輩,而太祖之禁遂弛。嗣位諸帝,不知鑒戒,宦官權力遂盛。如英宗任王振,則挾以親征。武宗任劉瑾,則導以微行。坐是小人日親,君子日疏,而禍根遂蟠固而不可拔。同前。

（二）講第二節：起"神宗時",至"忌者亦多"止。顧憲成,字叔時,無錫人也。神宗萬曆中,官吏部,因事忤帝意,削籍歸。里有東林書院,宋大儒楊時講學處,憲成修葺之,與同志講學於其中,從遊者甚衆。於朝政人物,時有臧否,聲氣廣通,當時有東林黨之目。於是非東林黨,畏其清議,兩不相容,而勢成水火矣。神宗,名翊鈞,穆宗子。

（三）講第三節：起"熹宗朝",至課末止。神宗殁,熹宗即位,宦官魏忠賢用事,擅作威福,專惡正人。時適有三案之爭,非東林黨因假手忠賢,以排擊東林,藉端誣陷。搜捕之使四出,凡諸賢之附籍東林者,無有倖免。於是朝野善類,爲之一空。熹宗,名由校,光宗子。魏忠賢,肅寧今直隸肅寧縣。人。同前。

（丙）整理

（一）回講：同前。

（二）約述：［一］明代信任宦官,始於何帝?［二］顧憲成何縣人?［三］東林之名,因何而起?［四］熹宗時何人誣陷東林?

（三）聯絡比較：［一］明代宦官,視唐代宦官何如?［二］顧憲成可比王守仁否?［三］東林諸賢,視東漢黨錮,有無同異?［四］魏忠賢與鄭和之比較。

（四）思考：［一］宦官寢橫,何以不重申屬禁?［二］東林書院始於何代?［三］講學家評論涉於朝政人物,能不招忌否?［四］正人君子排擊殆盡,是否國家之福?

（五）作表：

東林黨禍始末記 { 提倡東林者顧憲成
排擊東林者魏忠賢

備考

明太祖嚴禁宦官不許讀書識字及干預政事,建文時御之尤嚴。燕兵之逼也,內官多逃入軍中,漏朝廷虛實,成祖以爲忠於己,深德之。及即位,諸宦官自訴其功不已,帝患之。會鎮遠侯顧成等出鎮諸邊,帝以其建文舊臣疑之,乃命宦官與之偕行,賜以公侯章服,位諸將上。已又設京營提督,使爲監軍。又建東廠,使刺外事。一代閹階,基於此矣。王振,挾英宗親征,事已見前。至導武宗微行，則事出劉瑾。瑾興平人，本談氏子，依中官劉姓以進，因冒其姓。初侍武宗於東宮，及帝即位，瑾與馬永成、高鳳、羅祥、魏彬、邱聚、谷大用、張永並以舊恩得幸，人號八虎。日進鷹犬角觝之戲，導帝微行，帝大歡樂之。瑾又勸帝增置皇莊四百餘所，畿內爲之大擾。自閣臣劉健、謝遷，下至部曹李夢陽、王守仁、御史陳琳、貢安甫等，凡海內號稱忠直之臣，皆爲瑾所中，相繼罷去。瑾勢愈熾，曾矯詔下五品以下官三百餘人於獄，其橫如此。後太監張永與瑾不協，奏發其十七罪，帝乃誅之。

　　顧憲成，萬曆中以進士官户部主事，轉吏部。尋被謫爲桂陽州判官，既又擢吏部文選郎中，會廷推閣臣忤帝意削籍歸。既歸里，名益高。憲成姿性絕人，幼即有志聖學。至是，益殫精研究，力闢王陽明之説。里故有東林書院，憲成與其弟允成創修之，偕同志高攀龍、字存之，無錫人。錢一本字國瑞，武進人。等講學其中。學者稱涇陽先生。一時士夫響應，學舍至不能容。講習之餘，往往諷議朝政，裁量人物，由是東林之名大著，而忌者亦多。神宗在位久，怠於政事，廷臣漸立門户。既而梃擊、紅丸、移宮三案起，凡與東林忤者，皆目爲邪黨，廢斥殆盡。識者已憂其過激生變，及忠賢勢成，其黨果倚之以傾東林，捕戮諸賢，天下騷然矣。忠賢，初名進忠。萬曆中選入宮，私於熹宗乳媼客氏。熹宗立，封客氏爲奉聖夫人，二人遂皆有寵，並擅威福。忠賢掌東廠，緹騎四出，凡正人君子，排斥誅逐，無一免者。天啓七年，熹宗歿，思宗立。素稔忠賢惡，深自儆惕。廷臣交章劾忠賢，忠賢大懼，以重寶賂信邸太監徐應元求解。帝斥應元，而安置忠賢於鳳陽，尋命逮治，忠賢自縊死。

第十　滿洲之興（一時間）

教材

　　弩爾哈赤，姓愛新覺羅，滿洲在今東三省。部之酋長也。其人民大抵金人後裔，世服從於中國。明初曾設衛以撫之。傳至弩爾哈赤，攻併近部，拓地日廣。明神宗不欲用兵，乃授爲將軍，賜之金帛，以羈縻之。滿洲益驕，日漸窺邊，屢敗明兵，遂取遼東，建都瀋陽。在今奉天。弩爾哈赤没，子皇太極立，西滅蒙古，東降朝鮮，北定黑龍江，建國號曰清，是爲清太宗。追尊弩爾哈赤爲清太祖，而明之邊事日亟矣。

要旨

授滿洲崛興概略，俾知明季之邊患。

預習

筆記：復習本冊第四、第五關於遼東等文，及明代疆域圖，探揣東北邊諸部與長城以内之關繫。

教授次序

（甲）預備

（一）檢查預習：同前。

（二）指示目的：明自英宗以來，邊疆西北有瓦剌、韃靼之肆擾，沿海有倭寇之紛紜，諸生既聞之矣。未幾，東方又多事，此與明之存亡，尤最有關繫者也。爰書課題於板，並指疆域圖滿洲地位示之。

（乙）提示

（一）講第一節：起課首，至"拓地日廣"止。弩爾哈赤生於明世宗嘉靖三十八年，長有武略，愛新覺羅其姓，滿洲其部族之稱也。滿洲今爲五大民族之一，然在明初，特東方一部落耳。其人民本爲東胡族，與金人同出一源，地屬明建州衞，此外尚有海西、扈倫等衞，忌弩爾哈赤之强，合兵來攻，皆爲所敗。於是滿洲部始大。同前。

（二）講第二節：起"明神宗不欲用兵"，至"建都瀋陽"止。滿洲既并鄰部，明不能討，神宗亦厭言兵，因授爲龍虎將軍，歲賜銀八百兩，蟒緞十五匹，藉爲籠絡之計。乃弩爾哈赤雄心勃發，漸掠明邊。明廷命楊鎬征之無功，遼河以東七十餘城先後被陷，弩爾哈赤遂稱帝於瀋陽，定都焉，建元天命。時萬曆四十四年也。瀋陽，今奉天瀋陽縣，即省治。同前。

（三）講第三節：起"弩爾哈赤歿"，至課末止。熹宗天啓六年，弩爾哈赤舉兵十三萬攻明邊，不克，旋病卒。其子皇太極嗣，用兵之略，等於其父。西至蒙古，東至高麗，北至黑龍江，相繼征服。始建國號曰清，改元天聰，事在明懷宗崇禎九年。皇太極在位十七年，廟號太宗。弩爾哈赤爲清太祖，太宗即位後所追尊之號也。明以清兵屢次侵入，禦之無策，國力由此益疲。同前。

（丙）整理

（一）回講：同前。

（二）約述：［一］滿洲之興，始於何人？［二］述明神宗羈縻滿洲之政策。［三］滿洲建都何地？［四］述清太宗之武功。

（三）聯絡比較：［一］弩爾哈赤視金太祖阿骨打何如？［二］滿洲攻併近部，視蒙古初起時，有無異同？［三］清太宗之武略與蒙古太宗武略之比較。

（四）思考：［一］滿洲爲金人後裔，有無明證？［二］弩爾哈赤取明遼東，神宗何以不討？［三］瀋陽在今何省？［四］清太宗既取高麗蒙古等地，明之邊防宜若何慎固？

（五）作表：

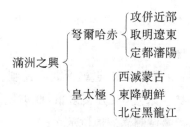

備考

清始祖名布庫里雍順，姓愛新覺羅，居長白山東，蓋與金同族，女貞之裔也。其部落號滿洲，後中衰，至都督孟特穆，始定居赫圖阿拉，今奉天興京縣。是爲清之肇祖。四傳至景祖覺昌安，景祖生顯祖塔克世。太祖者，顯祖之長子也，以明之嘉靖三十八年生，英毅有武略。初滿洲諸部，有稱蘇克蘇滸者，部人尼堪外蘭構明李成梁攻古哷城，今吉林縣西南。城主阿太章京之妻，景祖女孫也。景祖聞警，與顯祖往援，城陷，皆死焉。太祖年二十五，乃起兵攻尼堪外蘭，克之。旋吞并旁近諸部落，敗其與蒙古之聯合兵。萬曆四十四年遂稱帝，建元天命，國號滿洲。越二年大舉侵明。明年，明經略楊鎬集兵瀋陽，分四路深入，太祖先破其中路，既而三路皆潰。天啓元年，太祖陷瀋陽，進陷遼陽，徙都之。五年，復遷都於瀋陽。天命十二年太祖卒，第八子皇太極立，是爲清太宗，改元天聰。尋建國號曰清，改元崇德。滅漠南蒙古，降朝鮮，屢大舉侵明，深入殺掠，明事益不可爲矣。

第十一　徐光啓(一時間)

教材

　　徐光啓,上海_{在今江蘇}。人,明大臣中首倡西學者也。先是明武宗時,葡萄牙國人始來廣東,旋僑居澳門。_{在今廣東}。未幾,西班牙人占呂宋,_{在今南洋羣島}。荷蘭人占臺灣,皆與中國互市。神宗時,天主教徒亦相繼來華傳教。光啓信其説,從教徒利瑪竇等學,譯著天文、算法、農政、水利諸書。西洋科學,由是輸入中國。熹宗初,滿洲寇邊利用騎射。光啓請仿造西式鎗礮以禦之,不聽,而明之兵力,遂不復振。光啓於其故里,築有天文臺,今遺址猶存。

要旨

　　授徐光啓概略,俾知歐風東漸及中國有西學之始。

預習

　　筆記:復習本册第五"令宦者鄭和"以下一段,及附圖西南洋沿海一帶地名。

教授次序

(甲) 預備

（一）檢查預習:_{同前}。

（二）指示目的:學術之進化與時勢俱,然亦必有提倡之者。今之西學,果始於何時,倡於何人乎?爰書課題於板,指示之。

利瑪竇

（乙）提示

（一）講第一節：起課首，至"皆與中國互市"止。中國首倡西學者爲明徐光啓。光啓，熹宗時宰相，今之江蘇上海縣，其本籍也。西人之至中華，始於明武宗時，葡萄牙、西班牙、荷蘭等，先後航海東來，或居澳門，或占呂宋，或占臺灣。而以舶來品，與中國商賈，交易有無，謂之互市。澳門，本屬廣東，今割於葡。呂宋，初屬西班牙，今割於美。臺灣，本我國行省，今割於日。同前。

（二）講第二節：起"神宗時"，至"由是輸入中國"止。西洋教會中人，大抵兼長各種科學。互市既通，天主教徒，亦相繼偕來。當時風氣未開，信者甚少。利瑪竇者，教徒中深通科學者也。指附圖示之，即其人。光啓既崇其教，又從之研究天文、算術、農政、水利等學。學成，以華文譯之，勒爲成書，以詔後學，是爲華人考求西學之始。利瑪竇，意大利人。同前。

（三）講第三節：起"熹宗初"，至課末止。騎射之利，不敵鎗礮，此盡人所知者也。滿洲之擾明邊，實恃騎射制勝。天啓中，光啓請多鑄西式火器，以資城守，熹宗不能用。邊事遂日壞。旋以疾告歸，晚年，於天文之學，所得益深。今上海徐家匯天文臺，是其所創建也。同前。

（丙）整理

（一）回講：同前。

（二）約述：[一]徐光啓何省人？[二]明武宗以來，與中華互市者何國？[三]光啓從何人學西學？[四]光啓故里，今有何遺址？

（三）聯絡比較：[一]徐光啓提倡西學，視王守仁提倡致良知之學何如？[二]天主教徒來華傳教，視佛教東來何如？[三]利瑪竇旁通諸學，視耶律楚材何如？[四]滿洲尚騎射，視趙武靈王胡服若何？

（四）思考：[一]葡萄牙、西班牙、荷蘭，在五大洲中何洲？[二]澳門、臺灣，今爲何國領土？[三]西洋科學，明以前有譯爲成書者否？[四]天文臺何以至今猶存？

（五）作表：

	葡萄牙……居澳門
明代西洋互市諸國	西班牙……占呂宋
	荷　蘭……占臺灣

	爲明大臣
	信天主教
徐光啓事略	譯著天文、算法、農政、水利諸書
	請仿造西式鎗礮禦滿洲
	築天文臺於上海

備考

　　自蒙古統一亞細亞，東西兩洋之交涉日多，黑海沿岸，爲最要之貿易場。順帝時，土耳其國握黑海之航海權，於是遠遊之人，不得不別尋新航路。而經營東方之事業，乃因之而進步焉。

　　明孝宗時，吉融二世爲葡萄牙王，獎勵航海業。弘治十一年，葡人滑士科、達軋摩繞好望角而達印度。武宗正德五年，葡人略印度西海岸之卧亞爲根據地，建商館於錫蘭及印度東海岸，而麻六甲、爪哇皆爲所得。至正德九年，始入中國海，閲三年而至廣東，建商館於寧波、廈門。世宗嘉靖四十二年，又占澳門爲根據地，同時建商館於日本。自孝宗弘治間至懷宗崇禎十三年，凡一百四十年間，葡人實握東洋商業之霸權焉。

　　明世宗正德十五年，西班牙人麥折倫始由亞美利加之南，而出太平洋，後至嘉靖四十四年，始占菲律賓羣島爲根據。神宗萬曆八年，遣使於明，求通商，爲葡商所阻，不得要領。故僅於日本之平戶開商館。

　　荷蘭前爲西班牙之屬，至明神宗萬曆八年，稱獨立國。二十四年，始來東洋，奪西班牙之錫蘭、麻六甲、蘇門答臘等殖民地，又驅逐葡萄牙、西班牙之商民。四十七年，占爪哇爲根據。熹宗天啓四年，占臺灣。與中國及日本之貿易極盛。

　　神宗萬曆九年，羅馬教士利瑪竇始來中國，從事布教，凡二十年。萬曆二十九年，與同志龐迪我入北京，神宗許其建立會堂。中國之有天主教堂，蓋自此始。

　　徐光啓，字子先，由庶吉士歷贊善。從利瑪竇學天文、曆算、火器，盡通其術。遂徧習兵機、屯田、鹽筴、水利諸書，累疏請練兵製礮，以資城守，朝廷多不能用。天啓時，官禮部侍郎，爲魏忠賢黨所劾，落職。崇禎元年，召還，復申練兵之説，旋以左侍郎理部事兼東閣大學士，入參機務。光啓雅負經濟才，有志用世。及入閣，年已老，周延孺、溫體仁專政，不能有所建白。尋卒，諡文定。

第十二　明懷宗（一時間）

教材

　　熹宗歿，懷宗立，首誅魏忠賢，朝綱一振。以袁崇煥知兵，舉山海關以外專任之。清太宗憚崇煥，因縱反間，謂崇煥通清。懷宗遂殺崇煥，而滿洲之兵益熾。中國連年用兵，迭次加賦。又重以天災，民不聊生，流寇乘之而起。官兵又剿撫乖方，李自成、張獻忠，遂日以滋大，所過殘破。已而自成由山西進攻直隸，京師陷，懷宗縊於煤山，自成遂稱帝。張獻忠入四川，稱大西國王。及清兵入關，自成、獻忠始相繼滅亡。

袁崇煥

要旨

授明懷宗概略，俾知明之所由亡。

預習

筆記：復習本冊第九"熹宗朝"以下一段，及第十滿洲之興全文。

教授次序

（甲）預備

（一）檢查預習：同前。

（二）指示目的：明自熹宗任用魏忠賢，國事大壞，而邊事又日亟，其亡已無可道矣。今試爲諸生述之。

（乙）提示

（一）講第一節：起課首，至"而滿洲之兵益熾"止。懷宗名由檢，熹宗弟，光宗第五子也。即位後首除魏忠賢，朝政爲之一清。時袁崇煥以知兵聞，帝舉山海關以外命之經略，以禦滿洲。清太宗甚畏之，惜反間之計卒行，致良將不得其死，而清乃不可制矣。袁崇煥，字元素，東莞縣（今廣東東莞縣。）人。同前。

（二）講第二節：起"中國連年用兵"，至"所過殘破"止。屢次用兵，則國用不足，勢必出於加賦。加以迭遇旱荒，饑民載道，於是流寇之禍起。首發難者爲高迎祥等，屢剿無功，旋撫旋叛。而李自成、張獻忠勢復日長，所過郡縣，無不殘破，中原遂不可收拾矣。李自成，米脂縣（今陝西米脂縣。）人。張獻忠，膚施縣（今陝西膚施縣。)人。同前。

（三）講第三節：起"已而自成"，至課末止。自成、獻忠輩，初非有大志也，緣爲飢寒所迫，以致此耳。自成起陝西，未幾，入山西，攻直隸，陷京師。懷宗出宮，登煤山，望見烽火連天。嘆曰：苦我民耳！遂自縊，其以身殉國，有足哀者。自成遂稱帝，獻忠則於是時入蜀，立國號，自稱王。及清兵入關，二寇始相繼殲除。煤山，一稱萬歲山，又名景山，在今京兆清宮北面。同前。

（丙）整理

（一）回講：同前。

（二）約述：［一］懷宗即位，首誅何人？［二］袁崇煥因何見殺？［三］流寇最著者何人？［四］懷宗縊於何處？

（三）聯絡比較：［一］明懷宗視元順帝何如？［二］袁崇煥可比於戚繼光否？［三］明末流寇，視唐末黃巢之亂有無異同？

（四）思考：［一］懷宗誅魏忠賢，可謂明歟？［二］清太宗用反間，懷宗何以不悟？［三］流寇之亂，懷宗何以不能討？［四］煤山在今何地？

（五）作表：

$$
\text{明懷宗事略}
\begin{cases}
\text{即位誅魏忠賢} \\
\text{信清人反間，殺袁崇煥} \\
\text{京師陷，縊於煤山}
\end{cases}
\qquad
\text{明末流冦}
\begin{cases}
\text{李自成} \\
\text{張獻忠}
\end{cases}
$$

備考

袁崇煥，初以進士官知縣。天啓二年，擢兵部主事，超升僉事，監關外軍。崇煥力主守寧遠以捍關內，會孫承宗爲薊遼經略，用其策，使崇煥屯軍寧遠。寧遠在山海關外二百餘里，面遼東灣，與桃花島相對。崇煥既至，增築城垣，明年工成，遂屹然爲關外重鎮。天啓六年，清太祖以兵十三萬來攻，崇煥集將士誓死守，激以忠義，皆感憤。清兵進攻，矢石雨下而不退，城圮丈餘，崇煥身先士卒，輦石塞缺口。身再被創，戰益力，將士皆愧奮，城復合。明日又攻，崇煥發巨礮，成血河。凡三日，三攻三却，圍遂解。清太祖自起兵以來，未嘗遇勁敵如崇煥者。至是悒悒不自得，不數月，遂歿。捷聞，擢右僉都御史，遼東巡撫。七年，以關內外專屬崇煥。而魏奄以其不附己，使其黨劾罷之。懷宗即位，忠賢伏誅。崇禎元年，起崇煥爲兵部尚書，督師薊遼。二年十月，清太宗將兵十餘萬，由喜峰口入，趨京師。崇煥聞警，星馳入援，先清軍三日至，清軍相視駭眙。先是清軍獲太監二人，使人守之，清太宗使守者故作耳語，言袁巡撫有密約，此事當成。明日陰縱二人還，太監以告帝，帝惑焉，竟下崇煥於獄，旋殺之。崇煥死，遂無人能禦清兵者矣。

明神宗時海內凋敝已極，崇禎時，復迭加天下田賦，前後凡二千萬。民力益不支，而流寇之禍，遂無可爲矣。李自成者，米脂人，馬賊高迎祥之甥，從迎祥叛。張獻忠者，膚施縣柳樹澗人也。崇禎三年，聚衆據十八寨，自稱八大王，與迎祥等合。

崇禎十七年三月十七日，李自成犯京師，環攻九門。門外先設三大營，賊至皆降。十八日外城陷，上出宮，登煤山，望南城烽火徹天。嘆息曰：苦吾民耳！十九日昧爽，內城亦陷，上乃復登煤山，自書衣襟爲詔，有曰：朕死無面目見祖宗，任賊分裂朕尸，無傷百姓一人也。遂以帛自縊於山亭而崩。吳三桂聞京師陷，乃乞援於清。清兵入關，自成遁歸陝西，後屢爲清兵所破。自成在襄陽，一日晨起，以十餘騎入九宮山，爲鄉民所殺。

張獻忠據成都，謀窺關中，乃屠四川民，燒其宮室，夷其城，率衆北出。至順慶之鳳皇坡，猝遇清兵，中矢墮馬死。

第十三　史可法（二時間）

教材

史可法，祥符在今河南。人，懷宗末年爲南京兵部尚書。聞北京陷，乃與南中諸將立福王由崧於南京，以圖恢復。可法爲相，旋督師，出鎭淮揚，開府揚州。在今江蘇。可法行不張蓋，食不重味，寢不解衣，頗得將士心。清攝政王多爾袞自北京貽書可法勸降，可法不屈。遂南下，攻揚州，可法戰死，南京陷，福王出奔，被執。南京失守，繼可法而起者，則有鄭芝龍立唐王於福州，在今福建。張國維等奉魯王監國於紹興。在今浙江。未幾，清軍入福建，唐王被執，芝龍降清，魯王亦飄泊海上而死。明臣瞿式耜等，又立桂王於肇慶，在今廣東。以抗清軍。兵敗，式耜死之，王奔走西南者，凡十餘年。後亡入緬甸，緬人獻之清軍，卒被害。

要旨

授史可法概略，俾知明亡之後，東南志士圖恢復者，大有其人。

準備

史可法肖像。

預習

筆記：復習本冊第五明代疆域圖，注意南方形勢。及前課。

教授次序

史可法

（甲）預備

（一）檢查預習：同前。

（二）指示目的：自明懷宗殉國，清軍乘機入關，藉平寇爲名，代明而帝中國。漢人之心，固不服也，於是有志之士羣起而圖恢復，其最著者爲史可法。爰書課題於板，並指圖像示之。

（乙）提示

（一）講第一節：起課首，至"開府揚州"止。可法官南京兵部尚書時，已在崇禎末年，國事已不可爲。及懷宗凶問至，以爲喪君有君，與諸將共立福王由崧。福王者，神宗之孫也。可法爲相，志圖恢復，爲奸臣馬士英、阮大鋮所嫉，遂出督師，開幕府於揚州，鎮淮、揚以控燕齊，既以阻清人南下之兵，亦將以謀北伐也。淮，今江蘇淮安縣。揚州，今江蘇江都縣。同前。

（二）講第二節：起"可法行不張蓋"，至"福王出奔被執"止。可法在軍，能與士卒同甘苦，其能得將士心也，觀於以上所列三事可知矣。清軍入關，世祖福臨尚幼，政權皆操之於多爾袞，以南方未服，特貽書可法，誘之降。可法答書，辭意絕不少屈，至今讀之，猶凜凜有生氣焉。迨清兵下揚州，可法力竭而死。未幾，南京陷，福王出走，卒被虜。蓋馬、阮居中，遇事掣肘，故雖有可法之忠，終無補危亡之局也。多爾袞，清世祖叔父。同前。

（三）講第三節：起"南京失守"，至"魯王亦飄泊海上而死"止。福王既敗，南方圖恢復者，更有其人。立唐王者，則有鄭芝龍等。立魯王者，則有張國維等。清兵既得南京，旋下浙、閩，福州失守。唐王爲清所執，不屈而死，芝龍降。紹興失守，國維戰死，魯王航海走廈門。未幾，沉於海。唐王，名聿鍵，太祖九世孫。魯王，名以海，太祖十四世孫。同前。

（四）講第四節：起"明臣瞿式耜等"，至課末止。匪獨浙、閩然也，即廣東亦有恢復之師。瞿式耜者，明之廣東巡撫也，與湖廣總督何騰蛟等，奉桂王監國，以肇慶爲根據地，以圖再舉。及清兵入廣，式耜力竭而死。桂王遁入緬甸，清索桂王急，緬人獻之，爲吳三桂所殺。瞿式耜，字起田，常熟（今江蘇常熟縣。）人。桂王，名由榔，神宗孫。同前。

（丙）整理

（一）回講：同前。

（二）約述：［一］史可法圖恢復，所立何人？［二］可法出鎮何地？［三］清廷何人貽書可法？［四］唐王何人所立？［五］奉魯王監國者何人？［六］桂王何人所立？

（三）聯絡比較：［一］史可法視宋之文天祥何如？［二］福王不能死守南京，乃致出奔，視懷宗能無愧否？［三］唐王魯王，視宋之帝昰、帝昺何如？［四］瞿氏耜死節，可比宋之陸秀夫否？

（四）思考：［一］淮、揚形勢，可以屏蔽南京否？［二］北兵南下，可法戰死，福王何以不發援兵？［三］鄭芝龍既圖復明，又降清室，其爲人何如？［四］張國維與瞿式耜，可得謂明之忠臣歟？

（五）作表：

$$
\text{史可法事略}\begin{cases}\text{立福王於南京}\\\text{督師淮揚}\\\text{拒多爾袞勸降書}\\\text{戰死揚州}\end{cases}\qquad\text{繼史可法圖恢復者}\begin{cases}\text{鄭芝龍立唐王}\\\text{張國維奉魯王}\\\text{瞿式耜立桂王}\end{cases}
$$

備考

史可法，字憲之，大興籍，河南祥符人也。福王即位，拜禮部尚書東閣大學士。馬士英、阮大鋮者，逆奄之黨也。福王之立，二人之力居多，居中用事，忌可法。可法遂請出鎮淮、揚，開府揚州。請餉爲進取資，士英靳不發。又以衛允文爲兵部右侍郎，總督興平軍，以奪可法權。時清以豫王多鐸爲靖國大將軍，率兵下江南。順治二年四月，清兵渡淮，攻揚州，可法檄諸將赴援，皆不至。清兵用巨礮擊城西北隅，城陷，可法自刎，不殊。一參將擁可法出小東門，既被執，可法大呼曰：吾史督師也！遂被害。五月南都陷，福王走蕪湖，清兵追及之,福王降,爲清兵所殺。

南都既陷,大學士黃道周、南安伯、鄭芝龍等奉唐王聿鍵稱帝於福州,改元隆武。芝龍故海盜,陰懷異心,通款於清,不設備。唐王無實權,無如何也。順治三年八月,清兵克延平,王奔汀州,追及之,被執,不食死。初,北都之陷,諸王南奔,魯王以海奔台州。順治二年六月,兵部尚書張國維起兵紹興,迎王監國,國維督師江上。三年六月,清兵克紹興,魯王航海依鄭成功以終。

清兵之陷福建也,前廣東巡撫瞿式耜、湖廣總督何騰蛟等立桂王於肇慶,改元永歷,於是西南響應。而王性仁柔,宦官王坤干政。時唐王弟聿鐭亦稱帝於廣州,二王爭位,治兵相攻。未幾,清克廣州,聿鐭死之。桂王聞之大震,棄肇慶走梧州,復走桂林。既而清兵破平樂,又棄桂林,奔全州。桂林留務,悉委瞿式耜。清兵攻之,不克。會江西、廣東義師復起,式耜乘之,盡復廣西州縣,王乃還桂林。順治七年十一月,清兵克桂林,式耜死之,王展轉奔緬甸,後爲吳三桂所害。

第十四　清世祖(一時間)

教材

清世祖,名福臨,太宗子也。即位時尚幼,叔父多爾袞攝政。會明將吳三桂借兵定內亂,多爾袞遂統兵入關。自成棄北京走,清兵進占之,乃迎世祖,定爲國都。分兵西討自成、獻忠,戮其餘黨,流寇悉平。江淮以下,亦漸征服。遂南下,攻明諸王之自立於一隅者。同時又下薙髮留辮之令,不從者斬。江南一帶,雖起反抗之師,清兵一至,無不潰敗。清於是統一中國。

要旨

授清世祖概略,俾知清代之統一。

準備

清世祖肖像。

預習

筆記：復習本册第十及前課。

教授次序

（甲）預備

（一）檢查預習：同前。

（二）指示目的：清代未入關之歷史，諸生既聞之矣。入關以後，當自何人述起？爰書課題於板，並指圖像示之。

（乙）提示

（一）講第一節：起課首，至"定爲國都"止。清太宗連年用兵，久有席捲中原之志，崇德_{太宗年號}。八年卒，子福臨立，是爲世祖。年幼，多爾袞攝政。會流寇陷明都，懷宗殉國，明將吳三桂，時鎮守山海關，貽書多爾袞，借兵定亂。清遂長驅入關，李自成戰敗，遁走陝西。清遂因明宮闕，定都北京。時明崇禎十七年，即清世祖順治元年也。同前。

（二）講第二節：起"分兵西討"，至"自立於一隅者"止。世祖既定北京，因遣兵西向，討李自成及張獻忠，二寇相繼滅亡，並殲其餘黨。江淮一帶，自史可法戰死，揚州、南京亦下。唐、桂諸王雖爲明遺臣所擁立，不久亦次第蕩平。於是中國南方，亦皆爲清有。同前。

（三）講第三節：起"同時又下薙髮留辮之令"，至課末止。滿洲薙髮之俗，漢人最不願從。乃脅以嚴令，不從者斬，可謂酷矣。加以降臣叛將，藉清勢所至殘殺，人民尤憤。於是義兵紛起，沿江一帶尤盛。然皆起自倉猝，未更訓練，餉械又不足，率旬日即敗。清於是遂統一中國。同前。

（丙）整理

（一）回講：同前。

（二）約述：〔一〕清世祖何人之子？〔二〕明將借清兵定亂者何人？〔三〕世祖入關，定都何地？〔四〕江南士民反抗清兵者，其結果何如？

（三）聯絡比較：〔一〕清世祖可比元世祖否？〔二〕吳三桂借清兵，視石敬瑭借契丹兵何如？〔三〕清初令民薙髮留辮，視明初禁民胡服何如？

（四）思考：〔一〕清與明世仇，何以肯允吳三桂借兵？〔二〕清兵入關，李自成何以不能禦？[三]借兵定亂，義舉也，而即占人國都可乎？[四]江南一帶，反抗清兵何意？

（五）作表：

清世祖事略 {
吳三桂借兵定亂
多爾袞統兵入關
世祖定都北京
討自成獻忠
征服江淮
南下攻明諸王
下薙髮留辮之令
平江南反抗之師
統一中國
}

備考

清世祖順治元年，明崇禎十七年也，四月，命攝政睿親王多爾袞爲奉命大將軍，率師收明山海關外地。先是，三月初，明以流寇內逼，召寧遠總兵平西伯吳三桂，統兵入衛。三桂至豐順，聞燕京已陷，急遣使至清，乞師討賊。攝政王得三桂書，即日進兵，大破自成，自成遁。五月攝政王入北京，十月清世祖至自盛京。

義師之起，雖由宗社之痛、種族之感，實亦薙髮之令，有以激成之。其時起於江南一帶者，嘉定則有侯峒曾、黃淳耀，江陰則陳明遇、閻應元，松江則沈猶龍，徽州則溫璜，績溪則金聲，吳江則吳易，宜興則盧象觀，太湖則葛麟，崇明則蒯本徹，崑山則王佐才，嘉興則徐石麒。各集衆自保，効死不去。或通表唐王，受其封拜，或近受魯王節制浙、閩，恃以阻清兵之南下。然皆未更訓練，餉械又不足，率旬日即敗。惟太湖、江陰二軍，稍有紀律。徽州軍恃險，支持稍久而已。

第十五　鄭成功（一時間）

教材

鄭成功者，芝龍子也。初，芝龍降清，成功泣諫之，不聽。成功憤明之亡，

臺灣鄭氏家祠及鄭成功

募兵據廈門，在今福建。以圖再舉。清使芝龍作書招之，成功不從。分其衆爲七十二鎮，乘清兵遠攻桂王，奪取福建、浙江，進逼南京，謁明太祖陵，沿江響應。後以戰不利，率舟師退出，逐荷蘭人據臺灣。闢田野，修戰具，定法制，設官職，興學校，規模整齊，有獨立國氣象。明之遺老多歸之。

要旨

授鄭成功概略，俾知效忠祖國戰勝歐人之偉人。

準備

鄭成功肖像。

預習

筆記：復習本冊第十三“鄭芝龍立唐王於福州”以下一段及前課。

教授次序

（甲）預備

（一）檢查預習：同前。

（二）指示目的：清自世祖入關，蕩平流寇，戡定東南，全國遂臻統一。然斯時閩海一隅，仍有舉義旗與之抗者，諸生亦欲知其人乎？爰書課題於板，並指圖像示之。

（乙）提示

（一）講第一節：起課首，至“以圖再舉”止。成功，芝龍子，少讀書，明大義。芝龍初奉唐王，繼而降清，成功以父爲明不終，諫之。繼之以泣，其父不從。成功憤甚,乃棄儒服,募兵士,據廈門,奉明年號,以圖恢復。豪傑之士,不以家族爲念,而以國家爲重,如成功者,亦可謂爲人所難矣。廈門,今福建思明縣。同前。

(二)講第二節:起"清使芝龍作書招之",至"沿江響應"止。清以成功故,待芝龍甚厚。芝龍數以書招之,成功迄不答。日益治兵,布署有法,官軍深畏之。順治十七年,清師大舉入滇,攻明桂王。成功知東南空虛,進兵閩、浙。五月,以舟師由海入江蘇,溯流而上,克鎮江,攻南京,謁孝陵。別率所部,進取皖省。大江南北,望風納欵者甚衆,東南人心大震。同前。

(三)講第三節:起"後以戰不利",至課末止。會清崇明總兵率師至南京,出成功不意,大破之。成功乃以餘艦歸廈。臺灣一隅,在明中葉,即爲荷蘭人所據。成功逐去荷蘭人,占以爲殖民地。其建設一切,如闢田野,修戰具等事,儼然在海外成一國家。指附圖示之,此鄭氏之家祠。而明之遺老,恥爲清之人民者,多依附焉。觀其立國規模,整然大備,吾人可不崇拜之乎!同前。

(丙)整理

(一)回講:同前。

(二)約述:〔一〕鄭成功何人之子?〔二〕成功據廈門,有何舉動?〔三〕據臺灣後,規畫何如?

(三)聯絡比較:〔一〕鄭成功視宋之文天祥何如?〔二〕清使芝龍作書招成功,與多爾衮貽書勸史可法,用意同否?

(四)思考:〔一〕廈門在今何省?〔二〕成功進逼南京,何以仍不能占據?〔三〕臺灣在中國南洋,抑在北洋?〔四〕明之遺老,何以不歸清而歸成功?

(五)作表:

$$
鄭成功事略 \begin{cases} 泣諫芝龍降清 \\ 募兵據廈門 \\ 奪取福建浙江 \\ 進逼南京 \\ 逐荷蘭人據臺灣 \\ 治臺有獨立國氣象 \end{cases}
$$

備考

順治三年,清兵下仙霞嶺,唐王出奔,鄭芝龍謀出降。成功泣諫不聽,乃慨然去儒服,航巨艦,走廈門,出没閩海。桂王封成功爲延平郡王,成功日治兵,謀大舉,募漳泉勇士十七萬,以五萬習水戰,五萬習騎射,五萬習步卒,萬人爲遊兵，萬人被鐵甲爲選鋒，轉戰福州温台間，官軍深畏之。順治十六年，清師大舉入滇，成功知東南空虛。五月，以舟師入自崇明，泝江而上。時沿江要害，悉駐重兵，設大砲，守禦綦嚴。成功僅十七舟，長驅而進，無敢攖其鋒者。六月，破瓜州，克鎮江。於是清之江浙援兵大集，諸統帥皆宿將，而管效忠尤以材勇稱。成功所部僅二千人，禦之於楊蓬山，血戰竟日，清兵大敗。成功乃進規南京。七月抵金陵，魯王臣張煌言，別率所部，由蕪湖進取徽寧。皖江南北，望風納欵者，四府三州二十四縣，東南人心大震。會崇明總兵梁化鳳，以七月二十四日，率師至金陵，出成功不意，大破之於儀鳳門外。大將甘輝戰死，成功乃以餘艦歸廈門。

明天啓四年，荷蘭人據臺灣，築安平城，又築赤嵌城，次第開拓，全土歸其掌握。成功之敗於江南而歸也，以子經守廈門，而自率舟師向臺。荷蘭帥慮土人潛通成功，捕治甚嚴，華人旅臺者大憤。會其僚有負官帑無以償者，走附成功，爲之導，且以興圖獻，成功覽之，歎曰：此亦海外之扶餘矣。乃以二萬五千人登陸，斷安平、赤嵌兩城之交通，急攻赤嵌，下之。圍安平九月，荷蘭帥開城降，成功受其降而縱之。

第十六　清聖祖（二時間）

教材

世祖沒，子玄燁立，是爲聖祖。即位時，年尚幼，太師鼇拜專權，帝察其奸，誅之，遂親政。初，世祖封吳三桂、尚可喜、耿繼茂於雲南、廣東、福建，謂之三藩。帝疑忌之，三桂遂起兵。數月之間，東南各省及陝甘皆響應，帝卒遣將平之。內部平靖，遂事外征：取臺灣，降鄭克塽。成功之孫。定喀爾喀，破準噶爾。俄羅斯侵擾北邊，帝遣兵敗之，旋命使臣與俄定約於尼布楚，黑龍江上游。以外興安嶺爲兩國界綫。帝才略恢張，謀慮深遠。內外既定，乃巡遊江南塞外，設駐防於內地，羅致耆儒碩學。歐洲教士之精於測算製造者，亦蒙其禮接。近世客卿之引用，帝實開其先焉。

要旨

授以清聖祖內治外征概略，俾知清代極盛之時。

清初疆域圖

準備

清初疆域圖。清聖祖肖像圖。

預習

筆記：復習第十一、十四及十五。

教授次序

（甲）預備

（一）檢查預習：同前。

（二）指示目的：聖祖之時，實爲清
代極盛之世，諸生亦願聞其文治武功之
略乎？爰書課題於板，並指圖像示之。

（乙）提示

（一）講第一節：起課首，至“遂親政”止。

清聖祖

清聖祖之世，實爲清代極盛之時。然當其即位時，年尚幼，未能親政也。其時大臣之專權者，則有太師鼇拜。帝年未弱冠，即能不動聲色，定計誅之。其後來才略之恢張，計慮之深遠，已可見於此矣。同前。

（二）講第二節：起"初世祖"，至"卒遣將平之"止。清之入主中國，非徒其部族之强，抑亦漢人之不愛國者，甘投附於彼，而爲之爪牙也。若吳三桂、尚可喜、耿仲明，繼茂仲明子。即其最著者。當時滿洲兵力，本不足以戡定中國，而於南方一帶爲尤甚。故雖明室諸王，相繼滅亡，仍不得不藉三桂等之力以鎮撫之。於是有封藩之舉。然三桂等雖爲清朝效力，究系漢人，清朝對之，終不能無疑忌。三桂等亦終不自安，乃藉請撤藩，以嘗試帝意。當時舉朝之臣，皆知許其請則必叛。而北方之兵力，以攻三藩，實不能操勝算。以爲不可者十之九，而帝竟毅然許之，此亦可見帝之英斷矣。三藩中本以三桂兵力爲最强，其畜志舉事，亦非一日。聞帝許其撤藩，遂舉兵。自雲貴略四川而下，遂據湖南，廣西、陝西、及湖北之襄陽均響應。耿、尚二藩復相繼應之。甘肅及江西、浙江悉被兵，勢張甚。然三桂頭白舉事，暮氣已深。不能用其下棄滇北上之策，欲自出應陝西。又不及，局促於湖南，不能進一步。而清兵反乘之進取，三桂勢遂日蹙矣。迨三桂死，無復能用其衆者，清廷遂乘而滅之。耿、尚二藩，則先已敗降於清矣。神州大陸之地，至是始盡入清室版圖。其據海島以與之抗者，獨一鄭氏耳。同前。

（三）講第三節：自"內部平靖"起，至"兩國界綫"止。時鄭成功已卒，傳子經而至克塽。克塽之立，實由羣下忌其兄克㙷之英明，弒而擁戴之。故紀綱頗不振。清廷自福建進取澎湖，遂不能支而降。至是漢族全歸滿族統治，無尺土可以自立。而清人外征之事業，亦始於是矣。清初，中國本部之外，北爲蒙古，西北爲準噶爾，漠南蒙古，久已服屬於清。漠北喀爾喀部，雖通聘貢，尚未有實力以及之也。時喀爾喀屢弱不振，而準噶爾强盛，攻喀爾喀，破之。聖祖因喀爾喀之歸附，安集之。又爲出兵擊破準噶爾，於是漠北亦附於清。喀爾喀之北，即西伯利亞。明時，可薩克族附於俄，爲之東略地。崇禎時，抵黑龍江濱。清初，築雅克薩城於河外，屢渡河侵掠。康熙二十四年，命都統彭春攻克之。及二十八年，遂定《尼布楚界約》，彼此以外興安嶺爲界。同前。

（四）講第四節：自"帝才略恢張"起，至課末止。清聖祖爲近代雄主，觀其內戡三藩，外定臺灣、蒙古，破俄羅斯，即足見其才略之恢張，謀慮之深遠。然聖祖非特有外攘功而已也。其於內治，亦極注意。方是時，天下初定，漢人之心猶未服。喀爾喀初附，準噶爾方强，其在位時，南北巡游，則所以懾伏人心，耀示兵威也。設置駐防,則所以扼守要地,防制反側也。又慮夫以力服人之終不可恃也,則羅致耆儒碩學,以消漢族反對之心。帝不徒長於政治,抑且於各種科學,皆有門徑。知歐西測算、製造之長,西來教士,多被錄用,於政治上亦頗得其益。此尤非拘攣庸昧之主,所能幾及也。同前。

（丙）整理

（一）回講：同前。

（二）約述：［一］清聖祖幼時如何？［二］三藩封地何在？［三］吳三桂何故起兵？［四］聖祖外征之功何如？［五］聖祖與俄定約,以何處爲界綫？［六］聖祖之內治如何？

（三）聯絡比較：［一］清聖祖較金世宗若何？［二］後三藩較前三藩,勢力若何？［三］康熙時中俄界綫,與今日中俄界綫有無異同？［四］清聖祖之用客卿,視今日之用客卿如何？

（四）思考：［一］設使聖祖不允三藩撤藩之請,則中國大勢當若何？［二］吳三桂之舉兵,勢處於必敗歟,抑亦有不敗之道。而三桂之兵略,有未善歟？［三］臺灣當鄭成功時,清室無如之何？至克塽,遂爲清所滅,其故何也？［四］俄當康熙時,何故不與中國交戰,而願訂《尼布楚條約》？［五］清聖祖設駐防於內地,其得失若何？試評論之。［六］引用客卿之政策若何？試評論之。

（五）作表及填注地圖：

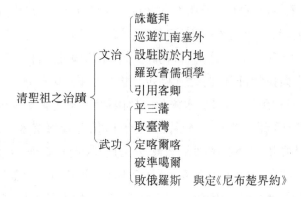

備考

聖祖即位,年甫九齡,內大臣鼇拜,與索尼、蘇克薩哈、遏必隆,奉遺詔同輔政。鼇拜藐主幼冲,專權自恣,多作威福。帝與索額圖謀,因其入見,命武士執之。時帝年僅十六也。

三藩者，雲南吳三桂，廣東尚可喜，福建則耿仲明之子繼茂。繼茂卒，子精忠繼之。三藩中，三桂功最高，兵最強，權亦最重。康熙十二年，尚可喜爲子之信所制，請撤藩歸老，許之。三桂、精忠不自安，亦請撤藩，以覘帝意。帝亦允之，三桂遂發兵反，自稱天下都招討兵馬大元帥，遣兵陷四川、湖南，襄陽總兵楊家來、廣西將軍孫延齡、陝西提督王輔臣，皆應之。輔臣據平涼，隴右皆陷。十三年，耿精忠反，殺總督范承謨。十四年，分三路出寇浙江、江西，尚之信幽其父可喜，降於三桂。三桂欲北出應輔臣，不及。僅與清兵相持於湖南。十五年，康親王傑書等入福建，耿精忠降。十六年，尚之信降。三桂兵勢亦日促，乃謀竊帝號以自娛。十七年三月，僭位衡州，八月卒。其下立其孫世璠，居貴陽。清兵三道並進，二十年二月，薄滇城，十月克之，世璠自殺，三藩悉平。

鄭成功以康熙元年卒，子經襲延平王位。康熙二十年經卒。初，經用兵在外，以謀士陳永華言，命長子克𡒋監國。克𡒋賢，然庶出也。羣小憚其明察，及經卒，侍衛馮錫範構於成功夫人董氏，罷永華兵柄，永華以憂死。遂襲殺克𡒋，而立經次子克塽。年幼，事皆決於錫範。康熙二十二年六月，福建水師提督施琅，以戰艦二百，水師三萬，自福州出海，進攻澎湖。守將劉國軒，成功時大將也，守禦甚嚴。琅督軍力戰七晝夜，國軒不能支，退歸臺灣。清師據澎湖，臺灣門戶既失，勢不能存。七月，遣人請降。清帥以聞，聖祖許之。成功以順治十八年，逐荷人據臺灣，至是歷二十三年而并於清。

喀爾喀，蒙古達延汗季子扎賫爾之後。達延汗者，太祖十五世孫。自坤帖木兒被弑後，蒙古汗位久絕，至達延始復統一漠南北，稱大汗。清初，喀爾喀又分三部：曰車臣，曰土謝圖，曰扎薩克圖，是曰漠北三汗。準噶爾者，衛拉特四部之一。衛拉特，即明時之瓦剌也。也先亡後，其衆分爲四部：曰準噶爾，居伊犂。曰和碩特，居烏魯木齊。曰杜爾伯特，居厄爾齊斯河濱。曰土爾扈特，居塔爾巴哈台。明末，和碩特部固始汗，始并青海喀木之地，並以達賴五世弟巴桑結之招，入藏，襲殺紅教護法拉藏汗，徙牧青海，遙握西藏政權。而準噶爾酋長渾台吉，亦蠶食諸部，逐土爾扈特，并其地。又服杜爾伯特。渾台吉卒，子噶爾丹繼之，時固始汗已卒，子達顏汗，與桑結不協，桑結密召噶爾丹，擊殺之。於是準噶爾統一衛拉特四部，又南服天山南路，勢大張。康熙二十七年，以三萬衆襲喀爾喀，三汗之衆數十萬，同時奔潰，走漠南降清。聖祖詔發粟振之，且假以科爾沁地，使放牧。二十九年，噶爾丹窺漠南，官軍敗之烏蘭布通。三十四年九月，復以騎三萬，據克魯倫河上游。車駕親征，噶爾丹遁去，至昭莫多，爲將軍費揚古所邀敗，喪失頗多。三十六年，上再親出塞，遣兵深入，噶爾丹窮蹙，仰藥死。阿爾泰山以東平，乃詔喀爾喀三部，還處漠北。

　　俄人之擾黑龍江始於太宗天聰崇德間，康熙時，益經營雅克薩，築要塞於精奇里河上游，將席捲黑龍江東北之地。聖祖乃命薩布素爲黑龍江將軍，治兵愛琿，命尚書伊桑阿造舟於寧古塔。二十四年，都統彭春攻雅克薩城，克之。明年，俄人復至，築壘以守，我軍圍之，俄帥中礮死，城旦夕且下，而和議成。時大彼得初即位，以戰地去國都絕遠，兵不能以時至，亟欲與我和。聖祖亦厭兵，乃附書於荷蘭貢使，令達俄。俄遣使至黑龍江，與我使索額圖等，會議於尼布楚城，議定北以格而必齊河及外興安嶺，南以額爾古納河爲界，河南岸俄所築保塞，悉遷河北。定約七條，備五體文。漢、滿、蒙、拉丁、俄。立石黑龍江畔。時三十七年也。

　　康熙南巡，前後凡六次：二十三年十月，車駕幸山東，登泰山。尋自宿遷臨閱黃河，渡江，至江寧，謁陵。又過曲阜，謁孔陵而還。二十八年正月，泝運河而南，二月幸杭州，渡錢塘江，謁禹陵。三十八年二月，南巡，渡河，相地高下，指示方略，復至杭州而還。四十二年及四十四年，復兩次南巡，親閱黃河堤工。四十八年，又南巡江浙。其北巡，則自二十四年以後，幾於間歲一出塞。蓋一以鎮撫蒙古，一以經略衛拉特也。

　　聖祖最富於科學思想，其在宮廷，常命西教士徐日昇、張誠等，按日輪班，進講西學。又命南懷仁造大砲，創觀象臺。分令教士，往各處測繪地圖。而外交事件，教士尤多備咨詢。尼布楚之約，張誠、徐日昇皆爲通譯官，得其爭持之力甚多。

第十七　年羹堯（一時間）

教材

　　聖祖没，子世宗立。時青海亂起，西寧在今甘肅。告警，帝命大將軍年羹堯討之。當時瓦剌之散亡也，其遺裔有居於青海者。至是青海酋長羅卜藏丹津，與之勾結，並煽諸喇嘛以叛，衆至數十萬。羹堯至，屢破其軍。更率岳鍾琪督師深入，收其國師、禪師等印。羅酋遁入準噶爾，青海平。世宗英武，多忌刻，好伺察臣下陰私，及閭閻細故。一時大小官吏，無不震恐。以羹堯功大，久駐西陲，懼召他變，誣以謀反殺之。

要旨

授以年羹堯之事，俾知清代平定青海概略，及世宗之忌刻。

預習

筆記：復習第十六。

教授次序

（甲）預備

（一）檢查預習：同前。

（二）指示目的：清代綏服外蒙古之事，諸生已聞之矣。亦願聞其平定青海之始末乎？爰書課題於板，示之曰即此人之功也。

（乙）提示

（一）講第一節：起課首，至"年羹堯討之"止。聖祖在位六十一年崩，第四子胤禛立，是爲世宗。世宗性猜忌，在位時，多誅戮大臣，而殺年羹堯一事，其尤著者也。羹堯爲清代名將，久居四川，於西番情形，尤爲熟悉。今欲知其功績，則不可不知清代平定青海之始末。同前。

（二）講第二節：明代瓦剌之强盛，諸生當尚能憶之。然自也先死後，其部落即分裂，前課所述之準噶爾，亦瓦剌之一部也。又有一部居青海者，當雍正初，其酋長曰羅卜藏丹津。居青海之瓦剌，其初嘗强盛，是時已受封於清。然羅卜藏丹津，欲恢復舊業，乘中國有大喪之際，遂構煽其衆以叛，青海諸喇嘛助之，衆至數十萬。西寧爲之戒嚴，則其聲勢可想矣。世宗乃命年羹堯討之。夫青海疆域廣大，交通不便，天時地利，又非中國之兵所宜。斯時之叛徒，其聲勢又極浩大，欲求小勝利，已非容易，況於大捷，況於大捷而又能神速乎？乃羹堯用岳鍾琪之策，乘青草未生之際，出兵掩其營帳，丹津出不意，遂遁去，餘黨悉平。自出師至此，不過十餘日。自古用兵塞外，未有神速若此者。羹堯之功，爲何如乎？同前。

（三）講第三節：自"世宗英武"起，至課末止。然世宗猜忌性成者也，臣下之無功者猶忌之，況以羹堯之有大功，而又久居西垂者乎？青海平後，即調爲杭州將軍，以釋其兵柄。尋即入以罪，殺之，并誅其子焉。然世宗之所忌者，尚不止年羹堯等有功之臣。即平時閭閻細故，亦常好遣人伺察，臣下之陰私，尤喜伺察而摘發之，以自矜其神明。致一時大小官吏，無不惴惴焉，惟恐禍之將及。不以誠意相孚，而挾智數以御其下，實非爲治之正軌也。同前。

（丙）整理

（一）回講：同前。

（二）約述：〔一〕青海之叛，其聲勢如何？〔二〕年羹堯之功如何？〔三〕世宗之性質如何？〔四〕世宗殺年羹堯，誣以何罪？

（三）聯絡比較：〔一〕羅卜藏丹津之勢力，視準噶爾部何如？〔二〕世宗之性質，視聖祖何如？〔三〕世宗誅戮功臣，與明太祖誅戮功臣之比較。

（四）思考：〔一〕青海之亂，不即討平之，足爲後患否？〔二〕岳鍾琪之功，視年羹堯何如？〔三〕以忌刻爲心，以伺察爲治，果足以致治否？

（五）作表：

清世宗之治 { 伺察臣下陰私及閭閻細故
誅戮功臣

備考

羅卜藏丹津，固始汗之孫也，陰有恢復先業之志。雍正元年，乘中國大喪，誘煽諸喇嘛，從之者二十餘萬人，犯西寧，掠人畜。世宗命川陝總督年羹堯爲撫遠大將軍，駐西寧，四川提督岳鍾琪爲奮威將軍，參贊軍務。鍾琪二月出師，破賊於哈達河上。更率所部，蓐食宵進，行百六十里，抵羅酋帳，賊尚臥未起，遂大潰。羅酋衣番婦服，乘白駝遁去。清師窮追，至桑絡海，紅柳蔽天，目望不可極，乃收兵還。青海既平，羹堯封一等公，爲川陝總督，佩大將軍印，留鎮西垂。雍正三年，上諭，近來年羹堯自恃己功，故爲怠玩，如此之人，安可仍居川陝總督之任。朕觀年羹堯，於兵丁尚能操練，著調補浙江杭州將軍。既而經科道參奏其欺罔悖亂各欵，請加誅戮。乃革去將軍，降爲閒散章京，在杭州効力行走。旋下之獄，賜自盡，並殺其子年富。

第十八　清高宗（一時間）

教材

世宗歿，子高宗立。時準部內亂，其部衆叩關來降，並獻羅卜藏丹津。旋

清高宗

又叛，帝命兆惠等剿平之，並服回部。至是天山南北兩路俱定，版圖大擴，直達葱嶺以西。又用兵服貴州苗族，平定大小金川，武功頗盛。帝乘康熙、雍正之後，喜興文字之獄，罹禍者相續。又慕江浙風景人物之麗，六次南巡，兼以伺察南省，羅致文人。各省疲於供張，民力漸困。迨其晚年，任用和珅，貪賄弄權，政事日壞，而大亂起矣。

要旨

授清高宗時事，俾知清代之由盛而衰。

準備

清高宗肖像圖。

預習

筆記：復習十六及十七。

教授次序

（甲）預備

（一）檢查預習：同前。

（二）指示目的：清聖祖世宗時之事，諸生既聞之矣，此皆清室極盛之時代也。其盛極而衰，則在高宗時，今更爲諸生述之。爰書課題於板，並指示肖像圖。

（乙）提示

（一）講第一節：起課首，至“武功頗盛”止。世宗在位十三年崩，第四子弘歷立，是爲高宗。席康、雍二代之遺業，文治武功，至此遂臻極盛。康熙時之敗準噶爾,僅攘之於阿爾泰山以西,固未嘗深入其境也。及乾隆時,準部適有內亂,其酋衆有叩關來降者,於是因而定之。猶未欲遽收其地也,而降衆復叛,乃不得已,一舉而滅之。於是天山北路,遂全入中國版圖。天山南路爲回族所居,故稱回部。準部亡後,回部酋長亦欲自立,帝復發兵討平之。於是天山南路,亦爲中國所有。今日新疆省之地,西不能逾葱嶺。然在當日,則其版圖尚不止此。可與地理科割讓地課相聯絡。而葱嶺以西諸國,亦有聞風景附,來通朝貢者。故當時聲威所及,尚遠在葱嶺以外。以上皆北方之經略也。至南方,則最要者爲用兵於苗族。蓋苗族各部落,皆自有酋長,僅受中朝宣撫司等封號,所謂土司也。此等酋長,往往暴虐其民,而其部落,又時出爲漢人患。於是有世宗時改土歸流之舉,雲貴廣西之苗族,改爲流官者甚多。然實非苗族所心服,故至乾隆時復叛,復出兵戡定之,其事始稱大定。大、小金川者,地在今四川省西北陲,大渡河之上流也。有土司二,即以大、小金川名。乾隆時俱叛,詔發兵討之。金川地險而民強悍,其人又善爲碉堡,易守而難攻。前後用兵凡五年,始克戡定,糜饟至七千萬焉。同前。

（二）講第二節：起“帝承康熙、雍正之後”,至課末止。然乾隆時,文治武功,外觀雖臻極盛,而衰機亦兆於此時。文字之獄,清康、雍二代即有之。蓋滿人以異族入主中華,漢人心常不服,往往借文字以抒其憤懣不平之氣。而清廷遂從而羅織之也。至乾隆時,天下久定,漢人思反抗之心亦漸淡,似可無藉乎此,而帝猶襲康、雍兩代之策,屢興文字之獄。此則前朝之失,而高宗沿襲之者也。康熙之南巡,雖亦不免遊觀之意,究之尚爲治河起見,且其時往返供億,悉發內帑,沿途行宮,不施綵繢。相傳每處所費,不過一二萬金,雖實情未必如是,然爲害終不甚烈也。至乾隆,則供億之侈,十倍康熙時。海内財賦之殫,民間風俗之壞,實基於是。帝於學術,遠非聖祖之比。而幾暇好自作詩文,論者謂其天資,不過如唐之肅代。然好羅致文人,致一時寖成風氣,雖滿人亦廢兵戈而講聲律,文弱之風,亦於是乎肇。至帝晚年,復任用和珅,大肆貪黷,恣意蒙蔽。於是康熙以來,百年培養之元氣,遂悉敗壞於一人之手。蓋和珅本無學行,惟知黷貨好賄,内外文武,非納賄不能自安,而贓吏遂徧於天下。珅敗後,籍没其家,資財凡百有九號,估價者二十六號,已值銀二億二千三百八十九萬,未估價者,尚有八十三號,以比例計之,又當八億有奇。甲午、庚子兩次償款,僅和珅一人之家産,足以當之,實爲從古未聞之事。以如此貪黷之人,而顧使一切大權悉操其手,則政治之敗壞,自不待言矣。同前。

（丙）整理

（一）回講：同前。

（二）約述：〔一〕天山南北路，至何時始漸平定？〔二〕清高宗對於南方之經略若何？〔三〕清高宗時，何故人民罹禍者相續？〔四〕高宗南巡之影響於國計民生者若何？〔五〕高宗晚年政治何故日壞？

（三）聯絡比較：〔一〕清代平定天山南北路，較漢唐二代有無異同？〔二〕清高宗之南巡，較明武宗之游幸何如？〔三〕和珅較龐拜何如？

（四）思考：〔一〕康、雍二代之於準部，皆不能犁庭掃穴，至乾隆則能之，何也？〔二〕大、小金川，地狹而民寡，然清之克之，轉較蕩平西域、戡定青海爲難，其故何歟？〔三〕大興文字之獄，果足以懾伏人心否？〔四〕和珅僅一貪黷小人，何至貽害如此之巨？

（五）作表：

備考

自噶爾丹死，兄子策妄阿布坦爲準噶爾部長。卒，子噶爾丹策凌繼之。乾隆十年，噶爾丹策凌死，仲子策妄多爾濟那木札爾立。十五年，爲其下所弒，立策零長子剌麻達爾濟。大小策零者，於準部爲貴族，世執兵柄，達爾濟與之交惡。策妄外甥阿睦撒納乘機弒達爾濟，而立大策零孫達瓦齊。已復彼此相攻，阿睦撒納兵敗，乃叩關內附，備言伊犁可取狀。上大喜，使爲鄉導，而命班第等進兵，直搗伊犁。達敗竄回境，回酋霍吉斯執之以獻，並獻羅卜藏丹津。於是班第等留伊犁，籌善後。阿酋奉詔赴熱河。時帝意欲封準噶爾諸酋皆爲汗，使如喀爾喀例，永爲外藩。而阿睦撒納欲兼長諸部，行至中途詭言治裝，還舊部舉兵叛，其黨應之。班第戰死。上以厄魯特人無德可懷，命兆惠等痛勤之。會諸部內鬨痘疫又盛行，阿睦撒納不能抗，走死俄羅斯，於是天山北路大定。

新疆之有回酋，始於明季。其始至者曰瑪黑特，爲摩訶末之裔，居喀什噶爾。南路之民，翕然尊信之。至居南路擁汗號者，則皆察合台之裔。厄魯特強盛，元裔諸汗盡為所執，遷居天山以北，回部及哈薩克亦為其屬，並質回教酋於伊犂。噶爾丹敗，回酋阿布都實特自拔來投，聖祖使人護至哈密，歸諸葉爾羌。其子瑪罕木特欲自為一部，不外屬。噶爾丹策零復襲執而幽之，並羈其二子，長曰布那敦，次曰霍吉占，即所謂大、小和卓木者也。乾隆二十年，初定伊犂，釋大和卓木，以兵送歸葉爾羌，使統舊部。而留小和卓木居伊犂，掌回務。阿睦撒納之變，小和卓木助之。踰年，清師再定伊犂，小和卓木遁歸，與大和卓木集所部叛。上命雅爾哈善等討之，圍庫車，二人逸去。後以兆惠等代之，苦戰二年，拔葉爾羌及喀什噶爾。三十四年七月，大、小和卓木遁走巴達克山，巴達克山酋擒其兄弟，函首來獻，回部平。於是蔥嶺以西，布魯特、愛烏罕、博羅爾、敖罕、安集延、巴達克山諸國，皆遣使入貢。

　　四川、雲、貴、廣西諸土司，自明以來為郡縣害頗劇。雍正四年，鄂爾泰巡撫雲南，兼總督事，疏請改土歸流，從之。鄂爾泰委任張廣泗、哈元生等，剿撫並用，五年之間，滇黔川粵諸土司，悉改流。各土司失世守地，心不甘。鄂爾泰內用，貴州苗叛亂。會世宗崩，高宗立，以張廣泗經略苗疆，撫熟苗，殄生苗，設九衛屯田，養兵戍之，事乃大定。金川土司，明代始受勅封，後分為二：西曰促浸，譯言大金川；東曰儹拉，譯言小金川也。雍正初，以莎羅奔從征西藏有功，授金川安撫司。莎羅奔自號大金川，而以舊土司澤旺為小金川。乾隆十一年，大、小金川搆釁，擾及鄰近土司，上命張廣泗、訥親征之，無功。更命傅恆為經略，莎羅奔乞降，然未大創也。不數年，莎羅奔兄子郎卡，復與澤旺及鄰近土司搆釁，川督阿爾泰不能剿，反使結婚以和解之。由是兩金川之勢合，郎卡之子字諸木，澤旺之子僧格，狼狽為奸，勢益猖獗。乃命大學士溫福，及阿桂、豐伸額、岳鍾琪等討之，溫福戰死。至四十一年二月，阿桂始藉鍾琪之力，平定兩金川。蓋用兵已五年矣。

　　康、雍、乾三期，屢興文字之獄，殺戮株連之慘，為亘古所無。今舉其著者：初，明相國烏程朱國楨，嘗著《明史》，稿藏於家。國變後，家中落，質其稿於富人莊廷鑨。廷鑨以己名刻之，而為補崇禎一朝事，語多指斥。歸安知縣吳之榮罷官，謀以告訐為功，白其事於大吏。廷鑨納重賄以免，乃改刊之。之榮又購得初本，上之法司。事聞，遣刑部官出讞獄，時廷鑨已死，殺其弟廷鉞，並殺作序、校勘、刻工及賣買者，誅及家族，死者七十餘人，婦女並給邊，是為《明史》之獄。桐城戴名世撰《南山集》，多採同邑方孝標所著《滇游紀聞》語。都諫趙申喬奏之，謂《南山集》及名世所著《孑遺錄》有大逆語，獄成。論名世極刑,族皆棄市,未及冠笄者發邊。時孝標已死,其子孫皆斬,有服者皆坐死。作序及捐貲刊行者論絞。是爲《南山集》之獄。皆康熙時事也。雍正四年,查嗣庭爲江西正考官,試題曰“維民所止”,訐者謂其去雍正二字之首。世宗上諭,謂其顯露心懷怨望及譏刺時事之意,定其罪爲大逆不道。是爲試題之獄。浙人呂留良,講學於鄉里,卒後,湖南曾靜見其所評時文中,有論夷夏之防及井田、封建等語,好之。求其遺書,留良子毅中悉以授之,遂聚徒講學。時帝殺其弟允禩,允禩之黨,散布流言,靜謂有隙可乘,七年遣其弟子張熙,往見川陝總督岳鍾琪,説以起兵復明祚。鍾琪奏之,捕靜、熙入京,帝親訊之。時呂留良已死,剖棺戮屍,並族誅之。其門弟子株連而死者極多,而獨赦曾靜及張熙。及高宗即位乃殺之。是爲文評之獄。至高宗時文字之禍,則以胡中藻、徐述夔之詩獄,及王錫侯《字貫》之獄爲最著。胡中藻者,鄂爾泰門生。乾隆初,鄂爾泰與張廷玉一同受遺詔輔政,二人結黨互排,滿漢之猜嫌,因之以起。中藻著有《堅磨生詩鈔》,帝摘其中詞句,謂爲有意詆毀。逮問,坐凌遲,家屬皆處斬。徐述夔者,浙江人,著有《一柱樓詩》,帝亦摘其中詞句,謂爲悖逆。述夔已死,戮其屍,二子俱坐斬。王錫侯者,江西人,著有《字貫》,於《康熙字典》多所糾正。帝又斥爲大逆不法,逮問治罪。自巡撫以下,亦均獲失察之咎焉。

高宗六次南巡,事在乾隆十六年及二十二、三十等年。

和珅者,滿洲官學生,應役鑾儀衛,以選昇御轎,應對稱旨,驟充總管,累遷至尚書,授大學士。乾隆四十二年以後,專權用事。子豐紳殷德,復尚公主,嚮用之專,一時無兩。各省督撫司道,畏其傾陷,罔不曲意事之,苞苴請託之風大行。其時督撫之以贓獲罪者,贓款往往至百數十萬,爲前代所未有。其原因皆由於是。時阿桂以元勳上公,爲樞府領袖,然十餘年間,嘗奉命赴各省治河賑災查案,未嘗寧居。故珅益得自專,漸至行文各省,令凡有奏摺,先具副封白軍機處,然後奏聞。其專政蒙蔽如此。乾隆六十年,帝傳位於仁宗,自爲太上皇聽政,仍惟和珅之言是從,仁宗無如何也。嘉慶四年,太上皇崩,言路始交章劾之,即日奪職下獄,尋賜死。

第十九　白蓮教　天理教(一時間)

教材

白蓮教爲中國雜教之一,所至惑平民,聚徒黨,爲擾亂之舉。高宗末年,教魁劉松謀亂,事覺被誅。其徒劉之協繼傳教於湖北,黨徒益眾。清吏捕之,不獲。至於大索,亦不得。州縣縱胥役騷擾,民怨大起。有徐天德者,起於四川,與湖北教徒聯絡起事,蔓延及陝西、甘肅、直隸、河南諸省。清廷討之不勝。仁宗立,誅和珅,用兵七年,亂事乃定。白蓮教既滅,又有天理教起,燕、齊、豫三省崇信者頗多,內廷太監亦附之。教魁林清乘仁宗出駐熱河,約由宮中發難,倉卒失期,爲禁軍所殲。

要旨

授以川楚教匪及林清之事,俾知清代內亂所由始。

預習

筆記:復習第二冊第十五黃巾之亂,本冊第三韓山童創白蓮教事。

教授次序

(甲)預備

(一)檢查預習:同前。

(二)指示目的:不逞之徒,往往有藉邪教以作亂者。若清代之白蓮教、天理教,其最著者也。爰書課題於板,指示之。

(乙)提示

(一)講第一節:起課首,至"亂事乃定"。從來政治不修,則寇盜乘之而起。然其起也,亦必有所憑藉。白蓮邪教起於元末,至近世猶緜延不絕。然其爲患,未有如嘉慶時川楚教匪之役者。乾隆末年,外觀雖尚若治平,實則經高宗好大喜功之餘,民生已漸見凋敝,而和珅貪墨,官吏爭行賄以奉之。此等賄賂,無非取之於人民,於是思亂者日多矣。時有教匪劉松爲官中所捕,遣戍甘肅。而其徒劉之協等復繼之,於是河南、安徽、湖北三省,輾轉窮究,騷擾殊甚,奸徒遂益得從中煽惑。教徒初起,僅在今湖北襄陽、荊南道一帶,使能剿撫得宜,其勢本易弭平。乃是時官軍,腐敗特甚。圍攻半年,迄不能克,而賊反分兵數隊,自河南入陝西,渡漢而南。於是四川之教匪,亦起而與之合,而其勢益蔓延矣。時和珅尚握大權,軍中將帥皆不得不剋扣軍餉,浮冒用款以賄賂之。將帥乘機，亦益肆侵盜。赴軍中者，不數年歸，即成巨富。每戰，多以鄉勇居前。賊亦效之，掠難民，使當前敵，官軍挫衄無論已。即勝，所殺者皆難民，真賊所傷不多也，於是愈剿而匪愈蔓延。及和珅伏法，乃下哀痛之詔，懲辦首禍官吏，優恤鄉勇，嚴核軍需。賊之悔罪投誠者，爲之設法安置。又行堅壁清野之法，使賊無所掠。於是軍事始有轉機，然尚至嘉慶七年十二月，始報肅清焉。同前。

（二）講第二節：起"白蓮教既滅"，至課末止。川楚教匪雖定，然白蓮教餘孽，尚布滿四方，皆師其故智，造作經卷畫像，爲惑衆之計。有曰天理教者，亦白蓮教之支流餘裔也。直隸、河南、山東三省，傳播頗廣。清自咸豐以前，車駕常幸熱河秋狩。時天理教勢力浩大，宮中內監亦有與之通者。教魁林清乃欲乘是時襲據京師，使其黨分犯東西華門。幸覺察尚早，賊入者不多，反關以拒官軍。官軍攻之，二日一夜乃克。其黨之起於河南者，亦征討數月，而後定之焉。同前。

（丙）整理

（一）回講：同前。

（二）約述：［一］白蓮教爲何等宗教，其宗旨及行事如何？［二］搜捕教匪，何至激起民怨？［三］教匪起於何二省？蔓延於何數省？［四］清廷始討教匪，不勝。及誅和珅，兵事遂漸有轉機，何故？［五］川楚教匪之役，前後用兵凡幾年？［六］林清何故思襲京師，其衆何故爲禁軍所殲？

（三）聯絡比較：［一］教匪較普通之匪如何？［二］劉之協等與張角、韓林兒等較如何？

（四）思考：［一］邪教宜禁絕否？［二］川楚教匪之亂，是否由官吏辦理不善，有以激成之？［三］用兵七年，亂事乃定，可謂久否？［四］林清之勢力如何？

（五）作表：

白蓮教 ｛
爲中國雜教之一　聚黨惑民以擾亂爲事
起於四川湖北
蔓延於陝甘、直隸、河南
始討之不勝，及誅和珅，兵事乃有轉機
用兵七年亂事乃定

天理教 ｛
繼白蓮教而起　燕、齊、豫三省
內廷太監亦附之
發難宮中，失期而敗

備考

白蓮教者，假治病持齋爲名，以歛財惑衆，而安徽劉松爲之首。乾隆四十年，松以河南邪教事發，被捕，遣戍甘肅。而其徒劉之協、宋之清等，傳教於川、陝、湖北。日久黨益衆，遂謀不靖，倡言劫運將至，以同教鹿邑王氏子發生，詭稱明裔。乾隆五十八年，事覺，捕松斬之。而劉之協遠颺，跡之不獲。有旨大索，州縣吏逐户搜緝，胥役威虐，於是民益仇官，而亂遂作。前後七年乃定，實洪楊以前一大役也。綜記其事之始末，則起於荆宜，而漸及於襄陽，熾於川陝，而并及於甘肅。以秦楚間之老林爲窟穴，而出没竄伏於數省之間，其著名之匪目，則襄賊有齊王氏姚之富，川賊有徐天德、王三槐、王廷詔、冉天元，陝賊有張漢潮，河南有劉之協等。其剿賊軍事之轉機，則在於嘉慶四年。蓋前此將帥，多爲和珅之私人，率尅餉以奉珅，戰事不利，則由珅爲之彌縫於中，實未嘗認真剿撫也。剿平教匪，將帥之最著名者，滿員爲額勒登保，漢員則楊芳、楊遇春。其大股，以嘉慶七年報肅清，餘孽則至九年而後盡。軍費達二億兩，殺亂民計數十萬，而官兵鄉勇之傷亡，及各省良民之遭難者，尚不在其列焉。

天理教，以林清及李文成爲魁。清，直隸大興人。文成，河南滑人也。清謀襲宮禁，事不成，被擒於黄村。文成謀起兵於滑，爲知縣强克捷所捕。其黨殺克捷，據滑，奉文成以叛，那彦成等討平之。

第二十　林則徐(一時間)

教材

鴉片産自印度，明季以來，英人售之我國，嗜者漸多。耗財病民，莫此爲甚。宣宗即位，嚴禁之，無效。林則徐奉命至廣東，即檄各英商，令繳鴉片。英人迫於威力，繳二萬餘箱，則徐焚之。英人以商本耗折，且恨其杜絶來源也，以兵攻粤，不勝。轉擾閩，又擾江浙，入長江，逼江寧。在今江蘇。清廷懼，罷則徐職，議和。償兵費及烟價銀二千一百萬圓，割香港畀之，開廣州、福州、寧波、廈門、上海爲商埠，乃罷兵。

林則徐書

要旨

授以林則徐之事，俾知五口通商之概略，爲我國近代外侮之始。

準備

林則徐手書圖。

預習

筆記：復習第十一。

教授次序

（甲）預備

（一）檢查預習：同前。

（二）指示目的：我國近代之受外侮甚矣！其事實起於道光季年五口通商之役，身當其衝者，則林則徐也。爰書課題於板示之。

（乙）提示

（一）講第一節：起課首，至"則徐焚之"止。鴉片之流毒中國甚矣。然非中國所固有也，有之，乃三四百年耳。先是我國西南，有大國曰印度者，即佛教起源之地也。地處熱帶，產鴉片頗多。英人自明季以來，通商其地，其勢力日增月盛。至乾隆間，印度商權遂爲英人所獨占，與我國廣東通商，貿易頗盛。而鴉片之輸入，亦因之而日多矣。至道光時，國民吸食鴉片之風愈甚。廣東海口，歲漏銀數千萬兩，銀價日騰，而毒之中於民生者亦日甚。據當時浙江巡撫奏，黃巖一邑，白晝則街市蕭條，入夜則熙來攘往，尚復成何事體？於是主嚴禁者漸多。烟禁非始於道光時也，雍正間即有之，但未能實行。至是，林則徐以欽差大臣馳赴廣東查辦。則徐知欲嚴烟禁，必須杜絕其來源。於是迫英商將所藏鴉片，盡行繳出。英商始不肯，則徐停止其貿易，又絕其糧食、飲料等以困之。英商無奈，乃將所藏鴉片，悉行繳出，則徐悉焚之。當時外國人觀者甚多，皆頗以爲允當。蓋鴉片毒物，蠹國害民，英人之販售，本不正當。即英人之公正者，亦恆自言之也。同前。

（二）講第二節：起"英人以商本耗折"，至課末止。然鴉片被焚，英人損失頗巨。又中國自此以前，皆守閉關主義，於外人之來通商也，率深閉錮拒之。必至不得已，然後許之。關於通商之章程，不便者甚多，外人苦之久矣。適會燒烟事起，其領事義律遂報告本國政府，請用兵。時則徐知烟禁嚴，英人必尋釁，已早爲之備。故英攻廣東，不能克，乃轉攻福建，亦不甚得志。遂改攻江浙，江浙無備。不半年而舟山、寧波、乍浦、吳淞、上海、鎮江俱陷，進逼江甯。朝廷不得已，罷則徐，遣戍。而遣全權大臣與之議和，於是償兵費，賠烟價，割香港，開五口之條約成。而於烟禁，一字不復提及。鴉片遂爲默許之輸入，流毒至今。同前。

（丙）整理

（一）回講：同前。

（二）約述：［一］鴉片産自何處，何時始入我國？［二］林則徐禁烟之法如何？［三］當時英兵攻我之情形如何？［四］議和條約之大略如何？

（三）聯絡比較：［一］現今西洋各國，與前此與我接境之夷狄，情形同異若何？［二］英人之攻我沿海，較倭寇之患若何？［三］割地開埠之事，我國前此曾有之否？

（四）思考：［一］欲申烟禁、禁運與禁吸，二者孰要？［二］使各省皆如廣東，英人能得志否？［三］《江甯條約》於烟禁一字不提，系失策否？［四］此次戰爭，曲在英，抑在我？

（五）作表：

$$
\text{鴉片輸入之始末}\begin{cases}\text{産自印度}\\ \text{明季以來英人售之我國}\\ \text{林則徐迫英商繳出鴉片二萬餘箱焚之}\\ \text{《江甯條約》於烟禁一字不提}\end{cases}
$$

$$
\text{江甯條約之要款}\begin{cases}\text{償兵費及烟價}\\ \text{割香港}\\ \text{開廣州、福州、寧波、廈門、上海五口通商}\end{cases}
$$

備考

鴉片輸入，始唐貞元。以爲藥餌而吸食之，則始明季。乾隆中葉以前，輸入者尚不多，以葡人爲主。四十六年，英東印度公司得壟斷中國貿易特權，孟加拉又爲鴉片産地，輸入之數，遂日增月盛。禁吸之令，雍正八年即有之，然商人往往嗜利私購，英商又賄我官吏，許爲遷就，以故銷路愈盛。道光十八年，鴻臚寺卿黄爵滋疏請嚴禁，廷議允行，然卒無效，乃令林則徐赴海口查辦。十九年，則徐抵粵，收英商鴉片二萬二百五十一箱焚之，並絶其貿易。二十年七月，英人以軍艦五艘、汽船三、運船二十一，犯廣東，不得逞。轉而犯閩，又爲鄧廷楨所挫。英人請復互市，並索償煙價，則徐不許。奏請飭江浙諸省嚴防海口，而英人已犯浙東，陷定海等處。於是朝旨中變，則徐與廷楨並削職遣戍，命琦善等赴廣東議和。琦善至廣東，盡撤海防以媚英人，許償金六百萬，以香港易定海，已有成議。英人亦撤浙東兵，而英將璞鼎查又以兵艦至，乘我海防已撤，突犯廣東，陷虎門礮台，提督關天培死之。陷定海，總兵葛雲飛等死之。陷乍浦，都統長喜等死之。陷吳淞，提督陳化成等死之。江督牛鑑遁，英兵入上海城。又泝江而上，陷鎮江，逼江寧。琦善旋被逮，政府命耆英、伊里布與英使璞鼎查會於江寧，於二十二年七月定約，是爲中英《江寧條約》十三款，其重要條件，則爲割香港，開五口通商及賠欵云。

第二十一　洪秀全（一時間）

教材

宣宗末年，兩廣大饑，民多爲盜。花縣在今廣東。洪秀全乘勢起兵，其徒皆蓄髮易服。文宗初即位，遣將禦之，屢敗。洪軍勢益盛，建號太平天國，自稱天王。出廣西，下湖南，破武昌，在今湖北。沿江東下，進據江寧，在今江蘇。建都焉。分兵蹂躪，達十餘省。清廷命曾國藩從湖南率師禦之。洪軍既得江寧爲根據地，志漸驕惰，其內部又以爭權自相殘殺。國藩占上游之勢，遂進無退，兵力轉強。至穆宗朝，遂大舉克江寧。秀全死，諸省次第悉平。

要旨

授以洪秀全之事，使知此爲近代一大内亂。

預習

筆記：復習第十一、十四及十六。

教授次序

（甲）預備

（一）檢查預習：<small>同前。</small>

（二）指示目的：近代有一大内亂，蹂躪徧十六省，前後凡十五年，汝輩知之乎？爰書課題於板示之，曰此即其人也。

（乙）提示

（一）講第一節：<small>起課首，至"從湖南率師禦之"止。</small>漢人之反抗滿族者，至康熙時而悉平。此汝輩所已知也。然其思想，初不以是而銷滅。又歷代之創亂者，往往藉宗教以惑愚民。遠之如張角、韓林兒之徒，近之如劉之協、林清輩，皆是也。清時基督教輸入，其教義又與白蓮等教不同。於是有竊其義，自創新説者，則洪秀全是也。秀全，花縣人，初師事廣東朱九濤。九濤死，秀全遂自創一教，謂之上帝教，而名其教會曰三點。桂平楊秀清等附和之，信者頗衆。道光二十七八年，廣西大饑，饑民徧地，秀全遂乘之起事。秀全以排滿爲口實，故令其徒皆蓄髮易服。清廷遣將攻之，不勝。然使但局促於廣西，其爲患猶有限也。而秀全及其徒頗有大略，乃潛出湖南，自湖南出湖北，沿江東下，不三月而江寧陷。其勢遂不可制矣。秀全之教，本出基督，故亦敬天。建國號則曰太平天國，自稱曰天王，然非必真有心行其教也，不過借此以圖舉事耳。當時官兵極腐敗，每戰輒北。於是秀全所蹂躪之地，凡達十餘省，其勢不可謂不盛矣。而惜乎其不終也。<small>同前。</small>

（二）講第二節：<small>起"洪軍既得江寧"，至課末止。</small>太平天國兵勢之盛，非洪秀全一人之力也，實賴楊秀清、石達開等輔翼之力。當時秀清、達開等五人，號爲五王，<small>楊秀清、蕭朝貴、馮雲山、韋昌輝爲東、西、南、北四王，石達開爲翼王。</small>皆驍果知兵，故所向克捷。然秀全既得江寧，不免驕惰。當時有勸其大舉北上者，不能用。而内部又以爭權故，互相殘殺，東、西、南、北四王皆死。石達開走上遊不復歸。太平天國之政令，一出於秀全之兄弟，無復遠略，而其勢日蹙矣。方洪氏軍勢之盛也，沿江一帶，自武漢以下，幾於盡入其手。幸時有能臣曰胡林翼，與曾國藩協力，克復武漢。布置經營，屹爲重鎮。武漢既復，則上游勢在官軍。於是分兵兩道，以水師沿江攻安慶，陸軍以鄂爲根據，攻皖，以圖長江下游。嗣後頓挫雖多，而進取之方略，始終不外乎此。洪氏雖有良將陳玉成，曾一敗清廷圖皖之兵。有賢臣李秀成，固守江南，且分兵出擾贛浙以圖解金陵之圍。然大勢卒不支。至同治三年六月，金陵遂爲清軍所克，自秀全起兵至此，凡十五年。同前。

（丙）整理

（一）回講：同前。

（二）約述：〔一〕洪秀全起兵時兩廣情形如何？〔二〕洪秀全所建國號爲何？〔三〕洪秀全出兵之逕路如何？〔四〕洪氏既得江寧後，何以兵勢反不如前？〔五〕曾國藩之成功，於其所占地勢，有關係否？

（三）聯絡比較：〔一〕太平軍與川楚教匪之比較。〔二〕前此建都江寧者，共有幾國？其國勢較太平天國如何？〔三〕前此寇盜，亦有蹂躪達十餘省者否？

（四）思考：〔一〕設使兩廣不大饑，秀全亦能起事否？〔二〕蓄髮易服，較現今之剪髮，孰得孰失？〔三〕洪氏敗亡之原因何在？〔四〕凡用兵皆須占上游之勢否？

（五）作表：

$$
洪秀全之事略
\begin{cases}
起兵廣西，沿江東下，進據江寧 \\
分兵蹂躪達十六省 \\
蓄髮易服 \\
建號太平天國 \\
既據江寧志漸驕惰　內部又自相殘殺 \\
曾國藩占上游之勢 \\
金陵破，秀全死，諸省悉平
\end{cases}
$$

備考

洪秀全，廣東花縣人。幼孤，長而力學於四方，廣結同志。時廣東朱九濤倡上帝會，秀全及同邑馮雲山附和之。九濤死，秀全遂爲教首。道光十六年，同至廣西傳教，桂平人曾玉珩，家素豐，引秀全爲師，訓其子弟。秀全妹婿蕭朝貴者，武宣人也，亦家於桂平，與楊秀清比鄰，秀全得與秀清交。而桂林人韋昌輝，及貴縣人石達開，先後附從。徒黨日多，秀全又附會天主教，目天父爲耶和華，謂耶蘇爲天父長子，己爲次子，故稱耶蘇爲天兄。著《真言寶誥》諸書，傳布四方，遠近人民爭附之。桂平知縣賈令寧，捕洪、韋及馮雲山三人置之獄，巡撫鄭祖琛釋之。值兩粵大饑，所在盜起，秀全聚黨益多，遂以道光三十年，起兵於金田村。清廷迭命林則徐、李星沅、賽尚阿、徐廣縉等，視師廣西。則徐道卒，星沅卒於軍，賽尚阿戰敗，徐廣縉逡巡不進。秀全勢大熾。咸豐元年，據永安，稱太平天國，自號天王，蓄髮易服，出廣西，犯湖南。馮雲山、蕭朝貴戰死。旋掠舟渡洞庭,陷武昌,擁衆而東。得沿江郡縣,皆弗守,直取江寧,遂建都焉。乃分兵西圖上游,北窺畿輔,爲蒙古王僧格林沁所敗。遂自安慶而九江,而漢陽、武昌,節節西進,悉據長江要隘。又渡湖而南,陷岳州、湘潭,將回兵通兩粵。時向榮自廣西進至江寧,軍於城東,屏蔽蘇浙,爲江南大營,軍威頗盛。會秀全黨亦內亂,北王韋昌輝殺東王楊秀清,秀全又殺昌輝,石達開則遁走安徽。既而江南大營潰,向榮卒,秀全勢復振。清以張國樑代向榮,而命丁憂在籍侍郎曾國藩辦團練。國藩仿明戚繼光法,募練湘民,號湘軍。以諸生王鑫、羅澤南、李續賓等統之。各省創釐金,以籌軍餉。以秀全據長江險要,與胡林翼謀設長江水師,使彭玉麟統之。既定湖南,出援湖北,進攻九江,久不下。而武漢復陷,轉戰江西、湖北間,塔齊布、羅澤南先後死。湖北巡撫胡林翼再復武昌,扼其上游。彭玉麟、李續賓等遂拔九江。既而續賓戰歿於三河,江南大營再潰,張國樑死之,蘇浙皆陷。國藩時督辦江南軍務,與胡林翼定議,緩救蘇浙,急圖安慶,使其弟國荃攻安慶,而多隆阿攻桐城以分其勢。李續宜駐青草鬲,爲二路之援。鮑超之兵,往來馳剿,彭玉麟、楊岳斌以師扼沿江要隘。左宗棠駐樂平、婺源間,以備截擊。胡林翼駐湖北,遏其西竄,兼顧鄂防。國藩駐祁門,居中策應。咸豐十一年,國荃拔安慶,多隆阿亦連克皖北諸城。時文宗崩,長子載淳即位,是爲穆宗,明年改元爲同治。詔以國藩統轄江蘇、安徽、江西、浙江四省軍務,國藩駐安慶,浙事左宗棠任之,蘇事李鴻章任之,國荃則率兵直擣江寧,宗棠由衢州入浙。鴻章至上海,別練新軍,用洋人華爾戈登統率訓練之,號常勝軍。募勇皖北,參用西法操練,是曰淮軍。以上海爲根據,規復江蘇。曾國荃與彭玉麟水陸並進,連破關隘,進逼江寧。四面合圍,忠王李秀成及李世賢率衆來救,圍攻國荃於雨花臺,至四十六晝夜,國荃卒郤之。同治三年五月十七日,江寧被圍久,城且陷,秀全知不可爲,仰藥死。六月十六日,江甯城陷,李秀成被擒。秀全子福瑱走江西,旋走廣信,被擒。蘇浙亦先後收復,餘黨皆平。秀全自道光三十年起兵,初據永安,咸豐三年取武昌,順流下長江,由黃州至安慶,悉陷之,進都江寧。蔓延十六省,陷六百餘城,至同治三年,凡十五年而亡。

第二十二　曾國藩(一時間)

教材

曾國藩,湘鄉在今湖南。人。洪秀全起事,國藩以侍郎在籍,奉朝命,辦團練於長沙，_{在今湖南。}因募農夫爲勇，用書生爲營官，教以戰陣節制之法，號曰湘軍。並於衡州_{在今湖南。}創造戰艦，命彭玉麐諸人練之，是爲湖南有水師之始。及與洪軍屢戰，長江上遊諸隘，俱爲湘軍所有。東南兵事，漸有轉機。江西、安徽二省，先後定。江寧之下，國藩弟國荃力尤多。國藩歷仕宣宗、文宗、穆宗三朝，知人善任。其後左宗棠、李鴻章之大用，皆由國藩。又善文章，名重當世。

要旨

授以曾國藩事略，俾知近代之一軍人及政治家。

準備

曾國藩肖像圖。

預習

筆記：復習前課。

教授次序

（甲）預備

（一）檢查預習：同前。

（二）指示目的：洪秀全之亂，勢力不可謂不盛矣。然卒克戡定者，汝輩知何人之力爲多乎？爰書課題于板，並指肖像示之。

（乙）提示

（一）講第一節：起課首，至"水師之始"止。洪氏得志之易，雖有他種原因，而官兵之腐敗，實其原因之最大者也。當時軍營中人，習氣極深。兵則不能力戰，將則惟知侵餉自肥。故欲勦賊，非另行練兵不可。然使任意招募，則來者仍多市井浮滑之徒，於事無濟也。故國藩先正其本，其募兵，專取誠樸之鄉農；其營官，則皆用書生。取其樸實而敢死，知道義而尚氣節也。又時賊出長江，掠民船以爲戰艦，官軍無舟楫，難與爭利。國藩乃創議練水師，一切規制,皆自周咨博訪,參以已意,督工創造。及湖南水師成,而長江之利,賊與官軍共之,軍事之轉機,肇於此矣。同前。

曾國藩

（二）講第二節：起"及與洪軍屢戰",至課末止。武漢之下,誠得胡林翼之力居多。然自此以後,以鄂爲根據,掃清長江下流,則皆國藩發縱指示之力也。自胡林翼遣師攻皖,不克,官軍之勢力又一挫。於是詔曾國藩署兩江總督。時賊方分兵竄擾諸省,國藩乃分遣諸將援之,而自以兵攻圍安慶,克之。國藩弟國荃,遂以兵二萬,深入圍金陵。時沿江要隘,尚未盡入官軍之手。孤軍懸賊中,勢甚危險。又直大疫,賊兵圍而攻之,國荃死守,歷四十六日,不敗。於是賊勢不可復支,而金陵陷落之時機至矣。國藩不徒善用兵也,又善文章,通經濟之學。其在軍中,讀書作字如平時。尤善知人,左宗棠、李鴻章等,始皆其幕友僚屬,國藩識拔之,使當大任。洪楊之亂,左宗棠肅清贛、浙,李鴻章募兵於淮、徐,以攻蘇、松。其後宗棠又戡定回匪,鴻章則勦除捻寇,且以一身任軍事外交之重者三十年,其始皆國藩所識拔也。同前。

（丙）整理

（一）回講：同前。

（二）約述：［一］曾國藩何處人? 其辦團練在何地? ［二］試述國藩創練湘軍之大略。［三］國藩始練水師在何地? ［四］江寧之下,得何人之力爲多? ［五］國藩除用兵外,尚有何特長?

（三）聯絡比較：［一］曾國藩之練兵,視戚繼光如何? ［二］曾國藩之水師,視鄭成功如何? ［三］曾國藩較郭子儀如何?

（四）思考：［一］曾國藩募勇,何故必取農夫? 其營官,何以必用書生? ［二］設無水師,國藩能制勝否? ［三］知人善任,是否爲大臣之度?

（五）作表：

413

$$曾國藩之事畧\begin{cases}練湘軍\\創水師\\與洪軍轉戰，占據長江上游諸隘\\知人善任\\善文章，名重當世\end{cases}$$

備考

　　洪楊軍起，曾國藩以侍郎丁母憂，在湘鄉原籍，朝命幫辦本省團練。時綠營腐敗不可用，滿蒙軍稍整齊，又驕倨，不可命令。國藩言欲辦賊，必恃鄉勇，當募鄉民之誠樸壯健者爲之。訓練一人，即收一人之用；訓練一日，即收一日之效。其選擇，以樸實有農民氣者爲主，凡油滑有市井氣，及有衙門氣者，均不用。統兵則務用書生。其與江忠源書有云：當練兵一萬人，求吾黨質直通曉軍事之君子，將之以忠義之氣，輔之以訓練之勤，相激相劘，然後言戰。可以知其宗旨矣。然是時，兵與勇不相能，在長沙尤甚。統兵之官，屢與國藩相齟齬。國藩不得已，移駐衡州。時賊掠長江民船，以爲戰艦，來往便捷。國藩知非有水師，不能與之爭勝。於是在衡州徧訪造船之法，參以己意，用商船試改爲之。發砲，船果不動搖，更參以廣東船式，增置槳座。撥銀八萬兩造之，船成，以示長沙黃冕，冕曰：予閱船多矣，從無如此整齊者。惟長江漢港紛岐，敵船易於隱匿，當添造江南小舢板，每營配布若干艘，方足供搜索窺探之用。國藩從之。咸豐四年二月，水師成。國藩乃率之，由衡州浮湘而下，後湘軍戰績徧天下，然其始起乃由國藩等素不知兵之書生訓練成之云。

　　同治元年五月，曾國荃以兵二萬，深入圍金陵。時安慶、廬州雖下，沿江賊氣，尚未全清。八月，金陵大疫，李秀成乘之，大會諸王之兵攻國荃。湘軍力疾守禦，自十九日至九月三日，凡十五晝夜。而李世賢之兵復自浙江至，攻撲愈力。湘軍出塹濠，破敵十三壘。會敵所穿地道數處，同時俱發，鐵飛石裂，敵軍乘之而進，湘軍亦以白刃禦之。至十月五日，復破敵數十壘，敵軍乃退却，計前後苦戰凡四十六日云。國藩記時湘軍疾疫之狀曰：兄病而弟染，朝笑而夕僵，十幕而五不常爨，一夫暴斃，數人送葬，及其返也，半殰於途。當時病勢之猛烈，槪可想見。而李秀成、世賢之衆，十倍于國荃，卒能以少拒多，屹然不搖，不可謂非戰役史上之奇觀也。二年四月，國荃克雨花臺九洑州。十月，城外要隘略盡，李秀成入城死守。三年正月，諸軍合圍。六月，金陵遂下。

國荃,字沅甫。彭玉麟,字雪琴,湖南衡陽人。左宗棠,字季高,湖南湘陰人。李鴻章,字少荃,安徽合肥人。

第二十三　英法聯軍(一時間)

教材

方洪秀全勢盛時,廣東官吏,有至英船捕中國逃犯者,拔英船旗幟,且執其操舟華民送省。英船索還之,廣督葉名琛不允。英人怒,遂起釁。適法國教士在粵被害,英乃與法聯軍,陷廣州,在今廣東。執名琛去。更北進大沽口,取天津,入北京,焚圓明園。文宗幸熱河今直隸北。避難,命奕訢留守北京議和。從俄使勸,賠款銀一千八百萬兩。俄人已乘亂割我黑龍江以北,至是又割烏蘇里江以東地酬之。

要旨

授以咸豐時英法聯軍之大略,使知此爲近世首都失陷之始。

預習

筆記:復習第二十課。

教授次序

(甲)預備

(一)檢查預習:同前。

(二)指示目的:首都淪陷,爲國大辱。有清一代,竟至二次。其第一次,則英法聯軍之役也。爰書課題于板示之。

(乙)提示

(一)講第一節:起課首,至"執名琛去"止。五口通商之事,汝輩既知之矣。此役雖勉强言和,然中英兩國之感情,畢竟不甚融洽。廣東之民,乃自起團練,以拒英人。要其以不許入城一語,訂入專約。英人見粵民聲勢洶洶,懼妨商務,許之。然心實不謂然也。其時總督兩廣者爲徐廣縉,巡撫廣東者爲葉名琛,遽以此事粉飾入奏。朝廷大悅,封廣縉一等子,名琛一等男以獎之。名琛固虛憍,遂自謂交涉能員。雖朝廷,亦以交涉能員許之矣。後廣縉去,名琛代爲總督。遇交涉事,益自大。英人心銜之。適有廣東官吏至英船捕逃犯之事。此船固中國人所有,船主亦中國人,惟曾在英國船舶所登記,故掛英旗。然至廣東官吏上船捕犯之時,登記之期,業已先滿,則不過一華人之船,冒插英旗者耳。於法,亦不能指爲中國官員之侮辱英國也。乃英人積忿在心,借此尋釁。中國官吏,又不知公法,不明事實之真相,不能與之辯論。遂有英法聯軍攻陷廣州之事。名琛本虛憍,既啓釁,又不設備,遂爲英兵所擒,致之印度,後二年而卒。自是廣州爲英法兵占據者三年。同前。

（二）講第二節：自"更北進",至課末止。英法軍既陷廣州,欲乘機改訂商約,俄美二國亦與俱,四國使臣聯名貽書中國首相,羣集上海待命。朝命就各疆吏議之,英法不謂然,率軍艦逕至天津,守兵砲擊之,不勝,大沽砲臺陷。清廷乃派全權至天津議和,英、法二國各定商約若干條。明歲至天津互換,英、法二使至,清廷方設防大沽,令改由北塘口入,不聽。清兵擊之,英、法兵敗績,遁回上海。旋復發兵陷大沽口,破天津,文宗走熱河,英、法、美遂入京師,焚圓明園。俄使居間調停,復成和議。先是咸豐八年俄乘亂要求訂約,已許割黑龍江以北地。至是又結約,許割烏蘇里江以東地,兩共失地數百萬方里焉。同前。

（丙）整理

（一）回講：同前。

（二）約述：[一]《江寧條約》定後,英人何故復起兵釁?[二]法人何故與英聯軍?[三]英法兵入北京後,其舉動如何?[四]文宗出奔後,留京議和者何人?[五]此役俄國雖未用兵,曾得何利益否?

（三）聯絡比較：[一]葉名琛與林則徐之比較。[二]英法聯軍陷京師,與前代契丹、女真之入大梁,蒙古之陷臨安,也先之攻北京,同異若何?[三]咸豐時《中俄界約》,與《尼布楚界約》之比較。

（四）思考：[一]葉名琛之外交,失之强硬乎?抑其失別有所在乎?[二]殺害外國教士,其事合理否?殺一教士,遽開兵釁,其事合理否?[三]英法聯軍入北京後,縱無俄使介紹,亦能成和議否?即謂俄使調停有功,是否須割烏蘇里江東之地,以爲報酬?

（五）作表：

英法聯軍 {
英人以華官拔其旗幟爲口實
法人以廣西殺其教士爲口實
陷廣州，執葉名琛
陷大沽、天津，入北京，焚圓明園
賠欵千八百萬兩，議和
}

中俄條約 {
咸豐八年　割黑龍江以北
咸豐十年　割烏蘇里江以東
}

備考

　　廣東另訂《通商專約》，以不入城列入約中。事聞，徐廣縉、葉名琛皆封爵，爲道光二十九年事。咸豐二年，廣縉去，名琛代爲總督。六年九月，有船名亞羅者張英國旗，駛入內河。時寇匪充斥，而此船中實匿逸匪十三人。一水師千總登船捕獲之，拔其旗。西洋以下旗爲大辱，英領巴夏禮，遂匿阿羅船登載業已期滿之事，照會名琛，索還所執。名琛使微員送十三人還之。時巴夏禮已與其駐粵水師提督密議，欲乘此求入城，翻前約。又見所遣僅微員，疑有意辱之，遂不受。曰若并送千總來，乃受。並言若不如約，即攻城。名琛置不理。越日，英以礮攻城，奪踞海珠礮臺，轟督署。十月朔，英兵入城，旋退出，欲與名琛面議。不許，亦不設備，而粵民焚十三洋行，英、法、美皆在其中。巴夏禮送馳書本國政府請戰，議院中公正之士尼之，謂英國雖可保護商船，不便保護海賊。而英政府方銳意侵略，遽解散議會。又以華官毀英國旗，侮辱英國，激怒其民，輿論沸騰。再當選之議員，遂多主戰。英王使額爾金赴粵，說法、美以合縱之利，貽書名琛，要求賠償，重立約章。法、美亦請酌給賠償，且願任調停。葉悉置不理。額爾金久不得要領，遂與法、美聯盟。七年十一月，英人陷省城，執名琛去，置之香港，後移之印度之孟加臘，竟得疾以死。時人爲之語曰：不戰不和不守，不死不降不走，古之所無，今之罕有。蓋嘲之也。英、法兵既踞粵城，遂以改訂商約之事致書中國首相。朝議以英、法、美事責兩廣總督，俄事委黑龍江將軍。四國不聽，聯翩北上。七年二月，至天津，戶部侍郎崇綸往議。英人以非全權，拒不見。四月，英、法兵陷大沽礮臺，阻我海運。乃遣大學士桂良、尚書花沙納赴天津議和，定《中英續約》五十六款，《中法條約》四十二款。約定，英、法兵退。清政府命僧格林沁設防大沽以備之。明年，英、法使臣來換約，英政府命之曰：必自白河入。中國雖阻之，必強航之,蓋有意挑釁也。二使至,僧格林沁命改由北塘,不聽,擊之,創而去。時九年六月也。敵既受創,更大舉北犯,陷天津,逼京師,焚燒圓明園。文宗幸熱河以避之,使恭親王奕訢留守。英、法兵將攻禁城,俄公使居間調停。於十年九月,定《中英續條約》九欵,《中法續約》十欵,償兵費及商虧,二國各八百萬元。開十一口爲商埠。粵東九龍司地方一區,前於本年二月永租於英,今并入英屬香港界內焉。初《尼布楚條約》之定,俄人心嘗不甘。咸豐八年,乘我有內亂,不暇北顧,訂條約於璦琿,盡割外興安嶺以南、黑龍江以北之地。及是,復以調停和議爲功,十年,定條約於北京,又割烏蘇里江以東至日本海濱之地焉。

第二十四　中俄交涉(一時間)

教材

文宗時,自洪氏外,山東、安徽等省有捻亂,雲南亦有回亂。穆宗立,陝、甘、新疆之叛回,又據城戕官,皆次第平復,惟新疆尚爲所據。德宗立,命左宗棠率師西征,其後遂與俄人交涉。新疆之西,有浩罕部者,亦回族。爲俄所逼,因勸新疆獨立,覬得其地。時英欲聯浩罕以拒俄,勸清勿討,俄人則藉口防邊,占據伊犂。在今新疆。左宗棠嚴辭拒英,以兵力勦回亂,浩罕不敢動,新疆遂平。及德宗四年,遣使赴俄,索伊犂。俄還地甚少,朝議大譁,中俄幾宣戰。後改命曾紀澤使俄,力爭別訂新約。始收回伊犂,改新疆爲行省。

要旨

授以中俄伊犂交涉之概略,使知邊備不修之可危。

預習

筆記:復習本冊第十八。

教授次序

(甲)預備

(一)檢查預習:同前。

（二）指示目的：西北邊防，伊犂最急，同光間幾於亡之。幸而得復，而引起此交涉者，實爲回亂。可見内治不修，易招外侮也。書課題於板示之。

（乙）提示

（一）講第一節：起課首，至"其後遂與俄人交涉"止。咸同二朝，中國之内亂，又不僅洪楊已也。時則起於北方者，有捻匪之亂。起於西南及西北者，復有回亂。捻匪者，本山東游民，相集爲盜，橫行於山東、河南、安徽間。其後又分爲二：一入山東，爲東捻。一入陝西，爲西捻。東捻李鴻章勦平之，西捻則左宗棠勦平之。洪楊之亂，北方不甚被兵禍。及是，自淮以北，亦大凋弊矣。回亂起於雲南，又起於陝甘。雲南之亂，雖亦十餘年而後平，然其關係大局，尚不至如陝甘回亂之甚。陝甘回亂，起於同治初元，捻匪入關，回匪遂乘之而起。所至聚合，劫掠漢人村鎮，官軍盡力勦捻，不暇兼顧回匪，回匪勢遂益熾。七年十月，西捻平，左宗棠乃得專其力於勦回。十年七月，肅清黃河以東。十二年九月，始逐回匪出嘉峪關，然新疆尚爲所據也。於是宗棠更西征，而與俄之交涉亦以起。同前。

（二）講第二節：起"新疆之西"，至"新疆遂平"止。乾隆盛時，中國聲威常及於蔥嶺以西。汝輩既知之矣。道光以後，聲教不能遠及，而俄人日事侵略中央亞細亞，英亦欲北并回部，以屏障印度。新疆邊外，遂爲英、俄二國之爭點。陝甘亂時，新疆回匪亦乘之以起。有阿古柏帕夏者，故敖罕將，嘗與俄戰，破之，甚有威名。及此，遂據天山南路，乘機自立，英、俄竟皆認爲獨立國。英人利浩罕勢力之張，欲聯以拒俄，勸中國勿用兵。而俄人更乘機占據伊犂。使非左宗棠之兵力，足以進取，其爲患可勝言哉！幸陝甘已平，宗棠兵力充足。光緒二年，遂進取新疆。九月，北路肅清。三年三月進兵南路，阿古柏仰藥死。至十一月，南路亦平。同前。

（三）講第三節：起"及德宗四年"，至課末止。然新疆雖平，與俄之交涉尚未已也。俄人之占據伊犂也，清廷詰問之。俄人言：伊犂亦通商埠，恐中國兵力不足，不能保護商民之利益，故代中國守禦，一俟中國兵力充足，即行交還。及是，清廷執前議索伊犂，俄人無以拒。乃脅崇厚，訂不利於我之條約，但以空城歸我，四周之地盡爲俄有。約成，朝議大譁。清廷乃召崇厚還，代以曾國藩之子紀澤。時俄人堅持前議，兩國國交，幾至破裂。幸左宗棠兵力尚足，新勝之後，威名頗著。俄人未敢輕於用兵。紀澤又有外交才，能折衝樽俎。六年，乃彼此讓步，我加償俄以款項，而俄人則以伊犂還我焉。約既成，清廷知西北邊事之亟也，於是改新疆爲行省。同前。

（丙）整理

（一）回講：同前。

（二）約述：〔一〕捻匪起於何省？所蹂躪之地爲何省？〔二〕西南回亂，起於何省？〔三〕西北回亂，爲何二省？〔四〕英俄二國，對新疆叛回之態度如何？〔五〕德宗時與俄之交涉如何？

（三）聯絡比較：〔一〕捻匪與洪楊軍之比較。〔二〕回亂與洪楊軍、捻匪之比較。〔三〕西南回亂，較西北回亂，關係大局孰甚？〔四〕《伊犁條約》與《尼布楚條約》及《璦琿、北京兩條約》之比較。

（四）思考：〔一〕當時之回亂，設不能以兵力定之，其結果如何？〔二〕中俄伊犁交涉，俄人何故不敢十分强硬？〔三〕改設行省，有益邊防否？

（五）作表：

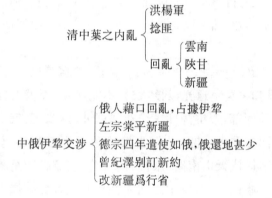

備考

捻匪亦名撚匪，起於山東。以其明火劫掠，撚紙燃脂，故謂之捻。而張洛行爲之魁，據雉河集爲巢穴，由皖擾豫。僧格林沁攻克雉河集，殺洛行，其從子張總愚領餘衆走山東，與任柱、賴汶光合。僧格林沁追之，遇伏而死。清命曾國藩剿捻。國藩練馬隊，創黃河水師，倡圈制之法。於江蘇之徐州，安徽之臨淮，山東之濟寧，河南之周家口，各駐重兵爲四鎮。築長墻，扼運河，捻率衆薄河隈，清兵大破之。捻遂分爲二：張總愚入陝西，爲西捻。任柱、賴汶光由河南入山東，爲東捻。已而國藩回江督任，以李鴻章代之，仍用圈制之法，督郭松林、劉銘傳諸軍，大破捻於淮揚徐海間。任柱、賴汶光先後死，東捻平。西捻擾渭北，與陝回合。左宗棠破之，竄入山西，進窺畿輔。各路清兵，圍之於天津以南，茌平以北。左宗棠扼直隸河橋，李鴻章扼山東德州，曾國藩檄水師入德州助之。值黃河盛漲，清兵迫之於黃、運、徒駭間，擒斬無算，張總愚赴水死，西捻亦平。時同治七年也。回教徒之雜居內地，始於唐，盛於元。其性情與漢人格不相入。咸同間，各省兵力，專注於髮捻，不暇西顧。回勢遂日熾，滇回任五等，勾結陝回，作亂，爲多隆阿所剿，多死，陝回復盛。悍酋白彥虎等，據董志原爲老巢。同治七年，左宗棠督軍入陝拔之，盡驅陝回入甘。甘回馬化龍踞金積堡，宗棠進軍甘肅，誅其父子。同治十二年，關內肅清，甘回亦平。惟白彥虎逃出關外。初河西回教徒，有東干族者，回紇後裔也。同治元年，起事甘肅，新疆之回教徒並起應之。浩罕酋阿古柏，方畏俄人之逼，乃率師東進，降東干族。同治九年，定都阿克蘇，天山南路大半歸其掌握。英、俄認爲獨立國。左宗棠既定陝甘，兵勢大盛。光緒二年三月，進據巴里坤、哈密以通餉道，六月克烏魯木旂，九月，北路肅清。三年三月，克闢展、吐魯番，扼南路之吭，阿酋窮蹙，仰藥死。十一月南路亦平。

方白彥虎之倡亂於新疆也，伊犁大亂，俄商被害者頗多。俄人乃使科哈夫士克將軍以兵鎮壓之，招誘土民，土民多從之。亂平，俄遂以保護爲名，占據伊犁。及左宗棠定天山南路，欲乘勢規復伊犁，乃促駐邊境之俄官交還伊犁，不聽。政府命崇厚往議，兩國全權使臣於拉哇基議定交還條件。俄要挾百端，崇厚悉允之。事聞，召崇厚還，下之獄。以曾紀澤爲全權專使，往俄京，再與開議。俄堅執崇厚議，調艦隊，示恫喝。中國亦日治戰備，廷臣多主戰者。英相格蘭斯頓居間調停，乃定約，還伊犁，俄得償金九百萬羅布。然伊犁雖還，而中亞之地，悉爲俄屬矣。時光緒七年也。十年，遂改新疆爲行省。

第二十五　中法之戰（一時間）

教材

穆宗末年，安南內亂，法人干涉之。安南不能堪，遂聯劉永福軍與戰。永福者，洪氏之餘黨，以黑旗爲號，所謂黑旗軍是也。已而法與安南議和，認安南爲自主國。德宗以其爲我藩屬，不允，遣兵與黑旗軍會，攻法師。法別遣軍，攻我沿海邊隘，轉破福州，在今福建。法將孤拔中礮死。其陸路援軍，亦敗於鎮南關。在今廣西。捷報未至，李鴻章與法使訂和約於天津，認安南爲法保護國，所謂《天津條約》也。既而緬甸爲英所滅，暹羅乘機獨立。合前此日本滅琉球計之,我之屬國,已去其四。

要旨

授以中法戰事,俾知南方藩屬之失。

預習

筆記：復習本册第十六、十八課。

教授次序

（甲）預備

（一）檢查預習：同前。

（二）指示目的：光緒以後,我國藩屬盡失。法越之役,實其第一事也。爰書課題於板示之。

（乙）提示

（一）講第一節：起課首,至"所謂黑旗軍是也"止。康、乾之際,中國屬地開拓,不第西北已也,即南方亦有之。安南、緬甸、暹羅三國,皆我南方之屬國也。安南國王,本姓黎氏。乾隆時,爲其臣阮氏所簒。然阮氏又有新舊之別,新阮者,舊阮所分封之子弟也。黎氏之亡,舊阮已先爲新阮所滅。於是新阮王安南,舊阮遺族有出奔者,介法教士,乞師於法。嘉慶時,遂逐新阮而代之。嗣後法人求索無厭,安南人始厭之。然既已引之入室,則其勢終不可拒矣。同治時,安南內地,略有不靖。法人遂藉口保商,派兵干涉之。時安南兵力極腐敗,不能禦。有劉永福者,洪秀全之餘黨也。洪氏敗後,遁跡安南邊界。其人頗有才,招安南及中國滇桂人民,開墾荒地。又練之爲兵。安南不能制,遂與聯和。及法侵安南,永福遂助安南人與戰。同前。

（二）講第二節：自"已而法與安南議和",至"所謂《天津條約》也"止。舊阮得國,雖由法人,然仍受册封朝貢於我。法與安南搆兵後,旋復議和,認爲自主之國。約成,然後告中國。中國弗善也。會光緒八年,法越復搆兵,乃詔發兵助劉永福攻之。時我國在安南方面之陸軍,頗足與法敵。然海軍不振,爲法襲敗於馬江。海軍敗,則沿海數千里,惟法所欲攻矣。防禦安得徧及,此中國所以中怯,而欲與法議和之原因也。然法海軍雖勝利，其統將孤拔亦中砲死，而陸軍又大敗於鎮南關。使能更與堅持，未必遂至失敗。乃其時交通不便，捷報一時不能到京，而李鴻章遂與法議和於天津。雖僅免賠兵費，然安南則從此爲法保護國矣。_{同前。}

（三）講第三節：自"既而緬甸"，至課末止。安南既亡，緬甸、暹羅亦不能保。緬甸西與印度鄰，印度爲英滅後，屢以疆場之故與英搆釁，勢力不敵，常敗衄。越亡之歲，緬甸亦爲英所滅。暹羅介兩大間，以英、法互相猜防，得不亡。然亦乘機自立，非復我屬國矣。又有琉球者，東海中島國也。自明以降，即臣服於我國。光緒五年，日本忽發兵滅之。日本之爲此，蓋所以嘗試我也，我不能爭，而後患遂因之迭起矣。_{同前。}

（丙）整理

（一）回講：_{同前。}

（二）約述：［一］法侵安南，藉口何事？［二］興安南聯合禦法者何人？［三］中國何故與黑旗軍會攻法師？［四］中法之戰，勝負若何？［五］戰後之結果如何？［六］康熙時南方藩屬，安南外尚有何國？今尚爲我屬國否？［七］中法之戰以前，我國尚失何藩屬？并安南、緬甸、暹羅計之，其數凡幾？

（三）聯絡比較：［一］失藩屬與割地之比較。［二］中法之戰，較之鴉片戰爭及英法聯軍之役，我國勝負若何？

（四）思考：［一］藩屬之失，本國邊防亦受其影響否？［二］中法之役若不急遽議和，其結果當稍善否？

（五）作表：

$$
中法之戰
\begin{cases}
原因…法認安南爲自主國 \\
勝負
\begin{cases}
法將孤拔中砲死 \\
法陸軍敗於鎮南關
\end{cases} \\
結果…訂《天津條約》，安南爲法保護國
\end{cases}
$$

備考

黎氏之王安南也，有臣曰鄭氏、阮氏，世執政權。已而安南王爵鄭氏隆於阮氏，阮氏不悅，南據順化，已復分封其子弟於西貢。乾隆時，西貢强，其酋阮文惠，與其兄文岳、弟文慮，皆驍果知兵。順化之阮氏，遂爲所滅。五十一年，文惠入東京，覆鄭氏，留兵戍之。明年，其留守之將叛，文惠攻殺之。安南王黎維祁遁去，其臣阮輝宿扈其孥及王族二百餘人奔廣西。詔兩廣總督孫士毅發兵援之，大敗阮氏之兵於富良江，入東京，士毅乘制册封維祁復爲安南國王。然信文惠來降之詭詞，不即返，又不設備。明年正月朔，遂爲文惠所襲敗，維祁再亡國，奔中國。高宗不復爲之發兵，而文惠亦懼中國再討，亟奉表請降，許之。於是新阮遂王安南。方舊阮之亡也，遺族福映奔海島，介法教士，以乞援於法，法人許之。嘉慶七年，遂覆舊阮，改號越南，仍受册封於中國。始處法教士於西貢，已而悔之。臨没，遺言慎防法人，毋割土地。然其後嗣屢與法爲難，殺其教士，交涉遂起。咸豐九年，法攻越南，陷西貢，乃復議和。同治元年，約成，割西貢與法。十三年，再定約二十二款，其性質則予以自主之空名，以脱吾國之關係，而攘其外交上之實權，悉置之法國支配之下。約成，國人大悔恨。吾國亦不謂然而未發也。

　　劉永福者，故洪秀全之黨也。秀全既敗，永福退至越南邊境，率衆數千，開墾天府鎮一帶山中之地。永福有膽識，好結納四方偉人，訓練壯士，其地遂成巨鎮，其軍皆勇悍，所謂黑旗兵是也。光緒九年，法國内閣苦内訌，乃外征以洩之，責越南不守條約，發兵侵之。以利威爾爲司令官，入越南，陷河内。越人乃利用劉永福以拒之。永福悉鋭攻法軍，復河内。時黑旗兵精悍善戰，中外交稱，越南王遂決意親中拒法。已而利威爾戰死，孤拔繼之，劉軍不利，越南來求援。我國使曾紀澤與法交涉，勸止其進兵，法人不聽，乃派兵援越南。尋法國援兵大至，分三路進兵，直至諒山鎮，東京殆全歸其掌握。光緒十年，越南與法結約，自認爲法之保護國。於是吾國與法抗議，不認法越條約。是年五月，李鴻章與法人議和於天津。約已定，我前敵將士尚未知也，法軍遽責我軍以堡壘讓彼，我軍不聽，兩軍遂起衝突。法軍死傷頗多，法人乃要償金二千萬鎊，我國不許。中法遂開戰，法以艦隊占基隆礮台，督辦台防劉銘傳攻破之，法人棄基隆而遁。時孤拔屬意福州，率海軍突入馬江，我海軍以和戰未定，不敢先發。法艦猛攻之，我艦未奉戰令，倉猝大敗，沈我“揚武”等七艘，更破福建船政局，轟毀羅星塔及閩安金牌諸礮台，統帥張佩綸遁。法更以陸軍由廣西邊外，攻入鎮南關，遂據諒山，築礮台於關外十餘里之文淵州。廣西大震。十一年正月朔，馮子材率兵至鎮南關，合總兵王孝祺之兵，出關督剿。初九日，巡撫潘鼎新聞警赴援。二十七日，子材率兵破法軍。二月七日，法軍自諒山趨入關，子材、孝祺力遏之，相持至十二日，我軍分三路攻諒山，法軍大敗。已而李鴻章與法公使巴特納議和於天津，於十一年四月定《中法新約》十款，而越南遂歸法國保護。

　　乾隆時，緬甸稱臣入貢，爲我藩屬。英自征服印度後，東印度之孟加拉與緬甸接。道光四年，英緬開戰，緬割地賠款以和。由是深怨英。咸豐二年，戰事再起，緬甸沿海之地盡失。後又圖恢復，英竟滅之。光緒十一年事也。

琉球羣島，舊分山南、山北、中山三部。明初，中山王統一琉球，朝貢中國。清世尤稱恭順，新君立，必表貢乞封册。光緒三年，日本廢琉球王尚泰，建爲沖繩縣。我國雖抗議，卒無效也。

第二十六　中日之戰（一時間）

教材

朝鮮爲我國屬邦。光緒二十年，朝鮮內訌，清遣兵平之，日本亦遣師干涉。亂既定，日本不撤兵，屢與抗議，無效，遂開戰。我國海、陸軍皆敗，京師大震。清命李鴻章與日本議和於馬關。在日本。認朝鮮脫藩，償兵費銀二萬萬兩，割遼東半島及臺灣、澎湖與日。惟日得遼東，於俄不利，俄乃糾德、法抗議，迫日以遼東還我。我又加銀三千萬兩以贖遼東地，和議始成。自中日戰後，我國庸弱無能之真相，一朝畢露。於是德遣艦隊占膠州灣，迫我租借，我允之。未幾，俄索租旅順、大連灣，英索租威海衞，法索租廣州灣，以求均勢，國勢大危。

要旨

授以中日之戰，俾知我國衰弱真相，一朝畢露之始。

準備

李鴻章肖像圖。清季疆域圖。

預習

筆記：復習本册第二十五及第二十三。

李鴻章

清季疆域圖

教授次序

（甲）預備

（一）檢查預習：同前。

（二）指示目的：近二十年來，中國外侮日亟，其原皆甲午一役啓之也。今以此示汝等。爰書課題於板示之。

（乙）提示

（一）講第一節：起課首，至"京師大震"止。中國之失藩屬，不第南方也，於東北又有朝鮮。朝鮮自古爲中國藩屬。海通以後，各國與朝鮮交涉，皆告之於我，蓋國際法例，固應爾也。乃我國外交諸臣不諳公法，惟務推諉。以朝鮮政事，我國向不與聞答之。於是各國皆與朝鮮訂約，認爲獨立自主之國矣。朝鮮國多內亂，常賴中國之力代平之。日本處朝鮮東方，尤狡焉思啓。光緒十年，朝鮮人恃日公使之援，作亂。時中國兵尚駐朝鮮，擊定之。十一年，日本遣使來聘，與李鴻章定約於天津。約兩國俱撤兵，嗣後欲派兵，必彼此互相照會。中日對朝鮮之關係，遂平等矣。光緒二十年，朝鮮復有內訌，乞援於中國。中國派兵往，照會日本，日本亦即派兵。兵至，亂已平，而日兵不撤。要我共改革朝鮮內政，我不許。兩國遂開戰。時日本在朝鮮之兵，布置經營，業已極其完密，而我國茫然無備。一戰而敗，退出朝鮮。日本躡而攻之，遂入遼東。其第二軍亦自金州登陸，陷旅順、大連。我海軍復大敗於大東溝，蟄伏威海衞不敢出。明年，日人攻威海，提督丁汝昌以全軍降，而自仰藥死。日人又南出陷澎湖，逼臺灣。於時遼東西我陸軍皆敗，僅困守山海關。遼陽、奉天，聲援俱絶。京師震動。不得已，命李鴻章至日本，與議和。同前。

（二）講第二節：起"清命李鴻章"，至"和議始成"止。和議既開，日本要索極奢，除朝鮮脫藩外，又要我割遼東半島及臺灣、澎湖，并償兵費二萬萬兩。我國無如之何，已一一承認矣。而三國干涉還遼之事起。俄人之覬覦東三省久矣。乘我內亂，盡佔黑龍江以北，烏蘇里江以東之地，諸生應尚憶之。彼其意果欲何爲，豈肯坐視日人之得遼東，而不一抗圉之哉？於是約德、法二國，聯名致書，勸告日本，還我遼東。日本兵力，勝一中國則有餘，敵俄、德、法三國則不足。不得已，罷割遼東之議。然我國以此故，又加贖遼之欵三千萬焉。同前。

（三）講第三節：起"自中日戰後"，至課末止。俄人之迫日還遼，所以自爲謀，非爲我謀也。而我國人昧於外情，頗德之。又中國是時，雖知西洋人之强，而對日本尚有輕視之念。一旦戰敗，心不能平，遂思聯俄以報日。於是李鴻章使俄，與俄人訂立密約，許其築造東清鐵路，并許以膠州灣租借於俄。約雖結，未發布，各國莫知也。光緒二十三年，山東殺德教士二人，德人乘之，以兵占據膠州灣，我國不能抗。明年，遂定租借九十九年之約。然無以對俄矣。於是復以旅順、大連灣租借於俄。俄、德既各有租借地，英、法亦乘之而起，而威海衞、廣州灣，亦皆爲人所侵占。形勢之危急極矣。同前。

（丙）整理

（一）回講：同前。

（二）約述：［一］中日戰前，朝鮮與我之關係如何？［二］中日何故開戰？［三］戰事之勝負如何？［四］和議初成時，條件若何？後經俄、德、法干涉，乃如何改變？［五］試述中日戰後，各國租地之歷史。

（三）聯絡比較：［一］中日之戰，與中法交戰之比較？［二］失朝鮮與失安南，關係孰重？［三］三國干涉還遼，視咸豐時俄介我與英、法議和，用意相同否？［四］租借地與割讓地，同異若何？

（四）思考：［一］朝鮮之亡，全由日本之無理干涉歟？抑我國外交，亦有授人以隙之處？［二］各國之於東洋，何以必求均勢。

（五）作表及填注地圖：

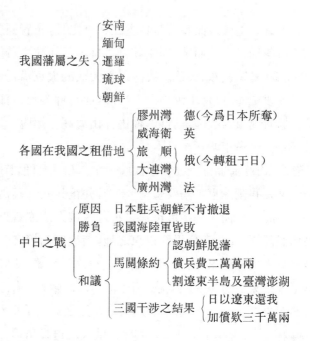

我國藩屬之失 ── 安南／緬甸／暹羅／琉球／朝鮮

各國在我國之租借地 ── 膠州灣　德（今爲日本所奪）／威海衛　英／旅　順　俄（今轉租于日）／大連灣／廣州灣　法

中日之戰 ── 原因　日本駐兵朝鮮不肯撤退／勝負　我國海陸軍皆敗／和議 ── 馬關條約 ── 認朝鮮脫藩／償兵費二萬萬兩／割遼東半島及臺灣澎湖／三國干涉之結果 ── 日以遼東還我／加償欵三千萬兩

備考

　　同治時，朝鮮王李熙年幼，其生父大院君李昰應執政，嚴禁西教，虐待耶蘇教徒。美、法二國，先後派軍艦問罪，皆無功而還。於是大院君意氣益盛，堅持鎖港主義。光緒二年，日本揚雲艦在江華島爲其所擊，日本使黑田清隆往問罪，因與訂約二條：一認朝鮮爲獨立國，二開通商口岸兩處也。繼而英、美、俄、法相繼與之訂平等之約，朝鮮隱然爲獨立國，而我國固未之知也。李熙年長，大權悉歸其后族閔氏。大院君失勢，意不平。光緒八年，嗾亂民擊閔族，燒日本使館。日本遣井上馨問罪，而派兵守護日本使館。我國亦派兵至朝鮮，以自保權利。時朝鮮大臣中，分事大、獨立兩黨。事大黨專依中國，閔泳翊、閔泳駿爲之魁。獨立黨欲依日本脫我羈絆，朴泳孝、金玉均爲之魁。光緒十年，獨立黨恃日公使之援，發礮擊事大黨。我兵擊破之。十一年，日本使伊藤博文來聘，與李鴻章定約於天津，訂定兩國駐朝鮮之兵各自撤回，自後兩國如欲派兵至朝鮮，須先相通知。此約既定，而我上國之權乃全失矣。光緒十九年，朝鮮有東學黨之亂。東學黨者，排西學而主保守。凡不得志於其政府者多附之，其勢猖獗不可制。乃乞援於我國。日本聞之，急遣大島圭介率海軍赴漢城，并檄艦隊兼程趨仁川，而陸軍由廣島進發。及我政府命葉志超統陸軍航海往牙山，而日軍已占先著。既而東學黨敗，亂平。日本要我國共革朝鮮內政，我國以朝鮮爲我藩屬，其內政非日本所當與，峻卻之，而促其退兵。日本遂責我背約，而戰端啓矣。日本兵之至朝鮮也，先據仁川。我以英商船載援兵赴牙山，日艦隊邀擊沈之，乃宣戰。日軍由漢京趨牙山，葉志超戰敗，退守平壤。未幾左寶貴、聶士成、衛汝貴之援軍至，共守平壤。日本陸軍大將山縣有朋率第一軍入朝鮮，攻平壤。八月陷之，左寶貴戰歿，餘軍潰。日軍遂渡鴨綠江，入奉天境。聶士成退保連山關。日本第二軍大將大山巖統兵由貔子窩上陸，陷金州及旅順，其第一軍又陷岫巖、蓋平各州縣。初，日本艦隊之邀擊我援軍也，沈我護送軍艦一，其一則被虜。及陸軍之退守平壤也，復以海軍護援軍由鴨綠江口登岸。援軍既登岸，而海軍與日艦隊遇於大東溝外之海洋島。時我艦隊有戰艦二，巡洋艦七，海防艦一。日本有巡洋艦八，海防艦三。既戰，我師敗，燬巡洋艦四，而日艦負重傷者三。我艦隊遂退守劉公島，不復能出戰矣。及旅順陷，日軍乃渡海，入山東半島，由榮城灣登岸，陷文登，迫威海衛之後，遂奪礮台，以攻我艦隊。我海軍提督丁汝昌舉戰艦一，海防艦一，礮艦七艘以降，而自殺。日本第一、第二軍合力陷營口，復渡遼河，敗我兵於田莊台。又分艦隊南行，陷澎湖島，進窺台灣。我政府大震，使張蔭桓、邵友濂往日本，介美公使請和。日本拒弗納，乃改派李鴻章爲議和全權大臣。二十一年二月，與日本伊藤博文、陸奧宗光議約於馬關。未就，日人有狙擊鴻章者，鴻章中彈受傷。時論多咎日本。乃於三月二十三日定《中日馬關條約》十一款，即認朝鮮完全自主，及割地賠款開埠諸條件也。四月十四日，在煙台互換。此約定後，未及一月，俄以妨害己所經營，糾合德、法二國，出面干涉，迫日本歸我遼東。俄艦隊分泊長崎及遼海，日人懼而從之。於是中國復出銀三千萬兩以爲代價焉。

第二十七　拳匪之亂（一時間）

教材

　自穆宗以來，孝欽太后即垂簾聽政。中日戰後，德宗親政，欲變法自強，用康有爲、譚嗣同等舉行新政。太后不悅，仍垂簾，幽德宗，殺譚嗣同等，有爲亡走海外。太后欲廢立，憚外人不敢發。時載漪、剛毅等握政權，陰謀排外。適山東有拳匪者，倡言扶清滅洋，不畏鎗礮。載漪等信之，招入京師，攻外國使館，殺德公使及日本書記。載漪等方一意主戰，而英、俄、德、法、日、美、意、奧八國聯軍，已踵至問罪。破天津，入北京。太后及德宗奔西安，在今陝西。乃遣李鴻章與八國議和，償銀四萬萬五千萬兩，派大臣至德、日二國致謝，並嚴懲首禍之罪。

要旨

授以拳匪之亂，使知亂民及昏愚之政府，足以敗壞國事。

預習

筆記：復習本册第二十六及第十九。

教授次序

（甲）預備

（一）檢查預習：同前。

（二）指示目的：清至甲午以後，已非變法無以圖存，乃變法不成，而反因此演出排外之舉動，清之亡也，宜哉！爰書課題於板示之。

（乙）提示

（一）講第一節：起課首，至“有爲亡走海外”止。中國近世之時局，非猶夫古之時局也。世界大通，列强環伺，政教、學術、軍事、實業，一切出我之上，非大加變革，固無以圖存。然中國人固枵然自大，不之知也。甲午之役，敗於日本區區之島國。戰後，四國强租軍港之事又繼之。而各國報紙，且盛唱瓜分之論。中國人始怵然於非變法不足以圖存，而戊戌變政之事起矣。清德宗固賢明之主也，康有爲、譚嗣同等，亦海內先覺之士也。德宗於是擢用之，大革舊法，欲以圖强。然時孝欽后雖號稱歸政，實權尚握於其手。帝欲有所爲，動爲所掣。於是帝欲謀削太后權。而推翻新政，幽帝而再行垂簾之事起矣。同前。

（二）講第二節：起“太后欲廢立”，至課末止。孝欽后雖幽帝聽政，心猶以爲未足，必欲廢帝而後快。然后之所爲，外人頗不然之。后懼外國之干涉，遂有排外之謀。時有拳匪者，白蓮教之餘孽也。妄言有奇術，不畏鎗礮。諸親貴及頑固之大臣信之，遽召入京。倉卒與外人開釁，圍攻使館。又下詔各省督撫，令盡殺所在洋人。幸南方不奉詔，乃得不牽入戰禍。拳匪等圍攻外國使館，迄不能克，而八國之聯軍已至，兵及拳匪悉敗遁，首都淪陷之辱，遂再見矣。太后既走西安，不得已，復遣李鴻章與八國議和。償欵之巨，至四萬萬五千萬兩。又須派大臣至德、日二國致謝。並以外人之要求，嚴懲禍首。蓋倚恃亂民，同時與各國開釁，實爲前古所無之奇事，而其結果之辱國，則亦前此所無也。同前。

（丙）整理

（一）回講：同前。

（二）約述：［一］中國之言變法，始於何時？［二］其結果如何？［三］試略述拳亂之始末。［四］拳匪亂後，議和之條件若何？

（三）聯絡比較：［一］拳匪與白蓮教匪之比較。［二］清德宗之變法，較宋神宗之變法，同異若何？［三］庚子之排外，較之前此與外國開釁，同異若何？［四］《辛丑和約》與《馬關條約》之比較。

（四）思考：［一］中國何以必須變法？［二］同時與八國開釁之事，前古有之否？

（五）作表：

$$
\text{拳匪之亂}\begin{cases}
\text{倡言扶清滅洋，不畏鎗礮}\\
\text{太后與諸大臣欲謀廢立，陰圖排外}\\
\text{招拳匪入京師，攻使館，殺德公使、日本書記}\\
\text{八國聯軍入京師，帝后走西安}\\
\text{和議重要條欵}\begin{cases}\text{償銀四萬萬五千萬兩}\\\text{派大臣至德、日二國謝罪}\\\text{嚴懲禍首}\end{cases}
\end{cases}
$$

備考

孝欽后那拉氏，文宗妃，穆宗生母也。穆宗時，后與孝貞后同垂簾聽政。穆宗崩，無子。后利立幼主，而文宗弟醇親王奕譞之福晉，孝欽妹也，乃立其子以嗣文宗，是爲德宗。兩宮仍同聽政，然實權皆在孝欽。光緒六年，孝貞崩，孝欽益自擅。十六年，帝大婚，歸政。然亦有其名而無其實也。二十四年，帝擢用康有爲、譚嗣同等，力行新政。后黨多方掣肘，有爲等謀以兵刦制之，事洩。八月，太后復聽政。有爲走海外，太后殺譚嗣同、林旭、楊銳、劉光第、楊深秀、康廣仁六人，悉罷新政。

義和團者，白蓮教之支流也。夙行於山東、直隸、河南之間，爲政府所禁。

至是乘民教之爭而起，傳習拳棒，昌言仇教，假託神怪，以扶清滅洋爲名。巡撫毓賢首信用之，漸次傳入宮禁，孝欽亦遂信之。二十六年五月，竄入京師，端王載漪、軍機大臣剛毅等目爲義民。於是徒黨至十餘萬人，圍攻各國使館，殺德公使克林德、日本使署書記杉山彬於途。又焚毀京津鐵路。於是英、法、俄、美、德、日、奧、義八國聯軍，陷大沽，據礮臺，總兵羅榮死之。以綠氣礮攻天津，提督聶士成死之。既而分道趨京城，日軍引各國兵由運河進，英軍引各國兵由鐵路進。七月二十日，陷京城。又分兵陷保定，略山海關，直隸幾全境淪陷。方聯軍將至京師也，太后及德宗輕車出西北門，出居庸關，至宣化府。詔慶王奕劻留京辦事，而車駕趨山西。八月至太原，聞聯軍陷保定，復行。十月至陝西，駐西安府。其至太原也，下詔罪己，命奕劻、李鴻章與各國議和。各國要求懲辦罪魁，然後開議。於是毓賢、趙舒翹皆死，剛毅以先死得免刑，端王等監禁。二十七年七月二十五日，與德、奧、比、日、英、美、法、俄、義、荷、日本十一國，定《辛丑各國和約》十二款，允付諸國償款海關銀四百五十兆兩，每年息四釐，分三十九年還清。明年，命醇親王載灃赴德，侍郎那桐赴日本謝罪。

第二十八　預備立憲(一時間)

教材

聯軍既撤，太后及德宗復還京師。始稍稍變法：罷科舉，設學校，勵遊學，禁婦女纏足，使滿漢通婚姻。大綱粗舉，而日俄之戰又興。先是俄乘拳匪之亂，據有遼東。日本促其退兵，不應，遂宣戰。日本大勝，旅大租借權，由俄人轉讓於日本。清廷惕於外勢之逼，特派五大臣赴各國考察憲政。光緒三十二年，遂下詔預備立憲，期以第九年開國會。

要旨

授以清廷預備立憲之事，使知變法而無誠意之害。

預習

筆記：復習前課。

教授次序

（甲）預備

（一）檢查預習：同前。

（二）指示目的：變法貴有誠意，變法而無誠意，此清廷之所以亡也。爰書課題於板示之。

（乙）提示

（一）講第一節：起課首，至"而日俄之戰又興"。孝欽后之推翻新政，本爲興論所不許。及和議定，復還京師，乃不得不復行新政，欲以塞天下之望。然是時所謂新政者，特貌行之而已。上以貌行，則下亦以貌應。故雖形式猶是，而精神則迥非戊戌之比，終不足繫天下之望也。同前。

（二）講第二節：起"先是俄乘拳匪之亂"，至課末止。清廷之貌行新政，本不足以滿人民之意。會有日俄之戰，遂益促起人民立憲之要求。初拳匪亂時，黑龍江將軍亦奉朝命排外，敗死。於是奉、吉兩省城，亦爲俄兵所佔，挾將軍以令所屬，中國無如之何也。而日本懼俄得滿洲，勢力益逼，乃與交涉，令其退兵。俄人陽許之，而實不踐約。於是日俄遂宣戰。夫日，小國也。俄，大國也。然開戰之結果，俄兵大敗，奉天、遼陽、旅順皆入日本之手，東洋艦隊及波羅的海艦隊，皆熸。於是議和，旅大租借權及東清鐵路支綫之大部，均自俄而入於日。於是東三省外力之逼，俄之外，復增一日本矣。然中國人民因此而知立國今世，非行憲政不可，遂有要求立憲之舉。清廷亦怵於外勢之逼，遂有特派五大臣出洋考察之舉。其後且明定九年預備之詔。然真欲立憲，預備何必九年？而清廷之所謂預備者，又多立憲後應改良之庶政，而非立憲以前所必有事。此可見清廷之所謂立憲，仍不過敷衍人民，而非有實行之誠意也。同前。

（丙）整理

（一）回講：同前。

（二）約述：〔一〕孝欽后復還京師後，其舉措如何？〔二〕日俄因何事開戰？〔三〕其戰役之結果如何？〔四〕日俄戰後，清廷之舉措如何？

（三）聯絡比較：〔一〕孝欽復行新政，與戊戌變法之比較。〔二〕日俄之戰，以他國人戰於我國境內，而我國顧守中立，古亦有之乎？〔三〕立憲與行新政之異同。一但改良政治，一則改革政體。

（四）思考：〔一〕孝欽復行新政，何故不足以饜民心？〔二〕俄何故不敵日本？〔三〕欲行憲政，是否必須派員出洋考察？又是否必須九年預備？

（五）作表：

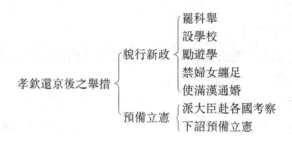

備考

拳匪之亂，黑龍江將軍壽山遽與俄人宣戰，分兵數路攻俄。俄將革尼斯比統兵渡黑龍江，陷愛琿，虐殺華民三千餘人，連陷墨爾根、布特哈各城，直逼齊齊哈爾，陷之。壽山自殺，奉天、吉林兩將軍不能抗。俄乃分兵守東三省各城，奉天、營口等處悉駐重兵。及拳亂平，和議成，而俄仍延不撤兵。我政府屢促之，不應。於是日本、英、美促我開放滿洲門戶，俄使則力阻之，而促我訂新約。我政府兩不敢許，依違其間。日本政府乃與駐日俄使直接談判，俄終不肯棄滿洲，而私許日以在韓之權利。日人允之。將定議矣，而俄人又反覆。日本知終不可以和平解決也。光緒二十九年十二月，兩國遂開戰。日攻俄艦於仁川，沈其兩艦。又與俄太平洋艦隊戰於旅順，沈艦七艘。俄軍退入旅順固守，日海軍封圍之。三十年三月，日本第一陸軍渡鴨綠江，陷鳳凰城，進窺遼陽。第二軍陷金州，斷旅順之後路。五月，陸軍總司令大山巖至遼東，督攻遼陽。副總司令玉源太郎督攻旅順。七月，海軍中將截擊俄餘艦於日本海，俄艦負重傷，遁回海參崴。九月遼陽陷，十二月旅順陷，日軍乃以全力趨奉天，劇戰數月，奉天亦陷。日軍乘勝長驅，連陷開原、鐵嶺諸地。既而俄波羅的海艦隊東來，日海軍迎戰於對馬島，俄艦盡沒。美總統羅斯福出而調停，兩國全權會議於華盛頓，訂條約十五欸，各罷戰。

光緒三十一年六月，命載澤、端方、戴鴻慈、徐世昌、紹英出洋考察憲政。七月二十六日，由京啓行，猝遇炸彈，死送行者四人。遂不果行。九月，改派李盛鐸、尚其亨，會同澤、戴、端往各國考察。三十二年七月十三日，宣布預備立憲上諭。三十四年六月初一日，又宣布籌備事宜上諭，及逐年籌備清單，定自三十四年起至第九年，頒布欽定憲法，并召集議員。

第二十九　宣統遜位(一時間)

教材

清季預備立憲，未及實行，而德宗、太后相繼殂。於是載灃之子溥儀入即位，改元宣統，年幼不能涖政，載灃以攝政王監國，親貴用事，朝政益紛。人民代表請速開國會，則勒令回籍。及三年，清用鐵路國有政策，兩湖、川、粵羣起反對，川人抵抗尤力。清命端方帶兵入川查辦。革命軍乘間起事於武昌，連佔漢口、漢陽，旬日之間，響應達十餘省。清大懼，與民軍議和，及其結果：清得優待條件，隆裕太后率宣統下詔遜位，以統治權公諸全國。於是改建中華民國，定民主立憲政體。

要旨

授以宣統遜位之事，使知清之亡、民國之興。

預習

筆記：復習本冊第二十六、二十七及第二十八。

教授次序

(甲) 預備

（一）檢查預習：同前。

（二）指示目的：清亡之後，繼以民國，易君主爲共和，此我國前古所未有也。今以其事授汝等，書課題於板示之。

(乙) 提示

（一）講第一節：起課首，至"則勒令回籍"止。光緒三十四年，德宗、孝欽同時並殂，於是時局又一變。載灃之子溥儀入即位，而載灃爲攝政王。使當是時能速行立憲，或清明政治，國事或尚有可爲也。乃朝廷大政多握諸親貴之手，昏愚無識,賄賂公行。人民知欲强中國,非實行立憲不可。於是有要求縮短預備年限之舉,其結果,清廷雖允縮爲五年,而仍以嚴厲之手段,對待各省代表,勒令即日回籍。於是人民益失望。會復有鐵路國有之政策,大拂民心,而禍乃不可遏矣。同前。

（二）講第二節：起"及三年",至"響應達十餘省"止。鐵路國有者,清末內閣成立後所實行之第一政策也。宣統三年四月,設立新內閣,以慶親王奕劻爲總理大臣,盛宣懷長郵傳部,借英、美、法、德及日本之歟,將幹路均收爲國有,批准鐵路舊案,均行取銷。鄂、湘、粵三省人民反對之,川省尤烈。清廷仍有嚴厲手段對待之,拘繫代表,槍斃人民。民心益憤。鄂軍遂乘之起義,旬日之間,響應達十餘省。清廷遂束手無策矣。同前。

（三）講第三節：起"清大懼",至課末止。亡國而猶得優待條件以去,此自古所無也。時清廷起袁世凱爲總理,載灃辭監國之職,大權悉集於內閣。於是派代表至南方,與民軍議和,其結果卒以多數人心,傾向共和。隆裕率宣統退位。於是民主立憲之國體成,而中華民國遂自玆建立矣。同前。

（丙）整理

（一）回講：同前。

（二）約述：［一］清德宗後,嗣位者何人？何人爲監國？［二］宣統時朝政如何？［三］革命軍起於何處？［四］議和之結果如何？

（三）聯絡比較：［一］攝政王監國,與太后臨朝之異同。［二］清廷遜位,與元順帝北去之比較。［三］清與民國之興亡,與歷代易姓革命之異同。

（四）思考：［一］使清廷能實行立憲,可以不亡否？［二］鐵路國有之政策,得失如何？［三］革命軍之起,何以響應如是之速？

（五）作表：

$$
\text{清亡之近因}\begin{cases}\text{戊戌新政之推翻}\\\text{庚子排外之奇禍}\\\text{辛丑後之貌行新政}\\\text{預備立憲之無誠意}\\\text{宣統時親貴用事,朝政益紛}\end{cases}
$$

$$
\text{中華民國之成立}\begin{cases}\text{革命軍起事於武昌,連佔漢口、漢陽}\\\text{旬日間響應達十餘省}\\\text{清與民軍議和}\\\text{隆裕率宣統退位}\end{cases}
$$

備考

　　光緒三十四年十月二十一日，德宗崩。孝欽命以溥儀爲嗣皇帝，繼穆宗後，兼祧德宗。翌日，孝欽亦崩。於是載灃以攝政王監國，其弟載洵、載濤等相繼用事。第一次改訂官制，除內閣軍機處外，計十一部，而滿族居其七。第二次改訂官制，設立內閣，又以奕劻爲總理大臣，那桐爲協理大臣，此外十國務大臣，滿族又居其七焉。於是南北士民，公舉代表，上書請願，速開國會。至再至三，始允縮九年爲五年，而將各省請願代表，即日遣散。東三省代表十餘人，則令民政部前軍統領衙門派員送回原籍。於是人心益憤。更加以鐵路國有之事，而大變遂不可挽矣。

　　優待條件：關於皇室者八條：一、存清帝尊號，待以外國君主禮。二、歲給經費四百萬。三、以頤和園爲住所。四、保護其宗廟及陵寢。五、修德宗崇陵。六、宮內人員，照常留用，惟不得再招閹人。七、保護清帝原有之私産。八、禁衛軍歸民國陸軍部編製，額數餉糈，悉如其舊。關於皇族者四條：一、王公世爵，概仍其舊。二、一切公權私權，與國民平等。三、私産一體保護。四、免其當兵之義務。關於滿蒙回藏者七條：一、與漢人平等。二、保護其原有之私産。三、王公世爵，照舊襲封。四、王公有生計過窘者，設法代籌。五、代籌八旗生計，未籌定前，俸餉仍舊支放。六、營業居住等限制，一律蠲除。并許在各州縣自由入籍。七、聽其信教自由。

高等小學校用　新式歷史教授書
第五册

第一　五帝開化（三時間）

教材

華種東來，繁殖於黃河流域，初無文化可言。自巢、燧代興，民始巢居火食，及伏羲、神農、黃帝、堯、舜五帝繼作，而文化漸啓。伏羲氏，居陳。今河南淮陽縣。始作八卦，制嫁娶之禮。又治田里，築石城，造網罟，而都邑以成，佃漁交便。神農氏，居曲阜。今山東曲阜縣。藝五穀，興醫藥，立市廛，作耒耜陶器，農工商各業，於是開端。黃帝代興，居有熊，今河南新鄭縣。滅蚩尤，逐葷粥，統諸部落而一之。其疆土東至海，西至崆峒，今甘肅高臺縣西南。南至江，北至釜山，今直隸涿鹿縣西南。始建帝國。而人民生事亦漸備，居有宮室，行有舟車，春穀有杵臼，辨向有指南。他如衣裳冕履，弓矢甲胄，文字算數，復各致其用。後黃帝三百餘年而有堯，都平陽，今山西臨汾縣。始建國號曰唐。愛民特甚，置閏定時，命鯀治水，舉舜攝政，皆爲民也。舜受堯禪，國號虞，都蒲坂。今山西永濟縣。使禹平水土，制五刑，設上下庠，行巡守考績法。苗民逆命，以文德感化之。

五帝世系表：

伏羲……神農……黃帝……少昊……顓頊……帝嚳……堯……舜凡二千七百七十三年。

要旨

授以五帝開化之事，使知中國文化所由發生。

準備

五帝世系表。

預習

筆記：復習第一冊第一課至第六課。

教授次序

（甲）預備

（一）檢查預習：<small>同前。</small>

（二）指示目的：凡一民族文化之發生，必非旦夕間事。我國自伏羲至堯舜，蓋亦近三千年也。

（乙）提示　本教科書用圓周教法，各種事實前二冊均已略具，本學年所重在使聯絡貫串，知史事因果之關係，以明社會進化之順序及國勢變遷之大要。故教授書五六二冊提示段中，亦專注重此點，至事實則於前四冊所未具者詳之，已具者略之。授課前當使學生於前四冊中擇其與本課有關係者預行溫習<small>均詳預備段預習項下。</small>

（一）講第一節：<small>起課首，至而"文化漸啓"止。</small>華種東來，繁殖於黃河流域，<small>事實第一冊已具下倣此。</small>故中國各地方之開化以黃河流域爲最早。古無信史可徵。古史所述開化之事迹，五帝以前，與生民最有關係者，厥惟有巢氏教民構木爲巢，燧人氏教民鑽木取火二事。至五帝時代，則史事較詳，而亦較可徵信矣。所當注意者，本課所授五帝及巢、燧諸人之事迹，皆在黃河流域者也。<small>講畢，指生將本節文字朗讀一徧，令諸生開書同聽之。如誤，教師範讀，正其句讀，再指生口述大義。如誤，則略述前講復演之。下同。</small>

（二）講第二、三節：<small>起伏羲氏，至"於是開端"止。</small>凡一社會，必自漁獵時代進於游牧時代，自游牧時代進於耕稼時代。有巢氏時，民居林木中，蓋尚在漁獵時代。至伏羲始進於游牧時代，神農始進於耕稼時代也。至耕稼時代，民始土著。土著則國家之形制以立，而種種文化於以發生。如神農氏時，農業既興，而工商兩業亦即隨之而起。其明證也。<small>同上。</small>

（三）講第四節：起黃帝代興,至"復各致其用"止。國家之形制雖立,而無兵力以自衛,則不免爲他人所吞噬。以前所發生之種種文化,不免仍歸漸滅,否亦爲他人享用耳。故溯吾族創造國家之功,則黃帝爲尤大。欲對外而謀攘斥者,必對內先能統一。故黃帝時,必統諸部落而一之。對外既能戰勝,對內復能統一,則國家之基礎立矣。古代華種居黃河流域。葷粥居陰山兩側,在其北。苗族居長江流域,在其南。黃帝時,華種之聲威,始北達陰山以南,南抵長江流域,是爲我族以兵力開拓土地之始。戰勝之後,民氣發皇,文化每易進步。故黃帝時,文化發生爲特多。同上。

（四）講第五、六節：起"後黃帝三百餘年",至課末止。黃帝時既奏外攘之功,則異族不敢侵犯,而國家得享若干年之平和。故可以其時盡力於民事,如堯舜時之置閏定時,使禹治水,設上下庠,行巡守考績法,皆是也。古代君位繼承之法,不可確知。其可考者,始於唐虞,即爲禪讓之制。蓋立君本所以爲民,故當擇賢者而傳之。此義本甚明白,後世君權日張,乃致湮晦,堯舜時則此義尚明也。此可知君主世襲之制,爲後世之流失,而非義固如此。文化之發生,每隨其時代之生活而異。如有巢氏教民巢居,則居林木中人民所有事也。及黃帝始建宮室,則居平地之人民所有事矣。燧人氏教民火食,此漁獵時代所有事也。及伏羲氏能養犧牲,以充庖廚,則爲游牧時代所有事矣。伏羲氏治田里,築石城,此不過少數從事耕稼之民居之,或借爲守禦之資耳。及神農時,大多數人皆已定居,商工業之需要隨之而起,而市廛立而交易興矣。有相得而益彰者,如神農雖作耒耜,必得杵臼而後農器益備。定居雖有宮室,必得舟車而後交通始便。而舟車既成,又必有指南針之發明,而後便於行駛也。而其尤足見進化之迹者,則始所發明者,皆爲直接有稗於形體生活之事;而繼所發明者,則爲有益於精神上欲望之事。如文字算數等是也。不獨社會上之事物也,即國家之治制亦然。如黃帝雖能統一諸部落,而駕馭之法尚未甚完備,至舜則有巡狩考績之法。伏羲時制禮,僅及於嫁娶等事,而舜則有上下庠之教是也。同前。

（丙）整理

（一）回講：於課文中擇其難解之字句,及緊要關鍵之字句,令學生復講。下同。

（二）約述：凡提示項下所授,師更簡單發問,令學生以簡要之語答之。下同。

（三）聯絡比較：[一]漁獵、游牧、耕稼三時代之比較。[二]黃帝時疆域與中國現今疆域之比較。[三]巢、燧、羲、農、黃帝、堯、舜時,人民生活程度之相互比較。[四]漢族與苗族、葷粥住地之比較。

（四）思考：［一］文化之發生，何以必經悠久之歲月？［二］今世文化之進步，自後人觀之，亦如今人視古人文化之逐漸發生乎？然則吾人苟於社會之文化上大有所貢獻，其爲後人所崇拜亦能如古人之於今日否？［三］家族之制至何時而始立？伏羲制嫁娶之禮。［四］交易漸盛，何以必立市廛？［五］黃帝時華種之文化，視苗族及葷粥如何？其兵力視苗族及葷粥如何？然則兵力之强弱，與文化有關係否？［六］舜對待苗族之方法，何以與黃帝不同？黃帝時苗族盛强，故非用兵力不可，至舜時則苗族已弱，故可用文德懷柔之。

（五）作表繪圖：

［一］使學生作五帝事迹表如下：

	都邑	疆　域	文　化	內　治	外　征
伏羲	陳		作八卦，制嫁娶之禮，治田里，築石城，造網罟。		
神農	曲阜		藝五穀，興醫學，立市廛，作末耜、陶器。		
黃帝	有熊	東至海，西至崆峒，南至江，北至釜山。	宮室、舟車、杵臼、指南針、衣裳、冕履、弓矢、甲冑、文字、算數。	統一諸部落，始建帝國。	滅蚩尤，逐葷粥。
堯	平陽		置閏定時。	命鯀治水，使舜攝政。	
舜	蒲坂			使禹平水土，制五刑，設上庠下庠，行巡守，考績法。	以文德化苗民逆命。

［二］使繪中國古代疆域圖。以黃帝時四至爲準，備載五帝都邑。

備　考

《物原》：神農作甕。《事物紺珠》：瓶、缾同神農製。《古今注》：黃帝與蚩尤戰於涿鹿之野，蚩尤作大霧，兵士皆迷，於是作指南車以示西方，遂擒蚩尤而卽帝位，故後常建焉。《世本》：胡曹作冕，於則作履，揮作弓，夷牟作矢。《注》：胡曹、於則、揮、夷牟，黃帝臣。《黃帝內傳》：玄女請帝制甲冑。餘見第一册。下同。

第二　三代之治亂（三時間）

教材

禹受舜禪，國號夏，都安邑。今山西夏縣。分全國爲九州，定貢賦，頒正朔，一會諸侯於塗山，今安徽懷遠縣。再會諸侯於會稽。今浙江紹興縣。生平惡旨酒，惜寸陰，拜善言，泣有罪，民懷其德。及卒，子啟立，君位遂世襲。數傳至相，權臣篡竊，少康中興，光復舊物。及桀立，湯伐之，放於南巢，今安徽巢縣。夏亡。湯既代夏，國號商，都亳。今河南商邱縣。用伊尹、仲虺爲相，來王來享，遠及氐羌。傳至盤庚，遷都殷，今河南偃師縣。自是國號兼稱殷。其後高宗克鬼方，在今貴州。伐荊楚，今湖北省。兵力頗振。及紂即位，周武王來伐，紂兵敗，自焚死，商亡。周武王克商而興，國號周，都鎬。今陝西臨潼縣。宗室功臣，皆列爵分土。子成王立，年幼，周公旦攝政，平武庚之亂，營洛邑今河南洛陽縣。爲東都，制作明備。康王繼之，教化大行，史稱成康之治。傳至厲王，無道，國人逐之。周、召二公執政，號爲共和。子宣王立，伐玁狁，征荊蠻，平淮夷，成中興之治。子幽王又無道，犬戎内侵，遂被弑。諸侯迎平王立之，畏犬戎，東遷洛邑。自是號令不

三代疆域圖

行,爲春秋時代。閱二百餘年,又爲戰國時代。及戰國之局終,而周先亡矣。

三代世系表:

夏禹……啓……太康……仲康……相……少康……杼……槐……芒……泄……不降……扃……厪……孔甲……皐……發……桀<small>凡十七君四百三十九年</small>。

商湯……太甲……沃丁……太庚……小甲……雍巳……太戊……仲丁……外壬……河亶甲……祖乙……祖辛……沃甲……祖丁……南庚……陽甲……盤庚……小辛……小乙……武丁……祖庚……祖甲……廩辛……庚丁……武乙……太丁……帝乙……紂<small>凡二十八君六百四十四年</small>。

周武王發……成王誦……康王釗……昭王瑕……穆王滿……共五繁扈……懿王囏……孝王辟方……夷王爕……厲王胡……宣王靖……幽王宮涅……平王宜臼……桓王林……莊王佗……僖王胡齊……惠王閬……襄王鄭……頃王壬臣……匡王班……定王瑜……簡王夷……靈王泄心……景王貴……悼王猛……敬王匄……元王仁……貞定王介……哀王去疾……思王叔……考王嵬……威烈王午……安王驕……烈王喜……顯王扁……慎靚王定……赧王延<small>凡三十七君八百七十六年</small>。

要旨

授以三代之治亂,使知封建時代之狀況。

準備

三代世系表。

預習

筆記:復習前課及第一册第七至第十四課。

教授次序

(甲) 預備

(一)檢查預習:<small>同前。</small>

（二）指示目的：自周以前，吾國皆爲封建時代。合全國諸侯，戴一共主，其間夏、殷、周相繼爲共主，則所謂三代也。

（乙）提示

（一）講第一節：起課首，至"夏亡"止。黄帝時，中國疆域僅南至於江。至禹會諸侯於會稽，則其地已在江南，且分全國爲九州。定貢賦，其統治之法，較之舜之巡守，尤爲確實。可見華種是時之威力，益以擴張。禹之時，中國威力所以日益擴張者，蓋因治水成功，有大勳勞於天下，故天下咸服之也。禹惡旨酒，惜寸陰，拜善言，泣有罪，實爲千古君德之模範。可見建立偉大之事業者，必有過人之道德。君位世襲，爲我國國體上之一大變革。蓋古代民智未開，禪讓之事，特出於君主之美意，而非人民有力能限制其君而定爲法，故其制不能常存也。羿之篡相，爲權臣篡竊之始。少康光復舊物，爲一姓中興之始。湯之放桀，爲以兵力革命之始，所謂易禪讓以征誅也。同前。

（二）講第二節：起"湯既代夏"，至"商亡"止。氐、羌爲古代西方二大種族。氐人之根據地，蓋在今甘肅、四川一帶。羌人之根據地，則在今黄河上流及青海地方。商之先，亦興於西方。湯始都亳，從先王居，即契所封之商，今陝西商縣也。滅夏後，乃遷都今河南商邱，是爲景亳，《僞孔傳》之說不可從。故其聲威所及，於西方爲獨遠。古代國號，每與都城之名相混。如湯始居亳，則國號商。盤庚遷殷，即更號殷是也。陶唐有虞等號亦同。此爲古人國家觀念，不甚瑩澈之證據。苗族本處沿江，《左傳》所謂三苗之國，左洞庭，右彭蠡是也。自爲漢族所逼，乃沿沅江向其上流地方退卻。故後世史傳，多以武陵五谿爲南蠻之正支。故高宗薄伐，直至今貴州地方。是時華種聲威之遠，可以想見。武王伐紂，與湯放桀同，皆以侯國革命者。自秦以後，革命皆多起於草野。同前。

（三）講第三節：起"周武王克商而興"，至課末止。武王克商，宗室功臣，皆列爵分土，則商代所封建之國，必有爲周所滅者。孟子言滅國者五十。然不能收之爲郡縣，而卒仍其分土之舊者，蓋時有未可也。周之先，亦起於西方。對於東方，勢力尚未鞏固。故武王没後，復有武庚之亂。自周公平武庚，營洛邑爲東都，而其對於東方之勢力，始鞏固矣。周公既能平亂，又能爲明備之制作，兼資文武，實爲我國最可崇拜之政治家。周人之逐厲王，能去暴君，爲自衛計。厲王既去，又能謹守秩序，各安生業者十四年，實爲千古所無。外人譏我國有暴民革命，無市民革命。若周人之流厲王，則真所謂市民革命也。自周有天下以至東遷，可分爲五時期：武王及周公攝政時爲創興時期；成康時爲極盛時期；自是漸衰，至厲王而大亂，爲一時期；宣王爲中興時期；幽王爲滅亡時期；平王以後，入於春秋時代，當別論。同前。

（丙）整理

（一）回講：同前。

（二）約述：同前。

（三）聯絡比較：［一］三代時華種勢力與五帝時之比較。［二］君位世襲與禪讓之比較。［三］夏少康與周宣王之比較。［四］桀、紂、湯武之相互比較。［五］殷高宗與周宣王之比較。高宗克鬼方、伐荆楚。宣王亦征荆蠻，平淮夷。［六］周營洛邑與湯建景亳之比較。［七］滅國而封建宗室功臣，較悉仍其舊者若何？中央之勢力較爲擴張。［八］周人逐厲王與湯武革命之比較。［九］周幽王之滅亡，視夏商二代同異若何？一亡於本族，一亡於異族。

（四）思考：［一］君位世襲與禪讓孰善？［二］湯放桀，武王伐紂，合於義否？［三］設使平王不東遷，亦至於號令不行否？

（五）作表繪圖：［一］使以本課事迹列爲表：

國號	都邑	時代之要事	初　　盛	中衰及中興	滅　　亡
夏	安邑	君位世襲	分全國爲九州，定貢賦，頒正朔。一會諸侯於塗山，再會於會稽。	相爲權臣篡竊。少康光復舊物。	桀爲湯放於南巢。
商（殷）	亳盤庚遷殷	來王來享，遠及氐羌。	高宗克鬼方，伐荆楚。	紂爲周武王所伐，兵敗自焚。	
周	鎬（東都洛邑）	宗室皆列爵分土。周公制作明備。	武王克商，周公平武庚之亂，成康教化大行。	厲王爲國人所逐。宣王伐玁狁，征荆蠻，平淮夷。	幽王爲犬戎所弑。

［二］使仍繪本課附圖。

第三　春秋戰國（一時間）

教材

春秋諸侯，以魯、衞、晉、鄭、陳、蔡、曹、燕、宋、齊、秦、楚爲著，其强者則稱霸。霸有五：以齊桓爲最先，亦最盛。齊桓卒，宋襄思繼之，爲楚所敗。晉自文公定霸，後嗣相繼，霸業最長。秦穆雖强，爲晉所扼，霸於西戎耳。楚久與諸夏争，至莊王敗晉，始克稱霸。後晉、楚並衰，吳夫差、越句踐繼起，亦得附於霸者焉。春秋以後，周室益微，勢力相敵之國七：曰秦、楚、齊、燕、韓、趙、魏，中以秦爲最強。其後周赧王以入秦獻地而亡，六國亦次第爲秦所滅。

要旨

授以春秋戰國大勢，使知封建時代之終。

預習

筆記：復習第一册第十五及第二册第五課。

教授次序

（甲）預備

（一）檢查預習：同前。

（二）指示目的：封建時代，列國恒互相吞并。吞并愈甚，則國愈少而大國愈多，其後遂成一統。春秋戰國，則競爭最烈之時也。

（乙）提示

（一）講第一節：起課者，至“其強者則稱霸”止。周未東遷以前，所傳者惟一王朝之史。春秋以後，則史籍傳者漸多，列國競爭之大勢，均可考見。故春秋戰國時之史，與前史不同。春秋時，晉、楚、齊、秦，號稱四大國。魯、衛、鄭、陳、蔡、曹、燕、宋，皆二等國也。吳、越則後起之一等國也。及戰國時代，吳、越先亡，晉分爲韓、趙、魏，而燕日盛，遂成七國並立之勢。同前。

（二）講第二節：起“霸有五”，至“得附於霸者焉”止。春秋時代，齊霸最早，而亦早衰。秦穆僅霸西戎。吳、越後起，強亦不久。宋襄尤不足道。始終持南北分霸之局者，惟晉與楚。而晉之勢力尤盛。戰國時，晉分爲韓、趙、魏，力薄不足禦秦，此亦秦所以獨強之一原因也。同前。

（三）講第三節：起“春秋以後”，至課末止。秦之強，實得力於商鞅之變法。二册五課。而商鞅變法之主旨，尤重在一民於農戰。可知質朴敢死，實爲強國之風氣。六國之亡，固由地利及國勢之不如秦，亦由其君不務內治，惟講外交。而外交又或縱或橫，政策不定。有緩急，則不得不割地以賂秦，故地日蹙而秦益強。二册七課。春秋戰國時，兵禍雖烈，然因競爭劇烈故，學術文化皆大發達，士氣亦極盛。二冊第三、第四、第六、第七課。

（丙）整理

（一）回講：同前。

（二）約述：同前。

（三）聯絡比較：[一] 霸與王之異同。[二] 春秋時之國，與周未東遷以前較，大小強弱若何？戰國時七雄與春秋時諸大國較，大小強弱又若何？[三] 春秋時晉、楚、齊、秦、吳、越六國之比較。[四] 戰國七雄之比較。

（四）思考：[一] 周室之東遷，於秦之強弱，關係若何？[二] 使晉不分爲韓、趙、魏，秦人亦能吞并東諸侯否？[三] 使諸國不互相吞并，漸變爲六大國，十餘小國，秦人亦能一舉而統一之否？

（五）作表繪圖：[一] 授以東周諸國興亡表如下：

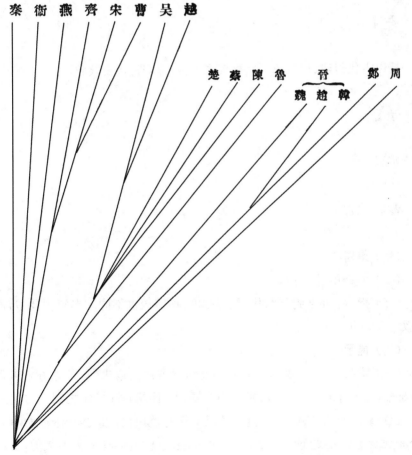

[二] 使仿繪一冊十五課、二冊五課之圖，并使之分國著色。

第四　古代之政教學術上（一時間）

教材

黄帝畫野分州，得百里之國萬區。唐虞夏商承之，封建之制漸備。及周初，等級愈明，其後互相吞併，迄於戰國，封建蕩然矣。上古田賦無可考。三代則夏貢、殷助、周徹，皆用井田制。兵制：寓兵於農，視田賦多寡，定出車之數。降及春秋，邱甲州兵，其制漸變。戰國時，秦廢井田，而兵不必盡出於農。學校始於上古，三代尤備，大學、小學以程度分，鄉學、國學以地址分。人生八歲，入小學焉。科學則掌以專家，如醫有醫師，農有草人，商有司市，礦有卝人，不可殫述。

要旨

授以古代封建、田賦、兵制、學校之大略，俾知古代之政教。

預習

筆記。

教授次序

（甲）預備

（一）檢查預習：同前。

（二）指示目的：封建時代，種種制度，均與後世不同。本課所授，乃古代政教之大略也。

（乙）提示

（一）講第一節：起課首，至"封建蕩然矣"止。古代交通未便，各地方之風氣不同，如民族、語言、宗教、習俗等。未能合為一國，故不得不行封建之制。古代之區畫，大者為州，小者為國，猶後世郡縣以上復有監司也。秦代罷侯置守，乃改國為郡。漢世復以郡國並列。至郡國以上之一級，秦及西漢皆不設，後漢乃復置州牧。天下大勢，日趨於統一。故小國必漸并為大國，大國終至於一統。然自分裂以至統一，其間非一蹴可幾,故必至秦然後能成郡縣之治。商周之興,雖皆夷滅舊國,仍不得不行封建之策也。血統、言語、宗教、習俗,種種不同,雖以兵力戡定之,終不能合爲一國。秦之克成統一之治者,由列國互相吞并,已漸趨於同化也。同前。

（二）講第二節：起"上古田賦",至課末止。土地皆歸國有,由國家分賦之於人民,此爲井田與阡陌之異點。其善在地權平均,而民無甚富甚貧之患。其弊也,還受之制大壞,暴君污吏,慢其經界,而井田之制以廢。三代以前,皆行民兵之制,及後世則改用募兵,此爲兵制之一大變。觀列國分立之世,必用民兵,則知民兵之制,適宜於競爭之世。視古代學制之詳備,則知其教育之普及,此其學術之所以盛,人才之所以多。與二册一至七課聯絡。古代政治極詳密,故醫、農、商、卅諸業,皆有專家掌之。然即此,又可見後世社會之進化。蓋古代掌以專官之業,至後世,多爲社會所自營也。同前。

（丙）整理

（一）回講：同前。

（二）約述：同前。

（三）聯絡比較：［一］封建與郡縣之比較。［二］井田與阡陌之異同。［三］民兵與募兵之比較。［四］古代學校與後世科舉及現今學制之比較。［五］科學掌以專官,及任諸社會自謀,孰爲得失?

（四）思考：［一］封建之制,秦始皇一人廢之歟? 抑自周以前,其制已漸破壞? ［二］論者謂井田之制,必與封建並行,然否? ［三］春秋戰國時代競爭之劇烈,於其兵制,有關係否? 設使古代亦行募兵之制,其競爭能如此劇烈否? ［四］觀於古代之賦稅、學校諸政,則知其政治極爲詳密,而後世則殊疏闊。此於國家之強弱,社會文化之進退,有關係否?

（五）作表：使以本課事實列爲簡表如下：

$$三代政教\begin{cases}封建\\井田\\寓兵於農\\學校\\科學掌以專家\end{cases}$$

第五　古代之政教學術下（二時間）

教材

倉頡始造文字,應用日廣。史籀變之,爲大篆,遂爲後世隸、草、行、楷之祖。學術以易象爲最先，羲、文、周、孔，代有發明，實吾國哲學也。戰國時，人才輩出，有儒、墨、道德、名、法、縱橫諸家。而屈、宋又開詞章之派。此外品物，如璿璣玉衡製於虞，帆檣篷舵始於禹，棺槨備於殷，刻漏精於周，皆堪稱述。春秋時，魯公輸般有巧思，曾造鏟、鑽、鉋以工作，雲梯以攻城。而越句踐以良金寫范蠡狀，又鑄像之權輿也。

要旨

授以古代學術及發明品，俾知社會之進化。

預習

筆記：復習第一册第二、第三、第二册第六課。

教授次序

（甲）預備

（一）檢查預習：同前。

（二）指示目的：古代之文明不特於其治制見之也，即學術技藝亦極發達，今繼前課授之。

（乙）提示

（一）講第一節：起課首，至"又開詞章之派"止。凡進化之道，必前後相承。而無文字，則前人所已發明者，無由貽之後人。故文字之發明，於社會進化，關係最大。科斗文變爲大篆，大篆變爲小篆，又迭變爲隸、草、行、楷，皆取其日趨簡易。可知世運日進，則人事日繁，凡事必遵簡易而去繁雜。與國文第三册第七課聯絡。哲學雖似無所用，然實爲各種學術之原。畫卦始於伏羲，足徵吾國哲學發明之早。然非文王、周公、孔子，相繼發明，決不能臻於完美。戰國時儒、墨、道德、名、法、縱橫諸家並起，實爲吾國學術最盛之時。同前。

（二）講第二節：起"此外品物"，至課末止。璿璣玉衡，所以觀天文。帆檣篷舵，所以便交通。棺槨所以隆送死之禮，俾民德歸厚。刻漏所以知時刻之準，俾民易赴時。皆爲有益於民之事。而其關係尤大者，則爲鏟、鑽、鉋等之發明。蓋此等物既經發明，即可更藉以製他器。發明一物，不啻發明千百物品也。

至如造雲梯以攻城,則戰術之發明,較之僅造弓矢者爲尤進。冶良金以寫狀,則工藝之進步,較之僅解圖畫者爲尤精。進化之迹,固歷歷可見矣。同前。

(丙) 整理

（一）回講：同前。

（二）約述：同前。

（三）聯絡比較：[一] 儒、墨、名、法、道德、縱橫諸家之相互比較。[二] 古代各種發明品中,最重要者爲何品?[三] 刻漏與鐘表之比較。

（四）思考：[一] 使吾國至今尚無文字,則若何?[二] 哲學有何用處?[三] 詞章之學,有何用處?[四] 無帆檣篷舵,舟行亦能便利否?何以黄帝時能發明舟車,而不能發明帆檣篷舵?可見進化之非易。

（五）作表：使列本課簡表。

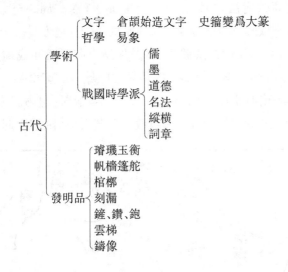

備　　考

《書斷》：隸書者,秦下杜人程邈所作也。

章草者,漢黄門令史游所作也。衛恒、李誕並云：漢初而有草法,不知其誰。蕭子良云：章草者,漢齊相杜操始變藁法。非也。王愔云：漢元帝時,史游作《急就章》,解散隸體,麤書之。漢俗簡墮,漸以行之。是也。

行書者,後漢潁川劉德昇所作也。即正書之小譌,務從簡易,相間流行,故謂行書。

王愔,字次仲,建初中,以隸草作楷法。蕭子良云：靈帝時,王次仲飾隸爲八分。二家俱言後漢，而兩帝不同。或云：後漢有王次仲，爲上谷太守，非上谷人。

《物原》：夏禹作舵，加以篷碇帆檣。

《古史考》：公輸般作鑢。《物原》：公輸般作鑽。《事物紺珠》：椎鉋，平木器，魯般作。《續事始》：雲梯，魯人公輸般造，以攻宋城，可以凌空立之。《太白陰經》謂之飛梯。

第六　秦之統一（二時間）

教材

秦孝公用商鞅變法，國以富強。至莊襄王，遂滅周。至秦王政，遂滅六國，統一海内，都咸陽，今陝西咸陽縣。自稱始皇帝。分地方爲三十六郡；銷兵器，徙豪傑，以防反側；焚詩書，禁偶語，以遏異議。命蒙恬北伐匈奴，築長城，又平定百越，置南海今廣東省。等郡。於是秦之疆域，西起臨洮，今甘肅岷縣。東及朝鮮，北距沙漠，南有交趾。今越南國境。始皇卒，李斯、趙高殺太子扶蘇，立胡亥爲二世皇帝。未幾，殺李斯，高獨專政。民苦暴虐，陳涉先起兵，項羽、劉邦

秦代疆域圖

等繼之。及劉邦入關,高弒二世,立子嬰,子嬰殺高出降,秦亡。

秦世系表:

始皇帝政……二世皇帝胡亥……秦王子嬰凡三君十五年。

要旨

授以秦之興亡,使知專制之害。

準備

秦代疆域圖。

預習

筆記:復習第二册第八、第九、第十課。

教授次序

(甲) 預備

(一) 檢查預習:同前。

(二) 指示目的:封建之弊? 固渴望統一。然非僅能統一,遂可爲治也。今以秦事授汝等。

(乙) 提示

(一) 講第一節:起課首,至"自稱始皇帝"止。秦之强,由於商鞅之變法。可見國貴自强。統一海内,始於秦。爲前世所未有。故吾國歷史,周以前與秦以後,畫然爲兩時代。自周以前,革命者皆侯國。故秦始皇既統一天下,遂自謂無與爭國者,以始皇帝自號,欲傳之萬世。然至今日,則一姓之不能終有天下,人人知之矣。此可見各種智識,皆由經驗而得,歷史之學之所以可貴者,以此也。同前。

(二) 講第二節:起"分地方爲三十六郡",至"南有交趾"止。始皇之措置,蓋亦皆所以防亂。謂天下之亂,由於封建,故罷侯置守。謂天下之禍,莫大於戰争,故銷兵器。謂地方之亂,恒出於豪右,故徙豪傑。三代以前侯國之叛徒亦皆卿大夫,非細民也。謂政令之不行，由於戰國以降，學術發達，人挾其學，以非上之所施行。而欲復三代以前，學術在官之舊。故焚詩書，禁偶語。然卒無一效，且以速亡。則可見專制之必無益於治，而世變既異，決不能以舊法治之。秦之政治雖不足取，然北攘匈奴，南并南越，爲中國開拓疆土，確立大國之基礎，其功亦不可没。同前。

（三）講第三節：起"始皇卒"，至課末止。專制之世，亂國者曰權臣，曰閹宦，曰庶孽争立，秦時悉開其端。戰國時，七國競争，斯民之困苦已甚。秦并天下，不務所以休養生息之，反益竭用其力，而又濟之以威刑，故民怨而叛。此爲秦亡之最大原因。當時起兵者雖多，然項籍之力戰鉅鹿，劉邦之乘虚入關，實爲其中之最有力者。同前。

（丙）整理

（一）回講：同前。

（二）約述：同前。

（三）聯絡比較：［一］商鞅與管仲之比較。二冊一課。［二］郡守與諸侯之異同。［三］秦與三代疆域之比較。［四］陳涉起兵與湯武革命之比較。

（四）思考：［一］秦滅六國，何以六國概不能禦？［二］秦始皇極力愚弱其民，何以國祚仍不可保？［三］築長城果足以限制戎狄否？［四］秦至二世時，尚能畫關自守否？

（五）作表繪圖：［一］使以本課事迹列爲表，如下：

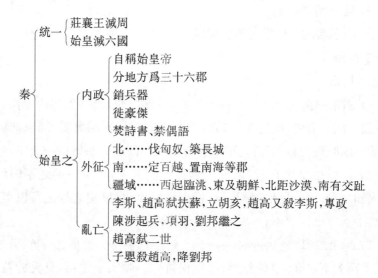

［二］使仿繪本課附圖。

備　考

秦三十六郡：内史、上郡、漢中，在今陝西。上谷、代郡、漁陽、右北平、遼西、鉅鹿、邯鄲、東郡，在今宜隸。遼東，在今奉天。太原、雁門、上黨、河東，在今山西。隴西、北地，在今甘肅。齊郡、薛郡、琅邪，在今山東。三川、潁川、南陽，在今河南。碭郡、泗水、會稽、郭郡，在今江蘇、浙江。九江，在今安徽。南郡，在今湖北。長沙、黔中，在今湖南、貴州。巴郡、蜀郡，在今四川。雲中、九原，在今綏遠特別區域。又平百越，置四郡：閩中在今福建，南海在今廣東，桂林在今廣西，象郡在今越南，已爲法據。

第七　漢之興亡上（三時間）

教材

劉邦入咸陽，先受秦降。項羽繼至，焚宮室，殺子嬰，自稱西楚霸王。分封諸將，使劉邦爲漢今陝西南鄭縣。王，漢王憤且怒，伺羽東歸，還定三秦，東向爭天下。屢與羽戰，先敗後勝。羽自刎死，遂成帝業，國號漢，都長安，今陝西長安縣。是爲漢高祖。懲秦孤立，乃分王子弟於要地，誅功臣殆盡。子惠帝立，太后呂氏專政，帝卒，遂臨朝。及后死，諸臣迎文帝即位。帝性仁儉，與民休息。然諸王日強，及景帝時，有吳楚之叛，遣將平之。子武帝立，初用年號。時國中無事，匈奴寖強，帝乃大舉兵伐之，收取其河南、河西地。又滅南粵，平西南夷，墟閩粵，下滇，今雲南。服朝鮮，遣使交通西域。於是疆域大闢，東南濱海，北抵沙漠，西及蔥嶺，漢威遠播。子昭帝立，年幼，霍光輔政。既而昭帝卒，無子，立昌邑王賀，無道，光廢之，改立宣帝。帝明於吏治，信賞必罰，綜覈名實，循吏輩出。而匈奴亦以内亂來附。其後歷元、成、哀、平諸帝，昏庸相繼，外戚專權。及孺子嬰爲王莽所篡。

漢世系表上：

高祖邦……惠帝盈……文帝恒……景帝啟……武帝徹……昭帝弗陵……宣帝詢……元帝奭……成帝驁……哀帝欣……平帝衎……孺子嬰凡十二君二百十年。

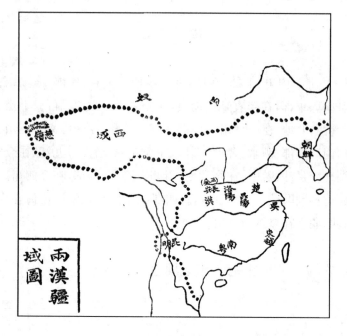

兩漢疆域圖

要旨

授以漢之興亡。

準備

兩漢疆域圖。

預習

筆記：復習第二冊第十、第十一、第十二課。

教授次序

（甲）預備

（一）檢查預習：同前。

（二）指示目的：劉邦既誅秦滅項，遂有天下，歷年二百，是爲漢。今以其治亂授汝等。

（乙）提示

（一）講第一節：起課首，至"誅功臣殆盡"止。項羽焚宮室，殺子嬰。而漢高能約法三章，除秦苛法。二冊十課。此爲劉成項敗之一原因。漢高自漢中還定三秦，有關中、巴蜀以補充兵力及餉源。而項羽都彭城，其根據地數爲漢擾，又失燕、齊之地，故卒爲漢弱。與二冊十課聯絡。後世開國之主，率多誅戮功臣，而其事始於漢。此亦家天下之弊。項羽分封諸將，漢高分王子弟，皆封建之反動力。然其事卒不能立，可知封建之不能行於後世。

（二）講第二節：起"子惠帝立"，至"遣將平之"止。母后臨朝，亦歷史上之弊制，而其事亦始於漢。文帝之與民休息，爲漢所以致治之原因，且爲武帝時外攘之本。蓋國力充實，始能外攘。吳楚之叛，爲漢初封建之結局。此後諸王雖擁虛號，毫無實權。故中央政府，權力極大。外戚竊柄，移易國祚，莫之能抗。同前。

（三）講第三節：起"子武帝立"，至"漢威遠播"止。中國君主之有年號，始於漢武帝。匈奴即古時之北狄，其初雜居內地，後爲華種所排，遁逃出塞。其在內地，無大部落。及出塞後，轉便於結合，而勢以強。匈奴之強，始於戰國時。及秦時，爲中國所攘斥。秦末中國亂，戍邊者皆去，匈奴遂復強。漢武帝之伐匈奴，可分爲三時期：一取河南地。二取河西地。三發兵絕漠攻擊。南越、東越之地，秦時雖入版圖，然基礎尚未穩固。至漢武再定之，西南夷跨今貴州、四川、甘肅地。滇即今之雲南。武帝平之，拓地甚多，始奄有今本部十八省之疆域。漢武之服朝鮮，通西域，爲中國闢地於本部以外之始。西域之通，由匈奴之失河西。而既通西域，又可以弱匈奴。同前。

（四）講第四節：起"子昭帝立"，至課末止。霍光之輔昭帝，爲後世大臣輔政之始。以臣廢君，而不爲輿論所攻擊者，漢以後惟一霍光。故世每以與伊尹並稱。整飭吏治，可以致治，漢宣帝爲其一例。漢之征匈奴，在武帝時。而其來臣附，轉在宣帝時。蓋是時匈奴有內亂也。武帝時，僅取漠南。宣帝時，漠北乃臣附。西漢之盛，極於宣帝時。自後諸帝皆昏庸，權遂入於外戚之手。歷史上外戚之禍，以西漢爲最甚。同前。

（丙）整理

（一）回講：同前。

（二）約述：同前。

（三）聯絡比較：［一］漢高與項羽之比較。［二］漢初封建與古代封建之比較。〔三〕母后臨朝與外戚干政，有何關係？〔四〕漢文帝之內治與秦始皇之比較。〔五〕漢武帝之武功與秦始皇之比較。漢之疆域視秦如何？〔六〕大臣輔政與母后臨朝之比較。〔七〕漢宣帝與文帝之比較。

（四）思考：〔一〕劉項成敗，其原因何在，試略舉之。〔二〕分王子弟，果足以防亂否？抑反足以召亂？分王子弟，誅戮功臣，爲公乎？爲私乎？〔三〕漢代何帝爲休養國力之時，何帝爲削平內亂之時，何帝爲外燿國威之時？此三帝之事業，互有關係否？〔四〕廢無道之主，其事合理否？〔五〕何以信賞必罰，綜覈名實，即循吏輩出？

（五）作表及繪圖：〔一〕使以本課事列爲簡表。

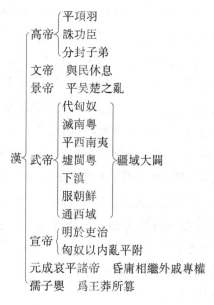

〔二〕使仿繪本課附圖。

備　考

項羽所分封諸侯王及功臣如下：劉邦漢王，王巴蜀、漢中，都南鄭。見本課教材。章邯雍王，王咸陽以西，都廢邱，今陝西興平縣。司馬欣塞王，王咸陽以東，都櫟陽，今陝西臨潼縣東北。董翳翟王，王上郡，都高奴，今陝西膚施縣東。雍、塞、翟是爲三秦。魏王豹西魏王，王河東，都平陽，今山西臨汾縣西南。韓王成韓王，都陽翟，今河南禹縣。申陽河南王，都洛陽，今河南洛陽縣東北。司馬卬殷王，王殷故墟，都朝歌，今河南淇縣。趙王歇代王，都代，今直隸蔚縣。張耳常山王,王趙,都襄國,今直隸邢臺縣。英布九江王,都六,今安徽六安縣北。吳芮衡山王,都邾,今湖北黃岡縣東南。共敖臨江王,都江陵,今湖北江陵縣。燕王廣遼東王,都無終,今京兆薊縣。臧荼燕王,都薊,今京兆大興縣。齊王市膠東王,都即墨,今山東平度縣東南。田都齊王,都臨淄,今山東臨淄縣。田安濟北王,都博陽,今山東泰安縣。羽自立爲西楚霸王,王梁楚地九郡,都彭城,今江蘇銅山縣。

漢初功臣王者七國:楚王韓信,梁王彭越,趙王張敖,韓王信,淮南王英布,燕王臧荼、盧綰。信、越及韓王信、英布、臧荼,皆被誅夷。盧綰亡入匈奴。惟長沙王吳芮,以國小而忠,得僅存。同姓王者九國:齊王肥,高帝子。吳王濞,高帝兄子。楚王交,高帝弟。淮南王長,高帝子。燕王建,高帝子。趙王如意,高帝子。梁王恢,高帝子。代王恒,高帝子。淮南王友。高帝子。後又分齊立膠西、膠東、菑川、濟南四國,與吳、楚、趙共舉兵反。

匈奴,武帝元朔二年收其河南地,置朔方郡,治三封,今鄂爾多斯右翼後旗套外黃河西岸。元狩二年,昆邪王將其衆四萬餘人來降,置五屬國以處之。以其地爲武威、酒泉郡,於是自河西至鹽澤無匈奴。五屬國者,隴西、北地、上郡、朔方、雲中也。隴西,治狄道,今甘肅狄道縣。北地,治馬領,今甘肅環縣東南。上郡,治膚施,今陝西膚施縣。雲中,治雲中,今綏遠特別區域歸綏縣西。武威,治姑臧,今甘肅武威縣。酒泉,治禄福,今甘肅酒泉縣。

南粵,武帝元鼎六年平,置九郡。南海,治番禺,今廣東番禺縣。蒼梧,治廣信,今廣西蒼梧縣。鬱林,治布山,今廣西貴縣。合浦,治徐聞,今廣東海康縣。交址,治嬴陵;九真,治胥浦;日南,治朱吾;均今越南地,已爲法據矣。珠崖,治瞫都,今廣東瓊山縣。儋耳,治義倫,今廣東儋縣。

西南夷,武帝先通南夷,建元六年置犍爲郡,治僰道,今四川宜賓縣。又通西夷邛、筰、冉駹,置一都尉。元鼎六年,平西南夷,置五郡。牂柯,治故且蘭,今貴州平越縣。邛爲越巂,筰爲沈黎,均治邛都,今四川西昌縣東南。冉駹爲文山,治汶江,今四川茂縣北。武都,治武都,今甘肅成縣西。

閩粵,即東越,武帝元封元年降,以其反覆爲害,遷於江淮間,墟其地,今福建。

滇,武帝元狩元年始通,元封二年降,置益州郡,治滇池,今雲南昆明縣。

朝鮮,武帝元封三年降,置樂浪、臨屯、玄菟、真番郡。玄菟,今奉天興京縣北。樂浪、臨屯、真番,均韓國地,今已爲日本所據。西域。見第二册第十一課備考。

第八　漢之興亡下(一時間)

教材

王莽篡漢,國號新。變更制度,人民苦之,豪傑並起。漢宗室劉秀亦起兵,大破莽軍於昆陽,今河南葉縣南。進攻長安,殺莽,遂即位,都洛陽,今河南洛陽縣。是爲漢光武帝,以次翦滅羣雄,復興漢業。子明帝繼立,命竇固伐匈奴,班超定西域,漢威復振。傳子章帝,政尚寬厚,克媲先烈。其後外戚擅權,和帝、桓帝皆藉宦官以誅之,於是外戚雖敗,宦官代興。至靈帝時,竇武、陳蕃謀誅宦官,反爲所殺,而黨錮之獄起,黃巾之亂作。及何進召董卓盡誅宦官,改立獻帝,羣雄紛擾,政在曹氏,卒篡帝位,漢祚遂斬。

漢世系表下:

光武帝秀……明帝莊……章帝炟……和帝肇……殤帝隆……安帝祐……順帝保……沖帝炳……質帝纘……桓帝志……靈帝宏……少帝辯……獻帝協凡十三君一百九十六年。

要旨

授以東漢之治亂。

預習

筆記:復習第二册第十三至十六課。

教授次序

(甲) 預備

(一) 檢查預習:同前。

(二) 指示目的:王莽篡漢後,東漢繼起,有天下者,又二百年。今以其事授汝等。

(乙) 提示

(一) 講第一節:起課首,至"復興漢業"止。王莽變法,多泥古而不切於時務。

如更命天下田爲王田，不得賣買；廢漢五銖錢，更造寶貨五物六名二十八品是也。莽所變法甚多，詳舉之，非學生所能解，但舉此二事爲例。吏緣爲姦，民益困弊，故叛者四起。當時起兵者皆羣盜，無遠略，惟劉秀志在復漢。昆陽一戰，實爲新漢興亡所由判。此戰役，爲後世以寡勝衆之戰役之一。同前。

（二）講第二節：起“子明帝繼立”，至“克媲先烈”止。明、章二帝，爲東漢極盛之時，與西京文，景並稱。新室之亂，匈奴復強，西域臣服之。光武戡定內難，未嘗注意外事。其經略之者，始於明帝。時匈奴分爲南北，南匈奴臣服中國，北匈奴與中國抗而敗，遂西走歐洲，今匈牙利人其裔也。與地理聯絡。同前。

（三）講第三節：起“其後外戚擅權”，至課末止。前漢外戚宦官恒相結，後漢外戚宦官恒相誅。前漢亡於外戚之專權，後漢亡於外戚宦官之交鬨。前漢亡於外戚篡弑，天下莫能與之抗；後漢亡於外戚宦官交鬨而召外兵。蓋前漢內重，後漢外重也。而後漢外權之所以重，實由於寇盜之羣起，故黃巾之亂，亦爲漢亡之一大原因。後漢黨錮之獄，爲後世黨禍之始。後漢風俗之美，爲中國歷史上所僅見。同前。

（丙）整理

（一）回講：同前。

（二）約述：同前。

（三）聯絡比較：〔一〕王莽變更制度，與漢高除秦苛法之比較。〔二〕光武帝與漢高祖之比較。〔三〕前後漢武功之比較。〔四〕第一課之葷粥，及第六、第七及本課匈奴之事互相聯絡，俾知古代北狄之起訖。

（四）思考：〔一〕王莽不變更制度，光武亦能亡之否？〔二〕前漢亡於外戚，後漢能誅外戚，亦卒不免於滅亡。其故何也？

（五）作表：使以本課事列爲簡表，如下：

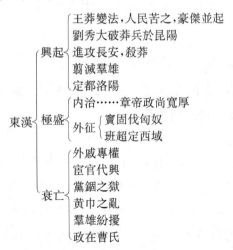

第九　秦漢之政教學術（一時間）

教材

秦廢封建爲郡縣，漢初兼用郡國。然吳楚叛後，侯王僅擁虛名而已。秦法有棄市、腰斬、夷三族等，自漢定九章律，苛法悉删。租稅秦最重，稱頭會箕斂。漢興，屢有蠲減。惟武帝以國用不足，雜稅並興。自秦焚書坑儒後，兩漢皆崇經術。而詞章如司馬相如，史學如司馬遷，皆推鉅子。佛教自明帝時入中國，道教則張道陵所創也。發明諸品，有蒙恬之毛筆及筝，烏孫公主之琵琶，蔡倫之紙，而張衡所製渾天儀、地動儀，尤見精妙。至小篆、隸書、石刻，亦起自秦漢焉。

要旨

授以秦漢之政教學術，俾知當時社會進化之狀況。

預習

筆記：復習本册第六、第七課。

教授次序

（甲）預備

（一）檢查預習：同前。

（二）指示目的：秦漢政制，視三代爲一大變革。而社會文化，亦日有進步。此課所授，即秦漢時之政教學術也。

（乙）提示

（一）講第一節：起課首，至“雜稅並興”止。吳楚七國叛後，王國實權皆在於相。名爲國，實與郡無異。古刑法惟有五刑，且罪人不孥。腰斬、夷三族等淫刑，皆自秦制之。蓋秦雜戎狄之俗，因襲用其法，非三代之舊也。漢雖除秦苛法，然吏尚沿秦習，用法極刻深。九章律極簡，當時之吏，多舍律而用令及比。而已廢之法，亦時或復用。_{如文帝即用族誅於新垣平。}漢田租三十而取一。文帝時，且普免天下之田税，至於十有三年，爲古今所無。_{同前。}

（二）講第二節：起"自秦焚書坑儒後"，至則"張道陵所創也"止。自漢武帝表章六藝，罷黜百家。又置五經博士，爲博士置弟子。是爲儒術專行之始，爲中國學術界一大變革。漢武帝好文學，寵用文臣司馬相如等，爲中國崇尚文學之始。司馬遷作《史記》，上起軒轅，下訖當代，爲中國有完全史籍之始。佛教之入，爲異國之教流行中國之始。道教託於黄老，實則爲古代陰陽五行説之支流餘裔，蓋中國舊教也。中國之言宗教者，多以儒、釋、道並稱，其端亦啟於漢。

（三）講第三節：起"發明諸品"，至課末止。諸種發明品中，最有關係者，爲筆及紙。蓋文字之書寫便利，則文化易於傳播。而大篆易爲小篆，小篆易爲隸書，筆畫簡易，則書寫亦自覺便利。又有石刻，則其保存之年代可久，其功用亦同。至渾天儀、地動儀之作，則爲天文學上之大發明。_{同前。}

（丙）整理

（一）回講：_{同前。}

（二）約述：_{同前。}

（三）聯絡比較：［一］封建郡縣，與兼用郡縣之制之異同。［二］秦法與古刑法之比較。［三］漢租税與古税制之比較。［四］儒術專行與各家並盛，孰爲得失？［五］道、佛二教之比較。［六］渾天儀、地動儀與璿璣玉衡之比較。［七］科斗文、大篆、小篆、隸書之比較。

（四）思考：［一］秦法與古刑法，孰爲文明？［二］租税宜重乎？宜輕乎？［三］崇尚文學，有何流弊？［四］史學有何效用？［五］道教爲中國所固有，佛教自外國傳入。當時中國之人，何以不助道教以排佛教？［六］設使今日尚無紙筆，又未發明隸書，動須以簡牘作篆，其不便如何？

（五）作表：使以本課內容分別兩表如下：

	秦	漢
政治	廢封建爲郡縣	兼用郡國　吳楚叛後，侯王僅擁虚名
法律	有棄市、腰斬、夷三族等刑	定九章律，苛法悉除
租税	最重	屢有蠲減　惟武帝時雜税並興

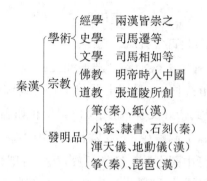

備　考

《中華古今注》：牛亨問曰：古有書契，便應有筆，世稱蒙恬造筆，何也？答曰：自蒙恬始作秦筆耳。以柘本爲管，鹿毛爲柱，羊毛爲被。非兔毛竹管也。《風俗通》：筝，秦聲也。或曰：蒙恬所作。傅玄《琵琶賦序》：琵琶，《世本》不載作者。故老云：漢送烏孫公主，念其行道思慕，使知音者於馬上作之。杜摯以爲興之秦末。蓋苦長城役，百姓絃鞀而鼓之。二者各有所據，以意斷之，烏孫近焉。蔡倫用樹膚、麻頭及敝布、魚網爲紙，見《後漢書・宦者列傳》。張衡造渾天儀及候風地動儀，見《後漢書》本傳。

第十　三國分立(三時間)

教材

漢末諸將，以討董卓爲名，各擁兵據地。曹操乘之，遷獻帝於許，<small>今河南許昌縣</small>。滅呂破袁，據中原地。孫堅、孫策、孫權，亦相繼保有江東。劉備又進取蜀漢。其後遂爲魏、蜀、吳三國。曹操相漢，未改漢號。子丕嗣，受漢禪，稱帝，國號魏，是爲文帝。再傳至芳，司馬懿專政。子師嗣，遂廢芳立髦。既而師弟昭又弑髦，及元帝立，昭子炎篡其位，魏亡。劉備本無憑藉，自聯吳拒魏，敗操於赤壁，<small>今湖北嘉魚縣</small>。遂有荆州，<small>今湖北江陵縣</small>。旋得蜀漢。聞曹丕篡漢，乃繼漢稱帝是爲昭烈帝。大舉伐吳，爲關羽報仇，兵敗而卒。子後主嗣立，其四十一年，魏師來伐，後主出降，蜀漢亡。孫權承襲先業，國號吳。及魏、蜀漸衰，亦稱帝，是爲大帝。子亮嗣，孫綝廢之，立景帝，未幾，蜀亡，景帝亦卒，吳人立皓。時魏爲司馬炎所篡，國號晉。及晉師來伐，皓出降，吳亡。三國疆域，魏爲最大，東以江淮與吳接，西以祁山、今甘肅西和縣。陳倉今陝西寶雞縣。與蜀接。吳較隘矣，然有江漢之險，荊揚之饒。蜀地雖小，而沃野千里，自成一區。故彼此相持，歷數十年。

三國統系表：

魏文帝丕……明帝叡……廢帝芳……廢帝髦……元帝奂凡五君四十六年。

漢昭烈帝備……後主禪凡二君四十三年。

吳大帝權……廢帝亮……景帝休……皓凡四君五十二年。

三國形勢圖

要旨

授以三國分立之事，俾知中國自統一後分裂之始。

準備

三國形勢圖。

預習

筆記：復習第二冊第十六、第三冊第一至第三課。

教授次序

(甲) 預備

(一) 檢查預習：同前。

(二) 指示目的：中國之統一始於秦，秦以後之分裂始於三國。今以其事

465

授汝等。

（乙）提示

（一）講第一節：起課首，至"其後遂爲魏、蜀、吳三國"止。漢末以盜賊紛起，於郡國之上更置州。各州牧皆有重權，迨中央命令不行，遂成分裂之勢。其起兵之由，由於何進召董卓以誅宦官。卓遂專權自恣，廢少帝立獻帝，又劫遷帝於長安。二册第十六。於是諸州郡以討卓爲名，紛紛起兵，勢遂不可遏止矣。時獻帝爲諸將及羣盜所劫制，絕無實權。賴曹操以兗州牧入衛，乃得遷許暫安，然自是政歸曹氏。是時北方與曹操爭者甚多，其最強者爲袁紹，次爲呂布，皆爲曹操所滅。於是今直隷、山西、山東、河南之地平定。關中曹操使鍾繇守之，涼州諸將雖梗化，然無大略，無能爲，故是時黃河流域無事。其時據江東者爲孫氏，而劉備依荊州牧劉表。使操能一鼓而下，平此二人，則天下統一矣。操伐荊州，劉表已卒，子綜以地降操。劉備南走，又沿江東下，與孫權合力，破操兵於赤壁。自是曹操不能南下，而三國分立之勢以成。同前。

（二）講第二節：起"曹操相漢"，至"魏亡"止。魏亦行封建之制，然當武帝時，文帝曾與陳思王爭作世子，兄弟不睦，故篡漢後遂疏忌宗室，朝廷又無重臣，而司馬懿常總掌兵權，與蜀漢相持。明帝卒後，廢帝以幼主在位，曹爽與懿相持十年，卒爲懿覆。自是大權歸於司馬氏，魏主僅擁虛名而已。至奂，遂爲司馬炎所篡。同前。

（三）講第三節：起"劉備本無憑藉"，至"蜀漢亡"止。赤壁戰後，劉備遂據有荊州。然荊土荒殘，人物凋敝，吳又時生覬覦，殊不足以自立也。迨後西取蜀中，又得漢中以爲蜀之外障，而國家之基礎以固。然蜀漢既得益州，旋失荊州，三册第二。且因此與吳醸成猇亭之兵衅，遂不能進取北方。蜀漢自先主亡後，軍國之責，悉諸葛亮一人任之。其時屢出兵伐魏。亮死後，無能繼其業者。後主昏庸，信任宦官，遂以滅亡。同前。

（四）講第四節：起"孫權承襲先業"，至"吳亡"止。吳恃長江之險以立國。大帝時，屢拒卻魏師。明帝以後，魏常與蜀交兵，與吳兵爭較少。及權歸司馬氏，方內謀篡國，亦不暇注意於外事。迨晉武篡魏，注意南侵。其時吳主皓淫虐，政治不修，宿將已盡，兵備廢弛。又蜀已亡，上流無復屏蔽。故晉師沿江東下，而吳遂亡。同前。

（五）講第五節：起"三國疆域"，至課末止。蜀漢之地，有今四川、雲南二省，及陝西之漢中道。魏有今黃河流域，南跨淮南。其餘南方之地，均爲吳有。南方北伐，形勝之地，莫如荊州。至長江下流，則須得淮域，乃能自固。三國時，蜀雖有志於伐魏，而荊州既失，吳則無意於北略。又淮南北亦爲魏有，故吳、蜀卒見并於魏。三國分立，是爲我國南北割據之始。即據長江流域與黃河流域相對抗也。同前。

（丙）整理

（一）回講：同前。

（二）約述：同前。

（三）聯絡比較：〔一〕曹操與王莽之比較。〔二〕昭烈與光武之比較。〔三〕司馬懿與曹操之比較。〔四〕赤壁之戰與鉅鹿、昆陽二戰之比較。〔五〕魏、蜀、吳國勢之比較，疆域之比較。

（四）思考：〔一〕曹操之得志於中原，與其遷天子於許，有關係否？所謂挾天子以令諸侯也。〔二〕黃河長江兩流域之對抗，始於三國時乎？抑前此尚有之乎？春秋時，晉、楚爭伯。〔三〕先主猇亭之戰，何故至於大敗？〔四〕使吳、蜀真能聯合爲一，足以當魏、晉否？〔五〕設使劉禪不昏庸，孫皓不淫虐，吳、蜀可以不亡否？

（五）作表及繪圖：〔一〕使學生以本課及第三冊一至三課，參合列爲簡表如下：

三國大事記

魏
- 曹操遷獻帝於許
- 滅呂破袁
- 文帝不篡漢，都鄴
- 廢帝芳時，司馬氏專政，元帝矣爲晉所篡

蜀
- 聯吳拒魏，敗操於赤壁
- 旋得蜀漢
- 聞曹丕篡魏，繼漢稱帝
- 荊州爲孫權所襲取，關羽被殺
- 大舉伐吳爲羽報仇，兵敗而卒
- 諸葛亮受遺命輔後主，六出伐魏
- 後主四十一年亡於魏

吳
- 孫權襲父兄之業，保有江東及嶺南，都建業
- 最後乃稱帝
- 晉師來伐，孫皓出降

〔二〕使仿繪本課附圖。

467

第十一　晉之初葉(一時間)

教材

司馬氏在魏柄政,已滅蜀漢。及炎篡魏,是爲晉武帝。旋平吳,統一中國,乃大封子弟於要地,都督軍事,而撤州郡之兵。帝卒,惠帝立,賈后預政。擅殺太傅楊駿,使汝南王亮輔政。旋又使楚王瑋殺亮,而以矯詔之罪殺瑋。於是趙王倫、齊王冏、河間王顒、成都王穎、長沙王乂、東海王越,互奪政權,自相攻殺,史稱八王之亂。及其末年,內亂漸弭,外患又起。懷帝立,爲漢劉聰所虜。子愍帝繼位,又爲所虜。

晉統系表:

武帝炎……惠帝衷……懷帝熾……愍帝業凡四世五十二年。

要旨

授以晉八王之亂,使知五胡亂華之由來。

預習

筆記:復習第三冊第四課。

教授次序

(甲) 預備

(一) 檢查預習:同前。

(二) 指示目的:外患之起,必乘內憂。晉室以八王之爭,而召五胡之亂是也。今以其事授汝等。

(乙) 提示

(一) 講第一節:起課首,至"而撤州郡之兵"止。魏以猜忌宗室,爲晉所篡。故晉室反之,復分封子弟於要地。國不可一日無備,晉武平吳,遽撤州郡之兵,亦爲致亂之一原。同前。

（二）講第二節：起“帝卒”，至“史稱八王之亂”止。武帝有兩楊后，前楊后生惠帝。後楊后，其從父駿之女也。惠帝初立，駿受遺詔輔政。賈后利用汝南王亮以除之，又利用楚王瑋以殺亮，已又殺瑋，大權遂盡入於后。是爲惠帝即位後十年中政局之遷變。后深沈有心計，專政十年，能任武帝舊臣，朝野相安。后死，大亂遂作。時趙王倫掌衛兵，地最切近，故先叛，廢弒賈后，旋廢帝自立。齊王冏、河間王顒、成都王穎討誅之，冏專政。顒、穎復與長沙王乂合兵，乂攻殺冏。顒、穎復攻殺乂。最後東海王越起兵攻顒穎，破之，大權盡入於越。同前。

（三）講第三節：起“及其末年”，至課末止。時五胡中之匈奴，已起於北方。山東經大亂之後，羣盜紛起，皆附而從之，於是匈奴之勢大盛。惠帝沒，弟懷帝立，爲所虜。愍帝立於長安，又爲所虜，而西晉遂東渡。同前。

（丙）整理

（一）回講：同前。

（二）約述：同前。

（三）聯絡比較：［一］晉封建與漢之比較。晉時諸王，入居端揆，出作岳牧，威權尤重。［二］賈后與漢呂后之比較。［三］八王之亂與吳楚七國之亂之比較。［四］懷愍之被虜，視周幽王之被弒若何？

（四）思考：［一］使晉武不使諸王都督軍事，其爲亂亦至若此其烈否？［二］使武帝以後得賢明之君，晉可不至於亂否？［三］八王之相攻，亦有是非曲直可分乎？抑均爲亂徒？［四］設無八王之亂，晉可不亡否？

（五）作表：使列本課簡表如下：

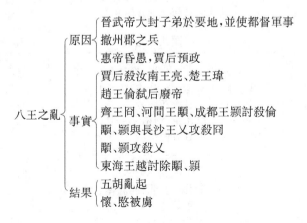

第十二　五胡亂華(二時間)

教材

晉室亂時，異族之乘間割據者，其種有五，史稱五胡亂華。氐種李特，據成都，今四川成都縣。稱王。子雄，稱成帝，從子壽，改號漢，是曰蜀。匈奴種劉淵，據平陽，今山西臨汾縣。稱漢帝。子聰嗣，虜晉懷、愍二帝。聰卒，淵族子曜，自立於長安，今陝西長安縣。改號爲趙，是曰前趙。羯種石勒，據襄國，今直隸邢臺縣。滅前趙，是曰後趙。慕容廆，鮮卑種也，據遼東。子皝，稱燕王，都龍城。今熱河承德縣。皝子儁，稱帝，都鄴，今河南安陽縣。是曰前燕。苻洪，亦氐種也，據關中，今陝西長安縣。稱秦王。子健，稱帝。孫堅滅前燕、前涼，統一北方，是曰前秦。堅伐東晉，大敗而歸，其將姚萇，羌種也，叛堅立國，是曰後秦。自是以後，據地自立者，匈奴之國二：曰北涼，曰夏。鮮卑之國四：曰後燕，曰南涼，曰南燕，曰西秦。氐之國一：曰後涼。此外又有漢族所立之國：前涼最先，西涼次之，北燕又次之。總稱十六國。此十六國中，前秦爲最強，凡國於其前者，盡爲所併。是時東晉亦偏安，幾成南北對峙之局。惟不久分裂，割據者又先後相望，故諸國之興滅，近者十數年，遠者五六十年耳。

五胡十六國興亡表：

種名	國名	始建國者	所　據　地	歷　年	滅　亡
匈奴	前趙 北涼 夏	劉淵 沮渠蒙遜 赫連勃勃	燕、晉、豫、秦四省各一部 甘肅、河西一部 陝西北部及河套	二六 三九 二五	後趙 後魏 後魏
羯	後趙	石勒	中國北部之半	三八	前燕
鮮卑	前燕 後燕 西秦 南燕 南涼	慕容廆 慕容垂 乞伏國仁 慕容德 禿髮烏孤	燕、齊、晉、豫及奉天一部 燕、齊、晉、豫及奉天省 甘肅西南 山東、河南之一部 甘肅西部	五八 二四 四七 二一 一八	前秦 北燕 夏 東晉 西秦
氐	前秦 後涼 蜀(成漢)	苻洪 呂光 李特	中國北部大半 甘肅西北、新疆南、河西、蒙古等地 蜀	四四 一九 四七	西秦 後秦 東晉

續　表

種名	國名	始建國者	所　據　地	歷　年	滅　亡
羌	後秦	姚弋仲	陝甘豫三省	三三	東晉
漢族	前涼	張軌	甘肅西北、新疆南、河西、蒙古等地	七六	前秦
	西涼	李暠	甘肅極西北部	二一	北涼
	北燕	馮跋	直隸、東北及奉天	二八	後魏

要旨

授以五胡亂華之禍，使知種族不能同化之害。

準備

東晉疆域圖。

預習

筆記：復習第三册第七課。

教授次序

（甲）預備

（一）檢查預習：同前。

（二）指示目的：兩漢之時，中國聲威極盛。然其後遂成南北對立之局。北方之地，悉爲異族所據，則五胡之亂階之屬也。

（乙）提示

（一）講第一節：起課首，至"史稱五胡亂華"止。五胡當兩漢時，本皆被征服之種族。其根據地，匈奴與羯，在今山西。鮮卑在今奉天省及直隸北邊。氐、羌在今陝西、甘肅。此等種族，自被征服後，均與漢人雜居，既不能完全同化，而漢族之所以待之者，又或失其道。於是憤鬱思叛，遂爲倡亂之遠因。其近因，則八王亂後，山東羣盜紛起，中央政府不復能號令四方，有以授之隙也。同前。

東晉疆域圖

　　（二）講第二節：起"氐種李特"，至"總稱十六國"止。五胡中最先起者爲前趙，晉帝即爲所虜。然前趙勢力，僅及山陝。其東方之地，皆爲石勒所據。名爲前趙臣，實不奉其命令也，其後遂據地自立。而前趙自劉淵没後，繼之者聰、曜二主，均荒淫，卒爲後趙所滅。是爲前、後趙起仆時期。後趙既滅前趙，盡并北方，存者獨一前涼，<small>前燕則尚在塞外</small>。是爲後趙極盛時期。石勒卒後，石虎亦荒淫。虎卒，諸子自相攻屠，皆爲虎養子冉閔所殺。閔，漢人也，於是大誅胡羯，復姓冉氏，建國號曰魏。匈奴及羯之勢力，自是不復振。時鮮卑慕容氏，已强於塞外，乘機内犯，閔與戰，馬倒被殺，於是慕容氏入據河南、山東。氐種苻氏，自立於關中，是爲前秦、前燕對立時期。秦王苻堅，以王猛爲相，勤修政治，大蒐軍實。滅前燕及前涼，北方諸種族，以次悉被征服。是爲前秦統一北方時期。諸種族雖爲秦所征服，然力不足，非心服。苻堅晚年，又欲滅晉以統一天下。淝水戰敗，諸族乘機，紛紛叛之。一時建國者甚多，而以後燕、後秦爲最大，儼然前秦、前燕之東西分據，是爲後秦、後燕對立時期。後秦、後燕皆不久即衰，後燕破於北魏，分裂爲南、北燕。南燕及後秦，皆亡於晉。然晉亡後秦時,已值劉裕晚歲,急於南歸圖簒,得其地而不能守,遂復入於夏。於是北方復分裂,其後諸小國皆亡於魏。是爲拓跋魏統一北方時期。_{同前。}

（三）講第三節：起“此十六國中”,至課末止。要之北方之地,統一之者,惟一前秦。幾於統一之者,惟一後趙。此外前趙與後趙,前秦與前燕,後秦與後燕,均爲東西對立之局。而南、北燕則分後燕之疆土,夏及西秦則當後秦盛時,分割其一部分之地而自立者也。此外涼州一隅,有前涼、後涼、南涼、北涼、西涼五國。蜀先號成,後號漢,其興亡,與大局關係較少。此諸國中,除前秦外,皆未嘗有意於南伐。故晉得安居江左。五胡之亂,當時雖極紛擾,然經此一度亂後,雜居諸種族,悉與漢族同化,而中國所吸收之異族乃益廣。_{同前。}

（丙）整理

（一）回講：_{同前。}

（二）約述：_{同前。}

（三）聯絡比較：［一］五胡與古代雜居内地諸異族之比較。［二］十六國與古代封建諸國之比較。

（四）思考：［一］設使五胡均不雜居内地,亦足爲漢族患否?［二］當時北方何以不能建立一統一之大國? _{觀淝水敗後,背秦自立者之紛紛,可知統一異族之難。}［三］設使五胡亂時,東晉兵力足以進取北方,亦有可乘之機會否?

（五）作表及繪圖：［一］使繪十六國興亡簡表如下：

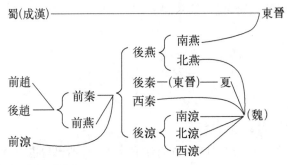

［二］使仿繪本課附圖。

第十三　晉之東渡（二時間）

教材

晉懷、愍被虜,瑯琊王睿即位,都建康,_{今江蘇江寧縣。}是爲元帝。時北方爲五胡所擾，僅保東南，史因稱爲東晉。帝用王導輔政，王敦將兵。未幾，敦據武昌今湖北武昌縣。反，帝以憂卒。明帝立，敦死，亂始平。及成帝立，又有蘇峻之亂，溫嶠、陶侃平之。穆帝以降，桓溫滅蜀伐秦，遂行廢立，圖禪位，賴謝安鎮靜，溫志未遂而死。孝武帝時，前秦傾國來攻，淝水今安徽壽縣東北。戰勝，晉乃粗安。傳至安帝，溫子玄復反，追帝禪位，劉裕連敗之，帝乃復位。裕又北滅南燕、後秦，威名益盛，及恭帝時，遂篡晉。時北方諸國，亦次第併於魏，中國分爲南北朝。

東晉世系表：

元帝睿……明帝紹……成帝衍……康帝岳……穆帝聃……哀帝丕……廢帝奕……簡文帝昱……孝武帝昌明……安帝德宗……恭帝德文凡十一君一百〇四年。

要旨

授以東晉之事，使知內外相猜忌，爲晉室不能恢復之原因。

預習

筆記：復習第三冊第五、第六課。

教授次序

（甲）預備

（一）檢查預習：同前。

（二）指示目的：五胡亂時，晉尚保有南方，所謂東晉也。本課授其事迹。

（乙）提示

（一）講第一節：起課首，至“史因稱爲東晉”止。瑯琊王睿初督揚州軍事，居下邳。覯北方已亂，無力戡定，乃渡江保建康。愍帝凶問至，遂即帝位。晉之東渡，爲異族據有北方，漢族但保南方之始。同前。

（二）講第二節：起“帝用王導輔政”，至“遂篡晉”止。元帝初立，重用王氏兄弟。導掌機要，敦握兵權，已復忌之。使戴淵、劉隗等都督下流諸州軍事，以抗敦。淵督司像，鎮合肥。隗督青徐，鎮淮陰。敦舉兵反，隗、淵等皆敗，元帝憂憤崩。及明帝立,敦亦死,乃討平之。是爲東渡後第一次叛亂。明帝崩,成帝幼,太后庾氏臨朝。后兄亮執政,與歷陽內史蘇峻不協,峻擧兵反,陷京城。賴溫嶠、陶侃討平之。是爲第二次叛亂。蘇峻平後,大權仍在庾氏。及穆帝時,宰相何充用桓溫居上流,於是庾氏之勢衰,而桓氏代盛。桓溫鎮荆州,滅蜀。又直後趙敗亡,河南諸州多來歸,溫乘機收復之,於是威名大盛。朝廷忌之,用名士殷浩,以與之抗。浩北伐不勝,溫乘衆怨,廢之。於是內外大權,一歸於溫。溫伐後燕不勝,威命頓減,乃行廢立以立威,又陰圖篡。賴謝安當國,陰緩其事以折其謀。溫亦尋死。是爲第三次變亂。雖未至於用兵,然較王敦叛時,實尤炭炭也。晉簡文、孝武二帝皆昏愚。孝武帝時,委政於其弟瑯瑘王道子,道子又以事委其世子元顯。時桓溫族子玄,勢復强於上流。元顯恃劉牢之之兵以討之,牢之叛降玄,元顯敗死。玄遂入京城,廢帝自立,劉裕等起兵討平之。是爲第四次叛亂。桓玄平後,大權悉歸於劉裕,外滅南燕、後秦,內翦除異己,遂移晉祚。要之晉自東渡後,荆、江二州即與揚州相持。除蘇峻外,歷次叛亂之臣,皆起於上流者也,而帝室常不勝。及北府兵强,謝玄恃以卻敵淝水,事勢乃有轉機。桓玄之入建康,賴劉牢之之叛附,非真力能篡竊也。後牢之雖以兵權被奪自殺,而劉裕卒以牢之部曲,起兵平玄。蓋自有北府之兵,然後下流之勢强。自桓玄滅,然後上流之勢弱。自是以後,中央勢力非復外藩所能抗,而篡奪之業亦成矣。同前。

　　(三)講第三節:起"時北方諸國",至課末止。以上所言,乃東晉之內情也。至其對外,則後趙盛時,適值王敦、蘇峻構難之際,自無暇及於北伐。蘇峻平後,庾亮始出兵伐趙,才弱敵强,卒無成功。桓溫之居上流,值後趙之亡,北方無主,時勢頗有可爲。而以內外相猜忌故,大功遂不克成。苻堅南伐,晉勢甚爲炭炭。賴秦人心力不齊,其衆又多而不整。淝水之戰,卒克取勝,亦幸耳。後劉裕柄政,復值北方分裂,後燕、後秦皆成强弩之末,跖跋氏勢尚未盛,時勢亦大有可乘。惜裕亦以翦除異己,急圖篡竊,得關中而不能守。卒使拓跋坐大北方,遂成南北朝分立之局。同前。

　　(丙) 整理

　　(一) 回讀:同前。

　　(二) 約述:同前。

　　(三) 聯絡比較:[一]東晉與孫吳之比較。[二]王敦、桓溫、桓玄與漢末方鎮之比較。[三]淝水之戰與赤壁之戰之比較。

　　(四) 思考:[一]使晉室內外不相猜忌,恢復之業可成否?[二]淝水之戰不勝，晉室如何？

（五）作表：使列本課簡表如下：

$$
東晉\begin{cases}
內亂\begin{cases}
王敦之亂\\
蘇峻之亂\\
桓溫行廢立，圖禪位\\
桓玄廢安帝自立\\
劉裕篡晉
\end{cases}\\
外患\begin{cases}
謝玄、謝石破秦淝水\\
劉裕滅南燕、後秦
\end{cases}
\end{cases}
$$

第十四　南北朝之分立（二時間）

教材

南朝爲宋、齊、梁、陳。劉裕代晉，是爲宋武帝。至文帝立，爲魏所敗，國勢頓衰。後爲蕭道成所篡。道成即位，是爲齊高帝。數傳之後，爲蕭衍所篡。衍立，是爲梁武帝。時魏已分爲東、西，帝納東魏叛臣侯景，景反，陷臺城，在今江蘇江寧縣。帝餓死。其臣陳霸先與湘東王繹合兵討景，景敗，繹即位，是爲元帝。傳至敬帝，霸先篡之自立，是爲陳武帝。數傳至後主，不修邊備，爲隋所滅。南朝遂終。北朝起於拓跋魏，東晉時已建國。及太武帝滅北方諸國，與宋並峙。傳至孝文帝，南遷，都洛陽，今河南洛陽縣。興學重儒，民俗一變。其後魏勢日衰，至孝武帝爲其臣高歡所逼，西依宇文泰，歡更立孝靜帝以抗之，而魏分爲東、西。後東魏禪位於歡子洋，是爲北齊文宣帝。西魏禪位於泰子覺，是爲北周孝閔帝。北齊傳六主，爲北周武帝所滅。再傳至靜帝，外戚楊堅迫帝禪位。北朝遂終。

南北朝世系表：

宋武帝裕……少帝義符……文帝義隆……孝武帝駿……廢帝子業……明帝彧……廢帝昱……順帝準凡八君六十年。

齊高帝道成……武帝賾……廢帝昭業……廢帝昭文……明帝鸞……廢帝寶卷……和帝寶融凡七君二十四年。

梁武帝衍……簡文帝綱……元帝繹……敬帝方智凡四君五十六年。

陳武帝霸先……文帝蒨……廢帝伯宗……宣帝頊……後主叔寶……凡五君三十三年。

後魏道武帝珪……明元帝嗣……太武帝燾……文成帝濬……獻文帝弘……孝文帝宏……宣武帝恪……孝明帝翊……孝莊帝子攸……節閔帝恭……孝武帝脩　〔西魏文帝寶炬……廢帝欽……恭帝廓〕　後魏凡十一君，一百四十八〔東魏孝静帝善見〕

年。西魏三君，二十三年。東魏一君，十七年。

北齊文宣帝洋……廢帝殷……孝昭帝演……武成帝湛……後主緯……幼主恒凡六君二十八年。

北周孝閔帝覺……明帝毓……武帝邕……宣帝贇……静帝闡凡五君二十五年。

要旨

授以宋、齊、梁、陳及拓跋魏之興亡，俾知南北朝分立時之大勢。

準備

南北朝形勢圖。

預習

筆記：復習第三冊第八、第九課。

教授次序

（甲）預備

（一）檢查預習：同前。

（二）指示目的：東晉亡後，北方仍爲鮮卑所據，而南方有宋、齊、梁、陳四朝之遞嬗，北方則後魏復分爲東、西，篡於齊、周，所謂南北朝也。今以授汝等。

（乙）提示

（一）講第一節：起課首，至"南朝遂終"止。。武帝卒後，宋勢已衰。而北魏適於是時復盛。宋文帝舉兵伐魏，不勝，國內顧大遭蹂躪。南朝之不競於北，實基於是。南朝多昏愚之主，除四朝開國之君，及宋文帝、齊武帝、陳文帝在位時，稍稱治安外，此外率治日少而亂日多。而要以梁武帝在位時，治平爲最久。然其末年之大亂，亦爲宋、齊、陳三朝所無。梁之亂起於侯景。初後魏自太武創業，至宣武帝時，皆稱治安。較之南朝爲遠勝。孝明帝立，太后胡氏專政，奢侈無度，國用不足，則誅求於民，民怨思叛。又其都平城時，有所謂六鎮者，懷朔、高平、禦夷、懷荒、柔玄、沃野。藉其力以禦北族，賞賜超遷，皆極優異。南遷後不能如舊，鎮人憤鬱，或多逃亡。乃制令不得浮游在外，於是激而生變，並起攻剽，河北大亂，賴尒朱榮起而定之。已而榮以專權，爲孝莊帝所殺。明帝與胡后不協，密召榮兵，欲以除后，已而止之。后聞之，弑帝，榮舉兵弑后，而立孝莊帝。尒朱氏弑孝莊立節閔帝，其部將高歡起兵討滅之，而立孝武。孝武復與高歡不協，奔關中倚行臺宇文泰，歡亦別立孝靜以抗之。於是魏分爲東、西，皆僅存其名而已，實權皆在高歡、宇文泰。而高歡卒後，東魏有侯景之亂，在北方未能逞志，其餘波乃以亂梁。梁武帝時，北方乘大亂之後，而南方無事。然武帝晚年好佛法，刑政廢弛，兵備不修。又分封諸子及孫皆爲王，出制大郡，皆互相猜忌。國勢實不振也。武帝太子統早卒，立其弟綱，恐統諸子怨望，乃悉封爲王，使制大郡，而又封己諸子以偶之。故景一叛莫之能禦，武帝卒至餓死臺城。武帝既强死侯景之手，元帝又見俘於西魏。斯時南朝幾於不國，賴有陳武帝起而戡定禍亂，始未爲鮮卑所并。然南方國勢本弱，又益之以喪亂，勢遂終於不振。及周滅齊，隋篡周，北方既復歸統一，而南方又有如陳後主荒淫之君，遂終不能自存矣。同前。

　　（二）講第二節：起"北朝起於拓跋魏"，至課末止。北魏亦鮮卑種落，其初居今西伯利亞，後乃南徙至漠北，又南遷，至今灤河上源。晉并州刺史劉琨，欲拒匈奴，畀以陘北之地，拓跋氏勢遂强。後滅於前秦，前秦敗後，復自立。時五胡之入居中原者，皆已疲敝，惟拓跋氏處塞外，勢力獨完，遂漸次吞并諸國，統一北方。後魏初都平城，及孝文乃南遷，是爲鮮卑種族同化於漢族之一大助力。自是文明日進，而武力日衰。東、西魏分立後，劇戰十餘年，皆不逞志。於是東、西分立之局定，其結果遂爲周、齊。北齊文宣帝甚暴虐，武成極荒淫，後主尤甚。而北周武帝有雄略，國富兵强，故北齊遂爲所并。然宣帝之荒淫，即與北齊後主無異。宣帝卒後，靜帝年幼，隋高以外戚當國，遂廢周而代之。於是五胡擾亂之局終，而南北統一之機至矣。同前。

　　（丙）整理

　　（一）回講：同前。

（二）約述：同前。

（三）聯絡比較：［一］宋、齊、梁、陳，國勢敦爲强弱？［二］此四朝較東晉，强弱如何？［三］拓跋魏與曹魏較，强弱如何？

（四）思考：［一］使宋武帝當梁武帝時，足奏恢復之烈否？［二］孝文帝之政策，爲得爲失，試評論之。

（五）作表及繪圖：［一］使作本課簡表如下：

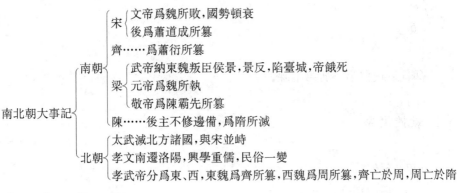

［二］使仿繪本課附圖。

第十五　隋之統一（一時間）

教材

楊堅代周，國號隋，都長安，_{今陝西長安縣。}遣將平陳，南北合一。自奉甚儉，聽政甚勤，制度明備。晚年偏聽，廢勇立廣，卒爲廣弒，是爲文帝。子廣嗣位，是爲煬帝，自恃富强，喜功好大，伐林邑、吐谷渾、流求、高麗。突厥諸番，相繼來朝，誇以奢靡。又營東都，築長安，開運河，巡幸江都，_{今江蘇江都縣。}徭役繁興，不恤民力。於是亂者四起，卒爲宇文化及所弒。時李淵及其子世民，亦乘帝南巡，舉兵直趨關中，奉其孫侑爲帝，是爲恭帝。未幾，禪位於淵，隋亡。

隋世系表：

文帝堅——煬帝廣 $\left\{\begin{array}{l}\text{恭帝侑} \\ \text{恭帝侗}\text{凡四君三十九年。}\end{array}\right.$

要旨

授以隋之興亡，使知淫侈之害。

預習

筆記：復習第三册第十課。

教授次序

（甲）預備

（一）檢查預習：同前。

（二）指示目的：隋文帝統一天下，頗能勤於政治。卒之二世而亡者，則煬帝之淫侈爲之也。今以其事授汝等。

（乙）提示

（一）講第一節：起課首，至"是爲文帝"止。隋文帝聽政甚勤，自奉極儉。在位時，國計之富，爲古今所不逮。見《文獻通考·國用門》。惟其生平，持法太嚴。因過嚴之故，轉致流於偏聽，遂有廢勇立廣之事。同前。

（二）講第二節：起子廣嗣位至課末止。煬帝性本誇大，兼之自恃富强，故侈靡之心遂生。在位時，外事征伐，内勤土木宮室。又頻事遊幸，民不堪命。遂至亂者四起，與秦末之局無異。煬帝所開運河，曰通濟渠，自西苑引穀、洛二水達於河。又自河入汴，自汴入淮，以與邗溝相連續。又開江南河，自京口達餘杭，凡八百里。一時雖騷擾，然實爲今日大運河之先導。於便利交通，調和南北之文化，亦頗有功。隋末羣盜並起，天下騷然。煬帝覩中原已亂，無心北歸，久留江都，致爲其下所弑。其時羣雄之起於北方者，以竇建德、李密、王世充爲最著。南方則蕭銑、林士弘、杜伏威、輔公祐、李子通、陳稜、沈法興等，皆次第爲唐所戡定。同前。

（丙）整理

（一）回講：同前。

（二）約述：同前。

（三）聯絡比較：[一] 隋文帝之內治，可方古賢主否？[二] 隋之興亡與秦頗相類否？試列舉其類似之點。

（四）思考：[一] 隋文帝自奉甚儉，聽政甚勤，制度明備。何以卒不免於亂？[二] 喜功好大，以事四夷；及其來朝，又誇以奢靡。於國家有實益否？[三] 營都邑，築長城，開運河，亦非盛世所無之事。何以煬帝爲之，即不免於擾亂？

（五）作表：

第十六　唐之興盛（二時間）

教材

李淵代隋，國號唐，都長安，_{今陝西長安縣。}是爲高祖。然自初起兵至削平羣雄，皆世民功也，故遂禪以位。世民立，是爲太宗。用房、_{玄齡。}杜、_{如晦。}王、_{珪。}魏徵。諸賢輔政，命李靖、李勣、侯君集等征伐。海內無事，突厥、吐谷渾、高昌、吐蕃皆內附。子高宗立，降高麗，滅百濟，敗日本，又平西突厥，聲威遠播。印度、南洋諸國，咸入貢，東西海道，交通日遠。及卒，后武氏臨朝，廢中宗，自稱皇帝，改唐爲周。及將死，中宗始復位。旋其后韋氏，欲效武后所爲，進毒弑帝。睿宗子玄宗誅之。睿宗立，尋傳位於玄宗，其初政頗可觀，史稱開元之治。

要旨

授以唐之初盛，俾知自漢以後，中國最盛之時。

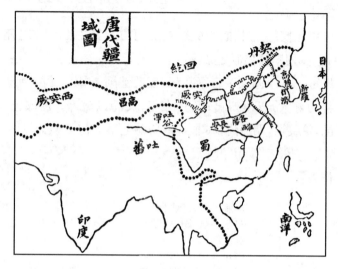

唐代疆域圖

準備

唐代疆域圖。

預習

筆記：復習第三册第十一、十二課。

教授次序

（甲）預備

（一）檢查預習：同前。

（二）指示目的：文治武功之盛，世稱漢唐。唐之極盛，則貞觀、永徽、開元時也。今以其事授汝等。

（乙）提示

（一）講第一節：起課首，至"是爲太宗"止。唐太宗天賦雄略，兼資文武。高祖起兵，即由太宗之贊助。其後戡定羣雄，亦均由太宗之力。及經玄武門之變，遂行內禪。同前。

（二）講第二節：起"用房、杜、王、魏諸賢輔政"，至"交通日遠"止。唐時四裔，最強者：北有突厥，西南有吐蕃。突厥之北有鐵勒，亦大部落也。回紇爲鐵勒十五部之一。此外，青海地方有吐谷渾，朝鮮半島有高麗、百濟、新羅三國。而西域諸國，則以高昌爲最近。隋末突厥甚強，劉武周、梁師都等起北方，皆連結之。高祖初起，亦卑詞以乞援焉。即位後，所以撫綏之者甚至，而突厥益驕，屢敗盟爲邊患。太宗初年，突厥可汗頡利失政，部落內携，酋豪外叛，太宗乃因而平之。於是北自鐵勒，東北自契丹，均臣服中國。鐵勒薛延陀，繼突厥居漠北，欲圖背叛，太宗滅之。吐蕃曾一入寇，太宗遣將破之，亦尚主臣服，聲威遂及印度。王玄策使印度，值其國內亂，拒玄策，玄策發吐蕃泥婆羅兵擊破之。西域諸國之經略，則始自高昌。其後聲威遠及蔥嶺以西。惟高麗負固不服，太宗大舉親征之，未能得志。高宗時乃滅之，并滅百濟。日本以兵來援，亦大敗而歸。此中國與日本交兵之始也。唐之內治，太宗時爲極盛。其時海內昇平，民安其業，至於外戶不閉，道不拾遺，固由諸臣夾輔之功，亦帝留心民事，虛懷納諫，有以致之也。永徽初政，亦足繼武貞觀。及寵武后，委以政事，治乃衰。同前。

（三）講第三節：起"及卒"，至"課末"止。武后以一女主易姓革命，挾刑賞權術，以御天下者十五年，實爲自古所無之事。呂后未嘗易姓革命，亦未嘗誅漢宗室。然其在位時，刑罰不中，政治不修，對外之策，亦不講。是時突厥、契丹皆叛，大肆擾亂。徒任酷吏，挾術數，以保一己之權位。唐治之衰，實由於此。中宗性極昏庸，始與韋后同幽閉房陵，備嘗艱苦，情好甚篤。嘗私誓曰：異日若復見天日，當惟卿所欲，不相禁禦。於是即位後，大權遂入於后及其女安樂公主，反與武氏餘黨相連結，致釀成弒逆之禍。玄宗誅韋氏有功，睿宗立爲太子。尋以武后女太平公主之交構，儲位幾危。卒克除去公主，遂行內禪。其事與唐太宗之即位頗相似。開元初政，任用姚崇、宋璟，亦克與貞觀媲隆。時突厥餘衆復盛，帝戡定之。吐蕃亦強，滅吐谷渾，數侵略隴右。帝命將力戰，收回河西九曲之地。武功文治，頗有可觀。中葉荒淫，內任李林甫，外任安祿山。林甫死後，楊國忠以嬖倖居相位，而大亂作矣。同前。

（丙）整理

（一）回講：同前。

（二）約述：同前。

（三）聯絡比較：〔一〕唐貞觀與漢文景之治之比較。〔二〕唐武功與漢武宣、後漢明章之比較。〔三〕武后之亂與呂后之比較。

（四）思考：〔一〕何以煬帝事四夷卒召內亂，而唐太宗則不然？〔二〕何以武后能易姓革命,而韋后則事卒不成? [三] 唐之衰始於何時? 試以意説之。

（五）作表及繪圖：[一] 使作本課簡表如下：

$$
唐之初盛\begin{cases}貞觀之治\\永徽之治\\武韋之亂\\開元之治\end{cases}
$$

[二] 使仿繪本課地圖。

第十七　唐之中葉（二時間）

教材

玄宗晚年失政,釀成安禄山之叛,連陷兩京,洛陽、長安。帝出奔蜀。尋禪位於肅宗,乃借回紇之兵,與郭子儀、李光弼等共圖恢復,賊黨始平。然河北諸鎮,自是擁兵據地,不受朝命。歷肅、代、德三宗,如僕固懷恩、田承嗣、李希烈、朱泚、李懷光輩皆嘗稱兵叛亂。加以回紇輕唐,與吐蕃連兵內侵,賴李泌、陸贄籌畫於內,郭子儀、李晟、馬燧宣力於外,藉免危亡。然藩鎮之跋扈如故也。憲宗立,用武元衡、裴度平淮西,今河南汝南、信陽、潢川,湖北漢陽、安陸。誅吳元濟,諸鎮始稍戢。而宦官典兵,自肅宗以來,已成慣例,憲宗竟爲所弑。

要旨

授以唐中葉之事,使知藩鎮專橫,官宦典兵之害。

預習

筆記：復習第三册第十四、第十五課。

教授次序

（甲）預備

（一）檢查預習：同前。

（二）指示目的：唐中葉後之大患曰藩鎮,其事始於安史之亂。而内兵又擅於宦官,此其魁柄所由日以下移也。本課即授其事。

（乙）提示

（一）講第一節：起課首,至"賊黨始平"止。唐初行府兵之制,民有事則出戰,無事則歸耕。既無養兵之費,天下爲府六百二十四,而在關中者二百六十一焉,故亦無外重之弊。中葉後,府兵之制廢壞,内地幾於無兵,而藩鎮之兵顧日强。西北二邊,尤爲精兵良將之所萃。天下之勢偏重,此爲致亂之一因。唐初邊將,皆不久任,不遥領,不兼統。蕃將雖累勳勞,不爲元帥。玄宗時,銳意經略外國,往往以皇子宰臣遥領,以重其事,而實則邊帥亘十餘年不易,又有一人兼統數鎮者。時相李林甫,忌邊帥之入爲宰相也,始奏用胡人爲節度。於是安禄山以營州雜胡,而兼范陽、平盧、河東三鎮節鉞,遂生覬覦之心。此爲致亂之又一因。玄宗在位歲久,倦於政事,軍國大計,一委李林甫,蔽聰塞明,以成其奸。林甫死,楊國忠以佞幸居相位,與安禄山不協,數言其將反,而帝不之信。國忠則務以事激禄山,使速反,以信其言。此爲致亂之最近因。時范陽兵精天下,而内地守備空虛,故禄山舉兵數月,而東西兩京皆陷,玄宗幸蜀。幸賊黨亦無遠略,内部又不甚統一,既得西京,不復圖進取。禄山死後,號令愈不行。而肅宗正位靈武,頗足以繫天下之望。又得郭子儀、李光弼等良將,竭忠效力,故大難卒克敉平。同前。

（二）講第二節：起"然河北諸鎮",至"諸鎮始稍戢"止。禄山叛時,自置節度使如唐。勢敗,皆以地降,朝廷憚更易,悉就以節鉞授之,皆據地,擅賦税,修兵備,相約以土地傳子孫。朝廷所置之節度使,亦從而效之。是爲唐藩鎮跋扈之始。又平安禄山時,嘗借用回紇兵,回紇自是遂驕横。而諸鎮節度,各以其兵入援,邊備空虛。吐蕃乘之,盡取河西隴右之地,烽烟常迫於畿輔。文宗時,回紇爲黠戛斯所破,漢堅昆,元吉利吉思,今高加索也。西走天山南北路。宣宗時,吐蕃亦内亂,遂衰,不復爲患。而藩鎮之禍,則與唐相終始。僕固懷恩者,鐵勒之僕骨部人。僕固即僕骨之異譯。平安史時,往來發回紇兵有功,而與河東節度使辛雲京不協。代宗時,遂舉兵反,合吐蕃、回紇入寇,勢張甚。幸懷恩道死,郭子儀單騎往見回紇,説下之。吐蕃乃退。藩鎮之禍,養癰於肅、代二世,而禍發於德宗之時。田承嗣者,安史降將,據魏博。德宗時,其姪悦,與恒趙、淄青聯兵以叛,山南東道節度使梁崇義亦應之。德宗使淮西節度李希烈討平崇義,又遣兵攻魏博,未下,而希烈復叛。更發涇原兵討之,過京師,作亂,奉朱泚爲主。幽州節度,時以弟滔爲留後,而身入朝。帝奔奉天,泚兵犯行在,河中節度李懷光入援，乃退。懷光以時相盧杞姦邪，抗章劾之。帝不得已，爲貶杞，而心實右之。懷光懼，復叛，帝再奔梁州，於是用陸贄策，赦他鎮，專討泚及懷光，平之。而河北及淮西，遂終擅命矣。憲宗時，淮西擅命已三十年，州人不復知有朝廷。而其境內，又處處築栅壘以守，攻之甚難，用兵久不能克。廷臣多主罷兵，惟宰相武元衡、裴度力持之。吳元濟遣盜刺殺元衡，擊度傷首。度請自督師，許之。會唐鄧節度李愬用降將策，雪夜襲入蔡州，執元濟，檻送京師，誅之。時藩鎮以淮西爲最強，淮西既下，諸鎮皆畏威聽命。肅，代以降，方鎮之專橫，至此作一小結束。同前。

（三）講第三節：起"而宦官典兵"，至課末止。宦官典兵，始於肅宗，而盛於德宗時。唐初宿衛，皆出府兵，所謂番上也。惟開國從征討之軍，有不願歸里者，處以渭北閒田，謂之元從禁軍。是在府兵之外，然爲數極少。神策軍者，本置於洮西，以拒吐蕃。安史之亂，軍將以兵入援，事平，遂屯陝。代宗時，吐蕃入寇，神策軍入衛京師，遂亦列於禁軍。維時吐蕃據隴右，逼近京師，關輔置戍綦衆，皆遙隸神策，神策軍數遂滋多。德宗自奉天還，舉不信羣臣，乃專以宦者主之，宦官勢遂大重。終唐之世，南北司如水火，而士大夫常不勝，實唐亡之最大原因也。同前。

（丙）整理

（一）回講：同前。

（二）約述：同前。

（三）聯絡比較：〔一〕安禄山與王敦、桓溫之比較。〔二〕唐藩鎮與後漢州郡之比較。〔三〕唐宦官與後漢之比較。後漢宦官，未嘗典兵，惟靈帝嘗以蹇碩爲校尉而已。

（四）思考：〔一〕安禄山之兵，遠強於唐室，何以不能成功？〔二〕唐借回紇之兵，爲得爲失？〔三〕使宦官典兵，其爲害若何？試以意言之。

（五）作表：授以安史之亂之簡表如下：

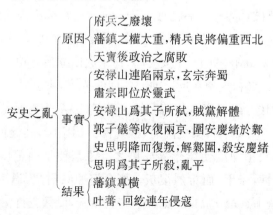

安史之亂 ┫

原因 ┫ 府兵之廢壞
　　　藩鎮之權太重，精兵良將偏重西北
　　　天寶後政治之腐敗

事實 ┫ 安禄山連陷兩京，玄宗奔蜀
　　　肅宗即位於靈武
　　　安禄山爲其子所弒，賊黨解體
　　　郭子儀等收復兩京，圍安慶緒於鄴
　　　史思明降而復叛，解鄴圍，殺安慶緒
　　　思明爲其子所殺，亂平

結果 ┫ 藩鎮專橫
　　　吐蕃、回紇連年侵寇

第十八　唐之末世(一時間)

教材

　憲宗以後,宦官益橫,諸帝皆爲所立。馭之稍嚴,或謀誅之,則變端立起,如敬宗之遇弒,文宗時大臣之被戮,是也。而朝臣亦於憲宗時漸分朋黨,牛李相傾,垂四十年,歷穆宗、敬宗、文宗、武宗、宣宗五朝始已。及懿宗、僖宗,流寇四起,以黃巢爲尤悍,剽掠殆遍。旋入長安,稱帝。僖宗召李克用破之,巢將朱溫來降。未幾,溫忌克用,互相攻伐,諸藩效尤。及昭宗時,宦官復作亂於內,崔胤召朱溫入,盡誅宦官。溫遂遷帝於洛陽,今河南洛陽縣。弒之,立昭宣帝,篡其位,唐亡。

　唐世系表:

　高祖淵……太宗世民……高宗治……中宗顯……睿宗旦……玄宗隆基……肅宗亨……代宗豫……德宗适……順宗誦……寧宗純……穆宗恒……敬宗湛……文宗昂……武宗炎……宣宗忱……懿宗漼……僖宗儇……昭宗曄……昭宣帝祝凡二十君二百九十年。

要旨

授以唐之末世,使知宦官、朋黨、藩鎮、流寇之禍。

預習

筆記: 復習第三册第十七課。

教授次序

(甲) 預備

(一) 檢查預習: 同前。

(二) 指示目的: 宦官內橫,藩鎮外叛,唐已不能復振矣。而末年復益之以流寇,中央命令,不復能行於四方。此唐之所以卒爲五代也。今以其事授汝等。

（乙）提示

（一）講第一節：<small>起課首，至“始已”止。</small>唐德宗後，宦官兵權既重，後雖欲除去之，而卒無如何。敬宗爲劉克明所弒，王守澄討誅之，而立文宗。文宗立敬宗子成美爲太子，疾篤，仇士良、魚弘志等矯詔以武宗爲太弟，文宗崩，武宗殺成美自立。武宗無子，宦官定策，立宣宗。宣宗未立太子，屬三子夔王滋於樞密使王歸長，帝崩，左軍中尉王宗實排歸長等而立懿宗。懿宗亦未立太子，中尉劉行深、韓文約等共立僖宗，昭宗亦宦官楊復恭所立。唐諸帝欲除宦官者，無過於文宗，始用宋申錫爲宰相，謀誅王守澄，爲宦官所誣，被逐。又不次擢用李訓、鄭注，與謀誅宦官，亦爲宦官所殺，並殺宰相王涯、賈餗。中朝實權，既入宦官之手，而士大夫復分黨互爭，故政治益無振起之望。<small>同前。</small>

（二）講第二節：<small>起及懿宗僖宗，至課末止。</small>唐之亡，由宦寺專權，藩鎮外叛，而所以促成之者，則又由於流寇。蓋自僖宗以前，藩鎮中眞據地自擅者，惟河北三鎮。至黃巢亂後，然後四方解體，唐室之命令，不能行於國門以外也。流寇之亂，起於懿宗元年，浙東賊裘甫作亂，討平之。九年，徐泗之卒戍桂州者作亂，推糧料判官龐勛爲主，勢張甚，用沙陀兵討平之。及黃巢作亂，入京城，強藩莫肯赴援，宰相鄭畋、王鐸先後以諸道行營兵攻賊不克，卒不得不復召沙陀之兵，於是沙陀之勢張。而自關以東，唐之命令，不復能行，遂卒成分裂之局。自黃巢亂平，僖宗復返京師後，唐之命令，已不能行於關外，而關內復爲神策諸將所據。<small>王行瑜據邠寧，李茂貞據鳳翔，韓建據鎮國。</small>其時強藩之逼處河東者爲李克用，據汴州者爲朱全忠。全忠之勢，初不敵克用。關內諸鎮跋扈，唐嘗藉克用之力以制之。已而全忠勤修政治，<small>全忠最能任用牧民之吏，在五代時，賦稅亦最輕，雖於私德有慚，然自政治上言之，實較李克用遠勝。</small>蒐討軍實，勢頓強。河東勢弱，乃復藉全忠以制關內諸鎮。及昭宗末年，謀誅宦官，反爲劉季述等所幽，雖藉神策指揮使孫德昭之力復辟，然兵權仍在宦官之手。崔胤欲盡誅之，乃不得不召朱全忠之兵，於是刼帝遷洛之事起，而唐亡矣。<small>同前。</small>

（丙）整理

（一）回講：<small>同前。</small>

（二）約述：<small>同前。</small>

（三）聯絡比較：［一］唐朋黨與後漢黨錮之比較。［二］唐流寇與後漢黃巾之比較。［三］崔胤召朱全忠與何進召董卓之比較。<small>唐之亡，與後漢最相似。</small>

（四）思考：［一］設無宦官，縱藩鎮外叛，唐室可不據亡否？［二］朝臣結黨相傾，其害若何？［三］召沙陀以平黃巢，爲得策乎？失策乎？［四］召外兵以誅宦官者，其結果常不善。何也？

（五）作表：授以唐室衰亡表如下：參合本課前課及第三册十五、十七二課。

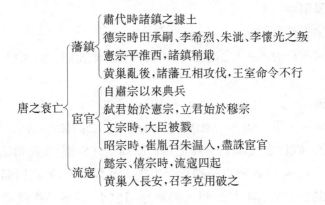

第十九　三國至隋唐之政教學術上（一時間）

教材

三國相持，故刺史太守多握兵權。晉初去州郡兵，以兵付之王國。及東晉時，州郡兵又盛。北齊之制，十八受田，二十充兵，六十免役，頗得古意。北周開府置軍，隋唐因之，是爲府兵。及唐中葉，易以彍騎。後世專用募兵始此。賦稅，則自唐改租庸調爲兩稅，遂爲定制。若刑有笞、杖、徒、流、死罪，亦隋所定也。自晉以降，歷代皆設太學，然教育之事無聞。惟唐初學校頗備，東西諸國，且有遣其子弟就學者。其後士以科舉進，學校漸輕。

要旨

授以三國至隋唐之政教，俾知是時國家之治法。

預習

筆記。

教授次序

（甲）預備

（一）檢查預習：同前。

（二）指示目的：一代之治制，恒與其盛衰治亂相關。本課授三國至唐之政教。

（乙）提示

（一）講第一節：起課首，至"後世專用募兵始此"止。吾國往者，每當昇平之時，輒重郡縣之職。戰伐之際，即隆方鎮之權。故如秦并六國，意在銷滅亂源；漢定天下，意在與民休息，則皆以郡國直隸中央。及後漢末，流寇四起，則於郡守之上復置州牧矣。三國以還，州之疆域愈縮愈小，其後乃與漢時之郡無異。及隋唐，遂并州郡爲一級。其時之掌握兵權者，則有都督。唐時節度使，率亦兼領數州。蓋民事宜分，兵事宜合，治制不得不隨之而變也。民兵之制，惟競爭劇烈時能行之。自三國至於隋唐，其間競爭最劇烈者，則北齊、北周之時也。故民兵之制，即於是時發生，及唐而猶存其制。

（二）講第二節：起"賦稅"，至"亦隋所定也"止。唐之租庸調法，蓋仿古者粟米布縷力役之征。租田稅，庸身稅，調家稅也。其法與口分，世業之制並行。民年十八以上，受田一頃，以二十畝爲永業，餘爲口分。開元以後，戶籍法壞，兼并盛行。天寶之亂，民物凋耗，田畝換易，苛歛日增，天下殘瘁。德宗時，楊炎爲相，乃創兩稅之法。夏輸無過六月，秋輸無過十一月。戶無主客，以見居爲簿。人無丁中，以貧富爲差。天下頗稱其便云。漢時蕭何所定律太簡，吏多舍律而用令及比。嗣後屢有以刪定律令爲言者，迄未實行，至隋時乃定五刑之制，是爲我國法律一大變革。同前。

（三）講第三節：起"自晉以降"，至課末止。科舉取士，始於隋而盛於唐。隋煬帝始置進士科，以詩賦取士。唐代科目甚多，常行者爲進士、明經二科。然俗輕明經而重進士，而進士實浮華無實，遂成專尚文詞，不求實用之弊。學校以漢時爲盛，三國後遂衰，唐初學校復盛，然亦不久，蓋士多趨於科舉也。同前。

（丙）整理

（一）回講：同前。

（二）約述：同前。

（三）聯絡比較：［一］晉初兵制與八王之亂，唐中葉兵制與安史之亂之關係。[二]府兵與古兵制之比較。[三]租庸調與古稅法之比較。[四]隋刑法與秦漢之比較。

（四）思考：[一]今日兵制，宜師府兵遺意歟？抑宜用募兵？[二]租庸調法，尚可行於今日否？[三]學校與科舉孰善？

（五）作表：使列本課簡表如下：

三國至隋唐　{
兵制　{
三國刺史太守多握兵權
晉初去州郡兵，以兵付之王國
東晉時州郡兵又盛
府兵始於北周、唐中葉乃易以彍騎
}
賦稅　{
唐初行租庸調
後改兩稅
}
刑制……五刑之制始於隋
學校　{
唐初頗備
其後士以科舉進，漸衰
}
}

第二十　三國至隋唐之政教學術下（二時間）

教材

魏晉崇尚清談，佛老漸盛。及鳩摩羅什譯經，南梁北魏皆崇佛法。唐初玄奘西游，佛教尤盛。道教向不甚著，北魏太武帝信奉之，符籙齋醮，紛然並起。至唐尊老子爲玄元皇帝，道觀幾徧全國矣。此外如火教、景教、回教，皆於唐時流入中國。魏晉詩文，漸尚華藻，南北朝承之，對偶聲韻之學大興。梁昭明太子輯《文選》一書，文以體分，學者稱便。隋初雖禁章奏浮詞，然風會所趨，至唐未改。韓（愈）、柳（宗元）輩出，古文乃復。而詩賦之學，亦以唐爲最盛。發明品之足述者：翻車及桶，創於魏馬鈞。木牛流馬及連弩矢，造於蜀諸葛亮。其關於樂器者，胡笳，魏初蔡文姬歸國所傳也。月琴、拍板，西晉阮咸、宋識所作也。唐初浮梁今江西浮梁縣。陶氏善作瓷器，至有重名。若北朝之摹拓石碑，隋代之開雕經像，印刷之術又肇其端矣。

要旨

授以三國至唐之學術宗教及發明品，俾知是時社會情形。

預習

筆記。

教授次序

（甲）預備

（一）檢查預習：同前。

（二）指示目的：自三國至唐，社會之學術、宗教、風俗等又逐漸變遷。本課述其大略。

（乙）提示

（一）講第一節：起課首，至"皆於唐時流入中國"止。佛教之入中國，自後漢時始。而其教義之廣布，則實由僧徒及居士多從事於譯經。自東晉以降，譯經者甚多，而西僧鳩摩羅什，其首創者也。當時中國僧徒西游者甚多，西僧東來者亦衆。如唐時之玄奘，歷百二十八國而至印度，齎還經典千三百餘部，尤爲其中之卓卓者。自三國至唐，惟魏太武、周武帝、唐武宗嘗毀寺院，勒令僧尼還俗。而太武至欲坑誅僧徒，佛家謂之三武之禍。然佛教勢力，皆不久即恢復。道教之在社會，其勢力不如佛教之盛。君主之崇信道教者，亦不如信佛教者之多。惟唐以道教奉老子爲祖，與己同姓，故特加優禮。唐時國威遠播，東西之交通極盛。故火教、景教、回教等，皆乘機流入中國。當時於各種宗教，均許宣傳。頗有合於近世信教自由之義。同前。

（二）講第二節：起"魏晉詩文"，至"亦以唐爲最盛"止。西漢多經師，崇尚禮法，東漢末，氣節極盛。自魏晉以降，乃相率崇尚清談。是爲學術風俗之一變。清談之徒，專講玄理，亦尚清净無爲，與佛教之旨頗近，故佛學乘之而盛。崇尚文學之風，始於魏之三祖。嗣後益趨華靡，遂成爲南北朝時之文學。至韓、柳出而一變。中國文字，本無駢散之分，自東漢至南北朝，文字日趨齊整，幾於義不單行，詞皆偶儷。至韓、柳出而變之，以復古爲的。世遂目前一派爲駢文，後一派爲散文，亦曰古文。至詩賦之盛，以是時以此取士故也。同前。

（三）講第三節：起"發明品之足述者"，至課末止。各種發明品中，以印刷術之關係爲最鉅。唐宋以後，學問之傳布日廣，皆印刷術之賜也。其次則連弩矢及木牛流馬等，關於軍械及運輸器具之改良。翻車及桶，爲日用至切近之器械。

又如樂器及瓷器,則文學美術上之發明品也。同前。

（丙）整理

（一）回講：同前。

（二）約述：同前。

（三）聯絡比較：［一］三國至唐之宗教與秦漢之比較。［二］自秦至唐,異國宗教傳入我國者,以何時爲最盛?［三］崇尚文學之風,南北朝隋唐較秦漢孰甚?［四］發明木牛流馬與發明舟車之比較。［五］雕板與刻石之比較。

（四）思考：［一］崇尚清談之得失如何?［二］譯經與佛教之關係如何?［三］散文與駢文,孰爲適用?［四］古代發明之品,何故至今日多失傳?設使發明之後,日益從事改良,至今日,我國物質文明之發達,當如何?

（五）作表：使作本課簡表如下:

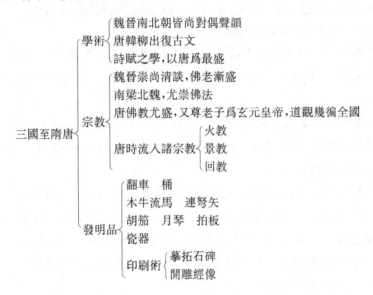

備　考

鳩摩羅什,天竺人,生於龜茲。呂光破龜茲,與俱東還,專以大乘爲化,諸學者尊師之。姚興滅涼,迎以歸,尊爲國師,與其徒譯大乘經甚多。玄奘,陳留人,陳姓。自幼出家,貞觀初自長安西行,經天山南路迦淫彌羅今克什米爾。而至印度。留十餘年,乃經吐蕃逾通天河今木魯烏蘇。而歸。

火教,亦曰祆教,波斯祚祿亞斯大所創,謂世界有陰陽二神,陰神污穢,爲衆惡之本;陽神清淨,爲至善之源。人當就陽神,避陰神,以火爲陽神之代表而崇拜之。唐太宗時，嘗立祆寺於長安，置薩寶府，以掌其祭，有祆正、被祝等官，皆以胡人充之。

景教者，基督教之一派也。宋文帝時，羅馬東都之基督教徒有曰乃司脱利安者，以倡道新義，爲衆教友所不容，謫居西方亞細亞。其地之基督教徒從之者日多，號曰乃司脱利安派。後波斯王非魯日斯，定爲國教。唐太宗時，其教徒阿羅本齎其經典來長安，太宗使兩京及諸州爲作波斯寺，其教徒自稱曰景教，取光輝發揚之義也。玄宗時，改波斯寺爲大秦寺。德宗時，寺僧景净等立景教流行碑，以志其教流傳之盛。武宗時，大秦寺與佛寺共廢，碑没地中。至明末，始復出土焉。

回教之入中國，實由南方海道之互市，當時在廣州亦許其建寺。黄巢亂時，嘗殺回教徒十二萬人於潮浦。見阿剌伯商人阿波齋多所著《東洋紀行》。回教之名，以回紇人尊信之而起。當時葱嶺以西，悉爲大食所并，其教漸傳至天山南路。回紇自爲黠戛斯所破，西南走西域，適與相值，遂大尊信之。

《魏略》：馬鈞，巧思絶人，世居京都。有地可以爲園，而無水以灌，乃作翻車，令兒童轉之，而灌水自覆，更出更入，巧百倍常。又桶亦鈞作，見《事物紺珠》。

建興九年，諸葛亮出祁山，以木牛運。十二年，出斜谷，以流馬運。見《三國志》本傳。亮損益連弩，謂之元戎，以鐵爲矢，長八寸，一弩十矢俱發。見《三國志》注引《魏氏春秋》。

《蔡琰別傳》：琰，字文姬，先適河東衛仲道，夫亡無子，歸寧於家。漢末大亂，爲胡騎所獲，在左賢王部伍中，春日登胡殿，感笳之音，作詩言志。

《國史纂異》：有人破古塚，得銅器，似琵琶，身正圓。人莫能辨。元行沖曰：此阮咸所作器也。命易以木而弦之，其聲亮，雅樂家謂之阮咸。《事物原始》：月琴，以其形似月，聲合琴，故名。

拍板，以木爲之。古人樂歌用擊節。晉魏二代，有宋識，善擊節，以拍板代之。見《合璧事類》。

唐初浮梁之昌南鎮，有陶氏，善作瓷器，載以入關，貢於朝。按昌南鎮，地在昌江之南，故名。

印刷之術，大行於五代時。後唐明宗長興三年，令判國子監田敏校正九經，刻板印賣。自是鋟板之風盛行，手寫之事遂漸少。然其事實始於隋，隋文帝敕廢像遺經，悉令雕板，已變石刻爲鋟木矣。

高等小學校用　新式歷史教授書
第六册

第一　五代及十國之興亡（二時間）

教材

　　五代爲梁、唐、晉、漢、周。朱溫篡唐稱帝，是爲梁太祖。再傳至末帝，李存勖滅而代之，是爲後唐莊宗。三傳至廢帝，石敬瑭以幽薊十六州地在今直隸山西。賂契丹，借其兵滅之，稱帝，是爲晉高祖。傳至出帝，亡於契丹。及契丹北去，劉知遠入即帝位，是爲後漢高祖。子隱帝立，其臣郭威篡之，是爲周太祖。歷世宗、恭帝，其臣趙匡胤受周禪，五代以終。當時割據一方者，除岐、燕不久即亡外，以十國爲著。其建國最早，與梁並列者爲吳、楚、閩、前蜀、南漢、吳

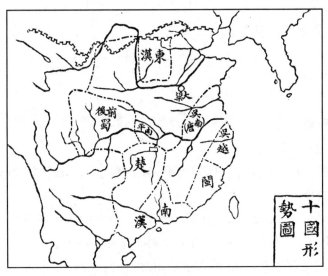

十國形勢圖

越、南平,亦稱荊南。及後唐莊宗滅前蜀,閱八年,後蜀繼起。至晉高祖時,南唐代吳而興,未幾,并閩滅楚,一時稱盛。東漢亦稱北漢。起於周太祖時,建國最後。及趙氏代周,垂二十年,諸國始滅。

五代世系表:

後梁太祖晃——末帝瑱凡二君十七年。

後唐莊宗存勗——明宗嗣源——閔帝從厚——廢帝從珂凡四君十五年。

後晉高祖敬瑭——出帝重貴凡二君十一年。

後漢高祖暠——隱帝承祐凡二君四年。

後周太祖威——世宗榮——恭帝宗訓凡三君十年。

要旨

授以五代十國之興亡,俾知當時分裂及統一情形。

準備

十國形勢圖。

預習

筆記:復習第三册第十八、十九課。

教授次序

(甲) 豫備

(一) 檢查預習同前。

(二) 指示目的:五代十國爲中國分裂最甚之時,本課授其大略。

(乙) 提示

(一) 講第一節:起課首,至"是爲後唐莊宗"止。沙陀之入中原,契丹之割幽薊,均爲歷史上一大事變。沙陀者,西突厥別部處月。朱邪即處月之異譯。西突厥亡後,其衆依北庭都護府以居,地在金娑山之陽,蒲類海之陰。今巴里坤湖。有大磧曰沙陀,故號沙陀突厥云。安史亂後,河西隴右皆没於吐蕃。安西北庭,朝貢道絕。德宗時，假道回鶻，乃得達。回鶻由是求索無厭，沙陀亦深苦之。密引吐蕃寇北庭，回鶻與戰，大敗。沙陀由是附吐蕃。懿宗時，回鶻取涼州，吐蕃疑沙陀之貳，將徙其部衆於河外，舉部愁恐，其酋長朱邪盡忠乃與其子執宜，悉衆歸唐。吐蕃追之，戰且走，盡忠死，執宜以殘衆二千歘靈州塞。詔處其衆於鹽州，其後又徙河東。龐勛之亂，康承訓以沙陀軍討平之，於是執宜子赤心，賜姓名曰李國昌，鎮大同，尋又移鎮振武。已而與其子克用俱叛，幽州節度使李可舉討破之，國昌、克用皆走韃靼。黃巢之亂，官軍不能討，召克用平之，以功鎮河東，自是沙陀遂以河東爲根據地。蓋自安祿山以胡人用蕃兵亂中國後，異族之擾亂中原，自此始。沙陀既盛，當時中原之地能與之抗者，則爲後梁太祖朱全忠。全忠本黃巢降將，鎮宣武。時黃巢雖降，而秦宗權復熾，蔡州節度，李克用復長安，黃巢東走，攻蔡州，宗權降。縱兵剽掠，北自衞滑，西至關輔，東迄青齊，南盡江淮，無復烟火。全忠居圍城之中，外無應援，內無宿儲，而勇氣彌厲。卒乘宗權兵勢之衰，滅之。於是汴州始足自立，以次服河北三鎮及今河南、山東地方，進兵河東，取邢洺磁及澤潞，連歲攻逼晉陽，克用不能抗也。會唐宰相崔胤以盡誅宦官召全忠，遂遷昭宗於洛，卒簒唐室。然太祖諸子皆不才，而後唐莊宗雄武，故至末帝時，形勢遂一變。夾河之戰，不過十五年，而梁卒爲唐并。同前。

（二）講第二節：起"三傳至廢帝"，至"是爲後漢高祖"止。後唐莊宗，初雄武善用兵。滅梁後，遽驕侈。寵任伶人宦官，不修政治，致爲明宗所簒。明宗卒，養子從厚立，從珂弑而代之。又與明宗壻石敬瑭不協，於是敬瑭舉兵以反，遂至召契丹之兵。契丹者，鮮卑別部，處潢水今西喇木倫河。之南。唐末，其部酋耶律阿保機吞并八部，勢始强，是爲契丹太祖。傳子太宗德光，石敬瑭來求援，許之。南下，敗唐兵，立敬瑭爲晉帝。敬瑭割幽薊十六州以賂之。幽州，今京兆。薊州，今薊縣。瀛州，今河間縣。莫州，今肅寧縣。涿州，今涿縣。檀州，今密雲縣。順州，今順義縣。新州，今涿鹿縣。媯州，今懷來縣。儒州，今延慶縣。武州，今宣仁縣。雲州，今大同縣。應州，今應縣。寰州，今朔縣東北。朔州，今朔縣西北。蔚州，今朔縣。自是中國北邊，無險可扼。河東尚有雁門內險，河北則虜騎南下，直抵大名矣。宋代世受其患，若負疽在背，卒成北狩南渡之禍。五代時，中國凋敝已甚。晉高祖知不能與契丹敵，故事之甚謹。及末帝立，大反其所爲，遂取滅亡。幸時契丹人未知治中國之法，致叛者四起，太宗遂無心居中國，北歸，殂於道。又有李胡、世宗爭立之變，漢高祖乃得乘之自立。同前。

（三）講第三節：起"子隱帝立"，至"五代以終"止。後唐、後晉、後漢三代皆沙陀人。周太祖立，主北方者始復爲漢族。五代之主，惟周世宗爲有雄略。西破蜀，南破唐，北破契丹，惜中道崩殂，未竟其業。然宋太祖之削平宇内，猶蒙其遺緒也。同前。

（四）講第四節：起“當時割據一方者”，至課末止。割據諸國，南唐最大，閩、楚皆爲所滅，嘗與契丹結約共謀北方，故周世宗首膺懲之。吳越享國最久。東漢恃遼援，故最後亡。十國之稱，特以時無共主而然。其實與唐時藩鎭無異，皆不成爲國。同前。

（丙）整理

（一）回講：同前。

（二）約述：同前。

（三）聯絡比較：〔一〕五代十國與三國之比較。〔二〕沙陀與五胡之比較。〔三〕南唐與孫吳、東晉之比較。〔四〕前後蜀與蜀漢、成漢之比較。

（四）思考：〔一〕設唐無藩鎭之禍，亦能成爲五代十國之分裂否？〔二〕後梁何故不敵後唐？〔三〕借用外兵之弊若何？試據所已授者言之。唐借回紇、沙陀之兵，石晉借契丹之兵。

（五）作表及繪圖：〔一〕授以五代十國興亡表如下。

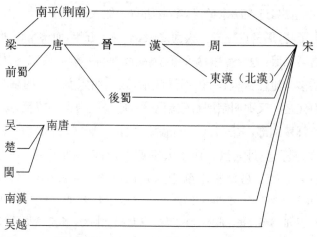

〔二〕使仿繪本課附圖。

第二　宋之初葉（一時間）

教材

趙匡胤即帝位，國號宋，都汴，今河南開封縣。是爲宋太祖。先罷故人宿將典禁衛兵，漸削諸鎭，以文臣知州事，置轉運使管理租稅，由是大權集於中央，而

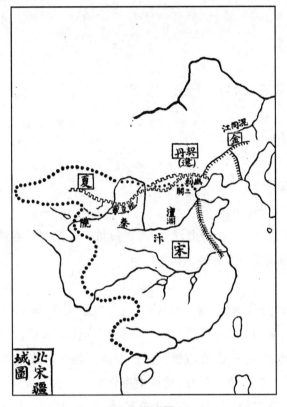

北宋疆域圖

荊南、後蜀、南漢、江南南唐改名。亦以次平定。弟太宗立，吳越納土，又滅東漢，中國遂統一。惟幽薊十六州，仍爲契丹所有。命將北伐無功。子真宗立，契丹大舉南侵。帝任用寇準，率師親征，兩國議和，是爲澶淵今直隸濮陽縣。之盟。傳子仁宗，夏勢又盛。夏主趙元昊，據銀、今陝西米脂縣。夏今陝西橫山縣。等州地，稱帝擾邊。宋與戰，互有勝負。後以二國厭兵，乃和。於是宋之疆域，東南濱海，西鄰湊隴，北界三關。瓦橋、益津、高陽。

要旨

授以宋太祖至仁宗時之事，俾知宋初之國勢。

準備

宋疆域圖。

預習

筆記：復習第三册第二十至二十三課。

教授次序

（甲）豫備

（一）檢查預習：同前。

（二）指示目的：五代紛擾，至宋而復歸統一。然對外終於不振，遼金元之禍，遂迭起而相乘。本課授宋初葉之事。

（乙）提示

（一）講第一節：起課首，至“亦以次平定”止。唐中葉後，禍源有二：一藩鎮專橫，一禁衛軍太强，而政府不能制也。其弊至五代時未革，及宋太祖始革除之。宋太祖集權中央之要，在收攬兵權與財權。諸路財賦，悉隸轉運使，以總屬於三司。諸州廂兵，僅以給役，精銳悉選充禁兵。四方戍守，由禁軍更遞任之，謂之番戍。既以强幹弱枝，亦使士卒習勞，不至驕惰也。同前。

（二）講第二節：起“弟太宗立”，至“命將北伐無功”止。五代偏方諸國，惟東漢北漢。恃遼援，猝不易下。宋太祖亦以其控扼二面，遼及銀夏。姑置之，至太宗時始亡。吳越最恭順，亦至太宗時始納土。其餘諸國，當太祖時皆已戡定，於是中國復統一，惟遼所割之地未還而已。周世宗伐遼，取瀛、莫、易三州，又平�二州，則當五代唐時，没於契丹。遼之國勢，太祖、太宗時，爲初興之期。世宗在位未久，爲其下所弒。穆宗立，沈湎於酒，不恤國事，是爲中衰時期。故周取三州，遼不能敵。太祖時，穆宗被弒，景宗繼之，遼勢復張。故太宗伐遼，屢不得志。第一次滅東漢後，即親率大軍攻幽州，遼援兵至，大敗於高梁河。太平興國七年，遼景宗卒，聖宗立。聖宗時，爲遼極盛之世。而太宗輕聽邊將之言，謂遼主年少，太后用事，有機可乘。復遣曹彬、潘美等分道北伐，又大敗。自是宋不復能進取，惟專力於防禦，而遼兵顧頻歲南侵。及真宗時，成澶淵之盟，兩國乃息兵講和。同前。

（三）講第三節：起“子真宗立”，至課末止。宋之戰禍，濟於澶淵之盟；而其腐敗，亦始於此時。不思厲兵秣馬，乘間暇之時，爲自强之計。顧以遼人信天，欲藉天書符瑞之説恐喝之，使不敗盟。於是齋醮營建之事起，財政遂大爲竭蹶。而言和之後，兵備不修。仁宗時，並不能禦區區之西夏，終至縻以歲幣，而後言和。蓋宋是時，已成積衰難挽之勢矣。同前。

（丙）整理

（一）回講：同前。

（二）約述：同前。

（三）聯絡比較：［一］宋削平割據諸國與唐戡定羣雄，孰爲難易？［二］契丹與匈奴、突厥之比較。匈奴、突厥皆純爲行國，契丹則演進之程度較深。［三］宋疆域圖與前課晉割幽薊十六州聯絡。俾知宋之不競，其原因亦由於失地利。

（四）思考：［一］人謂唐重藩鎮之權而强，宋削藩鎮之權而弱，其信然歟？［二］澶淵之盟，遼果畏宋而請和歟？抑厭兵禍，本有言和之志邪？［三］夏地小民寡，何以宋攻之竟不能勝？

（五）作表及繪圖：［一］使作本課簡表如下。

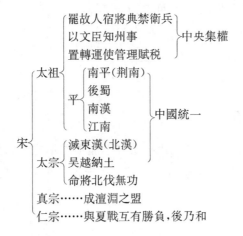

［二］使仿繪本課附圖。

第三　神宗變法及徽欽北狩(二時間)

教材

宋自仁宗以後，朝臣漸分朋黨。神宗立，憤國勢不振，用王安石爲相，行青苗、均輸、免役、市易、保甲、保馬、方田諸新法，以圖富强。司馬光、蘇軾等交爭以爲不便。安石卒行之，光、軾等皆罷黜。子哲宗立，宣仁太后聽政，以光爲相，盡罷新法，而舊黨復分洛、蜀、朔三派。及哲宗親政，徽宗繼之，任相非人,重行新法。於是黨鬨於朝,民怨於下,邊釁亦啓。時遼屬女真叛遼,建國曰金,勢頗強。宋約之夾攻遼,得空城七。既而金怒宋納叛,舉兵南侵。宋議和戰,未決,金兵已逼,徽宗急禪位於欽宗。已而汴京陷,金虜徽、欽二宗北去。

要旨

授以神宗以後事,使知黨爭及外交失策,爲宋之所以失敗。

預習

筆記:復習第三册第二十四、二十五課。

教授次序

(甲) 豫備

(一) 檢查預習:同前。

(二) 指示目的:宋至神宗時,已有不能不變革之勢,乃因變革故而召起黨爭,以致政治益壞,而強敵又乘之於北,宋遂不能自立矣。本課述神宗至徽、欽時之事。

(乙) 提示

(一) 講第一節:起課首,至"邊釁亦啓"止。宋之中葉,養兵百餘萬而不能戰。租稅之重,當太平無事之日,即已至於不可復加,而國庫曾無餘蓄。遼、夏二寇,又耽伺於西北。其非變法無以自存明矣。故神宗及王安石,有行新法之舉。安石所行新法,如青苗、均輸、免役、市易、方田,所以利民而謀富國也。保甲、保馬,所以強兵也。徒以行之太驟,且奉行者或非其人,未著成效。及元祐,新法悉罷,未爲持平。蔡京出,藉口新法,大肆聚斂。舉天下之財,悉斂之於中央,以供徽宗一人之淫侈。兵則利其闕額,封樁其餉,以備上供,致前此之以多兵爲患者,末年更患無兵。以陝西多兵之地,靖康入援,僅得萬五千人。蓋新舊黨各懷政見,均未能貫澈實行。其實行之而收其惡果者,則蔡京之聚斂政策而已。嗚呼! 同前。

(二) 講第二節:起"時遼屬女真叛遼",至課末止。女真初起,絕無土地思想,故初與宋約夾攻邊,曰取得之地,即自有之。及宋攻遼不能克,燕京及諸郡縣之下,仍藉金兵力。然卒以燕京及薊、景、檀、順、涿、易六州來歸。太宗立,復歸武、朔二州之地。平、灤二州,則本五代唐時陷入契丹之地,非石晉所割,本不在原約之內。乃宋違約而受張珏之降,故此事曲實在宋。燕山之復,僅得空城,一切守備,皆未及措置。而金兵已長驅南下,河東一方面,尚有張孝純固守太原。河北一方面,則梁方平之師,潰於黎陽。敵騎長驅,無復限隔,於是京城被圍。卒以輸金五百萬、銀五千萬兩、牛馬萬頭、表段百萬匹、尊金帝爲伯父,《宋史·欽宗紀》作叔父,誤。《高宗紀》亦作伯父。割太原、河間、中山三鎮,以親王宰相爲質,與宗望成和議。一時宗翰圍太原未下,聞之,亦使來求賂。此事曲在金。宋人執之。宗翰怒,分兵趨汴京,入威勝軍,下隆德府。宋人以爲背約,復詔三鎮固守,留金使蕭仲恭。意謂仲恭,遼戚也,與之蠟書,使招遼降臣耶律余睹。仲恭還,獻其書於宗翰,宗翰、宗望再分道入寇,汴京遂陷,徽、欽北狩。同前。

（丙）整理

（一）回講：同前。

（二）約述：同前。

（三）聯絡比較：〔一〕宋朋黨與唐牛李之比較。〔二〕王安石與商鞅之比較。〔三〕宋約金攻遼與石晉借用遼兵之比較。

（四）思考：〔一〕神宗時有變法之必要否?〔二〕新舊黨之政見,孰較優長?〔三〕既同爲舊黨,則應政見相同,何以復分洛、蜀、朔三派?〔四〕和戰不定之害如何?

（五）作表：授以宋神宗後政局變遷之大要,如下：

宋政局變遷 {
神宗變法
元祐復舊
紹聖復行新法
徽宗任用蔡京
}

備　考

青苗法者,以常平糶本作青苗錢,散與人户,令出息二分,春散秋斂。

均輸法者,以發運之職改爲均輸,假以錢貨。凡上供之物,皆得徙貴就賤,用近易遠,預知在京倉庫所當辦者,得以便宜蓄買。

免役法者，據家貲高下，各令出錢僱人充役。下至單丁女戶，本來無役者，亦一概輸錢，謂之助役錢。

市易法者，聽人賒貸縣官財貨，以田宅或金帛爲抵當，出息十分之二，過期不輸，息外每月更加罰錢百分之二。

保甲法者，籍鄉村之民，二丁取一，十家爲保。保丁皆授以弓弩，教之戰陣。

保馬法者，凡五路義保，願養馬者戶一匹，以監牧見馬給之。或官與其直，使自市。歲一閱其肥瘠，病死者補償。

方田法者，以東西南北各千步，當四十一頃六十六畝一百六十步，爲一方。歲以九月令佐分地計量，驗地土肥瘠，定其色號，分爲五等。以地之等，均定稅數。

洛、蜀、朔三黨，在哲宗時，呂公著當國，羣賢咸立朝，不能不以類相從，遂有洛黨、蜀黨、朔黨之稱。洛黨以程頤爲首，而朱光庭、賈易爲輔。蜀黨以蘇軾爲首，而呂陶等爲輔。朔黨以劉摯、梁燾、王巖叟、劉安世爲首，而輔之者尤衆。

第四　宋之南渡（二時間）

教材

宋室無君，欽宗弟構即位於南京，_{今河南商邱縣。}是爲高宗，徙都臨安。_{今浙江杭縣。}賴岳飛、韓世忠屢敗金人，始保有江淮以南地，史稱南宋。然帝性庸懦，卒從秦檜言，稱臣割地，請和於金，且殺岳飛。孝宗立，伐金無功，復申和議。寧宗時，韓侂胄執政，又伐金，大敗，卒誅侂胄以謝金。傳至理宗，金勢日衰，蒙古又强。宋始會蒙古師以滅金，尋又與蒙古開釁，及賈似道用事，匿敗邀功，邊事日壞。度宗繼立，蒙古建國號曰元。帝㬎立，元兵入臨安，執之北去。宋立端宗於福州，_{今福建閩侯縣。}未幾，卒。又立帝昺於厓山，_{今廣東赤溪縣東。}元兵進迫之，帝溺於海。陸秀夫、張世傑、文天祥先後殉國，宋亡。

宋世系表：

宋太祖匡胤——太宗炅——真宗恒——仁宗禎——英宗曙——神宗頊——哲宗煦——徽宗佶——欽宗桓_{凡九君一百六十七年。}

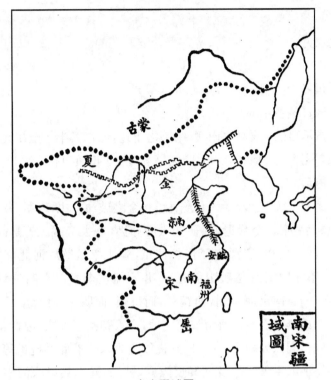

南宋疆域圖

南宋高宗構──孝宗眘──光宗惇──寧宗擴──理宗昀──度宗禥──恭宗㬎──端宗昰──帝昺凡九君一百五十二年。

要旨

授以宋南渡以後之事，俾知當時不能恢復之故。

準備

南宋疆域圖。

預習

筆記：復習第三册第二十五、二十六、二十九、三十課。

教授次序

（甲）預備

（一）檢查預習：同前。

（二）指示目的：自高宗南渡，中國之土地，已亡其半。至胡元滅宋，中國遂全爲異族所據。此歷史上一大變也。本課授宋南渡以後之事。

（乙）提示

（一）講第一節：起課首，至"且殺岳飛"止。金之破汴京也，以徽、欽二宗北去，而立張邦昌爲楚帝。金兵退，邦昌知人心弗與，復去帝號。於是高宗即位於南京。高宗即位之初，宗澤撫羣盜於汴京，張所招雜散於河北，時事尚有可爲。而高宗不能聽宗澤還都汴京之言，并不能從李綱巡幸關陝駐蹕南陽之請。節節退守，自南京而揚州，而鎮江，而杭州，而明州，且爲金兵迫逐入海。而恢復之業，遂無可望矣。河南陝西之地，金人初無意取之，故始得之而立張邦昌。邦昌廢，則以畀劉豫。豫廢，并欲以之畀宋。然此爲撻懶等之意，至宗弼，則始終持進取主義。故及撻懶反謀露，被誅，遂進兵以取河南陝西，卒至稱臣割地，然後言和。宋金和戰始末，及其真相，本局出版之《關岳合傳》論之最詳，可供參考。同前。

（二）講第二節：起"孝宗立"，至課末止。自紹興和議成後，至海陵庶人南伐時，始破裂。是時以兵勢論，宋殊岌岌可危，然海陵亦不能用其衆。師未渡江，內亂遽作，身死軍人之手。宋人乘之，收復兩淮州郡，於是恢復之論復起。其結果，有苻離之敗，而金兵反自河南進攻兩淮，於是復息戰言和。南渡諸帝中，孝宗最有志於恢復，惜金方强，無能爲。章宗時，金勢漸衰，北邊叛亂者數歲。河南山東，又值荒歉。此皆事實，見諸《金史》，非宋邊將之張大其詞也。且蒙古之南伐，與章宗之歿，僅隔一年，則金是時，兵力亦確已不振。侂胄北伐之無成，由宋太弱，非金之强也。時韓侂胄以斥逐道學之徒，爲清議所不與，思立大功以自旌異。於是有伐金之舉，其結果，累戰皆北，襄陽淮東西，相繼失陷，於是侂胄死而和議復成。金宣宗自爲蒙古所敗，南遷。以國用窘蹙，乃南伐宋，冀有所得。此爲當時金宋開釁之實情，語見《金史》。蓋冀宋爲所脅，則可以糴糧等事，列入媾和條件中也。其結果，兵連禍結，勝負不甚分明。目的卒不得達，國力反因之益疲。而宋於是時，則恢復之議復起。至哀宗時，金勢益壞，復棄汴南奔蔡州。宋人乘之，遂有會師滅金之舉。金元興亡之詳情，於下一課授之。金亡之後，元勢方張。守約言和，尚慮不能自保，乃復用趙葵、趙范等恢復三京之議,輕率與元開釁。其結果,三京不可復,而反因此招致元兵。國是不定之禍,可勝歎哉!元之伐宋,始自憲宗時,與世祖分兩道南下,憲宗入蜀,世祖攻鄂。憲宗攻合州,未克而卒。宋人云中流矢,《元史》則無其詞。然元人各種紀載,均未述及憲宗病狀,似亦可疑。世祖以急欲自立北還,見下。遂以稱臣畫江,歲輸銀絹之條件,與賈似道議和。而似道匿不以報,反以戰勝聞。於是元一方面以爲宋已言和,責其背約。而宋一方面則尚以戰勝自居,情形隔膜,國事益壞,卒底於亡。同前。

(丙)整理

(一)回講:同前。

(二)約述:同前。

(三)聯絡比較:〔一〕南宋與東晉之比較。東晉時,北方勢分。南宋時,北方勢合。東晉未嘗稱臣割地,而南宋則有之。東晉藉淝水之戰,不亡於秦;南宋藉采石之戰,不亡於金。〔二〕孝宗時議和條件與高宗時之異同。〔三〕約元伐金與約金攻遼之比較。

(四)思考:〔一〕使高宗不用秦檜,亦能成恢復之業否?〔二〕約元滅金,又與元開釁,爲得爲失?〔三〕與人言和,轉以勝報,除賈似道外,古今尚有其人否?〔四〕陸秀夫、張世傑、文天祥等,皆忠義之士,何以宋得之,卒無救於亡?

(五)〔一〕作表及繪圖:

$$
南渡後大事 \begin{cases} 岳飛、韓世宗等屢敗金人 \\ 從秦檜言,稱臣割地,請和於金 \\ 孝宗伐金無功,復申和議 \\ 韓侂胄伐金,大敗 \\ 令蒙古滅金 \\ 與蒙古開釁 \\ 帝㬎時,元兵入臨安 \\ 端宗立於福州,未幾卒。帝昺立於厓山,爲元兵所迫赴海 \end{cases}
$$

〔二〕使仿繪本課附圖。

第五　遼夏金之興亡(三時間)

教材

遼初號契丹,居潢河 即西木剌倫河上游。附近。唐末耶律阿保機併吞諸部,稱帝,是爲太祖。用漢人韓延徽爲謀主,築城郭,立市里,規模日拓。子德光立,得幽薊十六州地,滅晉,定國號爲遼,是爲太宗。傳至聖宗,與宋訂盟,境內寧息。數傳及延禧,爲金所俘。耶律大石率餘衆西走建國,史稱西遼。至南宋寧宗時,乃蠻遺裔簒之。唐末,拓跋思恭以討黃巢功,賜姓李,封夏國公,子孫世有靈、今甘肅靈武縣。夏今陝西橫山縣。諸州地。歷五代至宋,時叛時服。及元昊嗣位,用兵并吞附近諸部,得地萬里,遂稱帝,國號夏。置官屬,製文字。數以兵疲宋,後乃議和。南宋初,受金册命,歷數十年,蒙古來侵,金不救,與金構兵,兩國俱敝。傳至睍,蒙古滅之,時在南宋理宗之世。金爲女真族,世居混同江完顏部。在今烏蘇里江以東俄領地。及阿骨打叛遼稱帝,國號金,是爲太祖。太宗立、滅遼侵宋,虜徽、欽北去,中國土地,半爲所有。及熙宗立,與南宋議和,慕中國文物制度,强武之風漸替。及蒙古强,金勢遂大蹙。哀宗時,蒙古來伐,哀宗殉國,金亡。時亦在南宋理宗之世。

遼世系表:

太祖阿保機——太宗德光——世宗阮——穆宗璟——景宗賢——聖宗隆緒——興宗宗真——道宗洪基——帝延禧凡九君二百十年。

夏世系表:

太祖繼遷——太宗德明——景宗元昊——毅宗諒詐——惠宗秉常——崇宗乾順——仁宗仁孝——桓宗純祐——襄宗安全——神宗遵頊——獻帝德旺——末帝睍凡十二君二百四十六年。

金世系表:

太祖旻——太宗晟——熙宗亶——廢宗亮——世宗雍——章宗璟——廢帝永濟——宣宗珣——哀宗守緒凡九君一百二十年。

要旨

授以遼、夏、金之興亡,俾知當時北族情形。

預習

筆記:復習第三册第二十二、二十七課。

教授次序

（甲）預備

（一）檢查預習：同前。

（二）指示目的：有宋一代，對外終於不競，固由中國之弱，亦由異族之强也。本課授遼、夏、金之事。

（乙）提示

（一）講第一節：起課首，至“乃蠻遺裔篡”之止。自古北族，皆純爲行國。惟契丹太祖，當初起時，即築城郭，立市里，招致漢人，其後復得幽薊十六州之地。故其性質，與匈奴、突厥等微異。組織契丹國家之原素有三：奚、契丹，一也；諸部族，二也；漢人，三也。天祚荒淫，諸蕃既不聽令，漢人本非心服，即其本部族，亦均離逖。南戴秦晉國王淳，北立梁王雅里。故其亡也忽焉。耶律大石，遼太祖八世孫。遼亡，大石西走北庭，唐北庭都護府。會十八部王衆，率之而西。初，唐中葉後，大食强，葱嶺以西之地悉爲所并，分設酋長以治之。大食衰，諸酋皆自擅其地，哈利發僅擁空名而已。大石西走時，塞而柱克朝方强，大石敗其兵，建都於吹河上流，名其地曰虎思斡耳朵，是爲西遼德宗。至直魯古，爲乃蠻遺孽古出魯克所滅。大石傳子夷列，是爲仁宗，卒，子幼，妹普速完攝政，號感天皇后，爲其下所弑。仁宗子直魯古立，時乃蠻太陽罕爲蒙古所滅，子古出魯克來奔，直魯古妻以女，古出魯克乘其出獵，襲執之，而竊其國。塞而柱克，烏古斯部長也。烏古斯，即漢烏孫。元魏以降，西從葱嶺，其後散布於今鹹海、裏海附近。宋之中葉，南略地甚廣。西史中以塞而柱克朝稱之，《遼史》作呼羅珊，則其都城名也。同前。

（二）講第二節：起“唐末”，至“時在南宋理宗之世”止。靈、夏一隅，地本形勝，俗尤鷙悍。故拓跋氏據之，亦傳國二百載。然當繼遷、德明時，實蕞爾無能爲。宋果師武臣力者，未嘗不可一舉蕩平之。乃豪毛勿拔，終尋斧柯，則可見宋兵備之不修，自開國時已然矣。元昊臣吐蕃，唐中葉後，吐蕃陷河西隴右，後雖收復，然其種落留居其地者極多。破回鶻，取河西地。立制度，製文字，實爲西夏之雄主。南宋以後，西夏亦弱，常臣服於金。西夏强盛時，不徒與中國抗，遼人兩伐之，亦不利。末年與金搆兵，國益疲敝，遂爲蒙古所滅。同前。

（三）講第三節：起“金爲女真族”，至課末止。完顏部爲女真之一部落。女真者，即南北朝時之靺鞨，兩漢時號挹婁，三代時之肅慎也。金始祖函普，則爲新羅人。《金史》云：來自高麗。然考其時代，則高麗已亡矣。今從《朝鮮國史》。來居完顏，娶其部女，後遂以完顏爲氏。蓋以女系也。女真初起，兵不滿萬。其後用兵，亦至多不過數萬。然能以之滅遼侵宋,割中國土地之半,其兵之強,實不可及。《關岳合傳》論此最詳,可參考。金之衰弱,由南遷後其部人多入居中原,浸失其尚武之風,而又不能勤事生產。惟耽逸游,好飲酒。蓋與現今滿人之居內地者,情形全同。金之亡,其事可分爲四期:衛紹王之時,成吉思汗南侵,獨石、思忠等以四十萬衆,敗績於會河堡,而二國強弱之勢遂定。此第一期也。宣宗南遷,置河北於不顧,惟列精兵,西守潼關,東扼黃河沿岸。此第二期也。三峯山之戰及潼關之潰,良將精兵,蕩焉以盡,并汴京亦不能守。此第三期也。蔡州播遷,宋、元二國,環而攻之,以至於亡。此第四期也。總之,金當世宗之時,外觀雖盛,兵力已衰。章宗時南北皆有兵役,國力益疲。至衛紹王時,事勢已無可爲矣。同前。

(丙) 整理

(一) 回講:同前。

(二) 約述:同前。

(三) 聯絡比較:〔一〕遼、夏、金與匈奴、突厥之比較。〔二〕遼、夏、金與五胡之比較。〔三〕遼、夏、金相互比較。

(四) 思考:〔一〕使遼不得幽薊十六州,亦能如此強盛否?〔二〕西夏以蕞爾之地,亦能自立於遼宋之間,其故何也?〔三〕設使金不南遷,可不至衰弱否?

(五) 作表:使作遼、夏、金興亡簡表,如下:

國　名	初居地	所侵中國之地	興　　盛	衰　　亡
遼(契丹)	潢河附近	幽薊十六州	太祖、太宗爲初興時期,聖宗爲極盛時期。	道宗後漸衰,至延禧爲金所俘。
夏	黃河上流	靈夏諸州	李繼遷爲初興時期,至元昊而極盛。	其後漸衰,至睍爲蒙古所滅。
金(女真)	混同江下流	中國之半	太祖、太宗時爲初興時期,至世宗而極盛。	章宗後漸衰,至哀宗爲蒙古所滅。

第六　蒙古崛興(二時間)

教材

蒙古初建國,在斡難河即鄂諾河。源。及鐵木真嗣位,連克旁近諸部,伐乃蠻,攻西夏,遂自號成吉思汗。既而降輝和爾,取金河北諸縣,滅乃蠻後裔,得西遼故地。又破花剌子模,踰太和嶺,入歐洲,追其餘衆。於是破欽察,敗阿羅斯,掠其東南。及還,遂滅夏,是爲太祖。子太宗立,武功亦盛。征欽察,伐宋,滅金,臣服高麗。旋又遣將西征,陷墨斯科。轉而東南,再破欽察,下幾富,佔波蘭,克馬札兒。分軍西徇,直抵地中海北。歐洲北部,連兵抵禦,亦爲所敗,遂擾及日耳曼諸邦。再傳至憲宗,滅大理,入吐蕃,破安南,西南夷悉平。滅波斯,入印度,襲敍利亞,略天方,西亞細亞亦定。雖自將攻宋,未克而卒,而累代以來,疆域已跨有歐亞。

要旨

授蒙古太祖至憲宗時事,俾知蒙古初興時之國勢。

預習

筆記：復習第四册第一課。

教授次序

(甲) 豫備

（一）檢查預習：同前。

（二）指示目的：元之疆域,跨連歐、亞。其兵力,亦橫絶一時。歐人震其聲威,黄禍之説,流傳至今。皆太祖至憲宗時事也。本課授其崖略。

(乙) 提示

（一）講第一節：起課首,至"是爲太祖"止。蒙古爲室韋別部,唐時居望建河南,今黑龍江。其後乃西徙斡難河之源不兒罕山。至有元帝室,則系出吐蕃贊普,以遭奸臣篡弑之禍,出奔,至斡難河源止焉。其後世遂爲蒙古人,亦猶函普之後,遂爲完顏部人也。見《元祕史》、《蒙古源流考》,鄙著《蒙古種族考》於蒙古種族元室帝系,辯證極詳。見《大中華雜誌》第十期。鐵木真之前,奇渥温氏哈不勒、忽都剌,嘗兩世爲汗。忽都剌卒,蒙古無共主,部落離散,中衰。鐵木真幼時,屢爲其鄰近之部落泰赤兀、塔塔兒等所侮,後悉吞滅之。時漠南北地方,以乃蠻爲最大,鐵木真又滅之,聲威遂直達輝和爾。即回紇。於是宋開禧二年,大會諸部族於斡難河源，受成吉思汗之尊號，遂進兵侵金。成吉思汗攻金，既蹂躪河北。其時復有花刺子模王，殺害蒙古人之事，遂起西征之師。花刺子模者，城名，即唐時之貨利習彌，故屬塞而柱克。塞而柱克衰，其酋始據地自立。已而攻西遼，敗績，納貢請和。其主謨罕默德恥之，陰與古出魯克表裏，西遼之亡，謨罕默德有力焉。盡取錫爾河以南之地，又吞并旁近諸地方，於是其疆域：西包波斯，東南越印度河，東北抵錫爾河，北抵裏海，爲葱嶺以西一大國。成吉思汗之伐金也，古出魯克乘之，誘諸部族，以攻蒙古。成吉思汗使哲別滅之，於是蒙古與花刺子模接壤。成吉思汗因西域商人以脩好於謨罕默德，謨罕默德許之。已而蒙古人四百餘，隨回紇商人西行購貨，行經花刺子模所屬之訛打刺城，城主盡殺之。成吉思汗怒，起兵西征。謨罕默德走死裏海，於是哲別、速不台二將，本追謨罕默德者。更西北出，破欽察、阿羅斯之兵，乃還。此蒙古第一次西征也。同前。

（二）講第二節：起"子太宗立"，至課末止。至第二次西征，則在太宗時。諸王拔都爲元帥，陷墨斯科，今俄舊都。破幾富，即今之波蘭。下馬札兒，今匈牙利。分兵略地，直至地中海北。會太宗卒，乃還。第三次西征，在憲宗時。皇弟旭烈兀爲之帥，攻破回教共主所都之根達，波斯、阿刺伯、敍利亞等地，悉於是時賓服，西域大定。滅大理，入吐蕃，破安南，均憲宗初年事。將其兵者，則元世祖也。自臨洮行山谷中二千餘里，渡金沙江，入大理國，虜其王段智興。大理者，漢哀牢夷。唐時部衆分爲六，號六詔，後爲最南之蒙舍詔所并，遂號南詔。亦受唐封，爲雲南王。懿宗時，僭稱帝，國號大理。屢寇蜀，爲高駢所敗，後遂不與中國通。宋太祖既平蜀，或勸取大理。太祖以玉斧畫地圖，至大渡河爲界，曰：自此以外，非吾有也。石晉初，王大理者爲段氏。熙寧中，中絕，高氏代之。元符初，段氏復興。進兵攻吐蕃，其酋唆火脫出降。烏良哈達別將下雲南諸蠻部，遂伐安南。其王陳日煚走海島，後禪位於其子光昺，遂納款。同前。

（丙）整理

（一）回講：同前。

（二）約述：同前。

（三）聯絡比較：［一］蒙古兵力與漢唐盛時之比較。［二］與遼、金之比較。［三］以兵力蹂躪歐洲者，除元外，歷代尚有之乎？

（四）思考：［一］蒙古兵力，何以能如是其盛？［二］設使成吉思汗生今日，亦能成此豐功否？

（五）作表：使作本課簡表，如下：

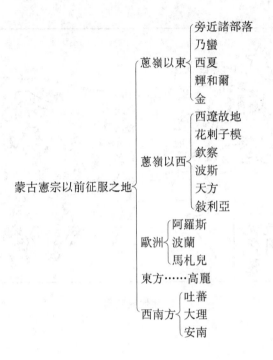

蒙古憲宗以前征服之地
- 蔥嶺以東
  - 旁近諸部落
  - 乃蠻
  - 西夏
  - 輝和爾
  - 金
- 蔥嶺以西
  - 西遼故地
  - 花剌子模
  - 欽察
  - 波斯
  - 天方
  - 敍利亞
- 歐洲
  - 阿羅斯
  - 波蘭
  - 馬札兒
- 東方……高麗
- 西南方
  - 吐蕃
  - 大理
  - 安南

第七　元主中國及其末世（二時間）

教材

　　世祖嗣位，建國號曰元，南下滅宋，遷都大都，今北京。遂入主中國。然歷代所分封之窩闊台、欽察、察合台、伊蘭四汗國，各行其政，不相統一。初，蒙古之立大汗也，例由諸王開會公推。及太宗子定宗卒，已啓爭端。憲宗之立，失位者怨之，憲宗因誅譖其黨，於是嫌隙愈深。世祖立，其弟阿里不哥亦稱大汗，結窩闊台、察合台爲助，惟欽察、伊蘭不與。後終爲世祖所勝，而窩闊台汗海都仍不服，與元相攻，歷數十年，諸汗國亦紛擾不已。世祖之後，君位繼承，仍多變故。計臣權相，又結怨於民。順帝時，重以天災徭役，中國豪傑相繼並起。明太祖朱元璋起兵淮上，既定東南，命將北伐，順帝退走，而元主中國之局終。

　　元世系表：

　　太祖鐵木真──太宗窩闊台──定宗貴由──憲宗蒙哥──世祖忽必烈──成宗鐵木耳──武宗海山──仁宗愛育黎拔力八達──英宗碩德八剌──泰定帝也孫鐵木兒──明宗和世㻋──文宗圖帖睦爾──寧宗懿璘質班──順帝妥歡帖睦爾凡十四君一百五十八年。

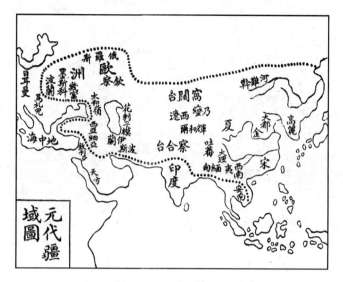

元代疆域圖

要旨

授元世祖以後事,俾知元室衰亡之由。

準備

元代疆域圖。

預習

筆記:復習第四册第一下半及第三課。

教授次序

(甲)豫備

(一)檢查預習:同前。

(二)指示目的:元代疆域,曠古未有。然因內爭故,未幾即瓦解。又以施政失宜故,其主中國亦不久。本課授其事。

（乙）提示

（一）講第一節：起課首，至“不相統一”止。蒙古係行封建之制，而以太祖四子分地爲尤大。窩闊台汗國，太宗之後。欽察汗國，太祖長子尤赤之後。察合台汗國，三子察合台之後。伊蘭汗國，四子拖雷之後也。其分地皆定於太祖時。同前。

（二）講第二節：起初蒙古之立大汗也，至歷數十年未已止。蒙古汗位，本由部族公推，無其人則闕。及成吉思征服漠南北諸部族，始由蒙古本族之汗，進而爲諸部族之大汗。然汗位之繼承，由諸部族公推如故。所謂忽烈而台也。亦作庫里泰，譯言大會。太宗之繼位，由太祖以遺命定之，與於忽烈而台者，皆無異言。太宗卒後，拖雷之後，即與太宗之後互爭。憲宗被舉，太宗後人謀叛。事覺，悉遭戮逐。憲宗卒後，世祖北還至開平，不待忽烈而台推戴，即自立。於是憲宗弟阿里不哥，據和林抗之。未幾，敗降。而太宗之孫海都，以窩闊台、欽察、察合台三汗國之推戴，正位爲蒙古大汗。惟伊蘭汗以拖雷後，不附。以蒙古國法言之，則海都爲正，而世祖爲僭逆。兵爭歷數十年，後雖卒爲世祖所勝，然蒙古大汗之號令，自此不復行於諸汗。曠代之大帝國，無形間遂分裂矣。同前。

（三）講第三節：起“世祖之後”，至課末止。世祖以後，忽烈而台之法既廢，而皇位繼承之法不立。故立君之際，必有爭端。世祖始立太子，然係采漢法，本部族人，不甚謂然。後其視太子，殊不尊嚴，廢立篡奪，恬不爲怪。世祖太子又早卒，孫成宗之立，由宿將伯顏挾兵力定之。成宗卒，其后欲立世祖次子安西王阿難答，右丞相哈剌哈孫欲立武宗，以其遠在北邊，先召其弟愛育黎拔力八達入京師，平亂。武宗至，弒成宗后，殺阿難答而自立，以愛育黎拔力八達爲太子，即仁宗也。武宗崩，仁宗立，立子英宗爲太子，而出武宗子和世㻋於雲南，武宗舊臣奉之奔阿爾泰山，依察合台後裔，英宗爲其下所弒，迎立泰定帝，世祖太子真金之孫。四年而卒，子阿速吉八即位上都，是爲天順帝。知密院事燕帖木兒脅百官迎立和世㻋，先召其弟文宗於江陵，攻上都，城陷，泰定帝不知所終。和世㻋即位和林，是爲明宗。至漠南，文宗入見，暴崩。蓋弒之也。文宗即位，已而悔之，遺命必立明宗之子。燕鐵木兒欲違之，皇后不可，迎立懿宗，明宗次子也。數月而卒，更迎立明宗長子，而燕帖木兒不欲。至京師，遷延數月，會燕帖木兒死，乃即位，是爲順帝。及長，追舉明宗暴崩事，文宗后遷東安州，其子燕帖古思流高麗，道死，并毀文宗之廟焉。蒙古以異族入主中國，不甚知治中國之法，惟思斂民財以自利。當世祖時，即用盧世榮、僧格阿合馬特等言利之臣。三人中惟盧世榮爲有才，所行之政，亦極合財政學原理，未可與彼二人等觀也。又歷代皆有權臣，治國之經制既未嘗立，則政治愈益濁亂。及順帝時，更益以水旱、蝗疫、山崩、地震、河決之災。恤民之政，一無所聞。而賦役之重，降而彌甚。羣雄並起，元室遂不可支矣。羣雄之中，據台州者爲方國珍，據蘇州者爲張士誠，據湖北、江西者爲徐壽輝，據集慶者爲明太祖。而其首出兵擾亂北方者，則實爲韓林兒、劉福通。福通嘗分軍爲三：一出晉冀，踰雁門，北掠上都。一入關中，陷興元，破鞏昌，攻鳳翔。一入山東，克濟南，陷薊州，以逼元都。後攻上都之兵，敗於遼東，餘二軍爲察罕帖木兒、李思齊所破。惟其軍無節制，故卒爲察罕帖木兒、李思齊所破。察罕卒，子庫庫帖木兒繼之。自淮以北，幾蕭清矣。而諸將或與庫庫分黨相攻，太子又與朝臣老的沙不協。老的沙以大同守將孛羅帖木兒之兵犯闕，太子出奔，藉庫庫平定之。又欲使庫庫以兵脅帝，傳位於己。庫庫不可，復合諸將攻之。紛擾未已，而明太祖已西定陳友諒，徐壽輝將，殺壽輝自立。東戰張士誠，南降方國珍，自河南、山東分道北伐。順帝倉卒無所爲計，舉族北走，而元亡矣。

（丙）整理

（一）回講：同前。

（二）約述：同前。

（三）聯絡比較：〔一〕元代封建與中國古代封建之比較。〔二〕公推大汗與選舉總統，異點何在？元之政治與後魏及金之比較。

（四）思考：〔一〕使元不行封建制，可不遽至瓦解乎？〔二〕元之衰，由於外力，抑由於自潰？〔三〕元主中國，何以不能長久？

（五）作表及繪圖：〔一〕使作本課簡表，如下：

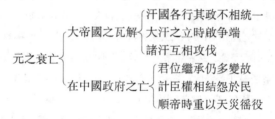

〔二〕使仿繪本課附圖。

第八　明之興盛（一時間）

教材

方朱元璋之命將北伐也，已由吳王即皇帝位，定都應天，今江蘇江寧縣。國號曰明。及順帝北去，又平西蜀，克雲南，海內統一，大封子弟爲王。孫惠帝嗣立，慮諸王難制，議削其地。成祖時爲燕王，遂舉兵南陷應天，即位，遷都順天。今北京。時元裔韃靼，與其屬部瓦剌，屢爲邊患，帝親征破之。乃東征奴兒

明代疆域圖

干,在今庫頁島西岸。册封日本,西封烏斯藏僧爲法王,南滅安南。命鄭和七下西洋,航路遠通,朝貢者相屬。仁宗、宣宗繼之,留心內治,廉能在位,綱紀修飭,人民樂業,稱盛世焉。

要旨

授以太祖至宣宗時事,俾知明初內修外攘之功。

準備

明代疆域圖。

預習

筆記:復習第四冊第四第五課。

教授次序

（甲）豫備

（一）檢查預習：同前。

（二）指示目的：明之統一中國，在太祖時。外征之功，以明成祖時爲最。仁宣兩朝，則其守成時也。

（乙）提示

（一）講第一節：起課首，至"遷都順天"止。元末羣雄割據者：陳友諒、張士誠、方國珍、韓林兒等，均於明祖北伐之前戡定。惟明玉珍之子昇，尚據四川。元梁王把匝剌瓦爾密，尚據雲南，至元室亡後，乃討定。明太祖復行封建政策，子弟皆分處大都，各置傅相官屬，並設護衛兵，典禮極爲隆重。惟地方大政仍歸有司，與漢代封建不同而已。燕王棣、晉王棡等以守禦北邊，並得節制諸將，權任甚重。而棣屢出塞征討，兵尤强，故卒有靖難之變。

（二）講第二節：起"時元裔韃靼"，至課末止。元順帝雖北走應昌，尚擁蒙古大汗之號。及卒，子愛猷識理達臘嗣，走和林，依庫庫帖木兒。卒，子子脱古思帖木兒嗣，藍玉襲敗之於捕魚海，北走，爲其下所弒。於是蒙古大汗，聲威掃地。又五傳，爲其臣鬼力赤所弒，改稱韃靼。蒙古與韃靼，種族混淆，蒙人亦嘗以韃靼自稱。其詳，見予所著《蒙古種族考》。鬼力赤復爲其臣阿魯台所殺，迎立元裔本雅失里，仍以韃靼自號。已而爲瓦剌部所襲破，《元史》稱斡亦剌部，即清時之衛拉特。東走臚朐河。成祖久居北邊，知北族雖失統馭，部落尚衆，未可輕視。故即位後，久居順天。永樂八年、十一年、二十年、二十二年，嘗四次親征。本雅失里奔瓦剌，爲其酋長馬哈木所弒，阿魯台來降，馬哈木亦爲帝所擊破，一時聲威頗盛。安南本中國郡縣，五代時始自立爲國。明成祖時復之，然未久復失。同前。

（丙）整理

（一）回講：同前。

（二）約述：同前。

（三）聯絡比較：［一］明封建與漢、魏、元三朝之比較。［二］成祖遷都與晉元帝、宋高宗同異若何？一爲退守，一爲進取；一自南而北，一自北而南。［三］明初武功與漢唐之比較。

（四）思考：［一］使惠帝不削諸王地，靖難之變可不作否？［二］明自宣宗以前,何時爲開創之時? 何時爲守成之時?

（五）作表繪圖：[一] 使作本課簡表如下：

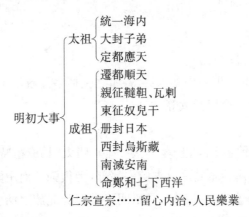

[二] 使仿繪本課附圖。

第九　明之中葉（一時間）

教材

英宗時,瓦剌酋長也先率諸部侵擾,宦官王振擁帝親征,帝爲所虜。賴于謙固守,請立景帝,英宗獲返。未幾,英宗又復辟。子憲宗立,寵宦官,塞言路,惑異端,弊政頗多。孝宗反之,執政得人,國威尚振。至武宗立,宦官又大得志。安化王寘鐇、寧王宸濠,先後反。幸仇鉞及王守仁平之。世宗入嗣,初相楊廷和,弊政以革。繼相嚴嵩,邊患大啓。北有俺答之侵,南有倭人之寇。其後倭患爲戚繼光等所勦平,而俺答內附,則在穆宗之世矣。

要旨

授以明中葉之內憂外患,使知明室衰亡之因。

預習

筆記：復習第四册第六至第八課。

教授次序

（甲）豫備

（一）檢查預習：同前。

（二）指示目的：明自中葉以後，昏庸之主極多。政治不修，外患又亟，衰亡之因，實在於是。今以授汝等。

（乙）提示

（一）講第一節：起課首，至"英宗又復辟"止。明太祖、成祖時，國勢極盛，北狄詟服。及英宗時，馬哈木之孫也先統一諸部，勢復強。而中國適值宦官專政，欲藉親征以邀功，遂召土木之變，是爲明代見侮於北族之始。土木之變，羣臣多主遷都者，幸賴于謙固守，卒克保全京師，迎還上皇。然初主和議者，多內自慚。又石亨等武人，怨賞薄，遂肇奪門之變。同前。

（二）講第二節：起"子憲宗立"，至"幸仇鉞及王守仁平之"止。明初御內監最嚴，不許讀書，又不許與外廷交通。及靖難兵起，宦官多漏言於北軍，成祖以爲有功，信任之，其法始壞。而其尤甚者，則使宦官司東廠，伺察羣臣，遂爲有明一代閹豎亂法之原。王振之威懾朝右，亦緣以其黨與主鎮撫司事。朝臣有與抗者，輒下獄，送鎮撫司治罪也。憲宗時，於東廠之外別置西廠，以太監汪直領之。武宗時，又置內廠，以劉瑾領之。使宦官握司法之權，以陷害士夫，黷亂朝政，實歷代所未有也。同前。

（三）講第三節：起"世宗入嗣"，至課末止。明之內亂，始於武宗時。而其外患，則至世宗時而大亟。世宗性嚴，果於刑戮。嚴嵩因之，激帝怒以入人罪。帝又好神仙，罕親政事，一以委嵩。嵩遂蔽聰塞明，以成其奸。嘉靖二十九、三十八、四十二年，虜騎三犯畿輔，縱兵剽掠，諸將不能得一俘。而帝皆不知其真相，蒙蔽之甚，史所罕有也。倭寇之患，徧於沿海七省，甚且沿江深入。俺答根據河套，頻歲侵掠邊陲，皆前後數十年。倭寇明初即有之，但不甚劇。明之元氣，由是大傷。同前。

（丙）整理

（一）回講：同前。

（二）約述：同前。

（三）聯絡比較：［一］英宗北狩，與宋徽、欽二帝之比較。［二］明宦官之禍，與漢唐之比較。唐宦官掌握兵權，明宦官則撓亂司法。［三］海寇與盜賊之比較。

（四）思考：［一］使宋徽欽時，有臣如于謙，汴都可不失否？設英宗北狩，明遽南遷,其結果將若何?［二］世宗時之外患,較英宗時孰深?［三］明中葉後,何帝可稱賢君?

（五）作表：使作本課簡表,如下：

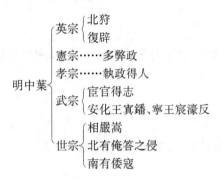

第十　明之末世（三時間）

教材

穆宗之後,神宗繼立。初用張居正爲相,吏治整飭,薊遼諸鎮,付託得人,邊境亦靖。居正卒,帝怠於政事,於是宦官以開礦擾民,朝士以營私樹黨。會顧憲成罷官,講學東林,相與是非朝政,有與之聲氣交通者,稱爲東林黨,獨負重名。其時外患:有日本豐臣秀吉之攻陷朝鮮,遣師援之,不能勝也。有緬甸之侵擾滇邊,出師破之,不能服也。而滿洲興於東北,明人禦之,戰輒不利,尤爲亡國之源。歷光宗至熹宗,朋黨益盛。其所爭者,爲梃擊、紅丸、移宮三大案。適宦官魏忠賢用事,無恥之徒,遂結納忠賢,摭他事以罪東林。而善類一空,羣小爭以媚閹爲事。知兵諸將,如熊廷弼、孫承宗、袁崇煥等,或誅或去,於是遼左諸城,亦盡爲滿洲所有。懷宗立,首誅忠賢,天下稱快。然是時滿洲已建國號曰清,日益進逼。加以用兵加賦,民困盜起。流寇李自成、張獻忠蹂躪諸省,所過成墟。未幾,自成陷京師,懷宗殉國。吳三桂方屯兵山海關以備清,聞變,引清兵入關,滅自成、獻忠,清遂代明。明之後裔,先後立於南方,并爲清滅,明亡。

明世系表：

太祖元璋——惠帝允炆——成祖棣——仁宗高熾——宣宗瞻基——英宗祁鎮——景帝祁鈺——憲宗見深——孝宗祐樘——武宗厚照——世宗厚

熜——穆宗載垕——神宗翊鈞——光宗常洛——熹宗由校——懷宗由檢——帝由崧——帝聿鍵——帝由榔凡十九君二百九十五年。

要旨

授以神宗以後之事，使知內憂外患之交迫，爲明之所以亡。

預習

筆記：復習第四册第九、第十、第十二至十五課。

教授次序

（甲）預備

（一）檢查預習：同前。

（二）指示目的：內憂外患之交迫，此明之所以亡；而主昏政亂，則又內憂外患交迫之因也。今以授汝等。

（乙）提示

（一）講第一節：起課首，至"獨負重名"止。明中葉之邊患，以蒙古爲最甚。俺答雖於穆宗時受撫，然其部落之處東方者，尚時出侵擾。至神宗初，用良將戚繼光、李成梁以守薊遼，而北方始得牧寧。明治之壞，由於綱紀廢弛。故張居正執政，矯之以嚴，遂成神宗初年之治。神宗之怠荒，尤甚於世宗，不視朝者，至二十餘年。羣臣遂植黨互攻，帝悉留中不發，而台諫一攻，其人輒自去，故言路之勢積重。其時適有東林講學之徒，諷議執政，裁量人物，而黨禍遂起。神宗時，弊政甚多，而其最甚者，莫如中官之言礦利。首開畿輔諸礦，徧及各行省，皆以中官主其事。勘無所得，則勒民償之。良田美宅，則指爲下有礦脈。以阻撓誣官吏，以盜采陷富家，毒痛天下。同前。

（二）講第二節：起"其時外患"，至"尤爲亡國之源"止。明神宗時，外患之大者有二：一則緬甸之侵擾滇邊，一則日本之攻朝鮮是也。而日攻朝鮮一役，關係尤巨。朝鮮李氏，建國明初，世受封册，修職貢。初日本東北有種人號蝦夷者，世與日本爭，日本置征夷大將軍以扞之。唐德宗時。時日本諸王，多好傳位於其子弟，而自稱太上皇，至其子弟復然。於是數上皇同時並立，往往互爭政權，皆倚幕府爲援，實權遂盡入幕府之手，天皇擁虛號而已。而幕府復徧置武職於諸方，其所置之武職，又各以地分封其將士，遂成破碎不可收拾之勢。神宗時，有豐臣秀吉者，起而討定之。念其亂源終未盡絕，乃欲驅其人戰之於國外，而侵朝之事以起。中國發兵援之，糜餉喪師，皆數十萬，迄無勝算也。同前。

（三）講第三節：起“歷光宗至熹宗”，至“亦盡爲滿洲所有”止。滿洲之初起，未必遂不可制。而楊鎬輕率，以二十萬師深入致敗，遼事形勢遂日棘。其後熊廷弼、袁崇煥之被誅，孫承宗之去職，亦俱爲邊事敗壞之因。可知兵威之不振，仍由於政治之不修。明之黨禍，以爭三案時爲最烈。其後卒致魏忠賢起，大興黨獄，善類一空。可知意氣之爭持太甚，必致爲小人所乘。同前。

（四）講第四節：起“懷宗立”，至課末止。明之亡，可謂直接亡於流寇，而間接亡於滿洲。蓋滿洲强，則遼左之兵事亟，遂不得不加餉。既加餉，則民益困窮，而思亂者遂衆。及其亂之既起，則又以滿洲兵時時深入，不得不分兵防禦，不能專其力於剿寇也。流寇之起，亦由中葉以後朝政濁亂。居州郡者，皆貪黷之臣，爭剝民以行賄賂。可知政治之不善，實釀成內亂之大原因。凡流寇，必不能以兵力平之。蓋因民窮財盡，思亂者衆。剿不勝剿，撫無可撫也。同前。

（丙）整理

（一）回講：同前。

（二）約述：同前。

（三）聯絡比較：［一］張居正與王安石之比較。［二］東林與漢黨錮、唐牛李、宋洛蜀朔之比較。［三］明末流寇與元末之比較。

（四）思考　［一］開礦本興利之政，何以明時反致擾民？［二］明時力爭之三案，果有關係否？［三］日本攻朝鮮之役，何以明糜餉喪師數十萬迄無勝算？［四］設使明廷終用熊廷弼等，能禦清否？［五］設無吳三桂之降，清兵亦能入關否？

（五）作表　使作本課簡表，如下：

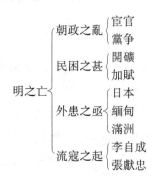

第十一　五代至明之政教學術上（一時間）

教材

五代内輕外重，兵士驕横。宋始革之，列營京畿，有事則調遣。及南渡後，外兵漸盛，仍聽中央節制。元初，盡人皆兵。入主中國，乃以户與丁論。明則京兵、邊兵、内地衛所兵，均由召募。賦税以五代爲重，宋初輕減之，並有支移、折變之法。及南宋軍興，又名目紛繁，一切取盈矣。元之賦税，大略仿唐。明專用其兩税法，而英宗時之折銀，神宗時之一條鞭，尤爲後世所樂用。至於刑制，惟五代較爲嚴酷，歷宋、元、明，與隋唐無大異。

要旨

授以五代至明兵、刑、賦税制度大略，俾知當時政治情形。

預習

筆記。

教授次序

（甲）豫備

（一）檢查預習：同前。

（二）指示目的：五代至明之治亂，汝輩既略聞之矣。今以其制度授汝等。

（乙）提示

（一）講第一節：起課首，至“均由召募”止。唐中葉後，藩鎮驕横，其弊極於五代，至宋初然後革。宋時外兵，謂之廂軍，給役而已。凡有征戍，悉用禁軍。南渡後，恃韓、岳、張、劉諸將之兵，以外禦女真，内靖寇盜。其後仍列名禁軍，特各有駐地而已。蒙古未入中國前，盡人皆兵。此爲遊牧社會之通例。明時兵制，以五千六百人爲衛，千二百人爲千户所，百二十人爲百户所。衛所之軍，皆授以地，使之屯田。頗得唐府兵遺意。其後兵政日弊，衛所之兵，皆徒有虛籍而已。同前。

（二）講第二節：起"賦稅以五代爲重"，至課末止。五代重稅，可分二種：一固有之稅，而加重其額。二新立稅目，繁瑣異常。宋初雖革除之，然稅終重於前代。故有宋一代，民生常困。至南渡後之苛斂，則因外有强敵，軍費甚大而起者也。南宋苛斂，多起於建炎、紹興時，後乃益甚。元之租稅，取之北方者，曰丁稅、地稅，仿唐之租庸調也。取之南方者，曰夏稅、秋糧，仿唐之兩稅也。明時專用其秋糧、夏稅之法，役者則因賦而定。至神宗時，行一條鞭法，遂并丁糧二者爲一。中國刑法，至隋爲一大變，自是歷宋、元、明無大異。同前。

（丙）整理

（一）回講：同前。

（二）約述：同前。

（三）聯絡比較：〔一〕唐、宋、明三代兵制之比較。〔二〕元、明稅法之比較。

（四）思考：〔一〕何以元初能行盡人皆兵之制，入中國後即不能？〔二〕軍興與租稅之重輕，有何關係？〔三〕折銀及一條鞭之法，何以爲後世所樂用？

（五）作表：使作本課簡表如下：

		宋	元	明
	五代	宋	元	明
兵制	內輕外重	列營京畿，有事則調遣。南渡後，外兵漸盛，仍聽中央節制。	其初盡人皆兵，入中國後以戶與丁論。	京兵、邊兵、內地衛所兵，均由召募。
稅制	最重	初減五代之稅。南渡後又名目紛繁，一切取盈。	大略仿唐。	專用兩稅法。
刑制	較嚴酷	與隋唐無大異。	同上。	同上。

第十二　五代至明之政教學術下（二時間）

教材

學校之制，以宋之太學三舍及四大書院爲著。沿及元、明，亦兼學校書院。但自宋以來，科舉盛行，肄業者仍納入考試一途。我國儒風，莫敝於五代。自北宋之周，敦頤。張、載。二程，顥、頤。南宋之朱、熹。陸，九淵。元之許、衡。姚，樞。明之薛、瑄。王，守仁。相繼闡明理學，儒教爲之大振。然佛、道二教，亦互爲消長。如宋太宗建塔譯經，明太祖選僧侍王，宋徽宗置道官，明世宗崇齋醮，皆所謂上行下效者也。而元代尊西僧爲國師、帝師，佛之支派喇嘛教又盛行焉。基督教元已有之，至明而盛。蓋神宗時利瑪竇、龐迪我等，相繼來華傳教，并挾其曆算、火器諸學，溝通東西文化，士大夫樂與之遊故也。惟回教則宋、元以來，僅限於西北。五代文學銷亡，惟南唐、吳越及蜀，尚有可觀。宋興，歐陽、修。曾、鞏。蘇、洵、軾、轍。王安石。諸氏，各擅古文，直與唐之韓、柳齊譽。其後元之楊、載。虞，集。明之方、孝孺。歸，有光。亦多著作。至於書畫，則宋有蘇、軾。黃、庭堅。米、芾。蔡，襄。元有趙，孟頫。明有倪、瓚。董、其昌。藝術則周有柴窰，宋有宋錦，明有景泰藍、宣德鑪，皆爲後世所寶貴。他如印刷之精，首稱宋板。而畢昇之活字，亦興於宋仁宗時焉。若夫推爲火器之祖者，則有宋之霹靂礮，金之震天雷等。

要旨

授以五代至明之學術、宗教、文藝，俾知當時社會情形。

預習

筆記：復習第四册第十一課。

教授次序

（甲）預備

（一）檢查預習：同前。

（二）指示目的：前課所授，爲五代至明治制大略。今更進授其社會情形。

（乙）提示

（一）講第一節：起課首，至“仍納入考試一途”止。自唐以後，科舉日盛。學校雖有其名，而無其實。至明定制度，入學校者，仍須考試，然後錄用，則始於明。

所謂學校儲才，以待科舉也。三舍者，外舍、內舍、上舍。其法創於宋神宗時，當時視學校頗爲注重。徽宗時，並嘗廢科舉而專行學校焉。四大書院者：白鹿洞，廬山。石鼓，衡州。應天府，應天府。嶽麓，潭州。書院之性質，近乎現在公私立之學校。同前。

（二）講第二節：起"我國儒風"，至"僅限於南北"。儒家之學，西漢時專主傳經，篤守古人之口說。東漢而後，守家法始不若西漢之嚴。魏晉而降，諸經多失其傳，乃轉而求之於箋注。於是有義疏之學，然皆以說經爲主也。其不拘拘於說經，而直以己意，探求古人之義理者，則始於宋儒。其學稱爲理學，亦曰道學，後世與漢學對舉，則曰宋學。實學術上之一進化也。宋學，以其起源之地言之，則有濂、洛、關、閩之別。以其學術之宗旨言之，則可分朱、陸二派。考亭之學，受之伊川。姚江之學，近於象山。亦稱程朱與陸王。後世君主崇信宗教者，大抵其盛不過一時，惟元代之崇信喇嘛教，則與其國祚相終始。西僧多恃勢橫行，凌虐氓庶，實爲元代致亡之一因。明季基督教之宣傳，實爲東西文化接觸之始。蓋當時士大夫信其教者雖少，然多好其徒之藝術，樂與之游故也。同前。

（三）講第三節：自"五代文學銷亡"，至課末止。自宋至明，散文比較的視駢文爲盛。蓋一則物窮則變，自魏晉至唐，文章多尚詞華，至宋而風尚遂異。一則此時代，義理之學最盛，與專尚藻采之文學不相容故也。書畫藝術，皆爲美術之一。觀於自宋至明，善書畫者之多，及各種藝術之精，可知擅長美術者代有其人。印刷之術，雖導源已久，而各種書籍皆刊刻流傳，實大盛於宋。宋時軍器，頗爲精利。宋之弓弩，遠非女真所及，戰時每藉此卻敵。而火器之發明，尤與戰爭上以甚大之變動。其事亦始於宋。西人之知火器，亦由間接傳諸我國。可見我國各種發明，並不後人，惜乎其停滯不進也。同前。

（丙）整理

（一）回講：同前。

（二）約述：同前。

（三）聯絡比較：［一］學校與科舉之比較。［二］書院與學校之異同。［三］宋學與漢學之比較。［四］喇嘛教與佛教之比較。［五］基督教與回教之比較。

（四）思考：［一］喇嘛教何以自元以後即在中國闃焉絕響？［二］柴窯、宋錦、景泰藍、宣德鑪等藝術，何以多失其傳，僅有景泰藍一種？［三］火器之發明，較印刷術之發明關係孰大？

（五）作表：使作本課簡表如下：

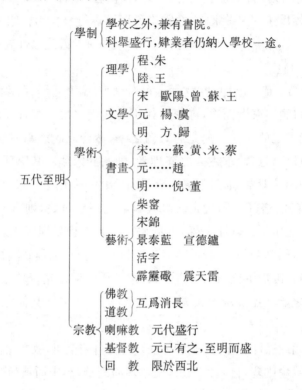

五代至明
- 學制
  - 學校之外，兼有書院。
  - 科舉盛行，肄業者仍納入學校一途。
- 學術
  - 理學
    - 程、朱
    - 陸、王
  - 文學
    - 宋　歐陽、曾、蘇、王
    - 元　楊、虞
    - 明　方、歸
  - 書畫
    - 宋……蘇、黃、米、蔡
    - 元……趙
    - 明……倪、董
  - 藝術
    - 柴窰
    - 宋錦
    - 景泰藍　宣德鑪
    - 活字
    - 霹靂礮　震天雷
- 宗教
  - 佛教／道教　互爲消長
  - 喇嘛教　元代盛行
  - 基督教　元已有之，至明而盛
  - 回教　限於西北

備　考

柴窰，或云周世宗時所造。所司請其色，御批云：雨過天青雲破處，這般顏色做將來。今瓷器之雨過天青色者，猶仿柴窰焉。或曰：始造器者，柴姓也。

宋錦，爲宋時所織。《博物要覽》載其名，凡四十二種。因其織造精美，故裝潢書畫碑帖所用舊錦，皆襲宋錦之名。

景泰藍，於銅器表面塗以琺瑯質，燒成各種花紋。花紋四周，或嵌銀絲。明景泰時所造最精。今京師仿爲之者，猶沿其名焉。

宣德鑪，明宣德時所鑄。相傳宣廟欲鑄鑪，問鑄工銅何法鍊而佳，工奏鍊至六，則現珠光寶色。上曰：煉十二。煉已，條之，置鐵網篩格，赤炭镕之。其銅之精萃者，先滴，則以鑄鑪。見《博物要覽》。

印刷術，至宋而大盛。唐時益州始有墨板。後唐明宗時，馮道請校正九經，刻板印賣。周太祖之末，刻板始成。然工鉅費重，以政府之財力，僅克舉之,寒士不能辦此也。至宋則槧本廣行,賚及寒素矣。畢昇又創爲陶印活版之法,爲今活字排印之權輿。西人稱活版爲東來法,蓋自吾國傳之也。

　　金亮至江北,掠民船欲濟。虞允文伏舟七寶山,發一霹靂礮。蓋以紙爲之,實以石灰硫黃,自空而下,墜水中。硫黃得水,火自跳出,其聲如雷,紙裂而石灰散爲烟霧,眯其人馬之目。遂壓虜舟,大敗之。見楊誠齋《海鰌船賦》序。震天雷,以鐵罐盛火藥,以火點之,用以攻城。見《金史·赤盞合喜傳》。

第十三　清起滿洲及入主中國(三時間)

教材

　　清爲女眞之裔,世居長白山附近。明神宗時努爾哈赤統一滿洲部落,建滿洲國,兵勢日強。遂滅葉赫,在今吉林伊通縣西。敗明師,取明遼東地,定都瀋陽,今奉天瀋陽縣。降服科爾沁,今奉天洮南縣。後世尊爲清太祖。子太宗立,降朝鮮,平察哈爾,在今内蒙古。漠南悉定。乃專力攻明,規取關外諸城,寧遠、錦州、松山、杏山。惟寧遠未下。明廷大震,有媾和之議,時明懷宗之世也。子世祖立,年幼,叔父多爾袞攝政。會李自成陷明都,吳三桂來乞援,多爾袞遂引兵入關,逐李自成,迎世祖遷都,入主中國。時明裔福王、魯王、唐王、桂王相繼據

清初疆域圖

南方,圖恢復,分兵一一破之。乃以雲南地封吳三桂,廣東地封尚可喜,福建地封耿繼茂,是爲三藩。聖祖即位,明室遺臣,惟鄭氏尚據臺灣。未幾,三藩起兵拒清,各省響應,卒遣師平之。旋克臺灣,降喀爾喀,在今外蒙古。與俄羅斯定國界。及敗準噶爾,漠北既平,青海亦附。旋又征西藏,收爲藩屬。疆宇日闢,安南亦奉貢。

世宗立,青海、西藏復叛,仍遣年羹堯等平之。而俄人求互市,則與訂《恰克圖條約》。及高宗立,命兆惠平準部、回部,張廣泗平貴州苗,傅恒、阿桂平大小金川。又用兵緬甸、安南、廓爾喀,即今泥泊爾。使奉朝貢。於是暹羅請封,蔥嶺以西諸國,皆遣使納款。清之帝業,於斯爲盛。

要旨

授以清始起至高宗時事,俾知清之初盛。

準備

清初疆域圖。

預習

筆記:復習第四册第十課及第十三至第十八課。

教授次序

(甲) 豫備

(一) 檢查預習:同前。

(二) 指示目的:清起塞外,入主中國。至高宗時,皆清强盛之時期也。本課授其事。

(乙) 提示

(一) 講第一節:起課首,至"時明懷宗之世也"止。明初疆域,東北極於開原、鐵嶺,自此以外,皆女真遺族也。其初分裂,故勢力不强。及努爾哈赤統一之,遂儼然爲東北一强敵矣。明清對抗,可分爲三時期:遼東未失,朝鮮尚存,海陸兩路皆有以牽制清兵。此一時期也。遼、瀋既陷，以寧錦爲重鎮。此二時期也。寧錦亦不能守，專恃山海關爲屏蔽。而漠南、蒙古又亡，清兵歲自長城入，掠近畿。此第三時期也。至吳三桂開關以迎清兵，遂無復藩籬之限。同前。

（二）講第二節：起"子世祖立"，至"是爲三藩"止。李自成雖剽悍，特起流寇，無大略。故清兵入關，遂不能禦。內亂不已，必召外侮。明清已事，可爲殷鑒。明三王中：福王尚襲半壁之勢，而昏愚特甚。唐王志欲有爲，而受制於鄭芝龍。桂王所據之地較爲僻遠，然可恃之臣，亦惟瞿式耜、何騰蛟。至後輾轉倚孫可望、李定國，則雖無滿洲，亦無以自立矣。要之明末握兵之臣非叛逆，如吳三桂等。即驕蹇，如左良玉等。公忠體國者絕少。其忠義自矢者，則皆本無兵柄，倉卒起義之人也，故卒無救於亡。凡異族入主中國，必非徒恃其本族之兵力，而必藉漢人爲之驅除。遼、金、元三朝皆如此，遼之得幽薊十六州，乃中國自贈之，其亡石晉，則趙延壽爲之先驅。金自陷汴京後，所用者多河北人，兼收用北方羣盜。元人之攻宋，爲之發策者，亦劉整之徒也。而清之於三藩爲尤著。同前。

（三）講第三節：起"聖祖即位"，至"安南亦奉貢"止。清初勢力，在黃河流域最爲穩固，至長江流域次之，至粵江流域，則專恃降人即三藩。爲之戡定。其勢力實屬有限。故明亡之後，仍以封三桂等，使鎮攝之。未能遽用其親信之臣也。三藩中：惟三桂兵力爲最強，然暮氣不振，不能用其下棄滇北上之策，致始終局促南方，不能越湖南一步。至耿、尚二藩，則本無能爲，故卒爲清所戡定。然聖祖之能臨大事，遇變不撓，則於此可見矣。清之用兵塞外，最大者有四事：（一）服喀爾喀，（二）滅準噶爾，（三）平回部，（四）定西藏是也。喀爾喀之服，在聖祖時。而西藏之定，亦於是時肇其端。清聖祖時，俄人在東方之勢力尚未張大，故尼布楚之約，未敢與清廷固爭。然清廷自此以後，未能注意於東三省及外蒙古之邊務，亦爲失策。同前。

（四）講第四節：起"世宗立"，至課末止。清塞外兵事，始終以準噶爾及西藏之第巴桑結爲樞紐。事實均見第四冊。桑結既死，亂源已去其半。而高宗時，準部復內亂，遂因而亡之，則亂事可云大定。然復有繼此而起者，則回部是也。回部雖未能統一，然其人民之性質，極強悍堅忍。而大、小和卓木，本其教主摩訶末之裔，又有以堅其信仰之心。故亦頗煩兵力，然後戡定。清初用兵西北，皆極勝利。至其用兵南方，則不能如西北之得手。如安南之役是也。而大、小金川一役，喪師糜饟尤巨。固由中葉以後，兵力漸衰。亦可見其用兵塞外，常有天幸一語，非史家之誣詞矣。高宗之時，爲清室極盛之世。然兵力之弱，財政之窘，民生之困，種種已伏於此時。至其末年，而亂事遂以猝發。同前。

（丙）整理

（一）回講：<small>同前。</small>

（二）約述：<small>同前。</small>

（三）聯絡比較：［一］清初起時勢力與金之比較。［二］清入主中國與元之比較。［三］清經略塞外與漢唐之比較。

（四）思考：［一］漠南、蒙古之亡，與明清之强弱有何關係？［二］明福、魯、唐、桂諸王，何以終不能自立？［三］清廷何以必用三藩之兵乎？［四］使準噶爾不自亂，清廷亦能亡之否？使準噶爾、喀爾喀與青海、西藏，均爲强固之結合，則形勢如何？［五］高宗用兵南方常不甚得利，何也？

（五）作表及繪圖：［一］使作本課簡表如下：

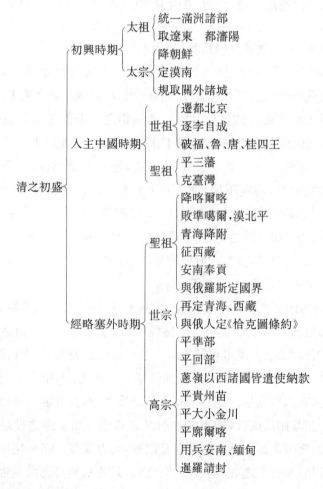

［二］使仿繪本課附圖。

第十四　清之中葉（二時間）

教材

　　清之入主中國也，以威力迫人民薙髮，不從者斬。羣情不附，乃爲收拾人心計，仿行科舉，徵聘遺老，纂修書籍，建閣藏《四庫全書》，誕敷文教。然文字之獄，亦屢起於是時。高宗晚年，任用和珅，黷貨亂政，官吏因之貪暴，遂起苗亂。及仁宗受禪，教匪海賊，相繼作難。用兵十年，始次第就平。後又有天理教匪，交通內監爲變。幸巨魁就捕，不久即定。宣宗立，回酋張格爾叛，西征數年，始漸平定。而歐洲交涉，亦自此始，鴉片一戰，償金割地，遂開後世外侮之端。及其末年，洪秀全又起事於金田在今廣西桂平縣。矣。文宗即位，秀全進據永安，今廣西蒙山縣。號太平天國，自稱天王，其勢日熾。旋出廣西，攻湖南，下武昌，擁衆而東，據江寧爲都城，分兵北上，清與相持，互有勝負。而北方之捻，雲南之回，亦相繼騷亂，清無如何也。同時又有外患，英法聯軍，南陷廣州，今廣東番禺縣。粵督被虜，北入京師，文宗出避，許其要求，與之訂約，乃退。俄人乘間訂璦琿、北京二條約，取黑龍江北，烏蘇里河東地。穆宗立，陝、甘、黔三省及新疆，又有回亂。然自曾國藩練湘軍，設長江水師以來，至是疊克沿江要害，洪氏勢孤，江寧遂克復。既而各省之捻匪叛回，以次平定。論者謂之中興，惟新疆之回，勢仍猖獗，俄人且乘機進佔伊犁今新疆綏定縣。焉。

要　　旨

授以嘉慶至同治時之內憂外患，使知清朝衰弱之真相。

預習

筆記：復習第四册第十九至二十四課。

教授次序

（甲）預備

（一）檢查預習：同前。

（二）指示目的：中國現在之情勢，其起因皆在清中葉時。本課授其事。

（乙）提示

（一）講第一節：起課首，至"亦屢起於是時"止。自清以前，外夷入主中國，未有迫漢人全易其衣冠，從其薙髮之俗者。薙髮爲北族舊俗。有之，自清始。清廷之纂修書籍，建閣藏《四庫全書》，雖於誕敷文教，亦有微勞。然書籍之爲其所毀棄者，亦不少。所謂禁書是也。凡排除異族，光復故國，其思想之源泉，恒出於中流社會。故清廷之仿行科舉，徵聘遺老，又大興文字之獄，均以收拾士林之心，及摧折士氣爲主。同前。

（二）講第二節：起"高宗晚年"，至"又起事於金田矣"止。高宗時，兵役之頻繁，南巡之騷擾，固均足爲致亂之源。然其亂源最大者，則實爲和珅之專政。蓋珅之黷貨，爲前古所未聞。其時中外官吏，爲賄賂和珅起見，不得不刻剝人民，而亂機遂至四伏。其起於西南者，則爲苗亂。起於東南者，則爲海賊。起於中原者，則爲川楚教匪。其後林清之變，事亦與川楚教匪相承。動亂徧於天下，其原因則一貫也。張格爾之變，清廷兵力雖竭蹶，猶克勉强戡定。蓋襲康雍乾三朝之餘威使然也。時蔥嶺以西諸國，未敢力助張格爾，即由憚於中國舊時威力使然。鴉片一戰，遂爲後此外交屈辱之始。

（三）講第三節：起"文宗即位"，至課末止。清代有二大內亂：一川楚教匪，一洪楊之軍是也。而洪楊之勢，較川楚教匪爲尤盛。當時洪氏定都金陵，即江寧。幾與清廷成南北對抗之勢矣。洪氏之所以終於失敗者：一由其初起時北出之軍，爲僧格林沁所殲滅，未能直搗清廷之巢穴。二由其定都金陵後，沈溺晏安。三由其始起諸王，互相殘殺。而當時湘淮諸軍之勇悍，與夫諸將之智勇兼備，亦不可沒。廣州之陷，督臣之被虜，甚至首都淪陷，乘輿播遷。實爲我國之最大恥辱。而璦琿、北京二條約，損失尤巨。可見外患必乘內亂而起。洪楊既崛起於南，捻匪又騷擾於北，加以陝、甘、雲南之回亂，當時內外十八省，實無一省無兵禍。然卒克戡定，不可謂非清廷之幸事。同前。

（丙）整理

（一）回講：同前。

（二）約述：同前。

（三）聯絡比較：［一］清政治與元之比較。［二］和珅與明嚴嵩之比較。［三］川楚教匪與洪楊軍之比較。［四］陝甘雲南回亂與天山南路回亂之比較。

（四）思考：［一］清廷收拾人心之政，果有效否？［二］朝有黷貨之臣，何以常至引起內亂？［三］文宗時動亂徧全國，何以卒克戡定？［四］咸豐時設無内亂，對英法之交涉，亦至如此失敗否？［五］穆宗果克當中興之稱否？

（五）作表：使作本課簡表如下：

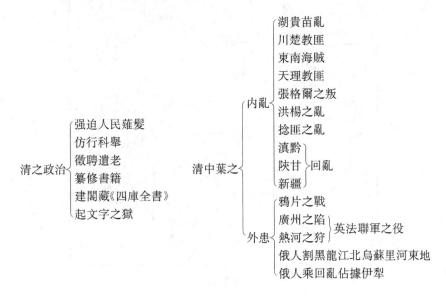

第十五　清之季世（二時間）

教材

德宗初立，孝欽太后聽政。左宗棠先平回亂，繼與俄人交涉。曾紀澤使俄力爭，乃得償款返地。未幾，又有中法之戰，承認越南爲法保護國，乃和。而日縣琉球，英亡緬甸，清皆不能問。及德宗親政，中日交戰，大敗議和，朝鮮脱藩，臺、澎永讓。英、俄、德、法相率索租膠州灣、旅順、大連灣、威海衞、廣州灣、九龍諸海港，國勢大蹙。適康有爲等倡變法維新之議，遂擢用之。規畫未竟，而守舊派慫恿太后，重出聽政。殺新黨譚嗣同等六人，盡罷新政，有爲逃海外，是爲戊戌政變。未幾，北方有拳匪之亂。拳匪設壇演拳，詭言不畏槍礮。愚民信之，黨徒益衆，遂傳入京師。守舊派載漪、剛毅等，縱令爲無意識之排外，攻各國使館，戕德使及日本書記。於是英、法、俄、德、美、日、意、奧八國聯軍赴援，直陷京師。太后、德宗西奔西安，今陝西長安縣。命奕劻、李鴻章議和，賠款謝罪。及聯軍退，兩宮始反，自是漸次舉行新政。尋日俄起釁，以滿洲爲戰場，清不能問，中立而已。其結果俄爲日敗，於是國人競言立憲，因日本以立憲勝也。清遂下預備立憲之詔，未及實行，德宗、太后皆

清季疆域圖

卒。宣統帝立，親貴用事，朝政益亂。其三年秋，武昌革命軍起，各省響應。清懼，下詔遜位，清亡。乃以人民公意，定民主立憲政體，是爲中華民國。

清世系表：

太祖努爾哈赤——太宗皇太極——世祖福臨——聖祖玄燁——世宗胤禎——高宗弘曆——仁宗顒琰——宣宗旻寧——文宗奕詝——穆宗載淳——德宗載湉——宣統帝溥儀凡十二君二百九十六年。

　　要旨

授以光宣二朝之事，使知清之所以亡。

　　準備

清季疆域圖。

　　預習

筆記：復習第四册第二十四至二十九課。

教授次序

（甲）豫備

（一）檢查預習：同前。

（二）指示目的：前課所授，爲清自中葉後衰亂之事。本課所授，則清末世之衰亂以致滅亡之事。清之亡，則民國之所由建也。

（乙）提示

（一）講第一節：起課首，至"是爲戊戌政變"止。光緒以後之外交，惟爭回伊犂一役，差强人意。此後則失敗更甚。而此役之所以受虧較小者，實緣左宗棠新定天山南北路，軍聲頗振，俄人未敢輕視故。可見外交必恃兵力爲後盾。中國前此，茫然不知外情。自輕鴉片戰役，及咸豐、庚申兩次之巨創，始略知外人之足畏。又剿平洪楊時，嘗借用洋兵。當時將帥，緣是深知外人兵力之强。洪楊定後，遂有陸軍改練洋操，及振興海軍之舉。然成師未幾，遽敗於馬江。於是中國軍政，雖行改革，究不足與外人敵之端倪見矣。然馬江敗後，中國仍振興海軍，陸軍亦貌爲整頓。各種新政，亦有枝節仿行者。外人尚未敢輕量也。自甲午一敗，而積弱腐敗之情形，始盡暴露於天下。於是瓜分及保全之論，相繼而起。中國士大夫憤國勢之不振，始有言變法者，於是有戊戌政變之舉。故甲午一役，實爲中國對外情勢變遷之樞紐，亦爲國內變更動力之源泉。同前。

（二）講第二節：起"未幾"，至"自是漸次舉行新政"止。拳匪即白蓮、天理等邪教之支流餘裔，以愚民迷信之故，乃至釀成千古未有之奇變。足見迷信爲禍之烈。而其事，實出諸守舊大臣之縱容。可見立朝者昏庸之害。然溯其原，則實由太后與德宗不和，意存廢立，有以激成之。可知君主專制之弊矣。戊戌變法，頗有精神。辛丑以後，貌行新政，則特以縱容拳匪，辱國殃民，無以自解於天下，乃以此塞人民之望而已，非其心之所欲也。故行之絕無精神，未享其利，或轉以貽害。同前。

（三）講第三節：起"尋日俄起釁"，至課末止。戊戌以後，人民羣望舉行新政。辛丑以後，新政行矣，而國事之敗壞如故，或更甚焉。於是人民知政治之不良，其弊由於政體，乃有立憲之議。又得日俄之勝負，以爲之證明，於是立憲之議大熾。清廷亦知民心之不可逆也，乃貌言豫備立憲以慰安之，而陰實行其專制之策。人民始猶屬望於皇室之改圖，及德宗、孝欽相繼崩殂，宣統即位，載灃監國，親貴用事，朝政之亂益甚於前。人民於是望無可望，忍無可忍，遂羣起而圖革命。革命易姓者，歷史上多矣。革命而創民主，此我國前此所未聞。有之，自辛亥之役始。要之近二十年來，始焉爲變法維新時期，繼焉爲改革政體時期，終焉乃入於改革國體時期。輿情之變遷，固歷歷可覩。而清室之措施不善，有以自取滅亡，亦無可諱言矣。<small>同前。</small>

（丙）整理

（一）回講：<small>同前。</small>

（二）約述：<small>同前。</small>

（三）聯絡比較：［一］伊犂交涉與《尼布楚條約》，及咸豐北京、璦琿兩條約之比較。［二］戊戌政變，與宋神宗變法，及元祐復行舊法之比較。［三］拳匪與白蓮、天理教匪之比較。［四］庚子之役與咸豐、庚申之役之比較。［五］辛亥革命，與前此易姓革命之異同。

（四）思考：［一］同光以後，清亦從事練兵，然不免於敗北，亦較前此略知外情，然交涉仍不免於失敗。何也？［二］設使戊戌新政不被推翻，中國今日情形如何？［三］設使清室眞能立憲，可不至滅亡否？

（五）作表及繪圖：［一］使列本課簡表，如下：

清季之政治 {
戊戌政變
辛丑後復行新政
預備立憲
辛亥革命

［二］使仿繪本課附圖。

第十六　清之外交<small>（三時間）</small>

教材

清初兵力甚强，罕與外國交接。惟俄以壤地相錯，聖祖與訂《尼布楚約》，世宗與訂《恰克圖約》，勘界而通商。自宣宗之世，以鴉片之戰與英訂《江寧條約》，是爲外交失敗之始。自是以後，外交之事漸繁，或遣信使，或通往來，多爲尋常之締盟。及文宗時，有英法之約，有俄人之約，交涉乃無一不敗。穆宗繼立，訂約通商，列國踵至。及德宗時，交涉在在屈辱。俄乘回亂，佔及伊犂，遣使爭回，償以盧布。此其一。琉球舊屬，日本滅之。此其二。法敗安南，往援無功，擾及閩粵，承認脫藩。此其三。英滅緬甸，不能力爭，十年一貢，祇擁虛名。此其四。朝鮮內政，日本干涉，清軍與戰，海陸俱敗，於是割臺、澎地，償銀二萬萬三千萬兩，認朝鮮自主。此其五。德租膠澳，後於民國十一年收回。俄租旅大，英租威海衛，拓九龍界址。法租廣州灣。沿海軍港，悉落人手。此其六。憤於積弱，聽拳匪排外，而八國聯軍攻入京師，於是嚴懲首禍，遣使謝罪，賠款四萬萬五千萬兩，撤毀礮臺，許各國屯兵境內。此其七。他如滿洲開放，西藏被兵，以及勘界蹙地，稅權旁落，路礦讓與，尤難歷數。及宣統立，日併朝鮮，英侵片馬，警告頻聞，而清帝已遜位矣。

要旨

授以清代外交之失敗，使知現在對外情勢之由來。

預習

筆記：復習第四冊第二十及第二十三至二十七課。

教授次序

（甲）預備

（一）檢查預習：同前。

（二）指示目的：外交之失敗，爲清衰亡之一原因。而其遺害，至今日猶蒙其影響也。前已授其大略，今更貫串其始末，以授汝等。

（乙）提示

（一）講第一節：起課首，至“勘界而通商”止。自西力東漸以前，中國鄰敵，非小國，即游牧部落，即其兵力甚强，而文化固遠遜於我，自西力東漸，而形勢乃一變。中國猶以故態遇之，此其所以失敗之總原因也。康熙雍正時，俄人東侵之力，尚未甚充足。而清襲開國之餘烈，兵力尚强。故交涉未甚失敗。至鴉片之戰，而情見勢絀矣。同前。

（二）講第二節：起“自宣宗之世”，至“交涉乃無一不敗”止。西力東漸，凡分兩路：一爲陸路，自東歐越烏拉嶺而來。一爲海路，自西歐經印度洋而至。鴉片戰役，則西人自海路來勢力發展之始也。北京、瑷琿兩條約，則西人自陸路來侵略成功之漸也。販運鴉片，固爲英人之無理，然我國前此對英交涉，亦多不合公理者。其大原因，則在以天朝自居，而以朝貢國待人。坐是故，每與人爭無謂之禮節，而實際交涉之策，反置不講。又其時於外國情形，全然不曉。絕不知何謂世界，何謂列國。因闇生疑，因疑生畏。於外人之來華通商者，輒加以種種無謂之限制，於是兩國間猜疑叢積，而兵端不能不啟矣。此可見外交之事，所最忌者爲蒙昧不知外情。而北京、璦琿兩條約，貿然舉三百萬方里之地而斷送之，更無論矣。同前。

（三）講第三節：起"穆宗繼立"，至課末止。清廷於邊疆之地不甚措意，故北京、璦琿二條約，喪地至三百萬方里。而回亂一起，俄人復乘機占據伊犁，致來交涉之困難。向使平時留意國防，注重邊務，固不至此。此可見外交之失敗，仍由於內政之不修。清廷於藩屬，向亦不甚注意。琉球、安南、緬甸之亡，及日本之干涉朝鮮，其原皆在於此。法越之役，我國海軍雖敗，而陸軍勝利。法國是時，議院多不主戰，政府勢甚岌岌。乃有機會而不能乘，仍訂損失屈辱之條約，實爲失機可惜。日本之侵略朝鮮，實以俄據黑龍江北之地，勢力日益擴張。爲自衛計，不得不然。於是有甲午之役。中國士大夫，恥以大國而敗於小夷。當戰時，即有聯俄拒日之議，及事後實行其政策，於是有中俄密約。有中俄密約，而後有各國紛紛租占軍港之事。而後庚子拳亂，俄人乃乘機占據東三省，於是有日俄之戰。有日俄之戰，而後東三省乃成今日之情勢。俄人既失敗於東，思取償於西，於是俄蒙交搆之消息日惡，而西藏喇嘛亦有被俄人煽惑之說。英人爲保衛印度起見，於是有入藏之舉，其餘波迄今未已。於是有民國以來蒙藏之交涉。此其犖犖大者，其他權利之喪失，榮譽之墮落，則皆其相因而至者也。驟觀之，似外力之日逼日緊，而推尋因果，則事事皆綫索相承。可見外交之失敗，實由措置之乖方。而一端之措置偶違，即貽後來以無窮之患。此當外交之衝者所爲可懼。而歷史因果之學，所以能益人智慧，而資其鑒戒也。同前。

（丙）整理

（一）回講：同前。

（二）約述：同前。

（三）聯絡比較：［一］清代外交與前代之異點何在？［二］清割吉黑二省之東北地，與石晉割幽薊十六州之比較。［三］失藩屬與割地之比較。［四］租借地與割讓地之比較。與地理科聯絡。

（四）思考：本課所述清代外交之失敗，其總原因何在？其每一事之分原因又何在？試以意述之。

（五）作表：使作本課簡表，如下：

$$
清之外交
\begin{cases}
聖祖 & 與俄訂《尼布楚條約》\\
世宗 & 與俄訂《恰克圖條約》\\
宣宗 & 鴉片戰役\\
文宗 & \begin{cases}英法聯軍陷京城\\俄人割黑龍江以北，烏蘇里江以東之地\end{cases}\\
德宗 & \begin{cases}俄占伊犂，遣使爭回，償以盧布\\日本滅琉球\\法滅安南\\英滅緬甸\\與日戰敗，割地，償款，認朝鮮自主\\德租膠澳，俄租旅大，英租威海衛，法租廣州灣\\八國聯軍入京師，遣使謝罪，賠款四萬萬五千萬兩\\滿洲開放\\西藏被兵\\勘界蹙地\\稅權旁落\\路礦讓與\end{cases}\\
宣統 & \begin{cases}日并朝鮮\\英侵片馬\end{cases}
\end{cases}
$$

第十七　清之政教學術（三時間）

教材

　　清初以內閣掌機務，六部九卿分理國政，類皆滿、漢人參用。世宗時，大權改歸軍機處。至德宗朝，屢有改併，增設外務、民政、郵傳、學、農、工商等部。宣統嗣位，預備憲政，設內閣總理及十部大臣。外官有督撫、司、道、府、廳、州、縣，又有審判、檢察等廳。兵制：初用旗兵，內爲禁旅，外爲駐防。各省漢兵，則爲綠營。洪秀全之亂，改爲練軍，又設水師。德宗之世，始創海軍。及中日戰敗，海軍既殲，擬用徵兵制，練陸軍爲三十六鎮，未盡實行也。清初賦稅，略沿明制，地丁並重。聖祖詔滋生人丁，永不加賦，遂併丁於地。征商則初設常關，繼設海關。及文宗時，軍需孔急，始設卡抽釐，謂之釐金。拳匪亂後，攤還賠欵、房鋪、煙酒、印花諸稅，亦相繼舉辦。刑制無異前代，惟預備立憲時，有編訂新刑律之舉。學制以科舉盛行，故雖京師有國子監，各府縣有學，等於虛文。及德宗舉行新政，各等學堂，次第興起。儒者自三大儒顧炎武、黃宗羲、王夫之。以下，理學有湯、斌。陸、隴其。經學有閻、若璩。胡、渭。直兼漢宋兩代之長。其餘宗教，則有因本來固有，聽其自由者：曰佛教、道教。因種族習慣，加以整理者：曰喇嘛教、回回教。

因外交關係,計之流傳者：曰天主教、耶穌教。若白蓮、天理諸邪教,則以法令禁止之。文學之著者,古文有桐城、方苞、姚鼐。陽湖,惲、敬。詩學有南施、閭章。北宋,琬。而史之萬、斯同。馬、驌。地理之顧、祖禹。魏、默深。算數之梅、文鼎、彀成。華,衡芳、世芳。又與科學有合。美術首推書畫,若翁、方綱。劉、墉。梁、同書。王,文治。若三王、時敏、鑑、翬。吳、歷。惲,格。皆擅重名。而工藝出品,玉瓷牙漆,均稱特色。其他關於物質文明者,自歐學東來,仿行日衆。

要旨

授以清之政教學術,俾知近世治制及社會情形。

預習

筆記

教授次序

(甲) 預備

(一) 檢查預習：同前。

(二) 指示目的：現今之政教學術,皆承之於清。故清代之政教學術,實研究歷史者所不可不知也。本課授其事。

(乙) 提示

(一) 講第一節：起課首,至"又有審判、檢察等廳"止。漢代相職最崇,魏晉而後,權歸尚侍等官。明代不設宰相,其後實權乃歸於內閣。清代因之。雍正而後,實權又歸於軍機處。至清季世,改訂官制,內官既非復六部之舊,戶部改爲度支部,兵部改爲陸軍部,刑部改爲法部,工部并入農商部,惟吏、禮二部仍舊,而禮部則以太常、光祿、鴻臚三寺并入焉。此外增設者爲外務部,以總理衙門改。理藩部,以理藩院改。又增設巡警部,後爲民政部,及學、郵傳二部。而內閣亦設總理大臣。是爲清世官制一大變革,採近世各國所行之制者也。至於外官,則於明所設布政使司之上,更設總督、巡撫,雖非治民之官,然布政實權,浸爲所奪。至審判、檢察等廳,則亦季世所增設,以採取司法獨立之制也。

(二) 講第二節：起"兵制",至"未盡實行也"止。清初用八旗之兵。正黃、鑲黃、正白、鑲白、正紅、鑲紅、正藍、鑲藍。其後征服蒙古,及得明降人,均使服兵役。故滿洲八旗外,又有蒙古八旗及漢軍八旗。入關以後,以漢人編制成軍者,以綠旗爲號,故曰綠營。三藩之平,即多得綠營之力。及川楚教匪之難,綠營舉不足用,於是始用鄉兵。洪楊之難,亦藉湘淮諸將帥。各募其鄉里子弟以從軍,是爲勇營。而長江水師之制,亦創於是時。海軍創於光緒朝,初敗於甲申,繼殲於甲午之役,幾於不能成軍。至其末年,擬仿行各國徵兵之制,常備三年,續備三年,後備四年。練陸軍三十六鎮,未及成軍而亡。同前。

（三）講第三節:起"清初賦税",至"有編訂新刑律之舉"止。清初丁税,本有編審之法,五年一舉,丁增而賦亦隨之。康熙二十四年,始詔以本年丁册爲準,以後新增者,爲盛世滋生人丁,但報實數,永不加賦。至雍正五年,遂并丁銀於地糧。至征商,則有常關、海關二種。常關設於内地,就經過之物品而税之。海關以税外國貿易出入之貨。而常關之外,又有釐金,則洪楊亂時所創,本期事平即行裁撤,然遂相沿至今。清代法律,本與前代無異。光緒二十八年,始有參照各國法律修正之舉。至豫備立憲時,又另行編訂新律,然亦未及實行。同前。

（四）講第四節:起"學制",至"次第興起"止。清代學校科舉制度,亦與明代大同。戊戌變政,始詔設立學校,廢八股文,改試策論。政變後復之。辛丑回鑾後,復廢八股,試策論。已而廢科舉,又頒定學制。其後并於内設學部,外設提學使,以領教育行政焉。同前。

（五）講第五節:起"儒者",至"則以法令禁止"之。清代學術,凡分三派:一爲漢學派,一爲宋學派,一爲漢宋兼采派。而宋學中仍有程朱、陸王二派之別,漢學中又有主東漢經師與上溯西漢之殊,其學術可謂兼有漢宋兩代之長。而古學湮晦,時逾千載,得清儒之深思博考,而渙然復明,不可謂非學術史上一異彩也。清代崇尚喇嘛教,以懷柔蒙、藏,頗得其效。至回族,亦聽其信教自由,故能相安無事。惟對於天主、耶穌教士,中國祇有保護之責,而無管束之權,於國際上頗不平等,然亦與宗教無涉也。同前。

（六）講第六節:起"文章之著者",至課末止。明代文體頗敝,清儒始求義法於古。方苞、姚鼐皆桐城人,故師其義法者稱桐城派。陽湖派則又私淑桐城派之義法者也。以詩名家者,無慮千餘,而南施、北宋爲最著。史學則馬驌之《繹史》,萬斯同之《歷代史表》。地理則顧祖禹之《讀史方輿紀要》,魏默深之《海國圖志》,此書在今日雖陳舊,然爲中國人周知外情之始。均爲極有名之著作。而書法則自唐宋而上溯六朝漢魏。畫學則山水、人物、花鳥,各有擅長。算學如梅文鼎、華蘅芳等,又能調和中西二法。蓋清代一切學術,皆視唐宋元明爲勝。其能迎受歐西之新學,亦舊時學術界之昌盛,有以使之然也。同前。

（丙）整理

（一）回講:同前。

（二）約述：同前。

（三）聯絡比較：〔一〕內閣與漢代宰相之比較。〔二〕郡縣與監司，監司與督撫之比較。〔三〕徵兵與練兵孰優？〔四〕常關與海關之異同。〔五〕新舊刑律之異點。〔六〕固有之國子監、府縣學等，與後來創設之學校，異點安在？〔七〕清代宗教與唐代之比較。〔八〕清代學術與唐宋元明之比較。

（四）思考：〔一〕清季於各種制度均有變革，何以仍不能救亡？〔二〕併丁於地爲寬政歟，抑徒以優無業之民？〔三〕既有常關，復課釐金，重複否？〔四〕何以有科舉，學校即同虛設？〔五〕白蓮、天理諸教，何以不能聽人自由信仰？

（五）作表：使作本課簡表如下：

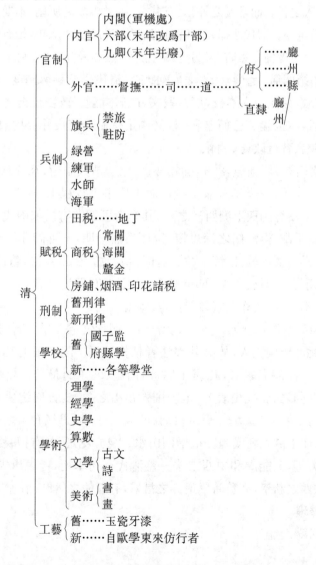

第十八　中國歷史結論(一時間)

教材

中國之歷史,至有榮譽之歷史也。自黃帝以來,舉凡民生日用所資,與夫國民所託命之聲名文物,無不隨世運而進步。及秦漢以降,又創成大一統之規模,使國基日臻鞏固,卓然爲東亞名邦。雖其間亦有紛爭割據,或竟爲外力所侵偪,然不久即復於其初,且因以收絕域爲一家,致他族於同化。此其日闢百里,謂非先民之遺澤,足爲歷史光者歟!所可慨者,近數十年間,外侮薦至,稽諸紀載,國恥較多。然前事不忘者,後事之師也。但使居於中國之人,各愛敬其固有之歷史,力求所以不墜榮譽,則多難興邦,古今來數見之矣。讀史者,其知所自處哉!

要旨

授以中國歷史結論,以統括前此所授各課。且使知愛敬中國之歷史,以興起其愛國之心。

預習

筆記: 復習第五冊第一、第六及第九、第十九、第二十第六冊第十一、第十二、第十七各課。

教授次序

(甲) 預備

(一) 檢查預習: 同前。

(二) 指示目的: 凡一國民,必自愛敬其歷史。中國之歷史,則至有榮譽之歷史也。今統括其義,以示汝等。

(乙) 提示

(一) 講第一節: 起課首,至"卓然爲東亞名邦"止。自黃帝戰勝蚩尤,大闢土宇,而中國民族,克自樹於神州大陸之基礎以固。至秦漢兩朝,而中國爲一大國之規模遂定。國家之發榮滋長,於其社會之文化,最有關係。蔥嶺以東,古代錯處之民族,蓋亦十數。惟中國獨能發榮滋長,成一大國者,以其文化獨優也。同前。

（二）講第二節：起"雖其間亦有紛爭割據",至"足爲歷史光者歟"止。國家之滅亡與否,以國民性之銷失與否爲斷。中國國民性,最爲強固。異族如五胡,如遼、金,雖嘗割據中國土地之一部分,或佔據其半。如元、清,雖嘗入主中國。然中國之國民性,絲毫未嘗消失。故中國自建立以後,實未嘗暫亡。現今立國,民族血系,不貴單純。中國國民,以其同化力之強大,能合異族爲一家,實爲廣土衆民之本。同前。

（三）講第三節：起"所可慨者",至課末止。近世所遇之外敵,與前古異。前此所遇,非小國,即游牧部落,兵力雖強,文化固遠遜於我。現今所遇,則皆組織完美,文化發達之國家。故近數十年,外侮薦至,亦爲前此所未有。惟多難興邦,古有明訓。我國家在歷史上,根柢至爲深厚。苟能人人寶愛其歷史,以發揚其愛國之心,而又能臧往知來,以增益其智慧。則今後歷史之榮譽,又將開前古未有之局矣。同前。

（丙）整理

（一）回講：同前。

（二）約述：同前。

（三）聯絡比較：〔一〕歷史中所授之異國,有建國之久,土宇之廣,文化之優,如我國者否?〔二〕近世所遇之外敵,與前此所遇者,異點何在?

（四）思考：〔一〕使中國之文化,不能隨世運而進步,能至今存否?〔二〕設無秦漢之大一統,中國亦能成爲一大國否?〔三〕設爲外力所侵逼,而不能復其初,則如何?〔四〕愛敬固有之歷史,力求不墜榮譽,其道當如何?

（五）作表：使作本課簡表如下:

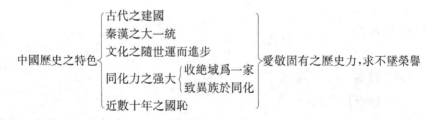